当代中国教育改革与创新书系
总主编 朱永新

当代学前教育

多元而具创造力的教育生态

Contemporary Preschool Education in China

Toward an Ecosystem with Diversity and Creativity

主 编 张守礼

中国人民大学出版社
·北京·

总 序
见证中国教育的成长

改革开放 40 年以来，中国发生了翻天覆地的巨变。40 年前的 1978 年，中国的国内生产总值（GDP）只有 3 600 多亿元；2017 年，中国的 GDP 达 827 122 亿元，增加了近 230 倍。中国奇迹、中国速度、中国故事，已经成为世界关注的重要话题。

在中国奇迹、中国速度的背后，中国教育的贡献是不言而喻的。如果没有中国教育为中国经济的发展提供重要的人力资源与智力支撑，这一切是不可能发生的。但是，中国教育一直没有引起真正的关注，直到一个偶然的事件，中国教育才为世界所瞩目。

2009 年，上海学生代表中国首度参加经济合作与发展组织（OECD）的国际学生评估项目（Programme for International Student Assessment，PISA）就拿了一个大满贯，包揽了数学、阅读和科学 3 个冠军。2013 年，上海学生以数学 613 分、阅读 570 分和科学 580 分的成绩，在所有 65 个国家（地区）中位居第一，再次夺魁。这一次，86.8％的上海学生的成绩达到或超过 OECD 平均成绩 494 分，呈现出上海义务教育校际差异小、均衡程度高的特点。一时间，"藏在深闺无人识"的中国教育成为世界教育的焦点。"上海为什么能?""中国教育到底有什么秘密武器?"许多关注中国教育的人不断追问。

一直埋头学习别国教育的我们，也开始仔细地打量自己。有着重视教育的深厚文化传统的中国，这些年来，在"穷国办大教育"的背景下，用世界最快的速度推进了学前教育，普及了义务教育，实现了高等教育的大众化。中国教育的悄然变革，让我们也重新认识了自己。

在国家教育投入上，连续多年占 GDP 的比重达 4％，2016 年中国教育经费总投入已达 3.89 万亿元，其中国家财政性经费投入首次超过 3 万亿元。

在教育普及上，2016 年，中国的学前教育毛入园率为 77.4％，小学净入学率为 99.9％，初中毛入学率为 104％，九年义务教育巩固率为 93.4％，高中阶段毛入学率为 87.5％，高等教育毛入学率为 42.7％。这些数据均超过中高收入国家平均水平。

在信息化建设上，全国中小学生基本实现电子学籍管理，各级各类学校互联网的接入，从 5 年前的 20％左右，增加到现在的 94％多。6.4 万个教学点实现数字教育资源全覆盖，惠及 400 多万偏远农村地区的孩子。

在推进教育公平上，90％以上残疾儿童享有受教育机会，80％以上的农民工随迁子女在流入地公办学校就学。全国 2 379 个县（市、区）通过义务教育发展基本均衡督导评估，约占全国总数的 81％，11 个省份整体通过。高考录取率最低省份与全国平均水平的差距从 2010 年的 15.3 个百分点缩小至 2017 年的 4 个百分点以内。

在教育国际化上，我国已成为世界第三、亚洲最大的留学目的国，来华留学人员突破 44 万人，生源地国家和地区总数为 205 个。80％出国留学人员选择毕业后回国发展、为国服务。与 188 个国家和地区建立教育合作交流关系，与 46 个重要国际组织开展教育交流，与 47 个国家和地区签署学历学位互认协议。

我们每个人都见证了中国经济的高歌猛进和中国教育的快速成长。40 年来，中国的教育成就是全方位、开创性的，中国的教育变革是深层次、根本性的。从"有学上"到"上好学"，从普及教育到均衡发展再到内涵发展，从教育大国迈向教育强国，中国教育进入了一个新时代。

在看到这些成就的同时，我们也清晰地意识到中国教育面临的困难与问题，看到人民群众日益增长的对于美好教育的需求与我们教育自身发展的不均衡不充分之间的矛盾，看到中国教育与世界先进国家教育之间的差距。

看到，是一种见证。见证，是为了建设。这就是我们编写"当代中国教育改革与创新书系"的初衷。一方面，我们希望通过这套丛书系统总结中国改革开放 40 年以来教育发展的经验和教训，梳理我们在幼儿教育、基础教育、职业教育、高等教育、国际教育，以及区域教育改革和民间教育实验方面取得的成果；另一方面，我们希望把中国教育正在发生的故事介绍给世界，让世界了解真实的中国教育，并在与世界交流的过程中丰富和完善我们自己的教育。

"当代中国教育改革与创新书系"是一套开放的丛书，既有宏观层面的研究，也有微观层面的叙事。丛书既囊括了荣获首届国家基础教育教学成果特等奖的情境教育，又分享了在全国具有广泛影响力的新教育实验的最新成果；既介绍了在科技不断发展和互联网革命背景下不断快速发展的职业教育、国际教育，也总结了日新月异的家庭教育、学前教育进程；既以在 PISA 评比中崭露头角的上海教育为典型探讨了如何通过教师教育培训提升教学质量，也分析了海门作为县级市在改变区域教育生态方面所做的内容和制度创新。我们希望尽可能全面地反映改革开放 40 年以来中国教育改革与创新的成果，但由于多种原因，难免有遗珠之憾，因此，欢迎各个领域的专家积极联系我们，为我们出谋划策，提出宝贵建议，帮助我们发现优秀的教育案例与故事，也欢迎毛遂自荐提供相关的素材，更欢迎相关专家指导和参与这套丛书的编写工作。

朱永新

于北京滴石斋

2018 年 6 月 4 日

目　录

第一部分
重建学前教育公共服务体系
——2010 年以来中国学前教育改革与发展

第一章 重建学前教育公共服务体系：
历程、成就、反思

2010 年以来，中国学前教育发展出现新拐点，学前教育公共政策的取向发生重大转折——重建学前教育公共服务体系成为学前教育发展的主旋律，学前教育也因此进入全新发展阶段。十余年来，中国学前教育的普及程度、学前教育的总量与结构、学前教育的属性与管理模式、学前教育的质量都取得了跨越式发展，极大地改变了学前教育生态。

在 21 世纪 10 年代末和 20 年代初，放宽历史的视线，回顾历史的来路，总结探讨过往十余年学前教育的历史成就，是时代赋予中国学前教育研究者的重大课题。回顾与反思也将为学前教育下一个时代的发展提供方向参考和政策设计资源，让中国学前教育改革与创新走向深入。

一、历史回顾：1949 年以来曲折反复的学前教育发展轨迹

（一）从"单位福利"到"普惠社会"——学前教育七十余年发展历程

根据中国经济体制改革的阶段性特征，可将其发展过程划分为四个阶段，分别是：（1）1949—1977 年，以计划经济为基础的制度建设期；（2）1978—1992 年，计划经济向社会主义市场经济过渡，整个社会经历艰难转型期；（3）1993—2011年，建立社会主义市场经济体制，进行大规模制度建设期；（4）2012 年至今，实现政府治理现代化的关键期，致力于使政府职能、行政权力结构、行政管理方式等符合政府治理现代化的要求①。

以上阶段划分提供了新中国成立七十余年来经济体制改革的基本脉络，是理解各项事业发展和改革阶段性特征的关键。然而，在经济体制改革的基本脉络之下，每个行业都还有机制改革带来的次级阶段。对学前教育事业来说，次级阶段的划分应该以发展目标制定、支持机制建设为落脚点，因为在每个阶段都要制定

---

① 曹堂哲. 当代中国政府治理现代化的核心进展研究：兼论改革开放以来中国治理发展的阶段性特征 [J]. 广东行政学院学报，2018（10）：5-14.

与之相适应的事业发展目标，还要设计和实践相应的支持体系，筹集相应的资源，并加以监管以保证事业的有序发展。其中，事业发展的目标既包括数量、类别等规模目标，也包括改革目标，以回答体制改革要实现的转轨或者体制调整的目标。与目标相应的支持体系及运行机制，既包括财政投入和教师资源投入，也包括事业平稳运行需要的跨部门监管体系。按照这种"大阶段＋小机制"的思路，新中国成立七十余年来，学前教育事业的发展在四个主要阶段的基础上，又可以划分为七个不同的次级阶段（见表1-1）[①]。

表1-1 学前教育发展的阶段性划分及主要特征

主要阶段	主要阶段特征	次级阶段	次级阶段特征
1949—1977年	以计划经济为基础的学前教育制度建设	1949—1972年	社会主义改造
		1973—1977年	完善单位福利制度
1978—1992年	转型过程中的艰难探索	1978—1992年	无制度框架的多样探索
1993—2011年	适应社会主义市场经济的学前教育发展与改革	1993—1998年	市场经济原则泛化
		1999—2011年	提出公共财政概念
2012年至今	治理现代化架构下的学前教育制度建设	2012—2017年	加大政府责任
		2018年至今	规范各级政府间、政府与社会间的关系

（二）2010年以前的两个"三十年"

第一个三十年即从新中国成立到改革开放前，国家以计划经济为基础进行学前教育制度建设。这个阶段由两个小的阶段组成。其中，1956年，伴随对工商业的社会主义改造，开始建立附设在厂矿、机关的托儿所、幼儿园；自1973年起，开始重视完善以单位福利制度为特征的学前教育支持体系建设。第二个"三十年"为从"单位福利体系"到"市场化"。改革开放以来，学前教育体制随着政府这只"有形的手"的变化不断变化。以20世纪末为拐点，这三十年又分为两个阶段。

1. 第一阶段：1979—1999年，单位福利制度的延续

1979年10月11日，中共中央、国务院在转发《全国托幼工作会议纪要》时指出要"坚持'两条腿走路'的方针，恢复、发展、整顿、提高各类托幼组织"。"两条腿走路"的方针是指政府办和社会力量办（在城市中由厂矿、企业、机关、团体、群众举办，在农村提倡农业生产合作社举办）并举的发展幼儿教育的方

① 曾晓东，史俊云. 从单位福利到普惠社会：新中国成立七十年来学前教育事业的变迁［J］. 幼儿教育，2019（10）.

针。计划经济时代，学前教育具有明显的单位福利特征，它是由财政支持，国有企业、集体企业税前预留资金为职工提供额外的子女教育供给，以作为职工保障及单位福利，教育部门办园、其他部门办园（包括机关、事业单位、部队、厂矿、学校和团体等举办的幼儿园）、集体办园（城市集体所有制企业园、街道园和农村村镇办的幼儿园）都是属于公办性质，整个幼儿教育中民办幼儿园所占比例非常小，而在公办园中，又以为本单位职工服务的机关、企事业单位办园和集体办园为主。到 1995 年，全国 18.04 万所幼儿园中，教育部门（政府）举办的幼儿园为 2.16 万所，仅占 11.97%；其他部门办园 2.32 万所，占 12.86%；集体办园 11.48 万所，占 63.64%；民办园 2.08 万所，占 11.53%。主要为本单位职工服务的机关、企事业单位办园和集体办园占到当年幼儿园总数 76.50%。

2. 第二阶段：2000—2010 年，民办学前教育成为主体

20 世纪 90 年代末，中国经济进入社会主义市场化体制改革时期，企事业单位和政府机构改革拉开序幕，其主旋律是精简机构、减负增效、分离社会职能[①]，大力发展经济。大量的国有企业、集体企业纷纷改制，剥离原有的承担着"社会职能"的福利项目。占学前教育体系 70%～80% 的企事业单位办园和集体办园不可避免地被关、停、转（转为股份制或私立园）。而农村"包产到户"使得原先依靠农村生产队的集体所有制幼儿园因失去了依靠而大批消失。单位体制下的学前教育体系全面瓦解。同时，为了应对入园需求，中央和地方政府都大力倡导多渠道、多形式的社会集资办学和民间办学。1992 年党的十四大报告提出："各级政府要增加教育投入。鼓励多渠道、多形式社会集资办学和民间办学，改变国家包办教育的做法。"1993 年中共中央、国务院印发的《中国教育改革和发展纲要》提出："改革办学体制。改变政府包揽办学的格局，逐步建立以政府办学为主体、社会各界共同办学的体制。"2003 年国务院办公厅转发教育部等部门（单位）印发的《关于幼儿教育改革与发展的指导意见》，明确提出："今后 5 年（2003—2007 年）幼儿教育改革的总目标是：形成以公办幼儿园为骨干和示范，以社会力量兴办幼儿园为主体，公办与民办、正规与非正规教育相结合的发展格局。"这些政策措施为学前教育供给侧注入了新力量，市场机制被引入学前教育体系中。由于学前教育并不属于义务教育，教育部门对幼儿园的监管相对于义务教育阶段也更为灵活，民间资本进入壁垒较小，民办园迅速入场。学前教育格局出现了剧变。

第一，进入 2000 年以来，全国幼儿园数量急剧下降。20 世纪 90 年代末期，全国幼儿园总数基本保持在 18 万余所，2001 年，幼儿园数量从 2000 年的 17.58 万所骤降为 11.17 万所，一年减少了 6.41 万所。直到 2012 年，全国幼儿园总数才恢复到 20 世纪 90 年代末期的水平。

---

① 庞丽娟. 中国教育改革 30 年：学前教育卷［M］. 北京：北京师范大学出版社，2009.

这场改革一方面激活了市场，为学前教育注入了新的血液；另一方面由于对市场缺乏有效调控，在一定程度上造成幼儿园数量和公办园数量下降，供需之间矛盾加大。"入园难""入园贵"问题在 2008 年、2009 年集中显现。

第二，公办园数量逐年减少，民办园数量逐年增加。如图 1-1 所示，公办园数量从 1996 年的 16.28 万所下降到 2010 年的 4.81 万所，占比则从 86.92% 下降到 31.98%。民办园自 1995 年起发展迅速，进入了一个"黄金期"。在 2004 年时，民办园数量首次超过公办园数量，占比 52.76%，到 2010 年时，民办园数量占比接近 70%，形成了以民办园为主体的学前教育格局，学前教育成为中国国民教育体系中民营化、市场化程度最高的领域。改革的阶段性特征与政府角色的弱化所形成的学前教育市场化格局，成为新一轮学前教育改革需要面对的最大挑战，亦成为 21 世纪 10 年代民办园面临的一系列限制和改造的政策诱因。

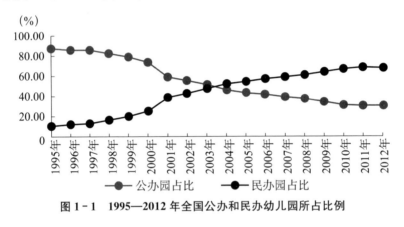

图 1-1　1995—2012 年全国公办和民办幼儿园所占比例

二、2010 年以来重建学前教育公共服务体系——政策过程与发展机制

2010 年以来的学前教育大转型经历了两个大的发展阶段——2010 年启动的以总量扩张、普及化为主要目标的发展和 2018 年开始的急剧的公办园比例扩张与民办园的普惠化改造。经过这两个阶段的改革与发展，中国学前教育普及率得到大幅提升，而学前教育的属性也从市场化主导转变为公益性、普惠性学前教育体系主导。2020 年，全国学前教育总体上实现了 85% 的普及目标和 80% 的普惠目标。学前三年毛入园率已经超过中高收入国家平均水平。与之相伴生的是，学前教育质量得到了明显改善。

（一）学前教育公共政策十余年历程与三期"三年行动计划"

1. 2010—2018 年，新顶层设计——《国家中长期教育改革和发展规划纲要

（2010—2020 年）》、"国十条"与三期三年行动计划

2010 年，国务院相继颁布《国家中长期教育改革和发展规划纲要（2010—2020 年）》和《国务院关于当前发展学前教育的若干意见》（即"国十条"），这两个纲领性文件对于中国学前教育的新发展目标、方向，学前教育的性质、定位，学前教育发展机制做了全新的表述和规划部署。面对学前教育的"短缺和薄弱"，在发展目标上提出"基本普及学前教育"，"重点发展农村学前教育"。针对前一阶段的"市场化"，在学前教育的性质、定位上，明确学前教育"是终身学习的开端，是国民教育体系的重要组成部分，是重要的社会公益事业"，"坚持公益性和普惠性，努力构建覆盖城乡、布局合理的学前教育公共服务体系"。面对政府重视程度不足的问题，提出"坚持政府主导，社会参与，公办民办并举"。由此，重建学前教育公共服务体系成为新时代的改革蓝图，新一轮的改革发展开始启动。

在"国十条"中亦明确要求各省（区、市）以县为单位编制实施学前教育三年行动计划。2010 年 12 月，国务院专门召开全国学前教育工作电视电话会议，对贯彻落实"国十条"、研究制定和实施学前教育三年行动计划做了全面动员和具体部署，要求地方政府根据当地的经济社会发展状况和学前教育的实际需求，研究制定三年行动计划，明确未来三年学前教育发展目标和建设任务，并将其纳入为民办实事的重要工程予以保障。政府全面部署和逐步推进三年行动计划是"重建学前教育公共服务体系"的主要工作模式。

2014 年 11 月，教育部、国家发展和改革委员会、财政部发布《关于实施第二期学前教育三年行动计划的意见》，要求以"扩大总量、调整结构、健全机制、提升质量"为目标，加快发展公办园，积极扶持民办普惠性幼儿园，加大财政投入，加强幼儿园教师队伍建设，健全幼儿园教育管理体系等。2017 年 4 月，教育部、国家发展和改革委员会、财政部、人力资源和社会保障部发布《关于实施第三期学前教育行动计划的意见》，提出到 2020 年，基本建成广覆盖、保基本、有质量的学前教育公共服务体系，全国学前三年毛入园率达到 85％，普惠性幼儿园覆盖率（公办幼儿园和普惠性民办幼儿园在园幼儿数占在园幼儿总数的比例）达到 80％左右。

新的学前教育发展规划和三期三年行动计划，扭转了学前教育发展的轨迹，推动了中国学前教育的快速发展，全国幼儿园总数从 2010 年的 15.04 万所，增加到 2021 年的 29.48 万所，学前三年毛入园率从 56.6％上升到 88.1％，取得了举世瞩目的成就。但重建公共服务体系的历史基础是前一轮改革形成的"市场化主导"的学前教育体系。在延续"双轨制"和"两条腿走路"的发展模式下、在幼儿园总量快速增长的基础上，这个时期公办园和民办园都得到了快速扩张，公办园数量从 2010 年的 4.81 万所增加到 2021 年的 12.81 万所，增加了 8.00 万所，占比从 31.98％上到 43.46％。民办园数量从 2010 年的 10.23 万所增加到

2020 年的 16.67 万所，增加了 6.44 万所，占比从 68.02% 下降至 56.54%，尽管如此，民办园数量仍然超过公办园数量。

在学前教育以解决短缺问题为主要目标的发展过程中，以所有制划线的"双轨制"发展逐渐暴露出新的矛盾，"入园难"问题得到明显缓解，"入园贵"问题更加突出，普惠性学前教育体系开始提上发展日程但进展极为缓慢，而随着公办园数量和比例的上升，其和民办园之间的分立也愈加凸显，形成了制度上的紧张关系和管理上的新挑战，学前教育新一轮改革势在必行。2017 年，民办园发生的个别"虐童"事件，引起了公众对学前教育的极大关注。因此，2018 年以后学前教育再次迎来了新一轮公共政策改革。

2. 2018 年以后的学前教育公共政策方向变化

2018 年前的学前教育改革与发展主旨是扩大供给，解决短缺和普及问题，2018 年后的改革则侧重于对行业属性的深入改造——回归公益性（进一步"去市场化"）和建立政府全面管理的学前教育管理体制。2018 年 11 月，《中共中央国务院关于学前教育深化改革规范发展的若干意见》（简称《意见》）正式发布，从学前教育近十年的发展历史来看，《意见》的意义不亚于 2010 年的两份纲领性文件，其对行业的长远影响甚至更大。

第一，《意见》明确了公办园的占比要求，确定了公办园、普惠性民办园①、民办市场园的结构比例，发展与管理理念发生了明显变化。

在第三期学前教育行动计划发力普惠园的基础上，《意见》明确提出，到 2020 年，公办园在园幼儿占比原则上达到 50%，这是学前教育发展史上首次明确提出公办园占比的目标性要求。叠加第三期学前教育行动计划提出的 80% 的普惠率，政府希望塑造的学前教育结构比例为公办园、普惠性民办园、民办市场园分别占 50%、30%、20%，这个结构性目标可以视为政府主导的学前教育公办服务体系的新的目标框架，而公办比和普惠率是其中最为关键的绩效指标。公办幼儿园在园幼儿占比达到 50% 的硬性要求，意味着学前教育发展与管理从"政府主导、公民并举"到"政府主导、公办控盘"的转变。2021 年 12 月，教育部等九部门发布《"十四五"学前教育发展提升行动计划》，指出要进一步提高学前教育普及普惠水平，到 2025 年，全国学前三年毛入园率达到 90% 以上，普惠性幼儿园覆盖率达到 85% 以上，公办园在园幼儿占比达到 50% 以上。

第二，遏制资本、去市场化，对民办幼儿园的大规模"普惠化改造"开始。

《意见》鲜明地提出了禁止资本进入，并前所未有地加强了对民办园的规范、管理。例如，规定"社会资本不得通过兼并收购、受托经营、加盟连锁、利用可变利益实体、协议控制等方式控制国有资产或集体资产举办的幼儿园、非营利性

---

① 本书有时亦采用其他称谓，如民办普惠园、普惠性民办幼儿园、民办普惠性幼儿园等。

幼儿园；已违规的，由教育部门会同有关部门进行清理整治，清理整治完成前不得进行增资扩股。参与并购、加盟、连锁经营的营利性幼儿园，应将与相关利益企业签订的协议报县级以上教育部门备案并向社会公布；当地教育部门应对相关利益企业和幼儿园的资质、办园方向、课程资源、数量规模及管理能力等进行严格审核，实施加盟、连锁行为的营利性幼儿园原则上应取得省级示范园资质"；等等。在此严厉的新规下，民办园短暂的资本狂欢就此终结。2019年1月《国务院办公厅关于开展城镇小区配套幼儿园治理工作的通知》要求小区配套园由当地教育行政部门办成公办园或委托办成普惠性民办园，不得办成营利性幼儿园；部署在全国范围内开展城镇小区配套幼儿园摸底排查和清理整治工作，并针对各项问题的整改任务提出明确的时间表。在其后短短的一年时间内，民办园迎来了普惠化转型。

（二）重建学前教育公共服务体系的发展机制与举措

1. 顶层设计与推动：政府主导，建立问责机制

2010年，"国十条"提出要"完善工作机制，加强组织领导。各级政府要加强对学前教育的统筹协调，健全教育部门主管、有关部门分工负责的工作机制，形成推动学前教育发展的合力"，"地方政府是发展学前教育、解决'入园难'问题的责任主体。各省（区、市）要建立督促检查、考核奖惩和问责机制，确保大力发展学前教育的各项举措落到实处，取得实效。各级教育督导部门要把学前教育作为督导重点，加强对政府责任落实、教师队伍建设、经费投入、安全管理等方面的督导检查，并将结果向社会公示"。

同年，国务委员刘延东就发展学前教育工作指出，要"加强领导，精心组织，把各项任务落到实处"。"切实把发展学前教育摆上政府工作的重要位置。地方各级政府是发展学前教育的责任主体，要把解决入园难作为当前改善民生和推动教育改革发展的重要任务，列入工作计划，摆上重要日程。……要建立督促检查和考核奖惩机制，把政策是否到位、措施是否有力、能否有效缓解入园难，作为检验各级政府和相关部门工作实绩的一项重要指标纳入考核范围。对于那些举措不实、力度不够、效果不好的地区，要加强指导和问责。"

2. 明确政府职责，加大财政投入，探索建立学前教育成本分担机制

2011年9月，财政部、教育部印发《关于加大财政投入支持学前教育发展的通知》，提出要坚持"政府主导、社会参与，地方为主、中央奖补，因地制宜、突出重点，立足长远、创新机制"四条原则，设立中央专项资金，重点支持四大类七个项目。2011—2020年，财政投入力度持续加大。2022年5月教育部发布的数据显示，2020年全国财政性学前教育经费为2 532亿元，相比2011年的416亿元增长了约5倍；财政性学前教育经费占比从2011年的2.2%提高到2020年的5.9%。中央财政支持学前教育发展专项资金2011—2020年累计投入超过1 700亿元，有

效拉动了地方财政投入的快速增长，为学前教育发展提供了有力保障。

各省（区、市）陆续出台了公办园生均公用经费标准或生均财政拨款标准、普惠性民办园扶持政策。例如，北京市建立了普惠性学前教育投入保障机制，市财政对提供普惠性服务的幼儿园，无论公办、民办都按年生均 1 2000 元进行补助；河南省建立了公办园生均财政拨款制度，按照市属幼儿园年生均 5 000 元、县级及以下幼儿园年生均 3 000 元的标准核拨生均经费①。同时，学前教育经费的公共分担比例也从 2010 年的 33.56％提高到 2016 年的 47.30％，财政投入分担了近一半的学前教育成本②。

3. 推进普惠性学前教育体系与非营利制度建设

普惠性学前教育体系是体现学前教育公益性的主要方式，也是解决"入园贵"问题的关键，从 2010 年、2011 年提出"普惠性民办园""普惠性幼儿园"等概念到 2017 年第三期学前教育行动计划提出 80％的普惠目标、2018 年《意见》中提出公办园、普惠园比例，再到 2020 年《县域学前教育普及普惠督导评估办法》对 80％普惠目标的问责督导，最后到 2021 年《"十四五"学前教育发展提升行动计划》提出的 85％的普惠目标，普惠性学前教育体系逐渐成为学前教育公共服务体系中的主导体系。

2016 年 11 月，修正后的《民办教育促进法》提出："民办学校的举办者可以自主选择设立非营利性或者营利性民办学校。但是，不得设立实施义务教育的营利性民办学校。"2016 年 12 月，教育部等五部门发布《民办学校分类登记实施细则》，重点解决了两类学校"到哪里登记""如何登记"的问题，规定了民办学校设立审批、分类登记、变更注销登记、现有民办学校分类登记等方面的内容；教育部等三部门发布《营利性民办学校监督管理实施细则》，重点解决了营利性民办学校"能办什么学""如何办学""如何办好学"的问题，对营利性民办学校的设立、组织机构、教育教学、财务资产、信息公开、变更与终止、监督与处罚等内容做出了制度安排。非营利制度是比普惠性学前教育体系更为基本的制度，这一制度体系在十余年来的发展中与普惠性学前教育体系相比推进的速度慢，且与普惠制度的关系未能厘清。

4. 完善学前教育治理

在学前教育管理体制上，推进"国务院领导，省地（市）统筹，以县为主"。2017 年《教育部等四部门关于实施第三期学前教育三年行动计划的意见》强调"理顺学前教育管理体制和办园体制。建立健全'国务院领导，省地（市）统筹，以县为主'的学前教育管理体制。省级、地市级政府加强统筹，加大对贫困地区支持力

---

① 国务院关于学前教育事业改革和发展情况的报告［EB/OL］.（2019-08-22）［2019-12-18］. http://www.npc.gov.cn/npc/c30834/201908/1c9ebb56d55e43cab6e5ba08d0c3b28c.shtml.

② 虞永平，张斌. 改革开放 40 年我国学前教育的成就与展望［J］. 中国教育学刊，2018（12）：18-26.

度。落实县级政府主体责任，充分发挥乡镇政府的作用。积极推动各地理顺机关、企事业单位、城镇街道办幼儿园办园体制，实行属地化管理，通过地方政府接收、与当地优质公办园合并、政府购买服务等多种形式，确保其面向社会提供普惠性服务"。

十余年来，在丰富学前教育资源的同时，进一步完善幼儿园各项管理制度（如卫生保健、安全、保育教育、师资建设、建筑设计等），以提升学前教育质量。2010 年 9 月，卫生部、教育部颁布《托儿所幼儿园卫生保健管理办法》，规定了卫生行政部门、教育行政部门、妇幼保健机构、疾病预防控制机构及卫生监督执法机构的分工和职责，明确了托幼机构卫生保健状况、保健室和卫生室的设置要求等。2012 年 10 月，教育部颁布《3－6 岁儿童学习与发展指南》，以帮助幼儿园教师和家长了解 3～6 岁儿童学习与发展的基本规律，实施科学的保育和教育。2012 年 9 月，教育部等四部门颁布《关于加强幼儿园教师队伍建设的意见》，要求明确幼儿园教师队伍建设的目标，建立健全幼儿园教师资格认定、职称评定、待遇保障等制度。2013 年 1 月，教育部颁布《幼儿园教职工配备标准（暂行）》，明确了幼儿园教职工配备比例。2015 年 1 月，教育部颁布《幼儿园园长专业标准》，对园长的办园理念、专业要求等做出了具体的规定，以促进幼儿园园长专业发展，建设高素质幼儿园园长队伍。2016 年 1 月，教育部颁布《幼儿园工作规程》，对规范办园行为、强化安全管理、完善幼儿园内部管理机制等方面做出了修订。2016 年 11 月，国家住房和城乡建设部颁布《托儿所、幼儿园建筑设计规范》，对幼儿园建筑设备、安全保障、环保等做出了明确规定。

5. 教师成长、课程改革、督导评估并重

为提高教师专业素养，教育部、财政部从 2011 年起实施"幼儿园教师国家级培训计划"，至今已实施十余年，所需经费由中央财政安排专项资金予以支持。随着《3－6 岁儿童学习与发展指南》《幼儿园工作规程》颁布，全国上下都倡导幼儿园在遵循幼儿身心发展规律的基础上，研究保教过程的特点和规律，开展科学保教活动。除此之外，2017 年 4 月，教育部还颁布了《幼儿园办园行为督导评估办法》，要求对办园条件、安全卫生、保育教育、教职工队伍和内部管理等方面进行督导评估，以提升学前教育质量。2022 年 2 月，教育部印发《幼儿园保育教育质量评估指南》，以促进幼儿身心健康发展为导向，聚焦幼儿园保育教育过程质量，围绕办园方向、保育与安全、教育过程、环境创设、教师队伍 5 个方面提出了 15 项关键指标和 48 个考查要点。

三、发展成就

（一）总量与结构的高速发展，普及率大幅提升

《国家中长期教育改革和发展规划纲要（2010—2020 年）》、"国十条"与三

期三年行动计划实施以来，各地加大了促进学前教育发展的工作力度。教育部发布的数据显示，2021 年全国幼儿园数达到 29.48 万所，比 2011 年增加了 12.80 万所，增长了 76.74％。2021 年全国幼儿园在园幼儿数达到 4 805.21 万人（见图 1－2），比 2011 年增加了 1 380.76 万人，全国学前三年毛入园率由 2011 年的 62.3％提高到 2021 年的 88.1％，提高了 25.8 个百分点，学前教育实现了基本普及（见图 1－3）。中西部和农村发展最快，全国新增的幼儿园 80％左右集中在中西部地区，60％左右分布在农村。2011—2021 年学前三年毛入园率提高幅度超过 30 个百分点的 13 个省份都集中在中西部地区，"三区三州"（"三区"指西藏自治区、新疆南疆四地州和青海、四川、甘肃、云南四省藏区；"三州"指甘肃临夏州、四川凉山州和云南怒江州）等原深度贫困地区学前三年毛入园率显著提高，比如甘肃临夏州学前三年毛入园率从 15.8％提高到 95.5％，云南怒江州从 25.6％提高到 90.01％，学前教育的区域、城乡差距明显缩小。

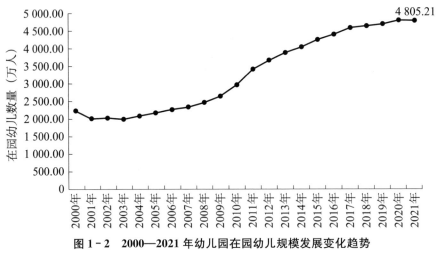

图 1－2　2000—2021 年幼儿园在园幼儿规模发展变化趋势

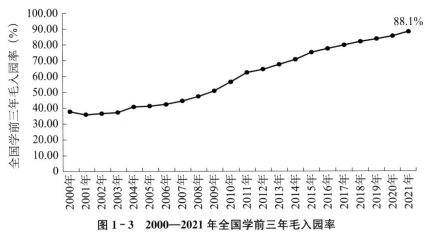

图 1－3　2000—2021 年全国学前三年毛入园率

（二）普惠程度不断提高

2021 年，全国共有幼儿园 29.48 万所，其中，普惠性幼儿园 24.47 万所，占全国幼儿园的比例为 83.00%；全国在园幼儿 4 805.21 万人，普惠性幼儿园在园幼儿 4 218.20 万人，占全国在园幼儿的比例为 87.78%（见图 1-4），其中 12 个省份超过 90%。另外，2021 年农村普惠性幼儿园覆盖率达到 90.60%，每个乡镇基本办有一所公办中心园，大村独立办园，小村联合办园。

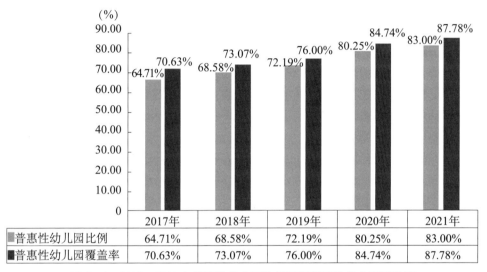

	2017年	2018年	2019年	2020年	2021年
普惠性幼儿园比例	64.71%	68.58%	72.19%	80.25%	83.00%
普惠性幼儿园覆盖率	70.63%	73.07%	76.00%	84.74%	87.78%

图 1-4　2017—2021 年普惠性幼儿园比例以及普惠性幼儿园覆盖率

（三）师资建设不断加强

2011 年以来，教师培养规模不断扩大。2021 年，全国开设学前教育专业的本专科高校有 1 095 所，毕业生达到 26.5 万人，分别比 2011 年增加了 591 所、23.1 万人，分别约增长了 1.2 倍、6.8 倍。教师配备基本达标。2021 年，全国幼儿园园长和专任教师总数超过 350 万人，比 2011 年增加了 200 万人，增长 1.3 倍，生师比从 2011 年的 26.0∶1[①] 下降到 2021 年的 15.0∶1，基本达到"两教一保"的配备标准。教师素质明显提高，学历结构进一步优化。2021 年专科以上学历的园长和专任教师比例达到了 87.8%，比 2011 年提高了 24 个百分点。连续实施幼儿园教师国家级培训计划（"国培计划"）。2012—2020 年累计投入 43 亿元，培训幼儿园教师超过 243 万人次，教师专业水平不断提升。

---

① 中国教师年龄结构优化 中青年成为中小学教师主体［EB/OL］.（2011-09-06）［2019-12-23］. http：//www. chinanews. com/edu/2011/09-06/3309470. shtml.

（四）保教质量提高

第一，专业指导加强。教育部先后印发《幼儿园教育指导纲要（试行）》和《3－6岁儿童学习与发展指南》，明确了幼儿的身心发展特点和规律，对幼儿园孩子应该"学什么""怎么学"和"教什么""怎么教"提出了指导性要求。各地深入贯彻落实上述两个文件，在幼儿园保育教育实践方面涌现出了一批在国内和国际具有一定影响力的地区和幼儿园。

第二，推进幼儿园教育"小学化"专项治理，促进幼儿园与小学科学有效衔接。2018年7月，教育部印发《关于开展幼儿园"小学化"专项治理工作的通知》，明确要求对幼儿园和校外培训机构提前教授小学课程内容、教育方式"小学化"、教学环境"小学化"、小学非零起点教学等问题进行治理。2021年3月，教育部印发《教育部关于大力推进幼儿园与小学科学衔接的指导意见》，全面推进幼儿园和小学实施入学准备和入学适应教育，减缓衔接坡度，帮助儿童顺利实现从幼儿园到小学的过渡。

第三，教研制度逐步完善。各地结合实际，完善区域和园本教研制度，建立学前教育教研责任区，推动学前教育教研工作制度化、常态化，及时解决教师日常保教实践中的困惑和问题。

四、学前教育十余年发展反思——改革仍需深化前行

良性、持续的社会经济发展需要建立起与之相适应的制度体系。反思十余年来中国学前教育发展过程，以解决"短缺和普及"为重点，以"重建学前教育公共服务体系"为目标，以"政府主导、增加投入"为基础，经过十多年的努力，在普及和普惠两方面取得了举世瞩目的成就。但学前教育系统性制度建设与学前教育快速发展有明显差距，基础制度建设与部分领域发展仍然不足，这些已成为确保中国学前教育可持续、长远发展所面临的更为迫切、更为关键的问题。

（一）公办与民办——"双轨制"困局下的制度紧张

学前教育市场化发展时期公办投入不足导致公办幼儿园发展一直受到压制，在学前教育供给体系中占比不高，但强大的获取资源的能力，稳定、相对标准的办园行为与质量规范一直使公办园处于"示范"的地位。在2010年以来的学前教育规划、发展中，公办园处于优先发展序列，十余年来的政策呈现出强烈偏好公办园的制度推动力——建立一个正规的、以公办园为主、归属教育部门管辖的体系成为学前教育行政管理的主流意志。2018年《意见》的出台则标志着"政府主导、公办控盘"的发展格局基本形成，公办园是"普惠性学前公共服务体

系"最主要的构成部分。

而对于普惠性民办园，在缺乏相应投入保障制度的情况下，仅在价格上对标公办园，既造成普惠性民办园普遍在生存线上挣扎，运营难以维系，也不可避免地造成普惠性民办园的教育质量下降。双轨制管理下，公办园和普惠性民办园两者之间巨大的"福利差"已经成为学前教育公共服务体系中的主要矛盾。而在教师编制、教师待遇上，公办园和普惠性民办园之间的落差可能会进一步扩大。随着公办园数量增加，越来越多的普通民众的子女能够进入公办园。但是，对成本不敏感的家庭开始对民办普惠园的教育质量感到不满，一些家庭对公办园、民办园入园成本的差异化感到不公。这与政策设计的预期不同，公办园的结构比例上升会提升一部分人的满意度，但也可能造成更多的不公平感和不满。如何超越所有制和隶属关系，站在整个学前教育事业的角度进行顶层设计、行使政府管理职能，增进全体入园儿童的福利，是今后学前教育发展需要解决的最核心、最基础的问题。

（二）普惠还是非营利？——民办普惠性学前教育体系的基础制度建立在哪里？

在现实的学前教育发展与管理中，目前地方政府、幼儿园、公众对营利和非营利、普惠和非普惠这四个概念的理解与运用是混乱的，非营利性学前教育是一个"主体"和"治理"概念，有效的非营利机制既可弱化资本的逐利属性，使得劳动报酬更多地向经营者、劳动者倾斜，又有助于幼儿园管理实现开放和透明，是社会治理现代化的必然路径。对于学前教育供给体系的结构性调整来说，非营利性从幼儿园端打通了财政资金进入学前教育机构的渠道。塑造一个非营利性学前教育占主体的学前教育供给体系，是中国学前教育发展的根本性解决方案。而普惠性学前教育更多的是"成本与价格"概念，相对于"主体"和"治理"，普惠性学前教育体现的主要是"功能"，因此目前急速推进的普惠性学前教育，事实上具有阶段性和过渡性的特征。学前教育的长远发展不应简单地推进普惠化，而应聚焦在制度建设上来发展"非营利"。非营利机制作为一种底层机制，需要一整套的法律、财税、治理体系的支撑，更需要系统完整的改革设计与推动。

（三）学前教育的基本功能及业态的多元化与义务教育管理体制的冲突

中国学前教育发端于女性解放和改变社会的需要，自诞生之初起即与社会和家庭紧密相连，而20世纪80年代全面赶超背景下的人才战略将学前教育服务女性就业的职能转变为促进儿童发展，教育部门将其完全等同于教育体系的组成部分，而十余年来的改革与发展则进一步将学前教育基本纳入义务教育管理体制，按照学校的模式，愈加突出专业化、标准化和规范化。多元化、小微化、生活化、社区化教育模式是世界学前教育发展的取向之一，而义务教育管理体制则可能会使学前教育的社会功能变得单一。

按《"十四五"学前教育发展提升行动计划》提出的目标，公办园原则上占50%，民办普惠园占35%，剩下的15%为市场化空间。在小区配套园一律办成普惠园的刚性政策下，事实上的结果（2021年全国普惠性幼儿园覆盖率已达87.78%）已经突破了普惠性学前教育体系占85%这一要求。由于普惠性的"一刀切"与管理体制的刚性化，普惠性学前教育体系之外，虽然名义上留有百分之十几的市场化、多样化空间，但事实上家长的选择权被压缩了。

（四）学前教育发展与社会变迁——即将凸显的学前教育制度公平

十余年来，学前教育发展主线仍然是解决短缺、普及，强调普惠和优质。而学前教育公平问题并没有被提上议事日程，天然地戴着"普惠帽子"的公办园从公共财政中获得了最大的资助，但是，从其招生服务对象看，是否体现了其应有的定位？另外，涉及因人口流动而产生的两类群体——留守儿童和流动儿童——的学前教育公平问题也亟待解决。如果这些问题得不到重视，那么出现在义务教育中的教育公平问题也将出现于学前教育阶段，建设人民满意的学前教育仍然会面临挑战。

学前教育的更高质量发展需要以建设服务型政府为目标，不断提高国家治理能力。这是一个系统性的结构调整，并非单纯的要素投入能够解决。21世纪10年代末，中国学前教育基本告别短缺，实现了高普及，而如何理顺发展机制、谋求更高质量的发展仍然是一项艰巨的课题任务，学前教育改革远未终结，在21世纪20年代，需要进一步攻坚前行。

第二章　从"宣言"到"承诺"

——我国普惠性幼儿园制度十余年发展历程

"普惠"思想来自西方，其本义是包容性（inclusion）[1]。普惠既是一个经济概念，也是一个政治概念，还是一个伦理概念。从经济意义来看，普惠强调的是要素配置，涉及分配与再分配。从政治意义来看，普惠是一个以公平为核心的政策问题，强调政府的责任，是相对于市场的某种矫正机制。从伦理意义来看，普惠关注的是先验的人人生而平等，强调人人参与，关注的是权利问题。在我国，最早使用的普惠概念是普惠金融，它是于21世纪初提出的政治命题与改革取向，但追溯普惠的实质，我国其实由来已久。所谓普惠，大而言之，来自天下大同的人类理想；小而言之，来自恻隐之心人皆有之的人伦关怀。

在2010年《国务院关于当前发展学前教育的若干意见》中，我国政府首次使用了"普惠性民办园"这一概念，2011年北京市学前教育三年行动计划中首次使用了"普惠性幼儿园"这一更为广义的概念，自此我国普惠性幼儿园制度踏上了从政策层面的"宣言"到行动层面、问责导向的"承诺"的漫长征程。本章聚焦普惠性幼儿园制度的十余年发展历程，分析其推进特点，呈现其突出问题，并据此提出相应的对策建议，以期更好地优化与完善我国的普惠性幼儿园制度，推动其在联结国际国内的基础上实现可持续发展。

一、普惠性幼儿园制度建设的十余年历程

从2010年提出"普惠性民办园"、2011年提出"普惠性幼儿园"等概念，到2017年第三期学前教育行动计划提出80%普惠目标，到2020年《县域学前教育普及普惠督导评估办法》对80%普惠目标的问责督导，再到教育部等九部门在2021年12月发布的《"十四五"学前教育发展提升行动计划》中要求"进一步提高学前教育普及普惠水平，到2025年，全国学前三年毛入园率达到90%以上，普惠性幼儿园覆盖率达到85%以上，公办园在园幼儿占比达到50%以上"，

---

[1]　王颖，曾康霖. 论普惠：普惠金融的经济伦理本质与史学简析 [J]. 金融研究，2016（2）：37-54.

我国普惠性幼儿园制度建设经历了十余年的历程。

纵观我国普惠性幼儿园的制度化进程，可以清晰地看出三个阶段性变化：第一阶段是普惠性幼儿园制度的萌芽期（2010年），其标志性事件是2010年11月《国务院关于当前发展学前教育的若干意见》的出台；第二阶段是普惠性幼儿园制度的初探期（2011—2016年），其标志性事件是第一期学前教育三年行动计划（2011—2013年）和第二期学前教育三年行动计划（2014—2016年）的实施；第三阶段是普惠性幼儿园制度的相对成熟期（2017—2021年），其标志性事件是第三期学前教育行动计划（2017—2020年）、《中共中央 国务院关于学前教育深化改革规范发展的若干意见》（2018年）、《县域学前教育普及普惠督导评估办法》（2020年）、《"十四五"学前教育发展提升行动计划》（2021年）的出台。

（一）普惠性幼儿园制度的萌芽期（2010年）："普惠性民办幼儿园"概念的出现

2010年是中国学前教育的新元年，这一年发生了三件与学前教育息息相关的大事。第一件大事是《国家中长期教育改革和发展规划纲要（2010—2020年）》的颁布。经过2008—2010年三年编制过程中的舆论造势（几乎每次征求意见时，学前教育问题都排在舆论第一位），《国家中长期教育改革和发展规划纲要（2010—2020年）》在第三章提出了要"明确政府职责。把发展学前教育纳入城镇、社会主义新农村建设规划。建立政府主导、社会参与、公办民办并举的办园体制。大力发展公办幼儿园，积极扶持民办幼儿园"。

第二件大事是"国五条"的颁布，即2010年11月温家宝主持国务院常务会议，研究部署发展学前教育时提出的政策措施。会议指出要按照公益性和普惠性的原则，坚持政府主导、社会参与、公办民办并举，破除体制机制障碍，建立覆盖城乡、布局合理的学前教育公共服务体系。在会议所提出的五条措施中的第一条"扩大学前教育资源"里，提出要"鼓励社会力量办园，引导和支持民办幼儿园提供面向大众、收费较低的普惠性服务"。这是中央政府在发展学前教育中首次提到"坚持公益性、普惠性"和"普惠性服务"。

第三件大事是"国十条"的颁布。《国务院关于当前发展学前教育的若干意见》指出："发展学前教育，必须坚持公益性和普惠性，努力构建覆盖城乡、布局合理的学前教育公共服务体系"。"积极扶持民办幼儿园特别是面向大众、收费较低的普惠性民办幼儿园发展。采取政府购买服务、减免租金、以奖代补、派驻公办教师等方式，引导和支持民办幼儿园提供普惠性服务。""城镇小区配套幼儿园作为公共教育资源由当地政府统筹安排，举办公办幼儿园或委托办成普惠性民办幼儿园。"在"国十条"中，清楚地提出了"普惠性民办幼儿园"这一概念，但其范围限定在"面向大众、收费较低"这一序列。因此，虽然"国十条"提出了"普惠性民办幼儿园"这一概念，但根据政策制定参与者的解释，"普惠性民办幼儿园"更多的是临时性说法，是在政府财政实力相对不足的前提下解决"学前教育资源不足"的一种替代性办法①。"国十条"时期，政府对学前教育的现状定位是资源不足，"入园难""入园贵"问题突出，还没有将学前教育的问题上升到"普惠性资源不足"这个层次。因此，其具体的政策举措便是追求广覆盖、保基本，从而解决"入园难""入园贵"的问题。

（二）普惠性幼儿园制度的初探期（2011—2016 年）：不断扩大"普惠性资源"

2011—2016 年这六年是中国普惠性幼儿园制度的初探期，这六年中影响普惠性幼儿园制度发展进程的大事件有六个方面。

第一，以县为单位，以普及学前教育为目标，实施第一期学前教育三年行动计划（2011—2013 年）。比如，《北京市学前教育三年行动计划（2011—2013 年）》提出"进一步鼓励规范民办幼儿园"，"鼓励支持民办幼儿园的发展，特别是对面向大众、收费较低的普惠性幼儿园，要采取减免租金、以奖代补等方式引导民办幼儿园提供普惠性服务"。在北京的学前教育三年行动计划中，第一次提出了"普惠性幼儿园"这一概念，同时重申了"国十条"中提出的"引导和支持民办园提供普惠性服务"。

第二，财政部、教育部出台《关于加大财政投入支持学前教育发展的通知》，通过四大类七小类的财政政策为"国十条"的落地提供了财政保障。该通知强调了"坚持公益性和普惠性，构建覆盖城乡、布局合理的学前教育公共服务体系"这一政策目标，指出要"采取政府购买服务、减免租金、以奖代补、派驻公办教师等多种方式，引导和支持民办幼儿园提供普惠性、低收费服务。中央财政安排'扶持民办幼儿园发展奖补资金'，根据各地扶持普惠性、低收费民办幼儿园发展的工作实绩给予奖补"。

第三，教育部成立"我国普惠性民办园扶持机制研究"（2011—2013 年）课题组，在东部、中部、西部、东北部四大地区选择了 22 个区县开展普惠性民办园扶持机制的探索性研究，重点围绕"政府购买服务、减免租金、以奖代补、派驻公办教师"进行试点。在对 22 个区县进行研究的基础上，2013 年课题组向教育部提交了研究总报告，并强调有质量、可持续的扶持普惠性民办园的方式应该优先选择"生均公用经费补助""幼儿教师长期从教津贴"等硬核政策，从而推动了第二期学前教育三年行动计划的政策出台。

第四，教育部实施"全国学前教育改革实验区项目"，先后在 2012 年、2016

---

① 王海英．试论普惠性民办园的制度设计［J］．幼儿教育，2011（6）：1-5.

年两次启动国家学前教育改革实验区试点项目，并委托中国学前教育研究会事业发展与管理专业委员会进行全程督导管理，召开数次现场会，有力地推进了"普惠性民办园扶持政策"的落地。

第五，以县为单位，以"扩大总量、调整结构、健全机制、提升质量"为目标，实施第二期学前教育三年行动计划（2014—2016年）。在教育部、国家发展和改革委员会、财政部《关于实施第二期学前教育三年行动计划的意见》中，首次将此前对我国学前教育现状描述中的"资源不足"调整为"城乡普惠性资源依然短缺"，提出要"坚持公益普惠，进一步优化学前教育资源配置，公办民办并举，努力提高学前教育公共服务水平，新增资源重点向贫困地区和困难群体倾斜"，"初步建成以公办园和普惠性民办园为主体的学前教育服务网络"，"调整资源结构，扩大城乡公办园和普惠性民办园的覆盖面"，"积极扶持普惠性民办幼儿园。落实用地、减免税费等优惠政策，多种方式吸引社会力量办园。各地根据普惠性资源布局和幼儿入园需求，认定一批普惠性民办园，通过政府购买服务、减免租金、派驻公办教师、培训教师等方式，支持民办园提供普惠性服务，有条件的地区可参照公办园生均公用经费标准，对普惠性民办园给予适当补贴。各地2015年底前出台认定和扶持普惠性民办园实施办法，对扶持对象、认定程序、成本核算、收费管理、日常监管、财务审计、奖补政策和退出机制等做出具体规定"。从关于第二期学前教育行动计划的任务描述中，我们可以清晰地看到发展普惠性民办园的政策举措中增加了"培训教师""参照公办园生均公用经费标准"等说法，有力地推动了全国各地生均公用经费标准的出台，确保了对普惠性民办园的制度性财政投入。

在2014—2016年第二期学前教育三年行动计划的影响下，2015年党的十八届五中全会首次从中央层面提出了"发展学前教育，鼓励普惠性幼儿园发展"的论断，"普惠性幼儿园"成为一个更有政治影响力的概念。

第六，我国政府自2010年以来多次参加了全球关于学前教育发展的政府间圆桌会议，2015年还参加了联合国教科文组织召开的70多位部长出席的"世界教育论坛"，并签署了《仁川宣言》，加入了《教育2030行动框架》，向世界承诺在中国所有儿童在2030年前可以获得高质量的保育教育。在与世界各国政府不断的专业化接触中，我国政府高层决策人员的世界格局和全球战略眼光也在不断地生成。

（三）普惠性幼儿园制度的相对成熟期（2017—2021年）："普惠性幼儿园"覆盖率的提出

2017—2021年是普惠性幼儿园制度建设不断制度化、体系化的关键时期。这期间有六个重大事件影响了普惠性幼儿园制度建设的进程。

第一，教育部等四部门颁布《关于实施第三期学前教育行动计划的意见》。在第三期学前教育行动计划中，一方面坚持前两期行动计划所倡导的"坚持公益普惠""公办民办并举""增加普惠性资源供给""发展普惠性幼儿园"的思路，另一方面又进一步强调"提高公办幼儿园提供普惠性学前教育服务的能力"，这里"普惠性学前教育"和"普惠性学前教育服务"开始成为新概念，也是新方向。

更为重要的是，在第三期学前教育行动计划中，还提出了一个成为普惠性幼儿园制度建设转折点的政策导向，即"到 2020 年，基本建成广覆盖、保基本、有质量的学前教育公共服务体系。全国学前三年毛入园率达到 85％，普惠性幼儿园覆盖率（公办幼儿园和普惠性民办幼儿园在园幼儿数占在园幼儿总数的比例）达到 80％左右"。自此，80％的普惠性幼儿园覆盖率既成为政策目标，也成为行动指南。

此外，在第三期学前教育行动计划中，四部委还强调"各省（区、市）制定普惠性民办幼儿园认定标准，逐年确定一批普惠性民办幼儿园。通过购买服务、综合奖补、减免租金、派驻公办教师、培训教师、教研指导等方式，支持普惠性民办幼儿园发展。将提供普惠性学位数量和办园质量作为奖励和支持的依据，对达不到要求的要限期整改"。这一规定将普惠性民办园政策推进到了一个高密度的落实阶段，为后期出台普及普惠督导评估办法提供了政策基础。

第二，国家社会科学基金 2018 年度重大项目"我国普惠性学前教育公共服务体系建设的路径和机制研究"招标成功，北京师范大学、华东师范大学同时获得该项目的研究资助。这一招标课题的开展在一定程度上推进了理论层面普惠性学前教育制度、普惠性幼儿园制度的探索。

第三，《中共中央 国务院关于学前教育深化改革规范发展的若干意见》（前文简称《意见》）于 2018 年 11 月 7 日发布，提出了"推进学前教育普及普惠安全优质发展"的目标。全文 20 余处提及普惠性，其中后缀为幼儿园、资源、民办园、服务、学前教育资源。在《意见》中，再次强化了第三期学前教育行动计划提出的普惠目标，即"到 2020 年，全国学前三年毛入园率达到 85％，普惠性幼儿园覆盖率（公办园和普惠性民办园在园幼儿占比）达到 80％"。

同时，在《意见》中，进一步要求"以县为单位制定幼儿园布局规划，切实把普惠性幼儿园建设纳入城乡公共管理和公共服务设施统一规划"，"各地要把发展普惠性学前教育作为重点任务，结合本地实际，着力构建以普惠性资源为主体的办园体系，坚决扭转高收费民办园占比偏高的局面"。为了进一步实现普及普惠的发展目标，《意见》强调要"按照实现普惠目标的要求，公办园在园幼儿占比偏低的省份，逐步提高公办园在园幼儿占比，到 2020 年全国原则上达到 50％，各地可从实际出发确定具体发展目标。积极扶持民办园提供普惠性服务，规范营利性民办园发展，满足家长不同选择性需求"。这一公办园占比指标的提出为普惠性幼儿园制度的最终实现奠定了制度基础，明确了5∶3∶2的办园新格局。

第四，2019年1月《国务院办公厅关于开展城镇小区配套幼儿园治理工作的通知》发布。该通知指出："城镇小区配套建设幼儿园是城镇公共服务设施建设的重要内容，是扩大普惠性学前教育资源的重要途径，是保障和改善民生的重要举措。"因此，"小区配套幼儿园移交当地教育行政部门后，应当由教育行政部门办成公办园或委托办成普惠性民办园，不得办成营利性幼儿园"。同时，该文件还提出了具体的时间路线图，以强化政策的落实。比如，"对于已经建成、需要办理移交手续的，原则上于2019年6月底前完成；对于需要回收、置换、购置的，原则上于2019年9月底前完成；对于需要补建、改建、新建的，原则上于2019年12月底前完成相关建设规划，2020年12月底前完成项目竣工验收"。应该说，小区配套幼儿园是城市地区普惠性幼儿园增量的重要来源，小区配套幼儿园整改不到位，便会整体上影响80%普惠目标的实现。

第五，教育部印发《县域学前教育普及普惠督导评估办法》。该文件第二章"督导评估内容"第五条提出"督导评估的主要内容包括普及普惠水平、政府保障情况、幼儿园保教质量保障情况三个方面"。第六条提出了三个重要的考核与问责指标：（1）学前三年毛入园率达到85%；（2）普惠性幼儿园覆盖率，即公办园和普惠性民办园在园幼儿占比达到80%。（公办园是指由国家机构举办，或者国有企业事业单位、街道、村集体利用财政性经费或者国有资产、集体资产举办的幼儿园；普惠性民办园是指通过教育部门认定、面向大众、质量合格、接受财政经费补助或政府其他方式的扶持、收费执行政府限价的非营利性民办幼儿园。当地确认的公办园和普惠性民办园名单已在当地政府门户网站公开。）（3）公办园在园幼儿占比达到50%。

《县域学前教育普及普惠督导评估办法》的出台与实施必将对各地普惠性幼儿园的格局产生重大影响，而问责导向也必将激活地方政府的执政智慧，通过各种地方性策略将80%普惠性发展指标逐步落到实处。

第六，教育部等九部门发布《"十四五"学前教育发展提升行动计划》，提出要"强化公益普惠"，"进一步提高学前教育普及普惠水平，到2025年，全国学前三年毛入园率达到90%以上，普惠性幼儿园覆盖率达到85%以上，公办园在园幼儿占比达到50%以上。覆盖城乡、布局合理、公益普惠的学前教育公共服务体系进一步健全，普惠性学前教育保障机制进一步完善"。

二、我国普惠性幼儿园制度十余年历程的推进特点

纵观我国普惠性幼儿园制度建设的十余年历程，21世纪此轮改革与此前的任何改革都有所不同。一方面，这一轮改革发生在中国快速崛起的关键时期，作

为后发社会主义国家，中国政府有着不一样的全球视野和格局，在各项政策的运筹帷幄中很容易受到国际潮流与世界趋势的影响；另一方面，这一轮改革发生在中国经济出现较大下行压力，市场经济的契约意识还未深入人心，公众对公平公正、普及普惠的各项公共服务的需求日益增长的大背景下。政府既要立足世界前沿，又要考虑国情需求，普惠性幼儿园制度的推进过程在价值定位、内涵变迁和治理策略等方面都典型地表现出一定的特殊性。

（一）国际环境与研究导向：普及普惠是世界各地政府的共同治理目标

社会学家布迪厄认为，特定社会状态下人们的心智结构是特定社会结构[1]的产物。我国新一轮的改革发生在全球化越来越普遍的大背景下，国际惯例、国际潮流会通过各种渠道影响中国政府的教育抉择。2001年经济合作与发展组织（OECD）出台了旨在提高普及率的《强势开端1》（*Starting Strong I*），后来于2006年出台了旨在促进公平的《强势开端2》（*Starting Strong II*），2012年、2016年分别出台了旨在提升质量、监测质量的《强势开端3》（*Starting Strong III*）、《强势开端4》（*Starting Strong IV*），2017年出台了专门指向幼小衔接的《强势开端5》（*Starting Strong V*）。2001年"金砖国家"这一概念诞生，中国成为当时的金砖四国之一，随着金砖国家间合作的深化，经济领域的合作逐渐延伸到教育领域，中国的教育改革也开始有了更多的参照系。应该说，21世纪以来，世界学前教育改革的主要趋势是普及普惠，尤其是联合国教科文组织倡导的一系列国际会议的成果，比如《仁川宣言》和《教育2030行动框架》等。

在中国改革决策者不断参与国际组织的政府间圆桌会议，不断加入各种承诺与宣言的过程中，中国社会对学前教育的研究也越来越重视，政府逐渐关注基于研究的决策、基于公意的决策，学前教育研究者的研究成果也不断转化为决策咨询报告，政府越来越多地委托学前教育研究者开展一些课题研究，研究与决策间形成了更具回应性的关系。从前面的阐述中，我们可以看到，普惠性幼儿园制度的建设过程，既是政府受国际潮流、民众意愿影响的结果，也是学前教育相关研究推动的结果。

（二）文化氛围与舆论诉求：普惠经济、普惠金融、普惠福利成为新选择

在以"普惠""普惠性""普惠性幼儿园""普惠性学前教育"为关键词在相

---

① 皮埃尔·布迪厄，华康德. 实践与反思：反思社会学导引［M］. 李猛，李康，译. 北京：中央编译出版社，1998：13.

关数据库进行检索的过程中，我们发现，2001—2010 年，关于普惠的研究成果数量极少，并且较多地集中于普惠金融、普惠经济、普惠福利这些领域。可见，教育领域的普惠导向是受经济领域、金融领域、福利领域影响的，或者说，经济领域的普惠取向进一步营造了一个全面普惠的文化氛围与社会舆论。在 2008—2010 年这三年开展的关于《国家中长期教育改革和发展规划纲要（2010—2020 年)》的民意调查中，公众关于学前教育的普及普惠诉求是最突出的。普惠经济一方面催生了社会公众对全面普惠的向往，另一方面导引了学前教育中的普惠改革方向。

（三）价值设定与内涵变迁：从学前教育资源不足到普惠性资源不足

纵观普惠性幼儿园制度的诞生过程，可以看出普惠性幼儿园的内涵与价值设定有一个不断变迁和完善的过程。从价值设定来看，2010 年"国十条"首创的普惠性民办园，其核心点在于"面向大众、收费较低"，将"普"理解为"面向大众"，将"惠"理解为"收费较低"，而在如何实现民办园的"普惠性"上，采用的是"政府购买服务、减免租金、以奖代补、派驻公办教师等方式"，即政府采取有限资金支出、有限政策倾斜的方式来引导民办园提供普惠性服务。这一政策对于那些收费较低且生源不稳定的中低端收费民办园具有一定的吸引力，它们可以借助政府的资金扶持、象征性的合作关系来改善办园条件、和谐家园关系。

应该说，"普惠性民办园"最初是作为一个内涵不清、外延不明的临时性概念提出的[①]，是针对我国财政实力不足、市场需要多元化这个特定背景而言的。"国十条"对我国当时的学前教育总体状况的判断是"资源不足"，因此，政府的主要政策动机是扩大资源，从而早期的"普惠性民办园"政策是指向"资源不足"这个困境的。后来，从第二期学前教育三年行动计划开始，政府对我国学前教育总体状况的定位开始从"资源不足"过渡到"普惠性资源不足"，其政策的指向在于解决"普惠性资源不足"的问题。因此，从 2014 年开始，当政策文本提及"普惠性民办园"时不再使用"收费较低"这一内涵界定方式。自此，普惠性民办园成为解决"普惠性资源不足"问题的重要政策工具之一，发展学前教育成为发展"普惠性学前教育"，扩大幼儿园成为扩大"普惠性幼儿园"，实现普及的学前教育目标成为实现"普惠"的学前教育目标，学前教育公共服务体系建设成为普惠性学前教育公共服务体系建设，"普惠"成为新时代学前教育的最核心的关键词。

---

① 魏聪，王海英，林榕，等 . 普惠性民办园与非营利性民办园的关系辨析与路径选择［J］. 学前教育研究，2019（3）：54 - 70.

（四）推进逻辑与治理策略：从政策定位、行动计划到实验试点、督导问责

纵观普惠性幼儿园制度建设的十余年历程，可以清晰地看到从政策定位、行动计划到实验试点、督导问责的变迁轨迹，这是一个从模糊到清晰、从观念到行动、从局部试点到整体推进、从中低端普惠性民办园到中高端民办园的不断扩展的过程。

与此前的改革政策不同，这次"国十条"的蓝图是通过三期学前教育行动计划逐步推进的，三期行动计划既有连续性，也有阶段性，表现出循序渐进的特点。如果说第一期行动计划在于"广覆盖、保基本"，第二期行动计划更多地强调"建机制"，那么第三期行动计划则更侧重于"建机制"和"体系化"。在第一期、第二期、第三期行动计划中，教育部连续推进了两期国家学前教育改革实验区试点工作，最大限度地通过试点将创造性制度，特别是普惠性幼儿园的各项制度落地。

而从 2017 年的第三期行动计划开始，普惠目标以及基于普惠目标而进行的督导问责便慢慢浮出水面，成为各级政府的行动指南。可以设想的是，如果没有对县域一把手的督导问责，没有三期行动计划执行过程中的年度督导，那么，即便有了配套的政策，有了细致的行动计划，有了美好的蓝图，普惠性学前教育制度也不会实现。

三、我国普惠性幼儿园制度十余年历程的突出问题

2010 以来，我国普惠性幼儿园制度建设有了巨大进展。截至 2021 年，全国学前三年毛入园率从 2010 年的 56.6％上升到 88.1％，2021 年普惠性幼儿园覆盖率为 87.78％。2019 年出台的《北京市普惠性幼儿园认定与管理办法（试行）》是普惠性幼儿园制度建设的里程碑。在这份文件中，明确了普惠性幼儿园的认定范围、申报条件、认定程序、退出机制、保障支持和日常监管要求，尤其是明确提出了普惠性幼儿园用于人员经费支出占保教费收费收入和财政生均定额补助收入之和的比例原则上不低于 70％。同年，北京市财政局、北京市教育委员会印发的《北京市市级财政支持学前教育事业发展补助资金管理使用实施细则（修订）》提出，政府将通过整合各类型幼儿园评价标准、统一普惠性幼儿园认定和管理、统一财政补助政策标准和普惠性幼儿园收费价格，引导普惠性幼儿园逐渐实现"三同一相当"：质量相同、价格相同、补助相同、教师待遇相当。但北京的政策只是我国普惠性幼儿园制度建设的一个高峰，全国各地的政策差异性还很大。相比 2010 年，我国普惠性幼儿园制度在普及普惠两个维度都取得了较大进

步，但仍存在着许多瓶颈性制约。具体而言，集中表现在以下三个方面：财政投入制度、教师同工同酬机制、普惠性民办园扶持政策。

（一）普惠性幼儿园财政投入机制尚未建立

在影响普惠性幼儿园可持续发展的所有因素中，人、财、物是最重要的。其中，公平合理的财政投入制度是关键中的关键。在北京的普惠性幼儿园政策中，"补助相同、教师待遇相当"是重要的条件，每生每年 1.2 万元的补助在一定程度上缓解了普惠性幼儿园之间的财政投入不公平。但即便如此，财政补贴政策也不是可持续的制度性投入，我们仍然需要从财政预算与财政投入制度设计的意义上讨论普惠性幼儿园的财政投入，确保所有普惠性幼儿园，包括教办园、其他公办性质幼儿园、普惠性民办园、非营利性民办园享受同样的财政投入政策，保障投入公平。目前而言，北京的"三同一相当"政策也仅仅能保障教办园之外的普惠性幼儿园之间的"三同一相当"，要想建立真正公平的普惠性幼儿园扶持政策，财政投入上就不能将教办园与其他普惠性幼儿园区分开来。

（二）普惠性幼儿园教师同工同酬机制有待探索

当"广覆盖、保基本"问题得到初步解决后，"有质量"或"高质量"、"高均衡"问题便会成为政策追求。教师是提升学前教育质量的关键要素，在工资待遇方面实现同工同酬是普惠性幼儿园制度建设的关键一环。然而，从目前全国各地的普惠性幼儿园政策来看，教师间的待遇差距还非常大，虽然教办园、其他公办性质幼儿园、普惠性民办园、非营利性民办园都统称为普惠性幼儿园，但由于归属不同的管理部门，有不同的财政投入主体，教师之间的待遇差距过大严重影响了教师的公平感和获得感。即便是北京在其政策中设定了普惠性幼儿园用于人员经费支出占保教费收费收入和财政生均定额补助收入之和的比例原则上不低于70％，教师之间的不平等感也仍较为强烈。

从目前全国来看，出台普惠性幼儿园教师扶持政策的省份并不多，深圳的"长期从教津贴"、绍兴的"社平工资 1.5 倍"、镇江句容的公办园在编非在编同工同酬政策等都是小范围的，普惠性幼儿园教师同工同酬的全国性政策还远远谈不上萌芽。如果不能解决教师的待遇问题，那么普惠性幼儿园制度建设就远未完成，还有很长的路要走。

（三）普惠性民办园扶持政策还不健全

在 2020 年年初《县域学前教育普及普惠督导评估办法》中，普惠性民办园不再被界定为"面向大众、收费较低的民办园"，而是"通过教育部门认定、面向大众、质量合格、接受财政经费补助或政府其他方式的扶持、收费执行政府限价的非营利性民办幼儿园"。在普惠性民办园内涵外延的变迁过程中，政府、举办者的权利义务发生了变化，政府所采取的不再是"国十条"中笼统的"政府购买服务、减免租金、以奖代补、派驻公办教师等方式"，而是强化了政府的财政经费补助，特别是生均公用经费补助，当政府的义务有所扩大时，举办者的权利便有了一定程度的增加，这是一个相反相成的结果。

但纵观全国，普惠性民办园的扶持政策在很多地区还只具有象征性意义，举办者必须履行降低收费、提高教师待遇的义务，但却没有获取与公办园同等的生均公用经费补助的权利。当权利小责任大时，举办者的转普积极性就会大打折扣，而我国普惠性幼儿园制度建设的质量就会受到严重影响。不少地方正在推进建设的形式化、仪式化的普惠性民办园只是拉高了各地的普惠率，并没有在质量的可持续、公众的获得感上做出实质性贡献。更为糟糕的是，这种形式主义可能不利于普惠性幼儿园制度发展。

四、我国普惠性幼儿园制度的完善路径

从前文所述普惠性幼儿园制度十余年历程出现的主要问题来看，要想真正在我国建设起国际通行的普惠性幼儿园制度，政府就不能仅仅着力于解决以上三个问题，而要更多地从系统设计的角度优化我国的普惠性幼儿园制度，即，将普惠性幼儿园制度建设纳入基本公共服务范畴，建立起普惠性幼儿园一体化财政拨款机制和教师同工同酬机制。

（一）将普惠性幼儿园纳入基本公共服务

普惠性幼儿园是面向社会提供普惠性学前教育公共服务的幼儿园，其基本特征是由政府举办或接受政府委托、获得财政性教育经费支持、接受政府限价与监督管理、机构性质为非营利性的幼儿园，包括公办幼儿园（含公办性质幼儿园）和民办普惠性幼儿园[1]。普惠性幼儿园是普惠性学前教育公共服务的基本供给途径。刘焱认为，当前我国普惠性学前教育发展主要面临四重困境：普惠性学前教育资源不足、家庭分担成本比例高、教育不够公平、公办幼儿园财政拨款制度不合理[2]。针对普惠性学前教育面临的困境，刘焱建议应尽快把普惠性幼儿园纳入基本公共服务范畴，制定普惠性幼儿园基本公共服务的供给标准，统筹协调公办幼儿园和普惠性民办幼儿园一体化发展，加快推进普惠性学前教育的发展，让更多的幼儿与家庭享受公平而有质量的学前教育。

当下，我国学前教育的发展有三种不同的公共服务类型：面向贫困家庭、残

---

①② 刘焱 . 普惠性幼儿园发展的路径与方向 [J]. 教育研究，2019（3）：25-28.

疾儿童的基本公共服务，面向普惠性幼儿园的非基本公共服务，面向营利性幼儿园的营利性服务。2019 年颁布的《教育领域中央与地方财政事权和支出责任划分改革方案》《加大力度推动社会领域公共服务补短板强弱项提质量 促进形成强大国内市场的行动方案》将"扩大城乡普惠性学前教育资源"与"增加托育服务有效供给"等 11 个项目作为"非基本公共服务项"，实际上是在国家层面明确了普惠性学前教育非基本公共服务的属性定位。

然而，将学前教育定位于非基本公共服务会模糊各级政府的责任边界，给学前教育的发展带来更多困境；只有将普惠性学前教育纳入基本公共服务清单，才能明确各级政府的财政事权和支出责任，形成政府责任的刚性约束机制。

（二）建立普惠性幼儿园一体化财政投入制度

在《县域学前教育普及普惠督导评估办法》中，区县财政投入方面目前的督导标准是确保"财政投入到位。落实省定公办园生均财政拨款标准或生均公用经费标准；落实企事业单位、部队、高校、街道、村集体办幼儿园财政补助政策；落实省定普惠性民办园认定标准、补助标准及扶持政策"。可见，该文件中的财政投入是基于非基本公共服务定位、非一体化发展思维的。

从国际比较和中国现实需求来看，应建立面向所有普惠性幼儿园的一体化财政投入制度，在实现北京"三同一相当"的基础上，打通"公办幼儿园财政"与"普惠性幼儿园财政"间的壁垒，通过生均财政拨款制度实现财政公平，努力办好每一所普惠性幼儿园。从操作层面上来说，各地政府要根据当地的实际情况，在确定普惠性幼儿园质量标准的基础上，核算普惠性幼儿园的生均成本和收费标准，确保财政性教育经费投入和家长成本分担的公平性，逐步消除公办幼儿园和其他普惠性幼儿园在收费标准和财政投入上的差距。

（三）建立普惠性幼儿园一体化教师同工同酬制度

普惠分为三个层次[①]：资源配置普惠、收入分配普惠、再分配普惠。对于所有普惠性幼儿园老师而言，同工同酬是其共同的愿景，也是其教师职业认同感的基本来源。在《县域学前教育普及普惠督导评估办法》中，重点督导的只是教师工资待遇有保障："落实公办园教师工资待遇保障政策，确保教师工资及时足额发放、同工同酬；参照公办园教师工资收入水平，合理确定民办园相应教师工资收入。"这一政策意味着仍然存在着"公办园教师"与"民办园教师"的区别，而不是用"普惠性幼儿园教师"来统称。

---

① 王颖，曾康霖. 论普惠：普惠金融的经济伦理本质与史学简析［J］. 金融研究，2016（2）：37－54.

　　普惠性幼儿园一体化，不仅需要幼儿园名称、教师称谓的一体化，更需要财政投入的一体化、教师收入的一体化、儿童发展质量的一体化，而后三个一体化才是普惠性幼儿园制度建设的关键所在。后三个一体化能否真正落地，考验的不仅是政府的政治承诺，而且是政府履行政治承诺的能力。

　　从普惠的本质来看，它诉求的是包容性，矫正的是排他性，是强势集团与弱势集团之间的一场博弈，也是政府智慧与市场驱动之间的一场较量。在每个个体都追求自身目标函数最大化的时代，无论是社会治理，还是教育选择，普惠都是一种有利于各方的选择。

第三章　底部攻坚：我国农村学前教育十余年变迁

随着国民经济和社会发展水平的不断提高，我国进入了后反贫困阶段，其主要特征就是大力发展社会公共事业，提升农村人口的社会福利保障水平。具体到教育领域，即在推动教育公平的基础上，均衡城乡教育资源，重点向农村倾斜，阻断贫困代际传递。学前教育是国民教育的重要组成部分，是基础教育的基础。农村学前教育的覆盖率及质量关系到广大农村学前儿童身心和谐健康发展及入学准备水平。然而由于受各种因素综合影响，我国农村学前教育长期发展处于低水平，成为基础教育的短板。

一、基础教育的低洼地带：2010 年前的农村学前教育

在 2010 年之前，我国农村学前教育处于相对落后的状态，受多方面因素影响。

第一，缺乏上位政策制度保障，且单独针对农村学前教育的政策较少，致使事业发展无政策可依。2010 年之前我国专门针对农村学前教育的独立性政策仅有《国家教育委员会关于发展农村幼儿教育工作的几点意见》（1983 年）和《国家教育委员会关于进一步办好幼儿园学前班的意见》（1986 年）两项[①]。2003年，国务院针对农村教育出台了《国务院关于进一步加强农村教育工作的决定》，指出"地方各级政府要重视并扶持农村幼儿教育的发展，充分利用农村中小学布局调整后富余的教育资源发展幼儿教育"，只涉及了对农村幼儿园校舍来源的基本指导性原则，亦无其他配套性政策。政策制度缺乏反映出政府职责缺位，也致使农村学前教育长期以来发展动力不足。

第二，管理体制不健全，管理机构重心过低。1985 年《中共中央关于教育体制改革的决定》明确了"基础教育管理权属于地方。除了大政方针和宏观规划由中央决定外，具体政策、制度、计划的制定和实施，以及对学校的领导、管理和检查，权力和责任都应交给地方"。该规定标志着新中国成立以来高度集中的

---

① 夏婧. 我国农村学前教育政策：特点、矛盾与新趋势 ［J］. 现代教育管理，2014（7）：60 - 64.

公共教育权力开始了结构性的变迁进程①。同时,《中共中央关于教育体制改革的决定》首次提出基础教育实行"地方负责,分级管理"的新体制。在"地方负责,分级管理"的管理体制不断完善和发展的过程中,省以下各级政府中农村学前教育管理权力逐级下放。

2003年国务院办公厅转发的教育部等部门（单位）的《关于幼儿教育改革与发展的指导意见》明确地对中央、省、市、县、乡镇五个层级政府在学前教育发展中的具体职责进行了规定:"国家制定有关幼儿教育的法规、方针、政策及发展规划;省级和地（市）级人民政府负责本行政区域幼儿教育工作,统筹制定幼儿教育的发展规划,因地制宜地制定相关政策并组织实施,积极扶持农村及老少边穷地区的幼儿教育工作,促进幼儿教育事业均衡发展;县级人民政府负责本行政区域幼儿教育的规划、布局调整、公办幼儿园的建设和各类幼儿园的管理,负责管理幼儿园园长、教师,指导教育教学工作;城市街道办事处配合有关部门制定本辖区幼儿教育的发展计划,负责宣传科学育儿知识,指导家庭幼儿教育,提供活动场所和设备、设施,筹措经费,组织志愿者开展义务服务;乡（镇）人民政府承担发展农村幼儿教育的责任,负责举办乡（镇）中心幼儿园,筹措经费,改善办园条件;要发挥村民自治组织在发展幼儿教育中的作用,开展多种形式的早期教育和对家庭幼儿教育的指导。"《关于幼儿教育改革与发展的指导意见》明确了乡（镇）人民政府在发展农村幼儿教育中承担主体责任。自此,在相当长一段时间内,农村学前教育管理、投入责任主要在乡镇一级政府,管理和投入主体重心过低,严重制约了我国农村学前教育的发展。

第三,学前教育经费投入比例和总量过低,农村学前教育经费则更为紧张。有关统计显示,2009年我国学前教育经费投入只占教育经费总投入的1.3%左右,而国际平均水平是3.8%②。且在2010年前学前教育经费还未纳入国家财政支出预算,全国教育经费执行情况统计表中涉及小学、初中、高中、中等职业学校和普通高等学校等各教育阶段,却唯独没有学前教育阶段。经费投入低,加之农村自身经济水平相对落后,且无对农村学前教育发展的专项经费列支,长期制约了农村学前教育的发展。

第四,农村学前教育观念相对落后。2010年之前,国家对农村学前教育的重视程度也不够,未能大力宣传,这也使农村家庭一方面对学前教育持一种可有可无的态度,另一方面持学前教育就是超前教育的错误认知。此外,缺乏对农村幼儿教师队伍的管理、缺乏对农村地区办园的指导等原因造成了农村学前教育质

---

① 史慧中.中华人民共和国幼儿教育50年大事记（四）：有中国特色社会主义建设时期的幼儿教育（上）[J].幼儿教育,2000（1）：14-16.

② 熊丙奇.学前教育占教育经费的比例应该明确[EB/OL].（2010-12-03）[2019-08-17].https://view.news.qq.com/a/20101203/000017.htm.

量不佳的状况。

上述原因直接导致了我国农村学前教育长期以来发展滞后，出现了"双低"现象，即低覆盖率（入园率）与低质量并存。

（一）低覆盖率

2010 年以前，我国农村学前教育覆盖率低，幼儿园数量不能满足农村幼儿的入园需求。如图 3-1 所示，在 2000 年至 2001 年间，全国幼儿园整体数量急剧下滑，从 17.58 万所降至 11.17 万所，减少了约 36.46%；同样，农村幼儿园数量也从 9.35 万所降至 5.30 万所，减少了约 43.32%；到 2009 年，经过了 8 年的恢复期，幼儿园数量仍未恢复到 2000 年的水平，而在园幼儿数却从 2000 年的 2 244.18 万人增长到 2 657.81 万人，这使得农村幼儿接受学前教育的机会和质量大打折扣。

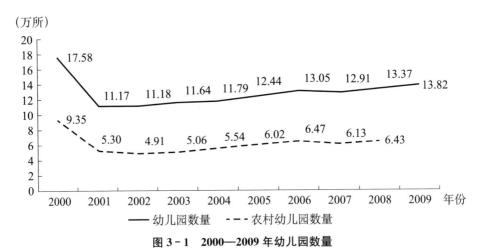

图 3-1 2000—2009 年幼儿园数量

资料来源：教育部公布的 2000—2009 年教育统计数据。

截至 2010 年，我国东部拥有中心园的乡镇约占 75% 以上，但中西部 22 个省（区、市）约有一半的乡镇没有中心园，村幼儿园的数量也只占全国行政村总数的 10%[①]。从数据中可以得知，农村地区学前教育机构覆盖率较低，尤其是中西部地区，约有一半的农村幼儿无法入园。90% 的农村幼儿因村里没有幼儿园，无法就近入园，这在很大程度上降低了农村幼儿的入园率。

2008 年统计数据显示，全国学前三年毛入园率为 47.3%，城市近 60%，农村仅为 37%；北京、上海、天津、浙江等经济发达省市学前三年毛入园率均为

---

① 刘占兰. 农村学前教育是未来十年发展的重点：《规划纲要》确定普及学前教育的重点与难点 [J]. 学前教育研究，2010（12）：3-6.

90％以上，而西部一些省份学前三年毛入园率最低仅为10％左右①。同年人口统计数据显示，农村人口占全国总人口一半以上，而农村幼儿有约63％未入园享受接受学前教育的权利，农村入园率远低于城市水平，贫困地区学前三年毛入园率与经济发达地区的差距则更大。这也说明我国学前教育发展极不平衡，农村及贫困地区学前教育资源少，发展速度慢，是改革的重中之重。

此外，多数农村地区在对0～3岁幼儿的教育上处于空白状态，没有早期教育机构来承担0～3岁幼儿的科学保育教育工作，农村家长未形成科学的教养观念，教养方式落后，多数农村家庭仅为幼小儿童提供基本的吃穿照料，而忽略了幼儿对外界强大的好奇心以及渴望与父母建立依恋的情感。

（二）低质量

2010年之前，我国农村学前教育发展的低水平还体现为"质量低"，其主要体现在以下几个方面。

1. 师幼比过低，远远没有达到国家规定的标准

2001年，全国幼儿园师幼比平均约为1：32.09，城市幼儿园师幼比约为1：23，农村师幼比低达1：83②，农村与城市差距显著，有些地区甚至出现了一园一师的情况，教师无法照管到每一个孩子，也无法有效开展教学活动，更无法保障儿童的安全。之后的几年，全国师幼比有所提高，农村地区师幼比也有明显的提高。根据《中国教育统计年鉴2010》，至2010年全国平均师幼比为1：26，城市地区为1：12，农村地区低至1：44③，城市地区逐步接近国家标准，但农村地区与国家规定的标准仍然相去甚远。师幼比低，师幼互动少，影响了学前教育质量。

2. 农村园所设施缺乏，硬件设备少

农村地区多数幼儿园场地、设施不符合幼儿身心发展特点。如一些学前班设置在小学里，与小学生使用相同的桌椅，没有单独的符合学前儿童身高特点的桌椅；教室环境未按区角划分，缺乏相应区角的玩具材料，绘本数量和类型较少；户外活动场地缺少大型户外活动设备；部分幼儿园没有儿童专用的、适合儿童尺寸的盥洗室，后勤配套设施不足。

3. 农村幼儿教师学历较低，专业素养不高

农村幼儿教师的主体是高中学历，而城市幼儿教师的主体是专科及专科以上

---

① 王春英. 发展农村和贫困地区学前教育是促进教育起点公平的重要举措 [J]. 学前教育研究，2010（5）：7-8.

② 李颖，李敏. 农村幼儿教师队伍现状、问题及其发展对策 [J]. 安庆师范学院学报（社会科学版），2010，29（9）：122-126.

③ 史爱芬. 陶行知师范教育思想视角下的农村幼教师资培养 [J]. 教育与职业，2013（29）：89-90.

学历①。不少农村幼儿教师学历是高中以下，未经过专门的幼儿教育理论知识和技能的学习，不具有幼儿园教师资格证，且农村幼儿园教师入职门槛低，上岗之前也未经过专门培训，教师未能及时形成科学的教育理念。农村幼儿园教师社会地位低，工资待遇水平低，这也导致教师队伍不稳定，影响了农村学前教育质量。

4. 农村学前教育"小学化"现象严重

一方面，农村幼儿家长未正确认识学前教育的性质特点。他们认为幼儿园阶段同小学一样，要学习学科知识，比如背古诗、认字、记英语单词。另一方面，农村幼儿教师缺乏对学前教育事业的整体认识，缺乏正确的教育理念，缺乏对儿童身心特点的认识，也未经过培训，想当然地用小学教育的方法对学前幼儿进行教育，导致农村学前教育"小学化"倾向严重。

二、农村学前教育发展成为反贫困战略的重点

十八大以来，党和国家高度重视解决贫困问题，把扶贫开发工作摆在治国理政的突出位置，致力于消除贫困、改善民生。而解决贫困问题最重要的是"授人以渔"。党的十九大报告指出，要"注重扶贫同扶志、扶智相结合"，习近平总书记曾多次强调"治贫先治愚，扶贫先扶智。""治愚"和"扶智"的根本手段是发展教育，就是要通过教育来提升劳动者的综合素质，促进贫困人口掌握脱贫致富本领，阻断贫困代际传递②。

2010年《国家中长期教育改革和发展规划纲要（2010—2020年）》中明确指出要"把促进公平作为国家基本教育政策"，还指出实现教育公平的"根本措施是合理配置教育资源，向农村地区、边远贫困地区和民族地区倾斜，加快缩小教育差距"。2015年《乡村教师支持计划（2015—2020年）》中指出乡村是我国教育的薄弱环节和短板，实施乡村教师支持计划对于促进教育公平、推动城乡一体化建设具有十分重要的意义。2016年《国务院关于进一步完善城乡义务教育经费保障机制的通知》中指出："在整合农村义务教育经费保障机制和城市义务教育奖补政策的基础上，建立城乡统一、重在农村的义务教育经费保障机制，是教育领域健全城乡发展一体化体制机制的重大举措。这有利于推动省级政府统筹教育改革，优化教育布局，实现城乡义务教育在更高层次的均衡发展，促进教育公平、提高教育质量"。此外，还出台了配套政策《国务院关于统筹推进县域内城乡义务教育一体化改革发展的若干意见》，从主要措施和组织保障上推进城乡教育公平。2017年《国家教育事业发展"十三五"规划》中指出要以"着力促进

① 于冬青，梁红梅. 中国农村幼儿教师资存在的主要问题及发展对策［J］. 学前教育研究，2008（2）：13-16.
② 王嘉毅，封清云，张金. 教育与精准扶贫精准脱贫［J］. 教育研究，2016，37（7）：12-21.

教育公平"为指导思想，以"坚持促进公平"为基本原则，以"教育发展成果更公平地惠及全民"为主要目标，统筹规划城乡教育发展，加强农村学校布局规划。2018 年《教师教育振兴行动计划（2018—2022 年)》中指出要"改善教师资源供给，促进教育公平发展。加强中西部地区和乡村学校教师培养，重点为边远、贫困、民族地区教育精准扶贫提供师资保障"。近十几年来，国家密集出台了多项有关教育公平的政策，注重公平配置教育资源，并把促进农村教育发展作为推进教育公平的重要举措。

在扶贫扶智的进程中，最重要、最关键的是保证教育公平，而教育公平首先体现为起点公平，这个起点就是学前教育。全国政协副主席李斌在"第六届反贫困与儿童早期发展国际研讨会"上指出："贫困之所以会发生，很大程度在于儿童早期发展资金投资不足，进而导致他的能力不足。"① 良好的早期教育能够使儿童各方面能力得到充分发展，为一生发展打下坚实的基础。相比其他教育阶段，我国学前教育事业起步晚，整体还处于世界较低水平，而农村地区由于经济水平和其他条件较为落后，学前教育的发展更是处于劣势，学前教育的落后反过来也制约着农村地区的发展，形成了恶性循环。且农村人口占我国总人口数一半以上，因此，要解决贫困问题，充分发挥教育扶智的作用，农村地区是关键，农村学前教育尤为关键之关键。

三、2010 年至今的农村学前教育：政府主导下的大力发展

2010 年至今，我国学前教育事业进入了快速发展时期，国家也更加重视农村学前教育发展，采取一系列重大举措，推进农村学前教育发展，致力于缩小学前教育城乡差距。经过十余年的努力，我国农村学前教育事业也初步取得了一些成就，不断向更高水平发展。

（一）农村学前教育发展的重要举措

1. 政府主导出台了多项政策文件以保障事业发展

2010 年 7 月出台的《国家中长期教育改革和发展规划纲要（2010—2020 年)》中指出要"重点发展农村学前教育"。同年 11 月出台了《国务院关于当前发展学前教育的若干意见》，对于扩大农村学前教育资源做出了更为细致的表述，明确了各级政府的职责，并对乡村办园给出了建设性意见。此后，国家陆续出台了更多关于农村学前教育的政策文件（详见表 3 - 1)。这些政策文件中都涉及对

---

① 丁捷．中央财政每年投入 500 亿元用于贫困儿童早期教育可行吗？［EB/OL］．(2018-11-09)［2020-03-15］．http://china. cai xin. com/2018 - 11 - 09/101344750. html.

农村学前教育事业发展的规定，引领着农村学前教育向着公平优质、公益普惠的方向发展。

表 3-1 农村学前教育相关政策

年份	政策名称	相关规定
2010 年	《国家中长期教育改革和发展规划纲要（2010—2020 年）》	重点发展农村学前教育，努力提高农村学前教育普及程度，着力保证留守儿童入园。采取多种形式扩大农村学前教育资源，改扩建、新建幼儿园。发挥乡镇中心幼儿园对村幼儿园的示范指导作用
	《国务院关于当前发展学前教育的若干意见》	努力扩大农村学前教育资源。各地要将幼儿园作为新农村公共服务设施统一规划，优先建设，加快发展。各级政府要加大对农村学前教育的投入，地方各级政府要安排专门资金，重点建设农村幼儿园，逐步完善县、乡、村学前教育网络。改善农村幼儿园保教条件，配备基本的保教设施、玩教具、幼儿读物等。创造更多条件，着力保障留守儿童入园
2011 年	财政部、教育部《关于加大财政投入支持学前教育发展的通知》	因地制宜，突出重点。各地要对城市和农村不同类型幼儿园提出分类支持政策，把加快发展农村学前教育作为工作重点。中央财政重点支持各地农村学前教育发展，以及家庭经济困难儿童、进城务工人员随迁子女和留守儿童接受学前教育。开展"校舍改建类"和"幼师培训类"项目，在农村小学增设附属幼儿园
2012 年	《幼儿园教师国家级培训计划课程标准》	开展农村幼儿园"转岗教师"培训，基于农村幼儿园新入职教师的专业发展现实需求，以多种形式培养教师职业认同感与专业能力
2014 年	《教育部 国家发展改革委 财政部关于实施第二期学前教育三年行动计划的意见》	着力扩大农村学前教育资源，重点解决好连片特困地区、少数民族地区、留守儿童集中地区学前教育资源短缺问题。财政性学前教育投入要最大限度地向农村、边远、贫困和民族地区倾斜
2015 年	《中央财政支持学前教育发展资金管理办法》	把学前教育发展资金分为两类，即"扩大资源"类项目资金和"幼儿资助"类项目资金。"扩大资源"类项目资金重点用于农村学前教育
	《教育部办公厅关于申报国家学前教育改革发展实验区的通知》	建设以财政投入为主的农村学前教育成本分担机制。研究制定促进农村学前教育发展的财政支持政策，探索落实农村幼儿园"保安全、保工资、保运转、保发展"的实现路径和具体措施
2016 年	《国务院办公厅关于加快中西部教育发展的指导意见》	积极发展农村学前教育：扩充公办幼儿园资源、支持普惠性民办幼儿园发展、补充学前教育师资队伍、改革学前教育管理体制

续表

年份	政策名称	相关规定
2017 年	《国家教育事业发展"十三五"规划》	省级政府统筹学前教育资金向贫困县倾斜。加大对贫困地区、民族地区学前教育薄弱环节的扶持力度
	《关于深化教育体制机制改革的意见》	省市两级政府要加强统筹，加大对贫困地区的支持力度。落实县级政府主体责任，充分发挥乡镇政府的作用。以县域为单位制定幼儿园总体布局规划，新建、改扩建一批普惠性幼儿园
	《教育部等四部门关于实施第三期学前教育行动计划的意见》	增加普惠性资源供给。重点加强脱贫攻坚地区、两孩政策新增人口集中地区和城乡结合部幼儿园建设。加快集中连片贫困地区乡村幼儿园建设。发挥乡镇中心幼儿园的辐射作用，加强对农村学前教育的业务指导，探索农村乡镇幼儿园和村幼儿园一体化管理。中央财政继续安排专项资金，支持和引导地方积极发展学前教育，重点向农村地区、贫困地区倾斜
2018 年	《中共中央　国务院关于学前教育深化改革规范发展的若干意见》	优化农村学前教育布局，完善县乡村三级学前教育公共服务网络。确保农村学前教育资源供给，利用各种资源，以多种形式举办公办园。经费投入重点向中西部农村地区和贫困地区倾斜，因地制宜制定补助政策
2019 年	《中国教育现代化 2035》	以农村为重点提升学前教育普及水平，建立更为完善的学前教育管理体制、办园体制和投入体制，大力发展公办园，加快发展普惠性民办幼儿园
2020 年	《县域学前教育普及普惠督导评估办法》	对督导评估内容和程序做出规定，落实县级政府职责
2021 年	《"十四五"学前教育发展提升行动计划》	完善农村学前教育资源布局，办好乡镇公办中心幼儿园，通过依托乡镇中心幼儿园举办分园、村独立或联合办园、巡回支教等方式满足农村适龄儿童入园需求。充分发挥乡镇中心幼儿园的辐射指导作用，实施乡（镇）、村幼儿园一体化管理。鼓励有条件的地方探索实施学前教育服务区制度

2. 不断加大财政投入，多种形式扩大农村学前教育资源

2010 年以来，国家建立了以财政投入为主的农村学前教育成本分担机制，大力健全幼儿资助制度，重点向中西部地区农村倾斜，地方各级政府安排专门资金用于建设农村学前教育。2018 年教育部公布的《2017 年全国教育经费统计快报》显示，各领域教育经费总投入分别为学前教育 3 255 亿元、义务教育 19 359 亿元、高中阶段教育 6 638 亿元、高等教育 11 107 亿元和其他教育 2 200

亿元①。学前教育阶段经费投入有所增加，且用于农村学前教育的经费占总量的比例加大。

同时，国家还鼓励运用多种方式扩大农村学前教育资源，在中央财政重点支持的4大类7个重点项目中，有3大类是专门针对农村学前教育或者以农村学前教育为主，分别为校舍改建类项目、幼师培训类项目、幼儿资助类项目，从硬件、软件两方面有效促进了农村学前教育事业的发展②。2018年《中共中央 国务院关于学前教育深化改革规范发展的若干意见》中指出要"充分利用腾退搬迁的空置厂房、乡村公共服务设施、农村中小学闲置校舍等资源，以租赁、租借、划转等多种形式举办公办园"。

3. 建立健全"以县为主"的学前教育管理体制

长期以来，我国学前教育实施"地方负责、分级管理，有关部门分工协作"的管理体制，管理重心过低导致无法有效保障学前教育经费投入。2010年以来，在以《国家中长期教育改革和发展规划纲要（2010—2020年）》和《国务院关于当前发展学前教育的若干意见》为代表的一系列新政中，政府主导强力推进学前教育普及，管理体制成为落实政府主导责任的核心和关键③。2017年《关于深化教育体制机制改革的意见》中指出"省市两级政府要加强统筹，加大对贫困地区的支持力度。落实县级政府主体责任，充分发挥乡镇政府的作用。以县域为单位制定幼儿园总体布局规划"。同年，教育部等四部门颁布《关于实施第三期学前教育行动计划的意见》，其中强调"理顺学前教育管理体制和办园体制。建立健全'国务院领导，省地（市）统筹，以县为主'的学前教育管理体制。省级、地市级政府加强统筹，加大对贫困地区支持力度。落实县级政府主体责任，充分发挥乡镇政府的作用"。随着不断对学前教育管理体制进行规范，政府在学前教育管理中的地位不断提升，职责不断增加，推进了学前教育乃至农村学前教育的进一步发展。

4. 加强师资队伍建设，完善农村幼儿教师培训体系

幼儿园师资水平在很大程度上影响着幼儿园教育水平。在农村学前教育中，幼儿教师也是决定教育质量的关键因素。在党和政府的重视下，在相关政策的保障下，我国农村学前教育事业发展迅速，农村幼师队伍也得到了较好的建设和较快的发展④。2011年起，教育部实施"幼儿园教师国家级培训计划"，对中西部

---

① 教育部. 2017年全国教育经费统计快报 ［EB/OL］.（2018-05-09）［2020-02-25］. http://www.jyb.cn/zgjyb/201805/t20180509_1067865.html.

② 孙美红. 改革开放40年我国农村学前教育的变迁与政府责任 ［J］. 学前教育研究，2019（1）：33-44.

③ 范明丽，洪秀敏. 我国学前教育管理体制改革的历程与方向：改革开放40周年回眸与展望 ［J］. 学前教育研究，2019（1）：22-32.

④ 夏婧. 我国农村幼儿园师资队伍建设经验及其启示 ［J］. 学前教育研究，2014（7）：35-41.

农村公办园和普惠性民办园园长、教师进行专业培训①。2012 年实行农村幼儿园"转岗教师"培训，对未从事过学前教育工作的转岗教师以及非学前教育专业的高校毕业生进行培训，采取"送培到县""送教上门""远程培训"等多种方式培养教师职业认同感与专业能力，以适应幼儿园教师岗位的基本要求。同时，国家还注重增加农村幼儿教师数量，通过多种方式为农村及贫困地区补充合格的幼儿园教师。

5. 建立学前教育质量评估监管体系，保障学前教育高质量发展

督导评估是保障教育法律法规和方针政策落实的重要机制，也是保障与提升教育质量的核心与源头②。在国家大力发展农村学前教育的背景下，面对农村学前教育落后的现状，要确保相关政策落地生根，使大量经费投入有所成效，最关键的就是建立起相应的教育质量评估监管体系。2012 年教育部颁布了《学前教育督导评估暂行办法》，在政策的指引下，各地方政府陆续尝试建立学前教育督导评估体制。2017 年《国家教育事业发展"十三五"规划》中明确指出要"建立学前教育质量评估监管体系，落实《幼儿园工作规程》，加强对各类幼儿园准入、安全、师资、收费、卫生保健及质量等方面的日常指导和监管，落实信息公示制度，强化社会监督"。2020 年 2 月，教育部印发《县域学前教育普及普惠督导评估办法》，明确了督导评估的原则、内容和程序，推动县级人民政府履行职责，提高学前教育普及普惠水平。2022 年 2 月，教育部印发《幼儿园保育教育质量评估指南》，聚焦幼儿园保育教育过程质量，围绕办园方向、保育与安全、教育过程、环境创设、教师队伍五个方面对幼儿园进行评估，引导幼儿园不断提高办园水平和保教质量。

6. 实施学前教育三年行动计划，推进普惠性幼儿园建设

《国务院关于当前发展学前教育的若干意见》中明确规定"以县为单位编制学前教育三年行动计划"。第一期三年行动计划完成之后，我国普惠性学前教育资源明显增加：公办园增多，城镇小区有了一批配套普惠性幼儿园，巡回支教项目支持 13 个省，受益幼儿约 4 万人。第二期学前教育三年行动计划继续扩大普惠性幼儿园建设，针对"二孩政策"，解决"入园难"问题，聚焦幼儿园教师数量短缺、小学化现象严重等问题，重点解决连片特困地区、少数民族地区、留守儿童集中地区学前教育资源短缺等问题。第三期学前教育行动计划更是着力增加普惠性资源供给，破解公办园少、民办园贵的问题③，仍把发展普惠性幼儿园作为重点任务，重点支持贫困地区、困难群众和薄弱环节，保障农村适龄儿童接受学前教育。国家还大力鼓励民办幼儿园普惠化，投入财政补贴，缓解民办幼儿园

① 张雅倩，王萍. 中华人民共和国成立 70 年来农村学前教育政策变迁的回顾与展望［J］. 早期教育（教材科研），2019（9）：12-16.
② 李琳. 当前我国各地农村学前教育督导评估体制改革探析［J］. 教育导刊（下半月），2013（11）：54-58.
③ 虞永平，张斌. 改革开放 40 年我国学前教育的成就与展望［J］. 中国教育学刊，2018（12）：18-26.

成本压力。

（二）十余年来农村学前教育快速发展，成效显著

1. 学前教育经费增多，农村学前教育占比加大

教育部发布的数据显示，2011 年全国教育经费总投入为 23 869.29 亿元，占 GDP 的 3.93%；2019 年全国教育经费总投入为 50 175 亿元，首次突破 50 000 亿元，比上年增长 8.74%，比 2011 年增长约 110.21%，其中学前教育阶段经费总投入为 4 099 亿元，比上年增长 11.63%。国家财政性教育经费为 40 049 亿元，占 GDP 的 4.04%，连续 8 年占 4% 以上。中央财政支持学前教育发展专项资金提高到 168.5 亿元，比上年增长 12.33%。

学前教育阶段经费投入不断大幅度增加，且向农村学前教育倾斜。以 2016 年为例，我国学前教育经费为 2 803.53 亿元，其中农村地区为 1 276.99 亿元，占比 45.55%；学前教育国家财政性教育经费达到 1 326.07 亿元，农村地区为 679.97 亿元，占比约 51.28%，超一半的学前教育财政性教育经费投入农村地区。

2. 农村幼儿园数量显著增加，入园率显著提高

如图 3-2 所示，从 2011 年至 2020 年，全国幼儿园从 16.68 万所增长到 29.17 万所，增幅为 74.88%。其中，城区幼儿园从 5.36 万所增长至 9.51 万所；镇区幼儿园从 5.45 万所增长至 9.52 万所；乡村幼儿园从 5.87 万所增长至 10.14 万所，增长了 4.27 万所，增幅为 72.74%。2020 年农村幼儿园（镇区幼儿园与乡村幼儿园）数量占比达 67.40%，为农村幼儿接受学前教育提供了有力保障。同时，农村普惠性幼儿园数量不断增加，增量占比加大。以 2017 年为例，教育部

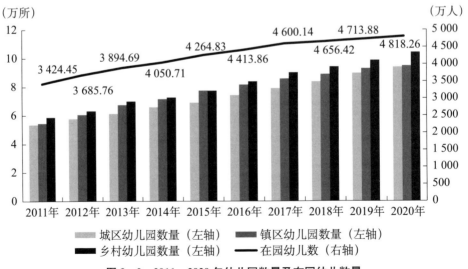

图 3-2　2011—2020 年幼儿园数量及在园幼儿数量

门举办的普惠性幼儿园数量为 75 553 所，其中城区 10 710 所，占 14.18%；镇区 23 613 所，占 31.25%；乡村 41 230 所，占 54.57%。农村普惠性幼儿园占总量的 85.82%，数量明显增多。2017 年比 2016 年增加了 9 434 所普惠性幼儿园，增幅为 14.27%。新增普惠园中，城区 941 所，占 9.97%；镇区为 2 121 所，占 22.48%；乡村为 6 372 所，占 67.54%[①]。约九成新增普惠性幼儿园投入农村，缓解了农村"入园难""入园贵"问题，推进了农村学前教育普惠化。

在园幼儿数量也在不断增加，2011 年在园幼儿 3 424.45 万人，2021 年在园幼儿达到了 4 805.21 万人，增长了 1 380.76 万人。我国学前三年毛入园率也明显提高，2011 年我国学前三年毛入园率为 62.3%，2014 年上升至 70.5%，到 2021 年提高到 88.1%，11 年时间提高了 25.8 个百分点。能够取得这样的成绩，农村学前教育建设起到了关键作用。

3. 农村幼儿教师队伍不断壮大，学历层次不断提高

2020 年，我国幼儿园专任教师有 291.34 万人，比 2011 年增长了 159.78 万人，增幅达 121.45%。2020 年，我国农村园长和教师达 166.24 万人，比 2011 年增长约 90.23 万人，增幅达 118.71%，其中，研究生学历 0.16 万人，增长 0.11 万人，增幅 220.00%；本科学历 39.35 万人，增长 31.77 万人，增幅为 419.13%；专科学历 95.22 万人，增长为 60.65 万人，增幅为 175.44%；高中学历 28.03 万人，减少 2.2 万人，降幅为 7.28%；高中以下学历 3.48 万人，减少 0.1 万人，降幅为 2.79%。

从以上数据可以看出：农村幼儿教师学历层次持续提高，本科和专科学历增长人数最多，本科和研究生学历增幅最大。近年来的增长趋势预示着，我国农村幼儿教师建设的目标是幼师学历以本科为主。

4. 农村学前教育质量不断提升且逐步重视儿童的主体地位

2010 年《国务院关于当前发展学前教育的若干意见》指出，幼儿园课程要"遵循幼儿身心发展规律，面向全体幼儿，关注个体差异，坚持以游戏为基本活动，保教结合，寓教于乐"。农村幼儿园课程由分科活动转变为分领域活动，最后到整合活动，使农村地区"小学化"严重的问题得到了有效解决。

教育部 2012 年颁布《3－6 岁儿童学习与发展指南》，重申了幼儿园以游戏为基本活动，各级政府大力推进农村地区幼儿园贯彻以游戏为基本活动的原则，保障农村幼儿快乐健康成长。近年来，在我国的安吉、利津等地出现了对儿童游戏的理论探讨与实践，积累了很多宝贵的经验，并逐步在全国乃至全球得到认可与推广[②]。政策文件的明确规定与各地的经验相结合，共同促进了农村学前教育质

---

① 东北师范大学中国农村教育发展研究院 . 中国农村教育发展报告 2019［N］. 中国教师报，2019 - 01 - 16.

② 杨川，鄢超云 . 我国农村学前教育七十年足迹回顾与趋势展望［J］. 幼儿教育，2019（10）：22 - 29.

量的提升，使农村幼儿真正成为幼儿园游戏和教学活动的"小主人"，在主动探索中获得发展。

四、农村学前教育发展的挑战与制度创新

经过近些年的不懈努力，我国农村学前教育总体上已经取得显著进步，但当前发展仍面临诸多挑战，需要不断进行制度创新，对农村学前教育进行顶层设计和实践探究，引领其向更高水平发展。

（一）农村学前教育发展面临的挑战

1. 农村学前教育资源分布不均，园所多集中于乡镇

根据 2017 年全国农村普查数据，在中国 59 万个行政村中，仅有约 19 万个有村一级幼儿园[①]，这意味着全国约有 40 万个行政村中没有配套幼儿园，村中的适龄幼儿无法就近入园。农村学前教育资源匮乏的状况虽已引起国家和政府的重视，国家和政府也出台了相应的政策并投入了大量的资金，但仍存在现有资源集中于乡镇的情况。有调研发现，不少乡镇在民办园已经饱和的区域依然新建公办园，初衷竟然是完成"一镇一园"的建设任务[②]。这种做法违背了国家和政府大力发展农村学前教育的初衷，致使许多村庄仍缺乏学前教育机构和其他资源，导致农村学前教育发展迟缓，尤其是基层村庄幼儿园无从发展。

2. 城镇化进程和人口流动给建设农村学前教育带来了挑战

随着我国城镇化的不断推进，城市和乡村的人口结构不断变化，大批劳动力从农村向城镇聚集，人口流动规模巨大，而城市的接收能力有限，人口数量又处于动态变化中，这给学前教育发展带来了巨大挑战。并且在城镇化的进程中，农村经济发展以及农民思想观念的转变，使农村群众对子女的教育需求呈现出多元化、多层次的特点，这就从办学模式和办学特色的维度对农村学前教育提出了诉求[③]。而当前农村学前教育在制度、资金投入、师资力量等方面还有诸多不足，难以应对城镇化和人口流动问题，因此亟须改革农村学前教育模式、调整农村学前教育布局，提高农村学前教育质量。

3. 农村学前留守儿童教育问题亟待解决

当前农村青壮年劳动力大多涌入城市，而由于城市生活成本高、生活节奏快等

---

① 赵晨，陈思，曹艳，等. 教育精准扶贫："一村一园"计划对农村儿童学业成绩的长效影响研究 [J]. 华东师范大学学报（教育科学版），2020，38（2）：114-125.

② 李彬彬，葛文怡，吴玲. 农村幼儿园布局调整的原则及路径 [J]. 教育研究，2017，38（4）：74-79.

③ 商瑜，江涛. 城镇化进程中我国农村学前教育发展问题研究 [J]. 通化师范学院学报，2013，34（7）：59-61.

原因，其子女多数留在农村，由爷爷奶奶抚养，这导致在农村的适龄学前儿童中，留守儿童占据一大半。有数据显示，2016 年农村留守儿童达 902 万人，其中 0～5 岁者达 250 万人[①]。这些儿童在生理、心理等方面都处于弱势，身体健康、行为方式、情感交流等方面或多或少存在问题。老一辈思想观念陈旧，教育理念缺失，未能有效进行家庭教育，使儿童在家庭中无法获得科学引导。良好的学前教育是解决这些问题的重要途径，其可以补充农村学前教育资源、向家庭普及科学教育观念、引导家庭教育，家园合作共同促进农村学前留守儿童健康成长。

4. 幼儿园和社区未能有效互动，未形成教育合力

学前教育是一项系统性工程，其发展依赖自身、家庭、社会三大教育系统的协同支持[②]。幼儿园与家庭、社区的合作是提升学前教育质量的有力支撑。当前家园共育的理念已经受到广泛重视，具备了丰富的理论和实践经验，但幼儿园与社区的互动在农村地区还十分匮乏，其价值未得到完全认同，未能建立起幼儿园与社区协同共育的良性关系。当前我国农村社区与幼儿园合作关系的发展还处于初步阶段，双方互动关系的建立与强化受到政策保障缺失、资源基础薄弱、思想观念落后、互动能力不强等现实挑战的制约[③]。

5. 忽视乡土资源的利用，造成资源浪费

农村幼儿园在建设过程中"城市化"现象明显，一味照搬城市幼儿园的做法，盲目向城市幼儿园看齐，未能结合实际情况和农村儿童的特点，忽视了农村自身优势资源。一方面，农村幼儿园一心追求成为城市化的豪华园，在园所建筑、置办器械、玩具材料上跟随城市幼儿园，不重视农村特色资源的开发利用；另一方面，农村幼儿园园长及教师缺乏创新思想，缺乏因地制宜、就地取材的观念，缺乏开发利用特色资源的能力，未能发现农村特有的自然资源对于儿童的重要意义，未能有效利用乡土资源，开发出特色课程，造成了乡土资源浪费的情况。

（二）农村学前教育发展需要制度创新

针对以上农村学前教育发展面临的种种挑战，需要不断进行制度创新来提高农村学前教育的质量，适应新时代农村地区对学前教育的需求，以促进农村适龄学前儿童健康成长。

1. 以项目实施为依托促进农村学前教育质量提升

农村学前教育资源匮乏尤其表现为缺乏村一级学前教育机构，这也导致了贫困农村地区儿童发展迟缓，落后于城市儿童。为改变这一状况，中国发展研究基

---

①　陈国维. 学前留守儿童发展困境及解决策略 [N]. 中国人口报，2018 - 07 - 25.

②　李运林. 协同教育是未来教育的主流 [J]. 电化教育研究，2007 (9)：5 - 7，27.

③　郭丽娟，严仲连. 农村幼儿园—社区互动的价值、挑战及其突破路径 [J]. 陕西学前师范学院学报，2020，36 (1)：47 - 52.

金会在 2009 年启动了"一村一园"计划。截至 2020 年 8 月，该基金会与地方政府合作，在青海、贵州、新疆、甘肃、湖南、云南、四川、重庆、江西、山西、河北 11 个省（区、市）30 个贫困县（市）共设立山村幼儿园 2 800 余所。"一村一园"计划从园所设立、经费保障、园所管理、师资建设和课程与教学等方面具体展开，取得了巨大成效，使农村学前教育资源覆盖率大幅度提高，学前三年毛入园率提升显著。这一项目的成就给农村幼儿园建设提供了可供借鉴的经验：以地方政府作为主体，负责统筹场地资源；以政府资金、基金会经费和社会募捐为经费来源；以本土特色课程进行混龄教学；以志愿者和幼儿教师作为主要师资力量，定期进行多种形式的培训。此外，针对农村地区和西部地区，联合国儿童基金会与我国教育部合作开展"爱生幼儿园"项目，探索适合农村的幼儿教育模式，形成了"问题诊断—分级培训—跟进指导"持续性的教师培训机制。多个项目的开展，对促进农村学前教育的稳步发展、提升农村学前教育质量起到了推动作用。

2. 调整农村幼儿园布局，实现动态管理与弹性供给

2018 年《中共中央 国务院关于学前教育深化改革规范发展的若干意见》明确要求科学规划农村学前教育布局："每个乡镇原则上至少办好一所公办中心园，大村独立建园或设分园，小村联合办园，人口分散地区根据实际情况可举办流动幼儿园、季节班等，配备专职巡回指导教师，完善县乡村三级学前教育公共服务网络"。该文件针对全国农村地区的普遍情况，对农村办园提供了政策指引，在实际的实施过程中还需要根据具体情况有所变通：在人口达到一定规模的村庄，建设一所符合标准的幼儿园；在人口规模相对较小的村庄，可以建设小微型幼儿园；在人口流动比较频繁的村庄，可以举办流动幼儿园、季节班等。当前，北京西部阳光农村发展基金会的实践为农村学前教育发展提供了宝贵经验，其阳光童趣园项目探索出了小微型幼儿园运营和管理的有效模式，并且能适应乡村人口迁徙的现状，易于搬迁和改变，允许多次异地拆解重建。这种小微型幼儿园的形式对保障留守学前儿童的受教育权，实现教育公平，引领乡村文明，实施留守儿童教育补偿，奠定其终身发展基础具有重要的价值①。

3. 注重建设非正规学前教育资源，推进农村学前教育发展

农村家长育儿观念陈旧是阻碍农村学前教育发展的一大原因。当前农村适龄学前幼儿中留守儿童占据大半，家庭教育的重任落在老一辈肩上，教育观念问题尤其突出。要改变这种状况，仅仅依靠幼儿园是不够的，还要借助非正规学前教育形式，例如家庭作坊式幼儿园、家庭辅导站、大篷车流动园、游戏小组、亲子

---

① 张丽，刘焱，裘指挥. 农村小微型幼儿园发展的价值、困境及路径 [J]. 教育学报，2016，12 (5)：91-96.

活动中心等①。吉执来对非正规学前教育的意义、发展模式、保障机制等问题进行了探讨，认为非正规学前教育是发展农村学前教育的有效途径②。非正规学前教育可以运用多种形式在农村宣传学前教育的科学观念，使家长们树立起科学的儿童观和教育观，并能够积极配合幼儿园教育工作，形成教育合力。

4. 将农村学前教育发展同社区相结合，推进农村社区学前教育

社区学前教育具有地域性、实用性、综合性、双向性等特点③。由于我国农村地区人口多是聚居性的，社区在农村是非常重要的社会单位，且农村具有独具特色的自然和人文资源，所以社区学前教育在农村地区的发展具有独特优势，是提升农村学前教育的关键一步。可以在社区设立专门组织，及时宣传国家的教育方针，并给幼儿家长提供教育支持，普及儿童身心发展特点，引导家长关注儿童身心健康。还可以通过"请进来"和"走出去"相结合的方式建立幼儿园与社区的联系。

5. 充分利用乡土资源，打造具有农村特色的幼儿园

受社会上"唯升学"风气的影响，农村学前教育的"小学化"倾向更为严重，片面重视应试教育，对农村学前教育发展产生了负面影响，忽视了对农村特有资源的利用，这也是农村学前教育的一大问题。针对这一问题，首先，各部门及园长、教师要树立开发乡土资源的理念，转变办园思想，认识到农村学前教育发展具有特殊性；其次，对农村幼儿园给予经费支持，并调整经费用途，一方面减少玩具材料购买，利用农村各种资源制作玩教具，另一方面加大对园本课程建设的经费投入，将农村的民俗文化和民间游戏融入幼儿园课程建设；最后，农村现有的非物质遗产继承人、民间文化名人、传统工艺技艺等手艺人是根植于农村幼儿教育的特色师资，可以聘请他们到幼儿园开展各种教育活动，成为编外师资④。

当前，我国农村学前教育仍处于弱势，处在不断发展的阶段，但近些年也不乏一些成功案例：安吉县幼儿园和利津县幼儿园就是典型的农村学前教育优秀案例。安吉游戏和利津游戏都立足乡土元素，创设生态化的游戏环境；革新儿童观念，提供多元化的游戏类型；贯穿游戏精神，创设游戏化的学习方式⑤。这些案例为其他农村地区发展学前教育做出了示范，未来我国农村学前教育会向着更加多元化、更高水平的方向发展。

---

① 盖笑松，焦小燕 . 当前村屯学前教育发展的难点与对策 [J]. 学前教育研究，2015 (5)：5-11.
② 吉执来 . 非正规学前教育是农村学前教育发展的有效途径 [J]. 考试周刊，2015 (94)：133，184.
③ 黄仁颂 . 学前教育学 [M]. 北京：人民教育出版社，2015：446.
④ 耿海英 . 农村学前教育资源开发与特色发展问题研究 [D]. 锦州：渤海大学，2013.
⑤ 杜青玉 . "安吉游戏"与"利津游戏"的比较及启示 [J]. 江苏幼儿教育，2018 (4)：34-37.

第四章　让流动更有希望?

——流动人口子女学前教育的现状和趋势

一、大规模人口流动、迁移,近 1.3 亿儿童受人口流动影响

改革开放以来,伴随经济持续发展,中国经历了一个快速城镇化过程。1978 年至 2020 年,城镇常住人口从 1.72 亿人增加到 9.02 亿人①,常住人口的城镇化率从 17.92% 提升到 63.89%,年均提高 1.09 个百分点(见图 4-1)。

一方面,伴随城镇化进程,城镇吸纳了大量农村人口转移就业,推动了国民经济持续快速发展;另一方面,户籍制度改革的步伐仍然滞后于国民经济发展和城镇化进程,大量农业转移人口难以获得常住地户籍。截至 2020 年年末,户籍人口的城镇化率仍然只有 45.40%(见图 4-1),全国流动人口规模达 3.76 亿人,平均每 4 个人中就有 1 个人是流动人口,在城镇地区(城区和镇区),平均每 3 个人中就有 1 个人是流动人口。

2014 年,国务院先后印发《国家新型城镇化规划(2014—2020 年)》《国务院关于进一步推进户籍制度改革的意见》,目标是到 2020 年努力实现 1 亿左右农业转移人口和其他常住人口在城镇落户,积极推进城镇基本公共服务由主要对本地户籍人口提供向对常住人口提供转变,逐步解决在城镇就业居住但未落户的农业转移人口享受城镇基本公共服务的问题。受上述政策影响,流动人口子女规模和分布情况近年来也在快速变化。

2020 年,中国流动人口②规模为 3.76 亿人,较 2019 年增加了 1.4 亿人。受

① 国家新型城镇化规划(2014—2020 年)[EB/OL].(2014-03-16)[2019-12-25]. http://www.gov. cn/zhengce/2014-03/16/content_2640075. htm;国家统计局 . 2020 年第七次全国人口普查主要数据 [M]. 北京:中国统计出版社,2021.

② 国家统计局、联合国儿童基金会、联合国人口基金 2017 年发布的《2015 年中国儿童人口状况:事实与数据》中相关概念定义如下:流动儿童,是指流动人口中 0~17 周岁儿童。流动人口是指居住地与户口登记地所在的乡镇街道不一致且离开户口登记地半年以上的人口,其中扣除市辖区内人户分离者。留守儿童,是指父母双方或一方流动,留在原籍不能与父母双方共同生活在一起的儿童。其中,农村留守儿童是指留守儿童中户籍所在地为农村的儿童,城镇留守儿童是指留守儿童中户籍所在地为城镇的儿童。

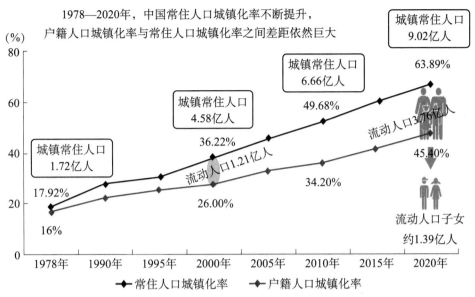

图 4 - 1　1978—2020 年中国常住人口城镇化率不断提升

人口流动影响的儿童（即流动人口子女）规模约 1.39 亿人①，超过中国儿童总数的 40%。完整的流动人口子女规模、分布情况，预计 2022—2023 年才会发布，在此之前我们尝试利用国家统计局每年发布的中国总人口、流动人口、分年龄人口数据，教育部每年发布的随迁子女、进城务工人员随迁子女和农村留守儿童数据，在 2015 年流动人口子女数据的基础之上，对 2015—2020 年流动人口子女的规模、分布情况进行估算。

2020 年，中国流动人口子女规模约 1.39 亿人，比 2015 年的 1.03 亿人增长了 34.95%，约占全国儿童人口的 46.66%，接近每 2 名儿童中就有 1 人是流动人口子女。2020 年中国流动儿童规模为 7 109 万人②，较 2015 年增长了 107.50%；留守儿童规模 6 795 万人（其中城镇留守儿童 4 246 万人，农村留守儿童 2 549 万人）。作为国家政策关注的重点，农村留守儿童规模从 2015 年的

---

① 参考国家统计局、联合国儿童基金会、联合国人口基金会发布的报告《2015 年中国儿童人口状况——事实与数据》，2020 年第七次全国人口普查主要数据，2015—2020 年全国教育统计数据估算。

② 假设一：2015—2019 年，（0～17 周岁流动人口子女数/流动人口数）/（0～17 周岁儿童总数/全国总人口数）不变。据此可以计算出历年的"0～17 周岁流动人口子女数"，2020 年，由于流动人口规模达到 3.76 亿人，取 2010 年、2020 年的平均值 2.985 亿人，对 2015 年流动人口规模进行了修正。

假设二：2015—2019 年，（0～17 周岁流动儿童数/义务教育阶段随迁子女数）/（0～17 周岁儿童总数/义务教育阶段在校生总数）不变。据此可以计算出历年的"0～17 周岁流动儿童数"，2020 年流动儿童数据来自第七次人口普查数据。

假设三：2015—2019 年，（0～17 周岁农村留守儿童数/义务教育阶段农村留守儿童数）/（0～17 周岁儿童总数/义务教育阶段在校生总数）不变。据此可以计算出历年的"0～17 周岁留守儿童数"。

4 051 万人减少到 2020 年的 2 549 万人，减少了 37.08%，其规模小于流动儿童和城镇留守儿童；城镇留守儿童的规模从 2 826 万人增加到 4 246 万人，增长了 50.25%，其规模已经超过了农村留守儿童，但是在国家政策层面，城镇留守儿童极少被关注到（见图 4-2）。

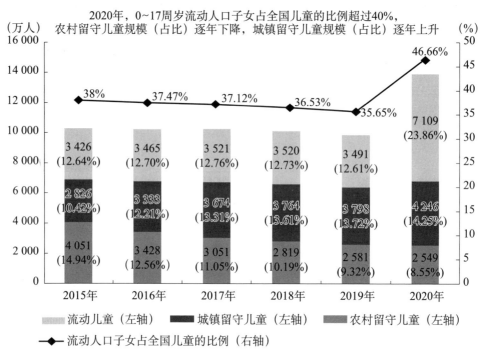

图 4-2 2015—2020 年流动人口子女规模、分布变化趋势

流动儿童和留守儿童其实是同一个群体（流动人口子女）的不同状态，他们在成长的过程中会在流动、留守之间不断转换。从一个儿童健康成长的角度来看，父母的陪伴和支持是至关重要的，为了让这些孩子健康、幸福地成长，很重要的一点就是让他们能够与父母"在一起"生活。

定义流动人口子女"在一起"指数如下：

$$流动人口子女"在一起"指数 = \frac{流动儿童数}{流动人口子女数}$$

"在一起"指数用来评估流动人口子女中与父母"在一起"生活（随迁）的儿童的比例。2015—2019 年，流动儿童占全国儿童的比例几乎没有增加，但是由于更多的城市放开、放宽落户限制，流动人口子女总量小幅下降，流动人口子女"在一起"指数缓慢上升，从 2015 年的 33.25% 上升到 2019 年的 35.37%。2020 年第七次全国人口普查对流动人口、流动儿童进行了更加有效的统计，流动儿童规模大幅增长，"在一起"指数超过 50%（见图 4-3）。

图 4 - 3　2015—2020 年流动人口子女"在一起"指数

二、学前教育阶段流动人口子女，只有不到 1/2 与父母"在一起"

2015 年，学前教育阶段（3～5 岁），中国有流动儿童 590 万人[①]，城镇留守儿童 555 万人，农村留守儿童 792 万人，学前教育阶段流动人口子女合计 1 937 万人，占中国学前教育阶段儿童的 40.08％（见图 4 - 4）。

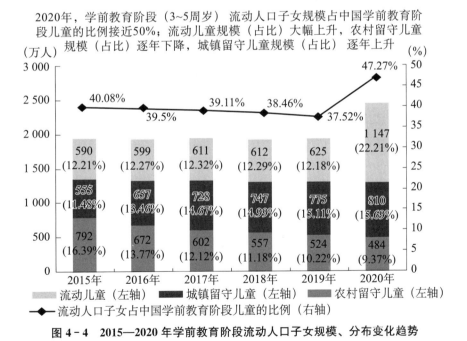

图 4 - 4　2015—2020 年学前教育阶段流动人口子女规模、分布变化趋势

① 国家统计局、联合国儿童基金会、联合国人口基金 . 2015 年中国儿童人口状况：事实与数据 [R]. 2017.

我们使用国家统计局每年发布的分年龄人口数据、2020 年第七次全国人口普查数据，在 2015 年学前教育阶段流动人口子女数据的基础之上进行估算[①]，结果表明：2020 年，中国学前教育阶段（3～5 岁）流动人口子女规模为 2 441 万人，比 2015 年增加了 504 万人，占学前教育阶段儿童的 47.27%。

2020 年，中国学前教育阶段流动儿童规模为 1 147 万人，比 2015 年增加了 557 万人，占学前教育阶段儿童的 22.21%；农村留守儿童规模约 484 万人，比 2015 年减少了 308 万人，占中国学前教育阶段儿童的比例从 2015 年的 16.39% 下降到 9.37%；城镇留守儿童规模为 810 万人，比 2015 年增加了 255 万人，占中国学前教育阶段儿童的比例从 2015 年的 11.48% 上升至 15.69%。

对于学前教育阶段流动人口子女来说，我们需要继续关注其中与父母"在一起"的比例，定义学前教育阶段流动人口子女"在一起"指数如下：

$$学前教育阶段流动人口子女"在一起"指数 = \frac{学前教育阶段流动儿童数}{学前教育阶段流动人口子女数}$$

如图 4-5 所示，2015—2019 年，学前教育阶段流动人口子女"在一起"指数逐年上升，跟父母"在一起"生活的流动人口子女变得更多了，但是截至 2019 年，只有不到 1/3 的学前教育阶段流动人口子女可以跟父母"在一起"生活。第七次全国人口普查数据显示，2020 年流动人口、流动儿童的数量均大幅增长，学前教育阶段流动人口子女"在一起"指数达到 46.99%，仍然只有不到半数可以跟父母"在一起"生活。

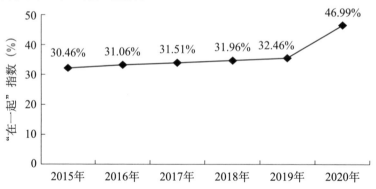

图 4-5　2015—2020 年学前教育阶段流动人口子女"在一起"指数

① 假设四：2015—2019 年，（3～5 周岁流动儿童数/0～17 周岁流动儿童数）/（3～5 周岁儿童数/0～17 周岁儿童数）不变。据此可以计算出历年的"3～5 周岁流动儿童数"，2020 年流动儿童数据来自第七次人口普查数据。

假设五：2015—2019 年，（3～5 周岁城镇留守儿童数/0～17 周岁城镇留守儿童数）/（3～5 周岁儿童数/0～17 周岁儿童数）不变。据此可以计算出历年的"3～5 周岁城镇留守儿童数"。

假设六：2015—2019 年，（3～5 周岁农村留守儿童数/0～17 周岁农村留守儿童数）/（3～5 周岁儿童数/0～17 周岁儿童数）不变。据此可以计算出历年的"3～5 周岁农村留守儿童数"。

利用每年学前教育阶段流动人口子女数和流动人口总数，可以计算出每万名流动人口对应学前教育阶段流动人口子女数。因为不同地区流动人口年龄结构和生育率比较接近，所以可以利用这个数据，结合各地流动人口规模来估算不同地区学前教育阶段流动人口子女的规模，结果详见表 4-1。

表 4-1　2015—2020 年每万名流动人口对应学前教育阶段流动人口子女规模

指标	2015 年	2016 年	2017 年	2018 年	2019 年	2020 年
流动人口规模（万人）	24 700	24 500	24 400	24 100	23 600	37 600
学前教育阶段流动人口子女数（万人）	1 937	1 928	1 941	1 916	1 924	2 441
每万名流动人口学前教育阶段流动人口子女数（人）	784	787	795	795	815	649

通过了解幼儿阶段（0～2 岁）中国流动人口子女的规模、分布情况，可以更好地预测学前教育阶段流动人口子女的教育需求。2015 年，幼儿阶段，中国有流动儿童 463 万人，城镇留守儿童 744 万人，农村留守儿童 784 万人，幼儿阶段流动人口子女合计 1 991 万人，占中国幼儿总人口的 39.96%。

采用与估算学前教育阶段流动人口子女规模一样的方法[①]。2020 年，中国幼儿阶段流动人口子女规模为 2 039 万人，比 2015 年增加了 48 万人，占中国幼儿阶段儿童的比例上升了 8.73 个百分点，达到 48.69%。2020 年，中国幼儿阶段流动儿童规模为 808 万人，比 2015 年增加了 345 万人，占中国幼儿阶段儿童的19.29%；农村留守儿童规模约 377 万人，比 2015 年减少了 407 万人，占中国幼儿阶段儿童的比例从 2015 年的 15.74% 下降到 9.00%；城镇留守儿童规模为 854万人，比 2015 年增加了 110 万人，占中国幼儿阶段儿童的比例从 2015 年的14.93% 增加到 20.39%，详见图 4-6。

2015—2019 年，幼儿阶段流动人口子女构成的变化趋势与学前教育阶段相似，农村留守儿童规模（占比）逐年下降，城镇留守儿童规模先升后降，但占比逐年上升。区别在于：流动儿童占全国同年龄段儿童的比例，幼儿阶段要比学前教育阶段

①　假设七：2015—2019 年，（0～2 周岁流动儿童数/0～17 周岁流动儿童数）/（0～2 周岁儿童数/0～17 周岁儿童数）不变。据此可以计算出历年的"0～2 周岁流动儿童数"，2020 年流动儿童数据来自第七次人口普查数据。

假设八：2015—2019 年，（0～2 周岁城镇留守儿童数/0～17 周岁城镇留守儿童数）/（0～2 周岁儿童数/0～17 周岁儿童数）不变。据此可以计算出历年的"0～2 周岁城镇留守儿童数"。

假设九：2015—2019 年，（0～2 周岁农村留守儿童数/0～17 周岁农村留守儿童数）/（0～2 周岁儿童数/0～17 周岁儿童数）不变。据此可以计算出历年的"0～2 周岁农村留守儿童数"。

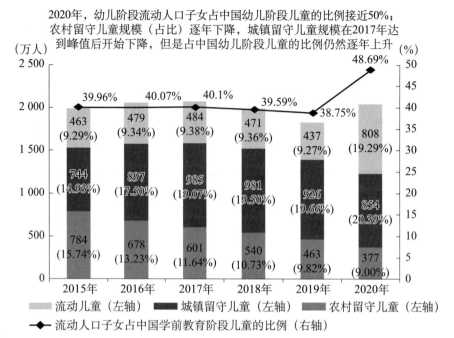

2020年，幼儿阶段流动人口子女占中国幼儿阶段儿童的比例接近50%；农村留守儿童规模（占比）逐年下降，城镇留守儿童规模在2017年达到峰值后开始下降，但是占中国幼儿阶段儿童的比例仍然逐年上升

图 4-6　2015—2020 年幼儿阶段流动人口子女规模、分布变化趋势

低约 3 个百分点；城镇留守儿童占全国同年龄段儿童的比例，幼儿阶段要比学前教育阶段高约 4 个百分点。一方面，因为"就地城镇化"，部分流动人口的身份从"农村"人口变成了"城镇"人口，原来的农村留守儿童身份也自然转变为城镇留守儿童；另一方面，在幼儿阶段，儿童更加依赖家庭照顾，为了降低照顾儿童和家庭生活的成本，一般是母亲跟儿童一起返回户籍所在地的镇、县城或者小城市。但是到了学前教育阶段的时候，占全国同年龄段儿童 3% 左右（140 万～150 万人）的城镇留守儿童将会跟随父母迁至父母工作、生活的城市，成为城市流动儿童。

最后我们关注一下留守儿童中最弱势的群体，即父母双方外出务工的农村留守儿童。2016 年 2 月国务院印发《关于加强农村留守儿童关爱保护工作的意见》，将留守儿童定义为"父母双方外出务工或一方外出务工另一方无监护能力、不满十六周岁的未成年人"。此后，民政部、教育部、公安部共同在全国范围内组织开展农村留守儿童摸底排查工作。数据显示，2016 年，全国 0～5 周岁的农村留守儿童有 250.8 万人[①]；2018 年，全国 0～5 周岁农村留守儿童数量下降到 151.25 万人[②]，比 2016 年下降了 39.69%。

---

① 全国范围内摸底排查农村留守儿童 902 万［EB/OL］.（2016-11-10）［2019-12-13］. http://www.gov.cn/xinwen/2016-11/10/content_5130733.htm.

② 图表：2018 年农村留守儿童数据［EB/OL］.（2018-09-01）［2020-02-25］. http://www.mca.gov.cn/article/gk/tjtb/201809/20180900010882.shtml.

三、流动儿童接受学前教育的现状：更多的流动儿童进入民办幼儿园，更多的流动人口子女与父母"在一起"

在流动人口子女接受学前教育的情况方面，我们主要关注流动儿童，因为对于留守儿童来说，不存在人户分离的情况，就公共政策而言，留守儿童与本地儿童的入园要求是一致的，留守儿童要面对的主要问题是父母陪伴的缺失，解决的办法就是让孩子跟父母在一起。

2011 年，财政部、教育部印发《关于加大财政投入支持学前教育发展的通知》，提出"鼓励城市多渠道多形式办园和妥善解决进城务工人员随迁子女入园"，要求各地"按照以流入地政府为主、以普惠性幼儿园为主的原则，妥善解决进城务工人员随迁子女入园问题"，并提出"中央财政视地方工作情况给予奖补"。2015 年，财政部、教育部印发了《中央财政支持学前教育发展资金管理办法》，进一步强调将支持农民工随迁子女在流入地接受学前教育作为中央财政支持学前教育发展的重要方面。从管理规范的落地、执行情况来看，各级政府的管理效能和执行力度还远远跟不上发展的需要。

近年来，流动儿童的学前教育再没有进入中央政府的决策视野。2017 年《教育部等四部门关于实施第三期学前教育行动计划的意见》，2018 年《中共中央 国务院关于学前教育深化改革规范发展的若干意见》等重要的政策文件，都没有涉及流动儿童或随迁子女相关的内容。

在地方政策方面，2017 年，《浙江省发展学前教育第三轮行动计划（2017—2020 年)》提出："省市两级政府加强统筹，加大对学前教育薄弱县（市、区）、农村地区和随迁子女流入地区的支持力度"。2018 年，《广东省促进学前教育普惠健康发展行动方案》提出："逐年新建、改扩建一批公办幼儿园和普惠性民办幼儿园，满足户籍儿童、异地务工人员随迁子女等常住适龄儿童就近入读普惠性幼儿园的需求"。《福建省第三期学前教育行动计划实施意见》提出："保障进城务工人员随迁子女入园。各地要充分考虑城镇化改革发展等因素，将进城务工人员随迁子女入园纳入学前教育发展规划，努力扩大城镇学前教育资源。按照以流入地政府为主、以普惠性幼儿园为主原则，结合实际制定以居住证为主要依据的随迁子女入园政策措施，简化招生流程，方便随迁子女入园。省级在安排经费时，对招收进城务工人员随迁子女入园人数较多、保障措施有力、工作落实较好的地区给予倾斜。"

在保障流动儿童接受学前教育方面，无论是中央政策还是地方政策都是原则性的，实际情况仍然主要依赖区县的落地执行。相对于义务教育阶段而言，学前教育未被纳入基本公共服务范畴，流动学前儿童在居住地进入公办幼儿园就读仍然非常困难[①]，主要在不受户籍限制的民办幼儿园就读。在教育部每年发布的教育统计数据中，也并不包含流动儿童接受学前教育相关的统计数据，本章主要使用进城农民工随迁儿童学前教育数据和一些地方教育统计数据尽可能呈现这方面的情况。

（一）进城农民工随迁儿童接受学前教育，近3/4在民办幼儿园就读

2015年，在全部3 426万流动儿童中，户籍地在农村的为2 087万人[②]，占全部流动儿童的60.92%，下面我们来看进城农民工随迁子女接受学前教育的情况。

自2016年起，国家统计局在每年发布的农民工监测调查报告中，都会披露农民工随迁子女接受学前教育的情况，详见图4-7。2016—2020年，农民工随迁子女进入公办园就读的比例略高于25%[③]，近3/4的农民工随迁子女在民办幼儿园就读，在普惠性幼儿园（公办园＋普惠性民办园）就读的比例在60%左右。

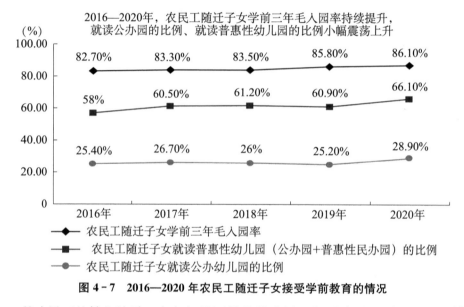

图4-7　2016—2020年农民工随迁子女接受学前教育的情况

从农民工的输入地看，在东部地区就业的农民工超过农民工总量的50%[④]。我们将农民工随迁子女接受学前教育的情况与全国学前教育的平均情况和广东、福建、浙江、江苏等人口流入主要省份学前教育的情况进行比较，详见图4-8。

①　路建非，刘胡权．中国都市外来务工人员子女学前教育现状及建议［M］//杨东平，魏佳羽，秦红宇．中国流动儿童教育发展报告（2016）．北京：社会科学文献出版社，2017.
②　国家统计局、联合国儿童基金会、联合国人口基金．2015年中国儿童人口状况：事实与数据［R］．2017.
③　国家统计局．2016—2020年农民工监测调查报告［EB/OL］.（2017-04-28）［2019-09-13］. http://www.stats.gov.cn/tjsj/zxfb/201704/t20170428_1489334.html.
④　国家统计局．2016—2020年农民工监测调查报告［EB/OL］.（2017-04-28）［2019-09-13］. http://www.stats.gov.cn/tjsj/zxfb/201704/t20170428_1489334.html.

2018年，学前教育阶段农民工随迁子女学前三年毛入园率略高于全国平均水平，但是显著低于东部地区主要人口流入省份；就读公办园的比例、就读普惠园的比例则显著低于全国平均水平和东部地区主要人口流入省份

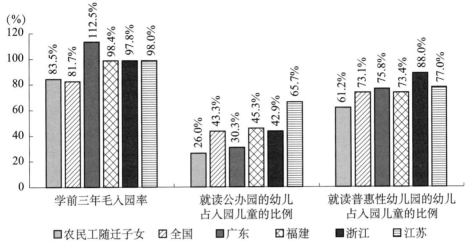

图 4-8　农民工随迁子女接受学前教育的情况与广东、
福建、浙江、江苏和全国平均情况的比较

注：由于包含非正规年龄组（低龄或超龄）儿童，因此学前三年毛入园率可能会超过100%。

农民工随迁子女学前三年毛入园率略高于全国平均水平 2 个百分点，但是相比东部四省，依然有非常大的差距，东部四省的学前三年毛入园率都不低于97%，几乎已经实现了学前教育的全覆盖。农民工随迁子女就读公办园的比例比全国平均水平低 17.3 个百分点，比广东省低 4.3 个百分点，比福建、浙江分别低 19.3 个百分点和 16.9 个百分点，比江苏低约 40 个百分点。农民工随迁子女就读普惠性幼儿园的比例比全国平均水平低 11.9 个百分点，比广东、福建、浙江和江苏四省分别低了 14.6、12.2、26.8 和 15.8 个百分点，对于农民工随迁子女来说，无论是进入公办幼儿园还是普惠性民办幼儿园，都比较难。

近年来，中共中央、国务院不断强调要增加政府投入，建立"广覆盖、保基本、有质量的学前教育公共服务体系"。2021 年教育部等九部门发布的《"十四五"学前教育发展提升行动计划》提出："到 2025 年，全国学前三年毛入园率达到 90% 以上，普惠性幼儿园覆盖率达到 85% 以上，公办园在园幼儿占比达到 50% 以上。"但是，农民工随迁子女接受学前教育仍然以民办幼儿园为主。

（二）不同地区学前教育阶段流动人口子女"在一起"指数的比较

先来看北京的情况。2015 年，北京市常住外来人口规模为 822.6 万人[①]。

①　2016—2019 年北京统计年鉴。

2015 年，每万名流动人口对应学前教育阶段流动人口子女规模 784 人，北京市学前教育阶段流动人口子女规模约为 64.51 万人，同期北京市非本地户籍在园幼儿数为 10.49 万人①。据此计算，2015 年，北京市学前教育阶段流动人口子女"在一起"指数为 16.26%。利用同样的方法，可以算出其他年度学前教育阶段流动人口子女"在一起"指数，详见图 4-9。

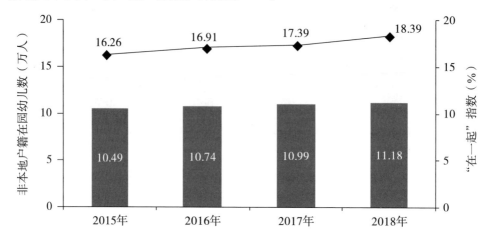

图 4-9　2015—2018 年北京市学前教育阶段流动人口子女"在一起"指数

2015—2018 年，北京市学前教育阶段流动人口子女"在一起"指数缓慢上升，2018 年上升到 18.39%，与全国学前教育阶段流动人口子女"在一起"指数相比，差距达到 13.57 个百分点。

再来看珠三角地区（珠三角地区选择了广州和东莞两个城市，一个是传统的一线城市，一个是该地区流动人口占比最高的城市）的情况。2015 年，珠三角地区流动人口规模为 2 943.77 万人②，占广东省流动人口总量的 91.94%。学前教育阶段流动人口子女规模约为 230.85 万人，同期珠三角学前教育阶段非本地户籍在园幼儿数为 117.7 万人③。据此计算，2015 年珠三角地区学前教育阶段流动人口子女"在一起"指数为 51.00%。利用同样的方法，可以算出其他年度珠三角地区学前教育阶段流动人口子女"在一起"指数，详见图 4-10。

2015—2018 年（2016 年，珠三角地区非本地户籍在园幼儿数较 2015 年大幅下降，2017 年又发生了大幅上升，推测原因在于相关统计资料编辑过程中出现了错误，故本章不对 2016 年的数据进行分析）。2018 年珠三角地区学前教育阶

①　2016—2019 年北京统计年鉴。

②　广东省统计局."十二五"时期广东人口发展状况分析［EB/OL］.（2016-08-01）［2019-11-30］. http://stats. gd. gov. cn/tjfx/content/post _ 1435372. html.

③　卢晓中 . 2015 年广东省教育事业发展统计分析［M］. 广州：华南理工大学出版社，2016.

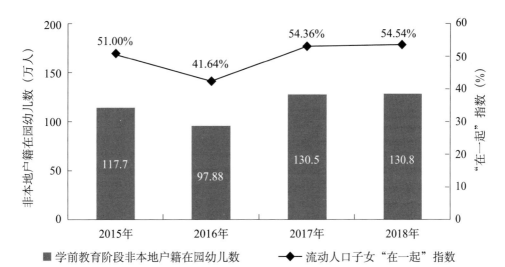

图 4 - 10　2015—2018 年珠三角地区学前教育阶段流动人口子女"在一起"指数

段流动人口子女"在一起"指数从 2015 年的 51.00％上升到 54.54％，比全国平均水平高 22.58 个百分点。

最后看福建省泉州市下辖的晋江市的情况。晋江市是目前我们掌握情况的地区中在保障流动儿童受教育权利方面在全国做得最好的地区之一。2015 年，晋江市流动人口规模为 95.98 万人①，经过推算，晋江市学前教育阶段流动人口子女规模约为 7.53 万人。同期晋江市学前教育阶段非本地户籍在园幼儿有 4.99 万人②。据此计算，2015 年，晋江市学前教育阶段流动人口子女"在一起"指数为66.27％，比全国平均水平高 35.81 个百分点。这也是我们能够获得统计数据的区域中，"在一起"指数最高的地区。从这个数据我们也能够理解，如果外部政策环境比较宽松，那么大部分流动人口家庭都会努力让孩子跟父母在一起。利用同样的方法可以计算出其他年度晋江市学前教育阶段流动人口子女"在一起"指数，详见图 4 - 11。

2015—2018 年，晋江市学前教育阶段流动人口子女"在一起"指数逐年下降，2018 年下降到 60.28％，仍然比全国学前教育阶段流动人口子女"在一起"指数高 28.32 个百分点。

将不同城市 2018 年学前教育阶段流动人口子女"在一起"指数进行比较，可以发现，北京（18.39％）的"在一起"指数低于全国平均水平（31.96％），广州（41.73％）、东莞（57.40％）和晋江（60.28％）的"在一起"指数都要高于全国平均水平，详见图 4 - 12。

---

①②　晋江市统计局．晋江市 2015 年国民经济和社会发展统计公报［EB/OL］.（2016-04-13）［2019-10-25］. http：//www.jinjiang.gov.cn/xxgk/tjxx/tjgb/201604/t20160413 _ 979789. htm.

图 4-11 2015—2018 年晋江市学前教育阶段流动人口子女"在一起"指数

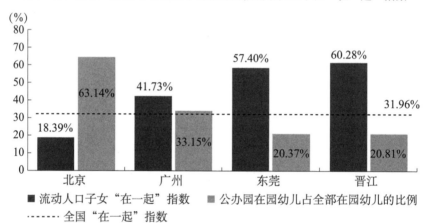

图 4-12 2018 年北京、广州、东莞、晋江学前教育阶段流动人口子女"在一起"指数比较

将不同城市公办园在园幼儿占全部在园幼儿的比例、普惠性幼儿园覆盖率，一起纳入比较会发现一个奇怪的现象：学前教育阶段"在一起"指数较低的北京，公办园在园幼儿占全部在园幼儿的比例很高，达到了 63.14%，比全国平均水平高了 19.84 个百分点；学前教育阶段"在一起"指数较高的东莞和晋江，公办园在园幼儿占全部在园幼儿的比例却很低，只有 20% 多一点，比全国平均水平低 20 多个百分点。

为弄清上述奇怪现象背后的原因，下面，我们关注在不同的城市流动儿童入读不同类型的幼儿园需要满足哪些条件。

（三）流动儿童入读不同类型的幼儿园需要满足哪些条件？

先来看北京市大兴区一所普通的普惠园的招生简章①。该幼儿园小班招生 60

---

① 大兴区红太阳幼儿园（普惠园）招生简章 [EB/OL]. (2020-06-16) [2020-09-12]. http://www. ysxiao.cn/c/202007/37848.html.

人，中班和大班各有3个插班招生名额，合计招生66人，招生范围覆盖周围的15个社区。招生条件如下：第一批次为京籍幼儿，第二批次为非京籍幼儿。非京籍幼儿中首先是有房产的家庭，然后是能够提供租赁合同的家庭，最后是其他类型非京籍家庭（详见图4-13），按批次招生，额满为止。如果京籍幼儿超过了招生名额总数，非京籍幼儿就很难入园了。

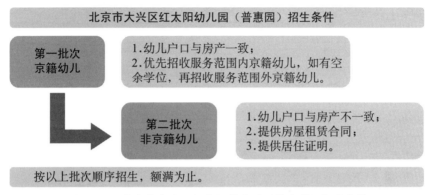

图4-13　北京市大兴区红太阳幼儿园（普惠园）招生条件

再来看晋江市的情况。《晋江市2020年小学幼儿园招生工作意见》[①] 中要求公办学校（幼儿园）根据容量进行"分类招生"，第一批次是"两一致"（户籍和房产）户籍人口；第二批次是政策照顾对象和扩招对象；第三批次才是来晋务工人员子女，详见图4-14。

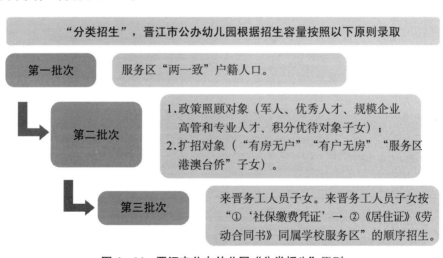

图4-14　晋江市公办幼儿园"分类招生"原则

---

① 晋江市人民政府．晋江市2020年小学幼儿园招生工作意见［EB/OL］．（2020-07-07）［2020-09-12］．http://www.jinjiang.gov.cn/xxgk/zfxxgkzl/ml/05/202007/t20200710_2385109.htm.

最后来看深圳市龙华区的情况①。该区采用"先类型再积分"的幼儿园招生与录取办法，首先按照户籍类型和住房类型进行分类，然后按照计生情况、户籍（居住证）和住房（社保）时间计算积分，进行录取排序。对于没有本地户籍、租房住的流动人口家庭来说，只能期待招生名额非常充足，才可能获得入园的机会，详见表4-2。

表4-2　2020年深圳市龙华区幼儿园招生与录取办法

学位类型	户籍类型	住房类型	基础分	加分项		
				计生情况	户籍情况	深户住房、非深户社保
幼儿园学位类型和积分办法（一）适用于住宅小区配套幼儿园	第一类 龙华区户籍	幼儿园所在配套小区内商品房或保障型商品房	60	申请入园适龄儿童的家庭计划生育信息核验结果为独生子女的，加1分；其他情况不加分。计生审核以家庭为单位	深圳户籍：申请入园适龄儿童的父母（或法定监护人）户籍迁入深圳时间最长的一方计算积分，每满1个月加0.1分。 非深圳户籍：申请入园适龄儿童的父母（或法定监护人）具有使用功能的《深圳经济特区居住证》或《中华人民共和国港澳居民居住证》时间最长的一方计算积分，每满一个月加0.1分；如果父母（或法定监护人）有一方是深圳户籍，经申请人申请，可以以父母一方户籍迁入深圳的时间计算积分，每满1个月加0.1分	深圳户籍：1. 父母、祖父母、外祖父母或法定监护人在申请幼儿园学区内自购商品房或安居商品房（要求为住宅用途商品房，且产权份额在51%以上），按取得商品房房产证（或商品房不动产权证）上购买日期每满1个月加0.1分；2. 父母、祖父母、外祖父母或法定监护人在申请幼儿园学区内租房且能提供房屋租赁部门发放的《房屋租赁凭证》（或公共租赁房合同），按《房屋租赁凭证》签发日期每满1个月加0.1分。其他类住房不加分 非深圳户籍：按照申请入园适龄儿童的父母（或法定监护人）在深圳市缴纳社会保险（必须同时购买养老保险和医疗保险两个险种）时间最长的一方计算积分，以同时缴纳养老保险和医疗保险的月数作为积分月数，每满1个月加0.1分，补缴月数不纳入积分
	第二类 深圳其他区户籍					
	第三类 非深圳户籍					
	第四类 龙华区户籍	幼儿园所在配套小区内租房或公共租赁房、其他类住房				
	第五类 深圳其他区户籍					
	第六类 非深圳户籍					
幼儿园学位类型和积分办法（二）适用于非住宅小区配套幼儿园及住宅小区配套幼儿园有学位富余面向所在社区扩招情形	第一类 龙华区户籍	幼儿园所在社区内商品房或祖屋或保障型商品房				
	第二类 深圳其他区户籍					
	第三类 龙华区户籍	幼儿园所在社区内租房或公共租赁房或其他类住房				
	第四类 深圳其他区户籍					
	第五类 非深圳户籍	幼儿园所在社区内商品房或祖屋或保障型商品房				
	第六类 非深圳户籍	幼儿园所在社区内租房或公共租赁房或其他类住房				

注：1.2020年深圳龙华区幼儿园招生与录取办法：（1）遵循"就近入园"原则。（2）遵循"先类型再积分"原则，确定招生录取名单。（3）遵循"先志愿再积分"原则，确定录取幼儿园。（4）遵循"同类型同积分抽签"原则。

2. 注意事项：非深圳户籍适龄儿童，父母至少一方持有具有使用功能的《深圳经济特区居住证》，在深圳居住满一年、连续参加社会保险（养老保险和医疗保险）满1年。

---

① 深圳市龙华区教育局. 龙华区2020—2021学年幼儿园招生6月13日开始［EB/OL］.（2020-06-05）［2020-09-12］. http://www.szlhq.gov.cn/bmxxgk/jyj/dtxx_124232/tzgg_124234/content/post_7756806.html.

　　无论是在北京、晋江还是深圳，无论是否采用"积分制"，决定一个儿童能否进入心仪的公办园、普惠园或者小区配套幼儿园的录取原则，都是一套以户籍类型和住房类型为核心的排序规则。对于那些没有本地户籍、租房住的流动儿童来说，总是无法避免处于排序的末端。居住地城市能否提供足够多的幼儿园学位，将成为这些孩子能否接受学前教育的决定性因素。

　　我们选择每万名常住人口幼儿园（公办、民办）在园幼儿数作为主要指标，将不同城市的情况和全国平均水平进行比较。2018 年，全国平均每万名常住人口幼儿园在园幼儿 333 人，其中公办幼儿园在园幼儿 144 人，民办幼儿园在园幼儿 189 人。

　　将北京、广州、东莞和晋江四个城市进行比较，可以发现：每万名常住人口公办园在园幼儿数，北京 132 人，在 4 个城市当中最高，但是依然低于全国平均水平，然后是广州 111 人，东莞和晋江分别是 86 人和 85 人。每万名常住人口民办园在园幼儿数，北京只有 77 人，远远低于 189 人的全国平均水平，然后是广州 223 人，东莞和晋江分别是 337 人和 324 人。每万名常住人口幼儿园（公办、民办）在园幼儿数，北京只有 209 人，低于 333 人的全国平均水平，更是大幅低于东莞的 424 人和晋江的 409 人（见图 4 - 15）。

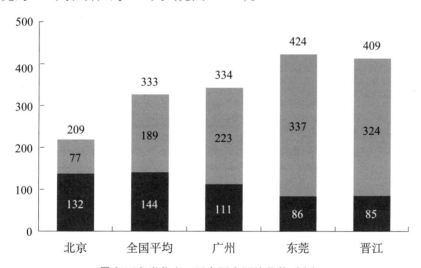

图 4 - 15　2018 年北京、广州、东莞、晋江每万名常住人口在园幼儿数比较

　　这样我们就能够理解为什么 2018 年北京市学前教育阶段流动人口子女"在一起"指数会低于全国平均 13.57 个百分点，而东莞和晋江学前教育阶段流动人口子女"在一起"指数则分别高于全国平均水平 25.44 和 28.32 个百分点。在北京，对于一个流动儿童来说，如果不能进入公办幼儿园，那么可选的民办幼儿园就很少，很多学前教育阶段的流动人口子女只能被留在老家。在东莞或者晋江，尽管进入公办幼儿园的难度甚至比北京更大，但是依然有非常多的民办幼儿园可选，总能找到一个适合自己的。

我们也发现，北京公办园在园幼儿占全部在园幼儿的比例很高，原因是民办幼儿园在园幼儿数太少，而不是公办幼儿园在园幼儿很多。如果不能提高幼儿园学位供给的总量，那么过度强调公办园在园幼儿占全部在园幼儿的比例，反而有可能抑制民办幼儿园学位的供给，最终导致更多的流动儿童入园难，甚至因没有适合就读的幼儿园而只能被迫跟父母分离，成为留守儿童。

（四）流动儿童和"无证园"——增加幼儿园学位供给的一种可能

2020年，全国学前教育阶段流动人口子女"在一起"指数只有46.99%，留守儿童规模为1 294万人。如果人口流入地城市有更多的幼儿园学位供给，那么将会有更多的流动人口家庭把孩子带在身边，进一步化解当下中国的留守儿童问题。

一方面，尽管各地的幼儿园学位总数在不断增加，却依然无法满足需求，幼儿园学位供给持续紧张[1]；另一方面，在全国各地还存在着大量的无证幼儿园[2]。2019年，山东省开展无证幼儿园专项整治工作，10 342所[3]无证幼儿园（2019年，山东省共有独立设置的幼儿园23 588所，无证幼儿园与有证幼儿园之比达到11:25）准入5 695所，取缔4 647所。

截至2017年5月，北京市未经教育部门审批的幼儿园仍有1 000多所[4]，未注册幼儿园在园幼儿为16万余人，几乎都是非京籍幼儿。如果我们将这部分幼儿也一起纳入"在一起"指数的计算范围，那么2017年北京市学前教育阶段流动人口子女"在一起"指数将会从17.39%变成42.72%。不过很遗憾，这些信息在正式的统计数据中不可见。假如"整治"无证幼儿园的目标不是简单地一关了之，而是对这些"无证园"进行软硬件改造，提供指导、培训，将这些"无证园"转化为"普惠园"，则既可以提升普惠园的占比，也可为增加城市幼儿园学

---

① 经济尖子生，教育后进生 深圳民办幼儿园退潮引发入学难［EB/OL］.（2020-06-30）［2020-09-10］. https://www.sohu.com/a/404901950_120179484；山东省教育厅2019年《政府工作报告》重点工作落实情况［EB/OL］.（2019-12-24）［2020-03-15］. http://edu.shandong.gov.cn/art/2019/12/24/art_12006_8467272.html.

② 袁秋红，王红蕾，贺红芳，等. 符合我国国情的无证园分层分类治理的政策思考与建议［J］. 教育科学，2018，34（5）：59-64.

③ 山东省教育厅2019年《政府工作报告》重点工作落实情况［EB/OL］.（2019-12-24）［2020-03-15］. http://edu.shandong.gov.cn/art/2019/12/24/art_12006_8467272.html.

④ 路林，包路芳. 北京市学前教育发展的现状和相关建议［M］//李伟东. 北京社会发展报告（2017—2018）. 北京：社会科学文献出版社，2018.

位供给提供一种新的可能。

四、增加城市幼儿园学位供给,让更多的流动人口子女与父母"在一起"

本章回顾了2015年以来中国学前教育阶段流动人口子女的规模,在城区、镇区、乡村的分布及变化趋势,学前教育阶段农民工子女入园情况。2020年,中国流动人口子女规模约1.39亿人,学前教育阶段流动人口子女规模为2 441万人,占中国学前教育阶段儿童的47.27%,其中流动儿童1 147万人,城镇留守儿童810万人,农村留守儿童484万人。2020年,学前教育阶段流动人口子女"在一起"指数为46.99%,只有不到一半的学前教育阶段流动人口子女可以跟父母"在一起"生活。

农民工随迁子女接受学前教育以民办幼儿园为主,近3/4在民办幼儿园就读,只有1/4在公办幼儿园就读,比全国平均水平低了17.3个百分点。从不同地区、城市的情况来看,影响学前教育阶段流动人口子女"在一起"指数的决定性因素是居住地幼儿园学位供给的数量。学位供给越多,"在一起"指数就越高,无论这些学位供给来自公办幼儿园还是民办幼儿园。

2021年,全国学前三年毛入园率达到88.1%,普惠性幼儿园覆盖率达到87.78%。然而,学前三年毛入园率并不会将那些与父母分离的留守儿童纳入流入地城市学前教育规划的考量范围。尽管东部主要人口流入省(市)学前三年毛入园率已经接近(甚至超过)100%,但依然有很多的流动人口子女受限于流入地城市的幼儿园学位供给不足,而无法与父母生活"在一起"。此外,如果我们过于强调公办园和普惠园的覆盖率,而忽视学位供给总量的增长,特别是强制将普通民办园转变为公办园或普惠园,那么反而会抑制幼儿园学位供给总量的增长,让更多的流动人口子女难以跟父母"在一起",不得不在户籍地的城镇和乡村继续留守。

2020年,中国城市在园幼儿总数为1 997万人,比2015年增长了507.1万人,占中国在园幼儿总数的41.45%。学前教育阶段流动人口子女"在一起"指数每增加1个百分点,需要在人口流入地城市额外增加占学前教育阶段儿童总数0.4%(基于2020年静态数据估算为20.4万人)的幼儿园学位供给。如果以全国学前教育阶段流动人口子女"在一起"指数达到60%为目标,则需要在人口流入地城市额外增加占学前教育阶段儿童总数5.2%的幼儿园学位供给;如果以全国学前教育阶段流动人口子女"在一起"指数达到80%为目标,则需要在人口流入地城市额外增加占学前教育阶段儿童总数13.2%的幼儿园学位供给。

　　近年来，尽管中国人口流入的主要城市都在积极增加幼儿园学位供给，但是与规模庞大的未满足需求相比，幼儿园学位供给的增长速度还远远不够。考虑到在很多人口流入地城市，依然存在规模庞大的"无证园"，很多流动儿童在其中就读，帮助、支持这些民办幼儿园转变成普惠园也许是一个既能提升普惠园覆盖率又能快速增加城市幼儿园学位供给的两全其美之策。

第五章　自下而上

——改革与发展中的地方学前教育制度创新案例

自 2010 年以来，中国学前教育在"建立学前教育公共服务体系"的思想的指导下，提出注重科学规划、坚持公益普惠、强化机制建设，以培养模式、办学体制、管理体制和保障机制改革为重点，实施专项改革、重点领域综合改革和省级政府教育统筹综合改革，从国家、地方和幼儿园三个层面系统推进，形成了自上而下和自下而上相结合的改革新局面。

在改革过程中，有一些地区因地制宜，创新体制机制，取得了较大发展。江苏省镇江市坚持整体设计、分层推进和分步实施，学前教育体制改革经历了从 1.0 版到 3.0 版逐渐升级的三个阶段，创新探索"五个一体"的体制机制改革和"五为主"的发展格局；贵州省将学前教育发展列入十大民生工程和强省三大支柱之一，通过省级统筹，多举措破解西部学前教育发展难题；山西省芮城县从县域从发，坚持"四位一体"，探索学前教育城乡一体化，发展农村学前教育；广州市天河区为丰富学前教育体系，扩充学前教育资源，提供多样化学前教育服务，创新探索微小型幼儿园（前文亦称小微型幼儿园）建设与发展。

一、镇江经验——构建普惠、优质、均衡的学前教育公共服务体系

2010 年 10 月，江苏省镇江市被确定为国家学前教育体制改革试点地区，承担"明确政府职责，完善学前教育体制机制，构建学前教育公共服务体系"的改革试点任务。2016 年 2 月，镇江成为"国家学前教育改革发展实验区"，重点在落实人财物的条件保障、完善学前教育体制机制、幼儿园内涵质量建设上取得突破。

（一）改革背景

改革之初，镇江学前教育借助区域教育现代化工程，已形成较好的发展局面。截至 2010 年年底，镇江公办幼儿园占比 64%，公办园在园儿童占比 72%；全市学前三年毛入园率达 96.5%，优质学前教育资源覆盖率达 61%；开展

0~3岁早教活动的园所占比85.9%，受指导率达25%，已初步达到"广覆盖、保基本"的学前教育服务要求，基本形成以政府办园为主、社会参与、公办民办并举、覆盖0~6岁婴幼儿学前教育服务的事业发展格局。但制约学前教育健康发展的体制机制问题没有得到根本性的解决，主要存在以下问题：（1）各级政府发展学前教育的职能不明确，政策制度不配套，学前教育刚性法规制度缺乏。（2）区域间、幼儿园间发展不够均衡，城乡办园条件相差较大。（3）学前教育财政投入无预算、不单列、无标准，财政性学前教育经费在同级财政性教育经费中占比较低。公办园中财政投入占比低，办园成本中财政投入只占5%左右，家长成本负担过高。（4）幼儿园教职工数量亟待补充，幼教师资结构不合理、队伍不够稳定。

为此，镇江以问题、难点为改革动力和切入点，坚持公益性、普惠性和优质多元发展的原则，创新探索明确"五为主"的发展格局，坚持"五个一体"的体制机制改革，构建"广覆盖、保基本、有质量"的学前教育公共服务体系。

（二）制度创新路径

在改革过程中，镇江坚持整体设计、分层推进和分步实施的发展战略，学前教育体制改革经历了从1.0版到3.0版逐渐升级的三个阶段。

1. 2011—2012年，"镇江模式"1.0版——扩资源、调结构

这一阶段，镇江提出"双主导"的镇江模式1.0版，即以政府投入为主、以公办园为主的制度设计思路，确定了镇江市供给学前教育的制度路径选择。

首先，建新园。到2015年，全市新增幼儿园60所以上，原则上每万人配建一所规模完整的幼儿园；新建小区配套幼儿园优先建成公办幼儿园或委托办成普惠性民办幼儿园，基本实现幼儿就近入园。其次，达标准。从2011年起，新设幼儿园按省优质园标准建设，所有幼儿园都达到合格园标准。最后，扩布局。到2012年，所有乡镇（街道）至少办1所达到优质标准的中心幼儿园。

2. 2012—2014年，"镇江模式"2.0版——保运转、建队伍

2.0版是以政府主管领导协调为特征建立起来的比较完善的政府部门间工作机制。高层协调是2.0版的组织保障，经费保障是核心保障。

在高层协调方面，镇江各级政府同时聚焦共同事业，不同部门协同管理。镇江市政府协调会议就是政府各部门认清责任、协同管理的重要机制。多个政府文件对各职能部门的责任划分和要求规定是清晰的，也在实践中得到了有效落实。

在经费保障方面，镇江逐步探索并推进制定和实施了从"事权核算"到"财权安排"的科学预算的程序和标准。2012年，财政性学前教育经费占同级财政性教育经费的比例达到了5%以上；公办园中生均公用经费财政拨款标准达到了小学标准的50%；部分地区普惠性民办园享受与公办园相同的生均公用经费财政拨款标准。

3. 2014—2018 年，"镇江模式"3. 0 版——建机制、提质量

2014 年，镇江开始启动学前教育改革 3. 0 版，根据国家学前教育体制改革试点任务和工作实施方案，提出构建"广覆盖、保基本、有质量"的学前教育公共服务体系。其中，"有质量"是镇江模式 3. 0 版的核心任务，以"政府主导、多元投入、公民办并举、科学保教"为改革导向，加快建设"优质、均衡、公益、普惠"的现代学前教育，"不仅要确保适龄儿童'好入园'，更要让每名儿童能'入好园、入园好'"。

这一阶段的举措包括：（1）完善政府主导、社会参与、公办民办并举的办园体制；（2）构建"辖市（区）政府统筹、乡镇（街道）共建，以县为主"的管理体制，促进城乡、区域优质均衡发展；（3）完善学前教育工作机制，健全教育部门主管、相关职能部门分工负责的工作机制，形成推动学前教育发展的合力；（4）加强学前教育管理力量，各辖市（区）教育部门配备学前教育专职管理干部和教研员。

到 2014 年，镇江学前教育财政性投入已连续 3 年占同级财政性教育投入的 5％以上，在整体结构上保障了公办园的比例不低于 60％，在学前教育的基本质量能够得到有效保障的同时，镇江大胆探索建设投资体制多元和经费来源多渠道的"混合所有制幼儿园"，努力盘活学前教育办园体制。

（三）改革成果与思考

1. 取得的成果

（1）建立"五为主"发展格局和"五个一体"体制机制。

在整体推进教育现代化建设的进程中，镇江以问题、难点为改革动力和切入点，分阶段、分步骤、循序渐进地构建了"五为主"的发展格局和"五个一体"的体制机制，形成了"优质、均衡、公益、普惠"的学前教育格局。

1）构建"五为主"的发展格局——学前教育事业以公益性为主，办学体制以公办为主，经费投入以公共投入为主，师资队伍以在编幼儿教师为主，管理以教育行政部门为主。

2）坚持"五个一体"的体制机制改革——市级统筹、县镇共建的"县镇一体"管理体制，公办为主、社会参与、公办民办并举的"公民一体"办园体制，政府主导、教育部门主管、相关部门协同的"纵横一体"工作机制，尊重儿童、儿童为先的"玩乐一体"保教工作机制，幼儿园、家长、社会三结合的"家园一体"督导评价机制。

（2）建立"广覆盖、保基本、有质量"的学前教育公共服务体系。

镇江坚持以公平和均衡为基本价值取向，强化"规划引领、经费保障、师资提升、科学管理"，构建"广覆盖、保基本、有质量"的学前教育公共服务体系。

截至 2019 年年底，镇江市学前三年毛入园率达 99% 以上，超过了 OECD 发达国家的平均水平，也在全国遥遥领先。从 2014 年起，财政性学前教育经费占同级财政性教育经费的比例达 6% 以上，其中扬中市率先达到 8% 左右；在园幼儿 82 971 人，在公办幼儿园中就读的幼儿占比达到 70%，生均投入成本中财政占比从不足 10% 上升到 60% 以上；普惠性民办园财政投入也不断增加，就读幼儿占比达 18%，在普惠园就读的幼儿占比达到了 88%，这实际上已经将学前教育全面纳入国民教育体系，达到了中等发达国家的办学水平；全市平均班额从 2012 年的 36 人下降到 32.32 人；师生比从 2012 年的 1∶12.9 下降到 1∶9.3，两教一保班级占比从 2012 年 18.5% 提升到 95.6%；公办幼儿园中在编教师占比从 2012 年的 34% 提升到 2020 年的 45%。

（3）建立学前教育体制改革领导小组和学前教育改革发展联席会议制度，形成较为完善的组织管理体制。

在组织管理体制上，镇江从一开始就明确了政府职责，建立了学前教育体制改革领导小组和学前教育改革发展联席会议制度，构建了学前教育组织管理体系，形成了市、县、镇各级政府部门统筹管理学前教育的灵活运行机制。通过明确各部门职责，镇江创新工作机制，统一认识和行动，极大地提高了体制改革的效率，为学前教育治理现代化提供了组织保障。

2. 思考与展望

伴随着形势的变化和要求的提升，从跳出镇江看全国、跳出教育看镇江、深入教育看自己三个维度出发，学前教育还存在着下列问题和不足：

（1）学前教育公共服务体系仍然呈现出整体脆弱的特点。

现在镇江的学前教育改革借建设国家学前教育改革发展实验区的东风，通过加大改革力度解决涉及的政策、编制、投入等棘手的发展问题，在很大程度上推动了学前教育事业的发展和教育质量的提高。但是，出台的政策只具有短期的行政性，法规性层次偏低，学前阶段还不能和义务教育阶段、高中阶段一样享受到合法的发展权利。如果形势发生新的变化，改革就可能随之裹足不前。

（2）学前教育的优质普惠资源仍然短缺。

2020 年在园幼儿达 8.26 万人，需配备三轨规模的幼儿园 314 所，实际已有幼儿园 273 所，还缺幼儿园 41 所。在财政投入上，镇江市将学前教育经费列入各级政府财政预算，确保财政性学前教育经费在同级财政性教育经费中占 5% 以上，但生均公用经费基本上为小学的 1/2。未来镇江如何以高质量为落脚点，建立以生均成本为基础的财政投入和收费政策？镇江国家学前教育改革发展实验区工作需要如何进一步优化？

首先，厘清学前教育改革中"变"与"不变"的关系。"变"在于政府管理由"缺位"变为"到位""有位"。"不变"在于政府发展学前教育的责任不变，所有儿童有公平的机会获得高质量的早期保育和教育服务的原则不变。镇江的改革就是在不断处理"变"与"不变"的逻辑关系，最大限度地释放改革"红利"。

其次，推动体制机制创新进入新阶段。在继续发挥镇江学前教育改革政策研究、经费投入、队伍建设等方面形成的优势，以及推广落实镇江在坚持"五为主""五个一体"等方面所形成的经验的基础上，不断探索体制机制改革的生长点与突破口：建立基于科学核算生均办园成本的学前教育经费投入保障机制，精准测算不同地区、不同办园体制学前教育成本分担的比例；继续以扬中市为试点，探索建立生均财政拨款机制；加大非在编教师工资待遇改革力度，优化农村幼儿园、小区配套幼儿园建设机制，妥善解决农村偏远地区孩子"入好园难"、非在编教师"待遇低"、民办园"生存难"等问题。

二、贵州样板——以政府为主导，破解西部学前教育发展难题

（一）改革背景

贵州省地处我国西南地区，经济基础薄弱，2009 年全省的生产总值为 3 893.51 亿元，2010 年为 4 593.97 亿元，仅为我国经济最发达省（广东省）的 1/10。经济发展水平是影响教育事业发展的重要因素。虽然贵州省财政用于教育事业的支出 2009 年为 254.45 亿元，2010 年为 290.82 亿元，两年投入均占全省生产总值的 6.4% 左右，但是教育发展依然滞后。2010 年学前三年毛入园率仅为 55.4%，学前教育发展存在的问题突出。

2011 年国家开始启动学前教育三年行动计划，贵州省在全国率先出台了《贵州省人民政府关于加快发展学前教育的实施意见》，并开始实施学前教育三年行动计划，计划的实施得到了省委、省政府的高度重视。截至 2016 年年底，贵州省已超额完成两期学前教育三年行动计划各项目标任务。2017 年 6 月，贵州省正式启动第三期学前教育行动计划；2018 年年底实施特色教育强省战略，将学前教育作为特色教育三项重要支柱之一；2020 年年初印发《中共贵州省委 贵州省人民政府关于学前教育深化改革规范发展的实施意见》。通过这一系列举措，贵州省学前教育事业实现了跨越式发展。

（二）改革举措与成果

1. 明确政府主体责任

学前教育三年行动计划实施以来，贵州省委、省政府高度重视学前教育，多次对学前教育进行研究部署，相继印发了《贵州省人民政府关于加快发展学前教育的实施意见》《贵州省学前教育三年行动计划》《省人民政府办公厅关于实施农村学前教育儿童营养改善计划的意见》《省人民政府关于基本普及十五年教育的实施意

见》等文件，每年将大力发展学前教育列入全省十大民生工程。2018 年年底，贵州省委省政府更是将发展学前教育摆在了特色教育强省三大支柱之一的重要位置。

2. 学前教育财政投入逐年增长

一是财政性学前教育经费投入不断增加。贵州省明确了以县级政府投入为主、国家和省级给予补助的方式发展学前教育，并要求省、市、县各级政府将学前教育经费列入当地财政预算，设立学前教育专项资金，新增教育经费向学前教育倾斜。

2011 年以来，贵州省学前教育财政性投入逐年提升，从第一期三年行动计划每年投入 5 000 万元，提高到第二期每年投入 3.5 亿元，第三期每年投入 4.5 亿元。省级设立学前教育专项资金，逐年提升学前教育投入。仅 2018 年，省级财政投入学前教育的资金就达 11.57 亿元，每年用于学前教育质量提升的专项经费也从学前教育行动计划实施之初的 100 万元增加到了 2020 年的 5 000 万元。学前教育在财政性教育经费中的占比从 2016 年的 4.17% 提高到了 2019 年的 6.61%，所占比例在全国处于前列。截至 2019 年年底，贵州省各级政府投入学前教育建设资金累计约 200 亿元。

二是制定了生均公用经费财政拨款制度。2018 年，贵州省出台了《关于建立公办幼儿园生均公用经费财政拨款制度的指导意见》，规定全省公办幼儿园生均公用经费拨款标准原则上不得低于 500 元/生/年，有效保证了公办幼儿园正常运转。

三是率先实施农村学前教育儿童营养改善计划，为农村学前儿童提供每生每天 3 元的营养膳食补助。截至 2019 年年底，各级财政已累计投入资金 14.08 亿元，惠及 9 947 所学前教育机构的 89.19 万名农村学前儿童。

3. 普惠性学前教育资源不断扩大

贵州省实施学前教育三年行动计划以来，明确以公益普惠为方向，以广覆盖、保基本、兜底线为基本原则，不断扩大普惠性学前教育资源。

一是科学制定学前教育布局规划。贵州省要求各地以县为单位制定幼儿园布局规划，切实把普惠性幼儿园建设纳入城乡公共管理和公共服务设施体系统一规划。

二是大力发展公办幼儿园。以政府为主导，按照保基本、兜底线的原则，始终坚持农村以公办幼儿园为主体、城镇新增幼儿园以公办为主的原则，2011—2019 年共新建和改扩建公办幼儿园 8 000 余所。贵州要求在常住人口超过 3 万人的乡（镇）办好 2 所以上公办中心幼儿园，在常住人口为 2 000 人以上的村建设公办幼儿园，以游戏小组、巡回支教点等形式解决边远农村居住分散幼儿接受学前教育的需求。2015 年贵州省已实现每个乡（镇）都有 1 所公办幼儿园，截至 2019 年 9 月，285 个常住人口在 3 万人以上的乡（镇）已有 2 所公办中心幼儿园，其中 107 个乡（镇）已有 3 所及以上公办中心幼儿园，一半行政村有了公办幼儿园。

三是利用财政性资金和国有资产举办的幼儿园全部用于扩大公办资源，已改变公办性质的幼儿园，要求全部收回并整改到位。2018 年清理收回农村中小学闲置校舍用于举办公办园、接收企业办园共计 532 所，普惠性学前教育资源不断增加。

贵州省学前教育三年毛入园率从 2010 的 55.4％提高至 2019 年的 88.0％，在园幼儿从 2010 年的 76.9 万人增加到 2019 年的 154 万人，普惠性幼儿园覆盖率（公办园和普惠性民办园在园幼儿数占在园幼儿总数的比例）达 79.8％，公办园在园幼儿占比达 52.0％。

4. 管理体制和机构建设日趋完善

贵州省不断健全政府统筹、教育部门主管、有关部门分工负责的工作机制，协同多方力量，完善学前教育管理机制。

一是理顺学前教育管理体制和办园体制。建立健全"省级统筹、市（州）支持、以县为主"的学前教育管理体制，积极发挥乡（镇）政府的作用。积极推动理顺机关、企事业单位、城镇街道所办幼儿园的办园体制，实行属地化管理。

二是完善机构建设。为切实加强对学前教育的监督管理和科学指导，贵州省于 2011 年成立了学前教育处，并于 2013 年下发了《省教育厅省编委办关于在市（州）和县（市、区、特区）教育行政部门设立学前教育管理机构及教研机构的通知》，要求在有条件的县（市、区、特区）教育行政部门设立学前教育管理机构，配备专职人员，同时增设 1～2 名学前教育教研人员编制。条件尚不具备的县（市、区、特区）教育部门在基础教育管理机构上加挂学前教育管理机构牌子，明确划定学前教育管理及教研职责，并要求专人负责。截至 2016 年，全省 9 个市（州）有 6 个市（州）成立了学前教育管理机构，73％的县（市、区、特区）已设立学前教育管理机构及教研机构或在基础教育管理机构上加挂学前教育管理机构牌子。

三是建立健全学前教育经费保障机制。贵州省各级财政新增教育经费向学前教育倾斜，财政性学前教育经费在同级财政性教育经费中的占比逐年提高。通过推动各地出台幼儿园生均公用经费标准，保障农村幼儿园的正常运转。此外，贵州省省委省政府多次下发文件，将收费标准的制定及管理权限下放到县，要求在进行成本核算和建立成本分担机制的基础上灵活制定合理的公办幼儿园收费标准。

四是建立监管和验收督查机制。贵州省每年将学前教育发展列入省委省政府十大民生工程，将学前教育行动计划目标任务完成情况纳入县级党政主要领导考核内容，制定学前教育突破工程专项督导验收制度，年初下达任务，年中过程督查，年终对每一项工程进行考核验收，确保幼儿园建设质量；建立专项经费审计制度，每年对中央资金进行审计，保证中央补助资金的使用效益。

5. 教师队伍不断壮大

一是制定幼儿园教职工编制标准。2011年，贵州省下发《关于加强和完善中小学幼儿园教职工编制管理的意见》，明确规定幼儿园教职工与幼儿数量之比不低于1∶8，要求各地逐步规范幼儿园教职工编制工作，实行城乡统一标准，为各地增加教师编制、足额配备教师提供了政策依据，逐步补足配齐各类幼儿园教职工和卫生保健人员。

二是多渠道补充合格教师。制定每年招聘5 000名公办幼儿园专任教师的目标任务，幼儿园教职工与幼儿数量之比从2016年年底的1∶19提升到2019年年底的1∶9.8。采取公开招聘"特岗计划"教师、政府购买服务等方式解决师资不足问题。将县级特岗教师计划指标扩大到学前教育，统筹使用义务教育学校和幼儿园教师招聘指标，近3年，在教师编制普遍不足的情况下，各地以"同工同酬"为基本原则，先后出台了"双轨制""两自一包""四同"等政策，采取政府购买服务的方式，补充幼儿教师6 000人。如凯里市采取"四同"政策招聘幼儿教师，教师工资从政策实施前的3万元/年增加到8.8万元/年。

三是扩大学前教育专业招生规模，指导14所普通本科高校开办了学前教育专业，建设了5所幼儿师范高等专科学校，不断加强学前教育专业课程建设，提高人才培养层次，扩大人才培养规模。

四是实施学前教育教师培训计划。基于实践需求，科学规划教师培训，建立全员轮训制度，通过国家、省、市、县等多级培训，多形式、多渠道提高师资水平。

五是依法落实幼儿教师的地位和待遇。健全幼儿园教师工资福利等社会保障政策，完善和落实幼儿园教师职称评聘标准，积极推动乡镇幼儿园教师公租房建设，实施乡村教师生活补助政策，以乡镇为单位，按一类、二类、三类边远艰苦地区每月分别给予教师500元、400元、300元补助，建立学校越边远艰苦补助越高的乡村教师待遇保障机制，并将公办乡村幼儿园教师纳入生活补助发放范围，积极推动乡镇幼儿园教师公租房建设。

6. 教育质量逐步提升

一是实施幼儿园集团化管理。贵州省2012年下发了《省教育厅关于开展集团化办园试点工作的通知》，在试点一年的基础上，在全省推广"一统筹、二交流、三共享、四统一"集团化办园管理机制，即集团内部"统筹协调"，园长、教师"二交流"，办园理念、保教资源、科研成果"三共享"，课程管理、制度建设、收费办法、质量考核"四统一"。以优质幼儿园为龙头，带领县域内弱园、新园、民办园共同发展，促进县域内学前教育均衡发展。截至2019年年底，近400个幼儿园管理集团已经覆盖全省所有公办和民办幼儿园。

二是推进教研指导责任区建设，以优质园为引领，组建覆盖县、乡、村的教研指导责任区，以研促教，促进幼儿园保教质量有效提升。经过持续探索发展，教研指导责任区已基本形成了"优化管理、科学保教、资源共享、共同提高"的工作格局。

三是建立农村幼儿园集团化管理资源中心，制定和印发《贵州省农村幼儿园集团化管理资源中心建设指导意见（试行）》，并配备指南，搭建课程资源、人力资源、信息资源区域共享平台，促进农村幼儿园质量提升和内涵发展，推动乡（镇）村一体化管理。2019 年，贵州省建成学前教育资源中心 301 个。预计到 2025 年，每个乡（镇）将至少有 1 个农村幼儿园集团化管理资源中心。

2019 年贵州省幼儿园达 10 685 所，在园幼儿达 154 万人，分别比 2010 增长了 4.8 倍和 2 倍；全省幼儿园教职工达 15.7 万人，是 2010 年的 6.3 倍；全省学前三年毛入园率达 88.0%，比 2010 年提高了 32.6 个百分点；普惠性幼儿园覆盖率达 79.8%，公办园在园幼儿占比达 52.0%，"入园难"问题得到有效缓解。

三、"四位一体"——芮城县学前教育城乡一体化探索

（一）改革背景

山西省运城市芮城县地处山西西南端，"吃饭财政"是芮城县的基本县情。20 世纪 90 年代，芮城县部分规模较大的村集体办幼儿园被承包，致使幼儿园公私难分；一些规模较小的村集体办幼儿园长期缺乏有效投入，导致幼儿园投入无主体、办园条件差、师资匮乏、"小学化"严重等问题接连出现。农村学前教育发展脆弱、迟缓。

2012 年 12 月，芮城县被山西省教育厅确定为山西省贯彻落实《3-6 岁儿童学习与发展指南》实验区。2016 年 2 月，芮城县被教育部确定为国家学前教育改革发展实验区，承担了"扩大普惠性资源"和"贯彻落实《3-6 岁儿童学习与发展指南》"两项国家级试点任务；2018 年 1 月，芮城县又被确定为山西省学前教育改革发展试点实验区，承担了"探索学前教育城乡一体化发展"和"推进学前教育教学改革，提高保教质量"两项省级试点任务。

立足实验区建设，自 2012 年开始，芮城县进行了县域范围内的幼儿园体制机制改革，在山西省首创由城区优质幼儿园在农村办分园，对农村薄弱幼儿园进行管理的城乡一体化办园模式。

（二）制度创新举措

1. 变革农村幼儿园办园体制

对农村幼儿园进行一体化管理，首先面临的是农村幼儿园办园体制的问题：规模较大的村集体办幼儿园被个人所承包，幼儿园公私难分；规模较小的村集体

办幼儿园长期缺乏有效的投入，办园条件很差，甚至无力聘用教师，生存难以为继；民办园为争抢生源，迎合家长的错误需求，教育教学"小学化"严重。针对这种现状，芮城县采取措施，打破原有行政管理壁垒，从变革农村园办园体制入手，采取了以下有力措施：

（1）收购承包园。

先后收购了4个乡镇4所由个人承包的规模较大的村集体办幼儿园的资产，使公私难分的幼儿园变为由县直总园一体化管理的公办园。

（2）接管集体园。

先后接管了7个乡镇9所农村规模较小的村集体办幼儿园（最大园所可容纳80余名幼儿，最小园所仅能容纳不到10名幼儿），使小规模村集体办幼儿园变为由县直总园一体化管理的公办园。

（3）并购民办园。

先后并购了2个乡镇3所办园行为不规范、办园水平较低的民办园，使民办园变为县直总园一体化管理的公办园。截至目前，4所县直总园共一体化管理了8个乡镇16所农村薄弱幼儿园，使这些幼儿园办园体制发生了根本改变。

2. 理顺农村幼儿园管理机制

自接管之日起，县直总园就对农村分园实行人、财、物等方面的一体化管理。

（1）城乡法人一体。

县直总园与农村分园的法人代表都为县直总园园长，实行"一个法人，一体化管理"。县直总园从本园选派管理经验丰富、业务能力过硬的中层干部担任农村分园执行园长，把县直总园先进的教育理念和管理方法直接带到了农村幼儿园。

（2）资金投入一体。

在财务管理上，农村分园所收费用全部纳入县直总园大账，集中上交县财政统一管理。虽然县直总园对农村分园实行一体化管理，但在收费方面，县直总园和农村分园却按各自的类别进行收费。农村分园所需投入由县直总园支出，确保规模小、条件差、入不敷出的农村分园良性运转。几年来，芮城县累计投入了900余万元为农村分园修缮房屋、购置桌椅玩具等，极大地改善了农村分园的办园条件，也改变了农村幼儿园投入无主体的现状。

（3）人员调配一体。

在人员管理上，县直总园对城乡教师统一管理调配，通过县直总园教师下乡支教（一年）、农村教师到县直总园跟岗学习以及城乡教师轮岗交流、师徒结对等方式，让农村教师的专业素养在短期内快速提升。截至2019年，县直总园到农村分园支教教师累计达220人次，彻底改变了农村教师综合素养和实践能力低的状况。同时，运用绩效杠杆，农村教师的工资、奖金、福利待遇等均高于县直总园，有效稳定了农村分园教师队伍。

（4）保教管理一体。

为了提高农村办园质量，县直总园与农村分园实行保教管理一体化。全县从 2013 年起转变教育理念，改革课程模式，杜绝"小学化"，以"游戏"为突破口全面贯彻落实《3-6 岁儿童学习与发展指南》，构建基于自主游戏的城乡一体化幼儿园课程框架。同时，建立建设城乡一体教师培训体系，建立城乡大教研制度。2016 年，以 4 所县直总园为龙头园，建立了教研责任区。各责任区针对保教实践，尤其是游戏课程中的共性问题，每周开展一次大教研活动。

（三）改革成果与思考

1. 取得的成果

截至 2019 年，历经 7 年不间断的探索与实践，芮城在县域内以城乡一体化发展的举措打破了制约学前教育发展的体制机制障碍，并把以游戏为基本活动的理念落实在教育实践中。

（1）建立了城乡一体化共同发展的体制机制。

城乡一体化办园，是教育行政部门针对县域城乡学前教育发展中的城强、乡弱、村空等突出问题采取的强有力的举措。在实施过程中，教育部门协调与当地乡镇政府、村委会及个人之间的关系，在保障城乡一体化办园在农村的落地方面发挥了主导作用。同时教育部门与同级编办、财政等部门的通力合作，确保了农村分园人、财保障落实到位。这些体现了政府在发展区域学前教育中的主导作用和责任担当。

（2）实现了县域城乡幼儿园的共赢和多赢。

城乡一体化办园，对县直总园来说，一是规范了自身的办园行为，提高了办园水平；二是体现了县直总园作为公办园的责任担当，取得了良好的社会效益。

对农村分园来说，一是从根本上解决了投入无主体、师资匮乏、运转艰难等制约其发展的瓶颈问题，使自身的发展步入了良性循环。二是让农村幼儿在家门口享受到低收费、高质量的学前教育，并且辐射带动了区域学前教育水平的整体提升。三是解决了留守儿童入园问题。在 16 所农村幼儿园中，有 560 名儿童是父母外出打工的留守儿童，这一改革举措使留守儿童有了一个快乐成长的家园。四是社会满意度逐年提升。16 所农村幼儿园在园幼儿数量由接管时的 863 人增加到 2019 年的 1 418 人，甚至出现了城区幼儿回流农村园的现象。

（3）探索出了县域学前教育普惠优质发展的新路径。

芮城在县域内城乡一体化办园的实践探索，通过发挥县直总园的示范引领作用，带动了县域农村幼儿园办园水平的整体提升，缩小了城乡差距，让农村幼儿在家门口就享受到低收费和高质量的学前教育。芮城城乡一体化发展的实践探索，走出了一条县域发展学前教育的新路径。

2. 思考

（1）改革还需进一步深化和落实。

历经 7 年的探索，芮城城乡一体化办园模式进一步完善。然而，未被县直总园一体化管理的农村园如何更好地发展，是否可以尝试镇村一体化管理等问题有待于我们去突破。

（2）教师队伍建设和培养还面临困难。

芮城教师入编虽然实现了常态化，但入编教师还是占用中小学编制，每年入编指标也较少，难以满足城乡一体化发展的现实需求。此外，教师队伍以非公办为主体，稳定性差，并且芮城是经济欠发达地区，教师整体学历及专业素质不高。

以上问题就是芮城县今后努力的方向。改革，一直在路上……

四、小微破冰——广州市天河区微小型幼儿园管理创新

（一）微小型幼儿园政策出台背景

广州天河区为丰富学前教育体系，扩充学前教育资源，缓解人民群众日益增长的刚性入园需求与学前教育不平衡不充分发展之间的矛盾，保障幼有所育，依据国家和广东省有关学前教育的法律法规和方针政策，结合自身实际，制定了《天河区微小型幼儿园开办工作指引》。

（二）实施微小型幼儿园的可行性

1. 政策依据

在国家层面，《国务院关于当前发展学前教育的若干意见》明确指出，发展学前教育"必须坚持因地制宜，从实际出发，为幼儿和家长提供方便就近、灵活多样、多种层次的学前教育服务""各地根据国家基本标准和社会对幼儿保教的不同需求，制定各种类型幼儿园的办园标准，实行分类管理、分类指导"。在省市层面，《广东省教育厅关于规范化城市幼儿园的办园标准》为微小型幼儿园的开办提供了细致的参考依据。

2. 现实需要

随着社会经济的快速发展，全区人口将以年均 21.96‰的增长率不断增加，适龄儿童入园需求将保持年均 7.4% 的趋势增长。2019 年天河区在园幼儿 46 916 人，预测至 2022 年天河区学龄前儿童将达 61 776 人。若参照《广东省教育厅关于规范化城市幼儿园的办园标准》进行预测，则全区需新增幼儿园 97 所。

因此，要改善天河区学前教育发展现状，解决日益凸显的供求矛盾，一方面要考虑总量上的供需均衡和合理布局，另一方面也要考虑如何实现有效供给，即通过供给侧改革扩大学前教育资源以满足民众刚性和多样化的需求。

（三）开展微小型幼儿园试点情况

广州天河区从2017年开始探索学前教育供给侧改革，并形成了题为《天河区推进学前教育供给侧改革试点研究报告——以珠江新城区域为例》的调研报告。在充分调研的基础上，天河区率先在全市试点微小型幼儿园，并于2018年2月出台了《天河区微小型幼儿园开办工作指引》。该文件对微小型幼儿园从规模、场地、师资、监管等方面做出了详细规定，与传统普通幼儿园存在一定区别。天河区教育局鼓励企业、社会组织或个人利用非财政资金开办微小型幼儿园，优先考虑有办园经验的主体，同时鼓励办成普惠性幼儿园。

1. 微小型幼儿园的办学特点

微小型幼儿园是指办园规模较小的全日制幼儿园。办园规模在5个班及以下，入园幼儿在150名及以下。办学许可证有效期设定为4年。

第一，放宽规模。与现行规范化幼儿园在规模上（6～12个班）形成差异和错位，将小规模幼儿园的办园规模设定在5个班及以下，收托幼儿（3～6岁）数量设定在150名及以下。

第二，放宽面积。在满足生均建筑面积不小于7平方米、户外活动面积3平方米的要求的前提下，取消生均占地面积的限制。

第三，提高师资学历要求。微小型幼儿园每班至少配备1名本科及以上学历教师。

第四，提高监管要求。区教育局每年组织一次微小型幼儿园的专项质量考核和安全检查。发生特别重大社会安全类事件、安全事故、公共卫生事件的幼儿园，实行一票否决。

2. 微小型幼儿园的开办要求

（1）准入标准。

1）园址要求。幼儿园必须设置在安全区域内，周边环境有利于幼儿身心健康，周围50米以内无污染、无噪声影响。不与市场、加油站、医院太平间以及易燃易爆生产、储存、装卸场所相邻布置，远离高压线、垃圾站及大型机动车停车场。与化学、生物、物理等各类污染源的距离应符合国家有关防护距离规定。

2）园舍要求。幼儿园园舍应独立、安全、产权清晰，生均建筑面积不小于7平方米。幼儿活动及辅助用房的层数应为3层及以下，办公及辅助用房和生活用房的层数不宜超过5层。园舍应有住建部门核发的建筑工程验收合格证或具备鉴定资质的机构出具的房屋安全鉴定书，同时要有公安消防部门核发的合格消防证明（建筑面积达 1 000 平方米的幼儿园，须提供园舍消防验收合格证书；建筑面积未达 1 000 平方米的幼儿园，须提供园舍消防备案证明）。如使用租赁园舍，则租赁期应不少于 4 年，不得租用转租场所。幼儿园的户外活动场地应有独立且安全的防护措施，生均面积不少于 3 平方米。

3）班额要求。幼儿园每班幼儿人数一般为：小班（3～4 周岁）25 人，中班（4～5 周岁）30 人，大班（5～6 周岁）35 人，混合班 30 人。

4）人员要求。每所幼儿园需配备 1～2 名具备资质的园长，园长一般应有本科以上学历，并取得园长岗位培训合格证书，有 5 年或以上幼儿教育工作经验。每班至少配备 2 名教师和 1 名保育员（或每班配备 3 名教师），教师应具备幼儿园教师资格证和大专以上学历，其中每班至少配备 1 名本科及以上学历教师。保育员具有高中及以上学历，并取得保育员资格证。每所幼儿园需配备 1 名专职卫生保健人员，1～2 名安保人员、1～2 名炊事员、1 名财会人员、1 名工勤人员。

（2）监管要求。

微小型幼儿园的日常监管要求与普通幼儿园相同。实行年检制，每年由区教育局组织一次质量考核和安全检查。

1）质量要求。一是课程安排科学。幼儿园应科学合理地安排幼儿的一日生活，课程应以游戏为主，要防止"小学化"倾向。二是饮食安排健康。幼儿园应为幼儿编制营养均衡的食谱，提供安全卫生的食品。三是运动安排合理。幼儿园应保证幼儿每日户外活动不少于 2 小时，其中户外体育活动不少于 1 小时。

2）安全要求。幼儿园应制定安全事故预防、门卫管理、饮食卫生、消防安全、校车管理、突发事件处置预案等安全管理制度；配足配齐满足消防、安防需要的设施设备，安装视频监控系统。发生特别重大社会安全类事件、安全事故、公共卫生事件的幼儿园，实行一票否决。

3. 已开办的微小型幼儿园

天河区已开办 3 所微小型幼儿园，增加学前教育学位近 600 个。卉华幼儿园于 2018 年 9 月开办，是广州首家微小型幼儿园，办学规模为 5 个班。道禾幼儿园于 2019 年 1 月开办，开设 6 个班，每班约 20 人，实行小班化教学。启思幼儿园于 2019 年 1 月开办，开设 4 个班。

（四）实施微小型幼儿园的必要条件

1. 敢于创新，稳步推进

一是坚持顶层设计与先行先试相结合。立足全区，选取合适区域作为先行试点，实施学前教育供给侧结构性改革。二是坚持市场化方向与问题导向相结合。利用社会力量推动学前教育创新发展，逐步改变单一的学前教育供给结构。三是坚持大胆探索与坚守底线相结合，坚持因地制宜。确保安全第一，着力"放管服"

改革，促进学前教育供给结构和需求结构相适应。四是坚持整体推进与重点突破相结合。全面探索多元化投资办学模式，重点优化学前教育供给侧结构，促进供需均衡，提升学前教育资源供给结构对需求变化的适应性、灵活性和有效性。

2. 清晰指引，政策扶持

根据地方实际制定清晰的微小型幼儿园开办指引，以期有效调整学前教育供给结构。同时，创新微小型幼儿园教育成本分担机制，采取政府购买教育服务、减免部分行政事业费、奖励优质办学、设立专项资助基金等多种措施，吸引社会力量参与举办微小型幼儿园。

3. 完善管理，常态监管

一是实现常态监管。制定微小型幼儿园教育质量标准，构筑监测评估体系，定期开展专项督导。二是推进联动监管。注重挖掘商务区管委会、街道办、居委会和社区服务中心等方面的潜力，增强多主体动态监管力度。三是强化制度建设。建立学前教育联席会议制度，不定期研究解决微小型幼儿园发展中出现的热点和难点问题。

（五）逐步放开微小型幼儿园势在必行

除广州天河区出台了微小型幼儿园政策外，北京市于2017年11月也发布了《北京市学前教育社区办园点安全管理工作基本要求（试行）》。2018年，北京市新增分园、分点、分部等小规模幼儿园140多所，增加了22 000～24 000个学位。2019年1月，《北京市普惠性幼儿园认定与管理办法（试行）》规定，幼儿园、社区办园点、中小学附设幼儿班均可参与普惠性幼儿园申报。

之后，福州市鼓楼区、成都市陆续出台了微小型幼儿园政策。2018年7月，福州市鼓楼区出台《福州市鼓楼区鼓励民间资本举办社区微型精品幼儿园工作指引》，明确规定了举办者条件、选址、设施设备、办园规模、师资配备标准、保教基本要求、卫生要求、安全管理要求等13项内容。成都2019年9月公布了《成都市利用既有建筑举办公办幼儿园附属办园点安全管理工作基本要求》，提出成都各区（市）县政府要根据公办幼儿园学位供给需求，利用城市综合体（含住宅底商）、产业园区内产业用房、社区综合体和商业楼宇、写字楼等既有建筑举办公办幼儿园附属办园点。办园点招收3～6周岁幼儿，办园规模在5个班及以下，入园幼儿在150名及以下，备案有效期限设定为5年。同时，该政策明确规定了管理部门的职责分工、办园点建筑要求、人员基本条件、安全管理要求等，为举办公办园附属办园点提供了指引。

第六章　学前教育大变革时代的幼儿教师

　　师资建设是保障和提高学前教育保教质量的重要环节，我国确立了"全面提高幼儿园教师质量，建设一支高素质善保教的教师队伍"的目标①。自国际社会2010年首次发出"儿童早期的保育和教育关乎国家核心竞争力与未来"这一倡导以来，世界多国出台了跨部门政策、法律和教育规划，并且将儿童早期教育纳入2030年全球可持续发展目标。我国于2011年完成了普及九年义务教育的目标，而当时的学前教育面临着教师数量、质量、经费和资源长期不足的挑战。2010年7月颁布的《国家中长期教育改革和发展规划纲要（2010—2020年)》提出了"严格执行幼儿园教师资格标准，切实加强幼儿园教师培养培训，提高幼儿园教师队伍整体素质"的发展要求。2010年以来，我国教育部会同有关部门出台改革指导文件，幼儿园教师政策进入有史以来数量增加最快的时期，各地实施了各种创新性发展策略，取得了前所未有的进展。

一、进展回顾

　　随着儿童早期教育的发展，师资建设的重要性日益突出。多学科研究证明，儿童早期发展的高回报能够提升人力资本、促进国家发展，因而在全球范围内，多国政府制定了相应的政策，承担起了发展儿童早期教育并提升其质量的职责。高质量的教师队伍是优质的儿童早期教育的关键，而扩大低质量的早期教育师资将不利于儿童发展。早期教育师资对儿童发展的影响与不同层面的多种因素相关，包括国家各级政策与潜在规定，体系机构和行政支持的一致性，教师的工作条件、待遇、职业发展机会、激励机制等。这些背景因素都制约着儿童早期阶段的教师队伍建设。

（一）政府协调机制与幼儿园教师规模增长

1. 强化政府部门在幼儿园教师规划、投入、资源配置和监管等方面的责任

　　2010年以来，我国明确了学前教育在国民教育体系中的地位和公益普惠属

---

① 中共中央 国务院关于全面深化新时代教师队伍建设改革的意见［Z］.（2018-01-31）［2020-03-24］. http：//www.moe.gov.cn/jyb_xwfb/moe_1946/fj_2018/201801_t20180131_326148.html.

性。各地积极建立学前教育综合改革协调机制，明确了教育、编制、发展改革、财政、人力资源社会保障、住建、卫生计生、残联等部门的任务，以破解制约学前教育与教师发展的体制机制问题。

2. 建立工作推进机制，县、地市、省级政府逐级开展三期学前教育三年行动计划

学前教育的规模大幅扩大。我国在园幼儿数量在第一期学前教育三年行动计划结束时增长了 918 万人，相当于过去 10 年增量的总和①。到 2021 年，全国共有幼儿园 29.48 万所，相比 2011 年增加了 12.80 万所；全国学前三年毛入园率从 2011 年的 62.3％提高至 88.1％。全国普惠性幼儿园（公办园和民办普惠园）达 24.47 万所，占全国幼儿园总数的 83.00％；农村地区普惠性幼儿园覆盖率达到 90.6％。

3. 幼儿园教师队伍建设从规模增长向专业能力建设跨越

2010 年以来，各地通过多种方式补充幼儿园教师。（1）在绝对规模上，2020 年全国幼儿园教职工数达到了 519.82 万人，相比 2010 年增长了 181.09％。特别是 2012 年至 2015 年，全国专任教师总量连续迅速增长，年均增长率达 11.51％（见表 6-1 和图 6-1）。（2）在相对数量上，教师队伍配置状况持续改善，生师比从 2011 年的 26.0∶1 下降至 2021 年的 15.0∶1。（3）教师学历层次显著提高，2021 年本专科学前教育专业毕业生规模达到 26.5 万人。专科及以上学历教师的比例从 2012 年的 65.1％提高到 2020 年的 85.0％，其中农村幼儿园专科及以上学历教师明显增加，占比从 57.4％上升至 79.9％（见表 6-1）。

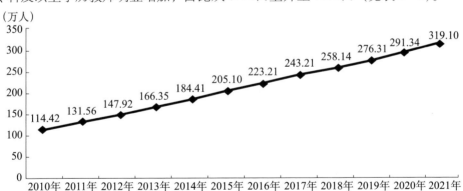

（万人）

图 6-1　2010—2020 年幼儿园专任教师数

资料来源：教育部 2012—2020 年全国教育事业发展情况、2010—2020 年教育统计数据、2010—2021 年全国教育事业发展统计公报。

---

① 学前教育三年行动计划收官在园幼儿增 918 万［EB/OL］.（2014-02-27）［2019-04-13］. http://edu.people.com.cn/n/2014/0227/c1053-24479921.html.

表 6-1　2010—2020 年幼儿园教师队伍状况

年份	专任教师数（万人）	民办教育专任教师数（万人）	教师年增长率	女专任教师占比	教职工数（万人）	园长教师专业技术职务数（万人）	未定职级数量（万人）	专科及以上学历教师占比	农村专科及以上学历教师占比	学前教育专业教师占比	生师比
2020	291.34	161.88	5.4%	97.78%	519.82	322.18	238.32	85.0%	79.9%	72.3%	15.5：1
2019	276.31	169.30	7.0%	97.79%	491.37	306.68	229.33	82.7%	77.2%	71.3%	15.9：1
2018	258.14	160.89	6.1%	97.84%	453.15	287.35	214.36	81.0%	75.3%	70.9%	16.6：1
2017	243.21	151.03	9.0%	97.79%	419.29	271.21	200.76	79.1%	73.4%	69.3%	17.2：1
2016	223.21	139.35	8.8%	97.88%	381.78	249.88	182.27	76.5%	71.0%	67.6%	17.6：1
2015	205.10	127.12	11.2%	97.92%	349.58	230.31	166.44	73.8%	68.3%	65.7%	18.1：1
2014	184.41	113.18	10.9%	97.94%	314.22	208.03	148.04	70.9%	64.6%	64.5%	18.7：1
2013	166.35	102.02	12.5%	98.00%	282.68	188.51	132.74	68.1%	61.0%	63.9%	19.4：1
2012	147.9	91.34	12.4%	97.97%	259.00	167.75	115.27	65.1%	57.4%	62.7%	20.2：1
2011	131.56	80.78	—	97.56%	220.43	149.60	99.84	—	—	—	26.0：1
2010	114.42			112.08%	184.93	130.53	83.87	—	—	—	—

资料来源：教育部 2012—2020 年全国教育事业发展情况、2010—2020 年教育统计数据、2010—2020 年全国教育事业发展统计公报。

（二）资格与任用制度变革

1. 幼儿园教师招聘办法向遴选乐教、适教、善教的优秀人才过渡

针对教师资格制度，我国在 1993 年《教师法》提出的中专基本学历和教师资格要求的基础上，开展了教师资格证定期注册试点等改革；制定了关于师德建设的《新时代幼儿园教师职业行为十项准则》；并且在应对新冠肺炎疫情的紧急情况下，根据"先上岗，再考证"的阶段性措施，提出了在 2020 年 12 月 31 日前招聘高校毕业生时不得将取得教师资格证书作为限制性条件。这些措施正在逐步规范和完善教师资格证制度，建立符合教育行业特点与需求的招聘和用人制度。

2. 多种路径解决编制问题，加强幼儿园教师配备工作

（1）各地通过公开招考、公开招聘、中小学教师转岗、特岗计划、公费师范生等方式及时补充公办园教师。（2）为推动编制配备的调整，已有 19 个省份出台了公办园教师编制标准。（3）在改进对非在编教师的管理方面，一些省份如贵州提出，实行招考程序、招考标准、工资待遇、晋级晋职"四同"，工资待遇全部纳入财政预算。这些改革举措与尝试将为解决幼儿园教师发展方面的一系列瓶颈问题带来机遇。

（三）培养、培训改革与质量标准

为扩大有质量的供给，在幼儿园教师培养和培训方面进行了重大改革。

1. 加快培养

第一，将幼儿园教师培养纳入国家师范生公费教育体系。随着培养幼儿园教师的院校不断增加、专业化水平与培养层次的逐步提升，中等师范学校背景的幼儿园教师教育逐渐退出历史舞台。2018 年《中共中央 国务院关于学前教育深化改革规范发展的若干意见》明确要求扩大本专科层次培养规模，中等职业学校相关专业重点培养保育员，2020 年基本形成以本专科为主体的幼儿园教师培养体系。这一指导意见推进了 2010 年《国务院关于当前发展学前教育的若干意见》提出的初中毕业后五年制的专科学历教师培养模式。2021 年，全国开设学前教育专业的本专科高校有 1 095 所，毕业生达到 26.5 万人，相比 2011 年分别增长了 1.2 倍、6.7 倍，为补充幼儿园师资提供了有力支撑。

第二，调整院校专业和课程设置。各级师范院校和职业院校的培养目标、专业设置和课程做了重大调整。幼儿园教师培养从以依托中等职业学校培养技能型人才为主体转向以依托师范院校和综合院校培养专业理论扎实、具有职业素养和专业技能、综合素质较强的人才为主体。在培养方案中，要求凸显知识本位、学生本位、社会本位特征。在课程设置上，与国际幼儿教师培养方案接轨，专业设置包括通识教育、专业课程、教师教育以及实践活动等，以满足社会对幼儿园教师的要求。

第三，培养模式有所创新。在实施卓越幼儿园教师培养计划的过程中，探索前移起点的培养模式。2018 年《中共中央 国务院关于学前教育深化改革规范发展的若干意见》中提出"大力培养初中毕业起点的五年制专科学历的幼儿园教师"可作为"学前教育本专科层次教师队伍"的定向补充机制，能尽快培养出一批拥有较丰富的才艺和较强保教技能的全科幼儿教师人才，能在一定程度上缓解当前幼儿教师供给不足、学历低的问题。

2. 加强培训

第一，建立培训制度。规定幼儿园教师以 5 年为一周期，每个周期必须接受不少于 360 学时的全员培训，并且培训经费纳入同级财政预算。

第二，健全内容和体系，提高专业实践能力。幼儿园教师"国培计划"项目分层分类设计，涵盖教师职业行为准则、新入职教师规范、非学前教育专业教师专业补偿、乡村幼儿园教师保教能力提升、幼儿园园长法治与安全教育、乡村幼儿园园长办园能力提升、民办幼儿园园长规范办园等能力建设。名园长工作室也于 2018 年试点启动，以发挥引领带动作用。在体系上，建构中央领导、地方负责、分级办学和管理的制度，设立园长培训平台，以及国家、省、市、县不同层级的培训项目，并依托信息化管理系统实施监控和评估。

第三，扩大培训规模，加大农村地区的培训力度。为促进教育公平均衡发展，2011 年以来，中央财政专项支持中西部农村幼儿园教师和园长采取脱产研修、集中培训、园本实践等方式进行专业培训，至 2018 年年底共培训幼儿园教师和园长 196 万人次。

3. 质量保障

第一，通过对师范院校教学质量进行评估，建立培养质量保障制度。2018 年启动师范院校学前教育专业国家认证，建立普通高等学校学前教育专业质量认证和保障体系，以提升幼儿园教师队伍专业水平。

第二，《幼儿园教师专业标准（试行）》和《幼儿园园长专业标准》先后出台。《幼儿园教师专业标准（试行）》明确了幼儿园教师需要具备的素质和能力，包括良好的职业道德、系统的专业知识与技能，涉及 14 个领域的专业工作。《幼儿园园长专业标准》明确了园长的专业职责，及其必备的认识、方法和能力。教师和园长标准的出台为教师队伍的培养和培训设定了专业要求，为促进教育服务质量提升奠定了基础。

（四）保教结合与教研体系

经过 2010 年以来十余年的规模增长，教师保育、教育专业发展和科研要求随着教师专业预备以及学历教育的提高而增加，教研体系逐步建立。

制定幼儿园保教质量评估指南和标准。2013 年教育部发布《幼儿园教职工配备标准（暂行）》，对各类幼儿园师生比提出了明确的要求，例如，全日制幼儿园应按照教职工与幼儿 1∶5～1∶7 以及保教人员与幼儿 1∶7～1∶9 的比例配备。2018 年以后，通过制定标准，明确保教理念和实践要求，提升教师的专业能力。

完善区域教研和园本教研制度。2019 年北京市创新教研方式，推进"全覆盖教研"项目，通过优质资源辐射的教研管理模式和线上线下配合的方式，形成了"区-片-园"三级联动的教研网络。

健全各级学前教育教研机构，充实教研队伍。2019 年，贵州在加强区域教研的基础上，建立了 301 个乡村幼儿园集团化管理资源中心，为边远山村幼儿园提供保教工作指导。还有一些地区建立了"高校＋示范幼儿园＋县区教师发展中心（或教研室）＋当地幼儿园"的体系，为山村幼儿园教师提供持续、有效的专业支持。这种深入贫困县乡的实践，提高了当地幼儿园教师的专业素养，促进了幼儿在游戏环境中快乐成长。

（五）资源配置与经费投入

公共财政投入增加，重点向农村、边远地区、贫困地区和民族地区倾斜。整体上，全国学前教育财政性经费占比从 2010 年的 1.7％提高到了 2020 年的 5.9％。中央财政 2011—2019 年间累计投入学前教育专项资金超过 1 400 亿元。

建立投入激励机制。带动地方财政投入超过 7 000 亿元，并且已有 31 个省份出台了公办园生均公用经费标准。

重点投入农村幼儿园教师的培养和培训，加强长效建设。农村贫困地区教师紧缺和处境不利儿童的发展逐渐成为需要重点解决的问题。（1）在教师培养与补充机制上，实行公费定向培养师范生计划，以满足不同区域对不同培养层次教师的不同需求。易地扶贫搬迁点幼儿园教师配备需求受到优先保障。（2）在提升教育质量和水平上，以幼儿园教师"国培计划"为例，投入经费 11 亿元，2011—2013 年培训农村幼儿园教师 29.6 万名。重点为中西部乡村幼儿教师培训提供持续的支持。（3）推动城乡幼儿园结对帮扶，开展长效机制建设。

尽管经费和资源依然有限，但是农村幼儿园教师的公平问题整体上得到了有效解决。

二、主要挑战

早期教育师资的培养具有自身的复杂性、公益性和跨部门性。全国许多地区普遍面临机制不完善、资金投入不足、缺乏综合的婴幼儿保教服务、保教质量参差不齐、社会和家庭对早期教师工作认识不够、处境不利儿童难以获得优质的保教服务的问题。

（一）幼儿园教师职业未能吸引一流人才从教，教师队伍结构失衡

虽然学前教师队伍规模迅速扩大，但是整体结构有待调整。

第一，学前阶段在所有学段中教师队伍依然薄弱。2020 年，全国幼儿园专任教师累计缺口达 65 万人。保育员和卫生保健人员缺口尚没有单列的权威数据，但是在人力资源和社会保障部发布的 2019 年第四季度全国招聘求职 100 个短缺职业排行名单中，保育员、育婴员和幼儿教师都分别在列①。另外，2020 年也仍然还有 20.1％的农村教师学历在专科以下。而本科以上学历是很多西方发达国家幼儿教师的准入要求。这说明当前我国幼儿园教师培养仍不能满足需求。随着三孩政策实施以及整体人口增速放缓，需要结合人口发展背景趋势和当地需求，调整学前教师培养规模与层次。

---

① 2019 年第四季度全国招聘求职 100 个短缺职业排行［EB/OL］.（2020-01-14）［2020-03-05］. http://www.mohrss.gov.cn/SYrlzyhshbzb/dongtaixinwen/buneiyaowen/202001/t20200114_354805.html.

第二，城乡区域师资发展不平衡。整体上，对招生生源、培养层次、区域结构的规划有待加强。中部地区以及西部贫困、偏远、民族地区幼儿园教师的数量和质量依然面临严峻挑战。

第三，结构性缺编制约着幼儿园教师队伍的补充和发展。随着近年来学前教育对幼儿园教师需求的增加，幼儿园教师队伍缺编、占编成为重要问题。在学前教育阶段，国家尚未制定正式的编制标准。截至 2018 年年底，在幼儿园教师队伍中，代课教师和兼职教师数量将近 20 万人。根据教育部 2018 年教育统计数据，有待健全公办幼儿园教职工编制核定和补充制度。尽管为了解决编制问题，县管校聘的用人制度在多地实行，然而这一制度在实施中没有明确聘用的主体是县级行政部门还是学校，聘任标准和聘用条款不明确、不细致。编制问题涉及不同部门和不同层级的协调与管理机制，协调与管理机制不完善导致在教师待遇、职业发展、人才准入和退出机制等方面存在诸多问题。

第四，幼儿园教师性别比严重失衡。2010—2020 年，全国范围内幼儿园女教师占比一直为 97%～98%，明显高于女性教师在中等教育和初等教育中的占比（分别为 54% 和 67%）。来自江苏等地方的数据显示，2014 年江苏全省幼儿园男教师的占比不超过 1%。一些省份如江苏、湖南的幼儿教师培养机构多年来一直在强化男教师的培养项目，但是从全国范围看，这些措施的收效尚不明显。

第五，缺乏宏观层面年龄和教龄结构的公开统计信息。关于学前教师队伍年龄和从教时间的分布特征，有待与其他学段的年龄和教龄数据一样纳入整体考察，以便客观了解。

学前教师数量不足，教育资历与准入门槛低，教师职业身份和地位缺乏保障，男性极少选择从事这一职业，因而幼儿园教师队伍尚未能够吸引一流人才。这与学前教师队伍高素质、善保教的人才需求与建设目标不匹配。

（二）农村幼儿园教师职业的专业化准入标准持续下降

近年来，农村幼儿园教师职业的专业化准入标准呈下降趋势。根据 2010—2020 年我国幼儿园教师队伍统计数据（见表 6-1），全国幼儿园专科及以上学历专任教师占比的上升幅度大于全国具有学前教育专业背景的专任教师占比的上升幅度。这表明在我国幼儿园专任教师队伍的扩充过程中有大量的非学前教育专业教师加入。而在农村地区教师队伍扩充的过程中，这种趋势更为明显（见图 6-2、图 6-3）。

新入职的非学前教育专业的教师可能需要较长时间的专业培训。农村幼儿园教师队伍相对薄弱，又缺乏系统性、结构性的引导，专业的训练更加缺乏。从教师专业发展的一般阶段特征来说，非学前教育专业毕业的幼儿教师可能需要经历

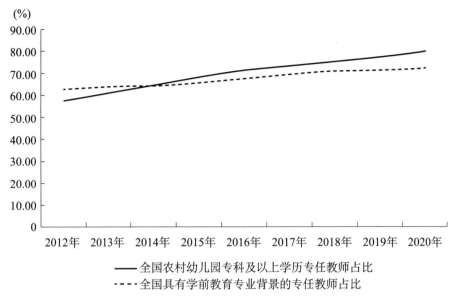

**图 6 - 2　2012—2020 年全国农村幼儿园专科及以上学历专任教师占比与
全国具有学前教育专业背景的专任教师的占比**

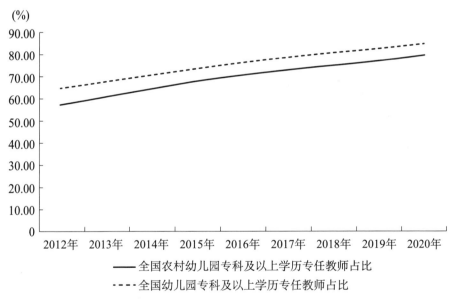

**图 6 - 3　2012—2020 年全国农村幼儿园专科及以上学历专任教师占比与
全国幼儿园专科及以上学历专任教师占比**

从职业适应、教学能力建构、教学能力自主发展到逐渐成熟并形成自身风格的过程。近年来国家和社会对学前教育的专业性要求不断提高。这说明，农村学前教师队伍的发展面临着专业性提升的挑战。

（三）缺乏竞争和激励机制，难以吸引和留住人才

幼儿园教师资格考试不能发挥作为人才甄选机制的作用，不能反映实际工作对专业人才和专业能力的要求。虽然取得教师资格证的人数逐年增加，但是由于缺乏竞争，教师执教水平差别较大，具备专业能力和丰富经验的教师缺乏激励。

第一，教师待遇偏低。从我国整体教师队伍的绝对薪酬看，男性显著高于女性，东部地区高于中西部地区，薪酬随学段、教龄、职称及学历的上升呈现明显的上升趋势[1]。处于起始阶段、以女性为主、学历层次相对较低的幼儿园教师的薪酬待遇在 14 类专业工作中排名倒数第三（中小学教师排名倒数第四）[2]。在幼儿园教师队伍内部，不仅住房、医保等待遇保障不足，还存在明显的经济待遇差异。在工资福利和补助支出上，中部地区最低，而西部地区最不平衡[3]。12 个省份（东部地区的浙江、广东、山东，中部地区的湖南、湖北、江西、河南，西部地区的甘肃、广西、贵州、云南、重庆）农村地区幼儿园教师平均月收入 2 550元，而且其中 50% 的地区教师月支出高于月收入。现实与期望的月收入差距较大[4]。这些差异与受教育经历、工作经验、工作投入等专业人才特征相关性较低。

第二，编制外教师的保障水平低成为影响教师队伍稳定性的重要因素。受前述编制问题的影响，公办园非在编教师、农村集体办幼儿园教师、乡村公办园教师、公办园保育员等的待遇、福利和地位尤其缺乏保障。虽然可供参照的数据有限，但是基于北京市的调研发现，在编教师月平均工资为 4 096.59 元，是编制外教师平均工资 2 205.33 元的 1.86 倍。编制因素可解释工资差异的 80.85%。4～10 年教龄的保育员的工资，编制内者是编制外者的 2.17 倍[5]。在编教师和不在编教师同工不同酬的问题亟待解决。

近十年关于教师流动问题的研究显示，流动性较大的群体具有如下特征：不在编、在民办园工作、男性、教龄在 3～5 年、未婚、中青年、高学历或大专以下学历[6]。与义务教育阶段教师从发展薄弱地区向发达地区流动的特征不同，幼儿园教师队伍的稳定性尤其和与是否在编和办园性质相联系的体制保障因素

① 宋萑，王恒，朱旭东．中国教师专业发展数据库研究总报告 [R]．北京：北京师范大学，2018．

② OECD. Education at a glance 2015: OECD Indicators [EB/OL]. (2015-11-24)[2019-03-24]. https://dx.doi.org/10.1787/eag-2015-en.

③ 付卫东，佘至宁．我国公办幼儿园教师工资福利及补助支出差异现状研究 [J]．教师发展研究，2019（3）：35-43.

④ 于冬青，高铭．我国农村幼儿园教师薪资待遇对比分析及政策深思：基于对 12 省份的调查 [J]．中国教育学刊，2019（2）：22-28.

⑤ 赖德信．幼儿园教师工资差异决定机制分析 [J]．学前教育研究，2015（12）：3-12.

⑥ 孙雅婷．幼儿教师流动与幼儿园教师管理的相关研究 [D]．武汉：华中师范大学，2010；刘静静．幼儿教师流动现状与对策研究 [D]．开封：河南大学，2013；梁艳．民办幼儿园教师流动现状及引导研究 [D]．武汉：华中师范大学，2019.

相关。

第三，多数教师职业发展受限。大部分幼儿园教师的职业晋升、荣誉奖励等职业发展机会受限。根据对我国学前教育事业发展数据的统计分析，学前教师队伍 2019 年未定职级数量占园长教师专业技术职务总数的 74.78%，高于 2011 年的 66.74%（见图 6-4）。由于具有职级的教师的总量只占教师队伍的 25.22%，因此这一分布下的职级结构特征缺乏代表性。可见，幼儿园教师职业发展路径问题突出。

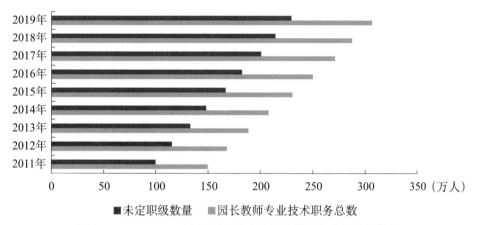

图 6-4　2011—2019 年园长教师专技职务数量与未定职级数量

第四，幼儿园教师工作缺乏认可。（1）在工作量方面，当前我国中小学教师群体存在超负荷教学与非教学工作过多的问题[①]。幼儿园教师保育和教育工作繁重，各类幼儿园师资需要落实按生师比达标的评估目标，保教结合的工作尤其有待得到社会认可。（2）在工作环境体验方面，教师职业压力可能导致消极的情感体验，从而影响教育教学过程的质量。全面了解幼儿园教师感知的职业压力和教师专业幸福感，对教师队伍工作动力、效能和质量的提升非常重要。

（四）在托幼一体化趋势下，缺乏促进婴幼儿综合发展所需的保教师资信息

我国 3 岁以下婴幼儿（不含 3 岁）有 5 000 万人左右，与托育服务相关的制度设计缺失，婴幼儿照护相关专业人才十分缺乏。迫切需要跨部门开展 0～3 岁高危儿童筛查，包括对有特殊需求的儿童进行早期教育和医护干预。国务院办公厅 2019 年出台了《关于促进 3 岁以下婴幼儿照护服务发展的指导意见》，明确要求高校加快相关专业设置和课程建设。婴幼儿综合发展涉及多个部门协作，在托

---

① 吴国珍，过伟瑜. 为教师专业化争取时间和创造时间：港澳京沪四地教师活动时间及特点比较研究 [J]. 教育学报（香港），2003（18）：113-132.

幼一体化趋势下，尚缺乏关于保教师资的构成、能力和学历特征等方面的信息。

（五）缺乏公平统一的监督评价体系

民办教师是学前教育多样态教育服务供给体系中的重要角色。在我国学前教育公共服务体系的建设过程中，学前教育机构涉及不同办园主体，包括教育部门、事业单位、部队、集体、地方企业等。根据图 6-5 所示的数据计算可得，2011—2019 年在教师队伍迅速补充的过程中，公办专任教师不超过 40%。虽然民办专任教师数量增长速度趋缓，但是 2011—2019 年占比一直在 61% 以上；2020 年民办专任教师数量虽然有所下降，但占比仍高达 55.56%（见表 6-1、图 6-5）。因此，在建立监督评价机制的过程中，需要体现民办和公办教师的平等与公平机制。

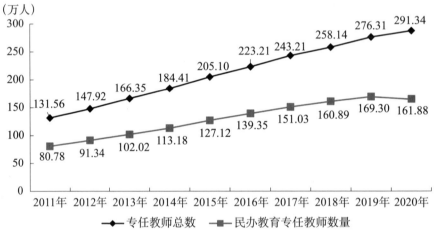

图 6-5 2011—2020 年专任教师总数与民办教育专任教师数量

保教师资力量有待增强。幼儿园教师职业具有保教结合的特殊性。目前，在学前教育专业培养上，缺乏涵盖保育综合技能的课程设置。从事保育工作的教师往往不参与教研，对其也缺乏培训要求。在实际管理中，往往分配业绩考核不合格的教师、转岗教师、非编教师做保育员。鉴于保教工作的重要性，人力资源分配工作需要规范化和加强监督。

统一的监督评价体系有待完善。我国先后出台的《3-6 岁儿童学习与发展指南》《幼儿园工作规程》《幼儿园保育教育质量评估指南》等文件，都涉及加强师资管理方面的内容。具体来说：（1）在有关师资配备的多项政策中逐步明确按照标准配备教职工，先后提出补足配齐公办幼儿园教职工、补足配齐各类幼儿园教职工、监督民办依法配齐教职工等；（2）在提升幼儿园办园水平方面，强调各类幼儿园师资达标；（3）在健全幼儿园质量评估监测体系方面，提出了保教质量评估指南和标准；（4）注重保教结合，强调建立良好师幼关系。但是，目前没有建立统一的评价指标体系。值得注意的是，在一般性框架的基础上，以过程为导向、促进教师专业成长的评估机制也有待完善。

三、趋势展望

在国际上日益重视早期儿童发展的背景下，我国从个体教师的专业素养发展、幼教机构的领导与团队能力建设、地方政府和国家层面的财政资源分配、保育教育质量标准认证、响应国际机构的倡导并争取其支持等多个层面开展了专业能力和体系建设。从整体上看，我国幼儿园教师队伍建设的基本维度与国际教师发展政策的关键维度具有一致性。我国正在着力建构和完善包括师德建设、资格与任用、教师培养、专业发展与领导力建设、教师待遇、工作晋升、专业标准与评估等核心方面的培养、发展与评估体系[1]。在此基础上，我国大力吸引优秀人才从教，依法保障幼儿园教师地位和待遇，增强专业发展体系的综合性与实践性，提升农村地区教师职业的专业化水平，调整结构和配置，完善幼儿园教师激励机制，拓展儿童早期发展的服务群体，加速托幼一体化的专业人才培养，监测评估教师培训和教师工作表现，从多个层面确保加强教师队伍建设，进而促进儿童早期综合发展。

（一）吸引优秀人才从教，依法保障幼儿园教师地位和待遇

第一，重视准入条件，提高入职学历要求。现行《教师法》于 1994 年开始实施，2009 年有过一次修订，距今已十余年，其中关于幼儿园教师入职、任用和发展等的规定滞后性凸显。《教师法》（2009 年修正）中规定"取得幼儿园教师资格，应当具备中等师范学校毕业及以上学历"，但历经十余年的发展，我国教师队伍的整体情况及其所处的社会环境都已经发生了很大的变化，新的形势、新的任务对教师队伍建设提出了更高的新要求。重视准入条件已是国际趋势[2]。很多发达国家或地区已经把教师学历要求提高到大学本科以上。芬兰的很多幼儿教师已经拥有硕士学位，这一学历要求高于初等教育教师。发展中国家如印度、巴西等也把教师学历要求提升到本科[3]。因此，需要从以下四方面进行改革：（1）基于我国目前的教师学历水平，具备逐步将幼儿园教师学历提升至专科的条件。同

① 池瑾，Eduardo Velcz. 促进教育体系质量提升的投资与有效方案［M］. 北京：北京师范大学出版社，2019.
② 池瑾，李娜. 我国幼儿园教师队伍建设中的资格及任用制度探讨［J］. 教师发展研究，2019（4）：32 - 36.
③ 李海燕. 台湾地区师资培育制度变迁与借镜［J］. 广州大学学报（社会科学版），2015，14（8）：70 - 75.

时，对于现有的不符合学历要求的教师，结合我国区域发展实际状况提供学历进修机会，并制定关于教师资格的过渡办法。(2) 完善教师资格定期注册制度。根据联合国教科文组织在亚太地区的倡导，需要规范和管理基于实证的、有意义的教师资格认证。(3) 在教师资格考试和教师招募中，把思想政治素质和业务能力作为重点，考量准教师是否适合教师职业，以及其修习教师教育课程、参加教育教学实践的情况。(4) 建立和完善退出制度，确保教师和学校双方权益，并将有重大违法犯罪行为或严重违反教师职业道德的幼儿园教师及时清理出教师队伍。

第二，与义务教育阶段教师享有同等的地位和待遇保障。依法保证教师平均工资水平不低于或者高于国家公务员的平均工资水平，完善收入增长机制。在提升教师整体待遇上，实现教师收入与当地公务员收入相当。

第三，实施同工同酬制度，淡化教师编制制度。现行的教师编制标准已经无法满足教育教学实践的需要。因此，应在统筹总量、结构以及差异性需求的基础上，区域调剂、专岗专编核定师资配置；通过政府购买的方式补充教师队伍。通过完善招考程序、招考标准，提高工资待遇，强化晋级晋职的平等和公平，以及推行动态评价的方式，逐渐消除缺编问题对教师岗位、教师发展和教师队伍稳定性的制约。

(二) 提高专业发展体系的综合性与实践性，提升农村地区教师职业的专业化水平

第一，需加快学前教育相关学科和幼儿教师新型培养方案的建设和制定。关于幼儿园教师专业能力，存在将卫生、健康、营养、保育、教育相结合的综合要求。针对这些相关领域的工作要求，亟待开展教师专业能力的系统培养，以便教师在实际教育教学过程中保证早期教育的质量。高等师范学校要根据《幼儿园教师专业标准（试行）》，顺应学前教育改革要求，科学设计幼儿教师专业能力培养目标，在培养学生具备学前教育专业知识、熟知学前教育基本工作规范和方法的基础上，着重让学生掌握幼儿园保教相关技能并提高综合能力；各省（区、市）也应根据当地学前教育发展规划，组织高等师范院校联合制定相应的幼儿教师能力培养标准，为设计人才培养方案和组织教育教学提供指导。

第二，加强对学前教育师范生实习的过程指导。在院校学前教育培养层面提高预备准教师的实践专业能力，开设相应的实践课程；教学过程要实现教学做合一，还应加强与有丰富实践经验的幼儿教师的联系，优化和加强高校学前教育专业的教育者作为"教师的教师"的教学实践与理论指导。

第三，创新幼儿园教师培养培训模式。建立高等学校、地方政府、幼儿园联合培养教师的新机制，发挥行业企业在"双师型"教师培养中的实践指导作用。完善针对幼儿园保教、专任教师的各级培训机制，加强区县教师进修机构保教

培训一体化建设。

第四，完善园长与幼儿园骨干教师培育机制。首先，保持和发展具有本土特色的名师工作室、集体备课评课、校本教研等模式，拓宽幼儿教师专业能力培养途径。其次，可将教师的教育和培训与教师待遇挂钩，将教师资质表现与工资增长结构相联系，激发幼儿教师专业成长的积极性。发挥园长和幼儿园骨干教师在安全保护、健康卫生、紧急应对、保育和教育等方面的专业引领作用，促进整体综合素质和科学保教能力提升。

第五，提升农村地区幼儿教师职业的专业化水平。近年来补充的幼儿园教师专业背景多元，这一特点在农村地区尤其明显。为缩小城乡学前教育发展差异，除了在财政投入、基础设施建设等方面要有所侧重外，还需要增强农村地区学前教育教师专业能力建设的针对性，聚焦不同发展阶段教师应具备的核心素养与关键能力，包括为中小学转岗教师、新手教师和非学前教育类尚未取得教师资格证的农村年轻教师提供专业补偿培训。同时，还应加强教师对家长和幼儿工作的反思，开发适合本土的新的实践。

（三）调整结构和配置，完善幼儿园教师激励机制

第一，加强对幼儿园男教师的培养。针对幼儿教师队伍性别结构严重失衡问题，可以从以下三方面入手加以改善：（1）根据江苏、湖南等地机构试点和人才培养经验，推广五年制师范学前教育专业免费师范男生培养项目，扩大男教师的培养规模。采用顶岗实习等多种方式，促进幼儿园男教师的专业发展。（2）针对性别比例严重失衡的幼儿教师群体现状，在教师的专业发展中增加性别视角。可从内容和形式等方面建设丰富的课程，比如除声、乐、舞外，还可增开诸如足球、篮球、武术等具有特色的体育运动专业课程。（3）借鉴欧洲国家的有效做法。通过生涯规划教育，提高所有学生对幼儿园教师的职业认识，打破性别偏见，预备、甄选和培养适合的人才[①]。

第二，面向幼儿园教师整体，建设职业发展通道与晋升机制。在园长教师专业技术职务上，2019 年尚未定职级的占比 74.7%。随着教师编制改革以及教师队伍转向优质建设，需要面向幼儿园教师整体，建设标准明确、结构合理的各级职称（职务）评聘晋升制度，完善平等公平的幼儿园教师专业成长机制。这将优化具备职业伦理操守和专业资质的幼儿园教师的发展路径，并进一步拓展这一职业的发展空间。

第三，制定持续而多元的财政激励措施。进一步在学前教育阶段落实乡村教

---

① Jin Chi. Pathways for gender equality through early childhood teacher policy in China ［R］. Brookings Institution，2018.

师支持计划：（1）提高生活待遇（补贴、公积金、社保、周转房等）；给予职称评聘倾斜（降低部分要求、给予优待）；建立教师荣誉表彰制度，开展多种形式的教师表扬奖励活动，营造尊师重教的良好氛围，特别是要为留在中西部农村条件艰苦学校从教的乡村教师提供支持。（2）从保障培训课时与经费、建立乡村教师与园长专业发展支持服务体系两个方面促进乡村教师队伍能力素质提升①。

第四，深化非薪酬类激励制度建设。（1）建立多元化的激励制度，尊重教师、了解教师，为教师的专业成长提供指导并创建有利条件。（2）营造积极的工作环境，从而减轻幼儿园教师感知的工作环境压力，提高工作满意度。

（四）拓展儿童早期发展的服务群体，加速托幼一体化的专业人才培养

第一，拓展我国当前的早期服务群体。（1）国际上倡导的儿童早期保育与教育对儿童早期的年龄界定是指 8 岁以下，而我国目前主要的服务群体是 3～6 岁幼儿，针对 0～3 岁的保教服务十分缺乏。（2）我国妇女就业率高，在"三孩"政策背景下，家庭对 0～3 岁婴儿期的照料面临挑战，所以国家有必要开展 0～3 岁的保教公共服务。

第二，基于 3 岁以下儿童的发展特点，动员家庭、社区、托幼机构，形成学前教育合力。同时，在财政资源的分配上，应适当增加对以家庭为基础的保教项目的投入。

第三，将 3 岁以下教育阶段的师资培养纳入法律和政策指导范围。建立跨部门协调机制，建立保教师资的基本特征数据库，以便为制定婴幼儿综合发展政策提供依据。

（五）监测评估教师培训效果和教师工作表现，促进儿童早期综合发展

第一，依法依规督导。在入职考察、工作考核、职称评定、评优评先等环节实行师德师风一票否决制。根据幼儿园教师、园长工作标准，明确对工作表现的要求，并且保障教师工资按时足额发放。

第二，着力通过有效的监管和评估，达到提高教师队伍质量的目的。这是需要解决的难点。一方面，从促进儿童早期综合发展的角度，评估教育服务的质量和影响力；另一方面，从本土实践和区域背景差异的角度理解服务质量的评估问题，开展基层研究，制定体现各地情况的培训与评估制度。

第三，从幼儿园教师职业生涯发展的角度，以连续、动态、过程为取向，建立终身化教师评价模式。

---

① 刘佳．"乡村教师支持计划"实施方案研究：基于 31 个省（区、市）"乡村教师支持计划"实施办法的内容分析 [J]．教师教育研究，2017，29（3）：100－107.

第四，评估教师培训效果，不断完善培训体系，增强培训工作的针对性，提高教师的专业实践能力。

第五，研究和建立我国学前教师队伍发展指数。我国专家学者曾提出过评估师资队伍的指标（包括幼儿园各类教师及教职工总数、园长与专任教师的学历、园长与专任教师的职称）以及评估师资配置的指标（包括城乡生师比、专任教师比、教师学历合格率、幼儿园与小学教师工资的比例）[①]。美国以州为单位的儿童早期教师队伍评估指标体系还包括儿童早期各类教师工资水平及其上涨与下降情况、专业发展和教学准备时间的付酬、教师队伍相关数据收集情况等。基于对这些指标的研究，可以建立我国学前教师队伍发展状况及城乡与区域公平水平的评估体系，用于地区间比较参照。

为此，有必要完善全国学前教师的数据信息，包括教师工作量、保育教师的人口学数据、工作待遇、专业能力、3 岁以下教育阶段保教师资信息等，以便为政策的制定提供依据。

第六，学前教育师资培养可与新方法、新技术相结合，运用互联网、大数据，完善幼儿园教师队伍管理。

第七，推进跨部门合作，统筹资源配置。我国幼儿园教师队伍建设已经成为当前学前教育发展的重点任务。由于涉及与教育、卫生、妇女、儿童相关的诸多部门和基层负责机构，因此协调实施复杂，经费筹措多元，整体公共资金不足，因而需要跨部门制定与实施相应政策。同时，要遵循治理路径的自主性和良善性[②]，充分考虑基层一线教师、学校管理者、家长、教育部门的实际状况，统筹配置资源。

---

①　庞丽娟，熊灿灿 . 我国学前教育指标体系的现状、问题及其完善 [J]. 学前教育研究，2013（2）：3 - 7；高丙成 . 我国幼儿园师资队伍状况评价指标体系的构建与运用 [J]. 学前教育研究，2014（12）：29 - 35.

②　姜勇，庞丽娟 . 论教师专业生命的完美绽放：从管理走向治理 [J]. 中国教育学刊，2019（8）：65 - 69，75.

第七章 "去市场化"时代的民办幼儿园发展

2010—2021 年十余年间，从宏观层面看，在《国家中长期教育改革和发展规划纲要（2010—2020 年）》和《国务院关于当前发展学前教育的若干意见》的共同推动下，中国的民办学前教育延续了自 20 世纪 90 年代末以来的高速发展，过去的十余年也同时是中国民办幼儿园在结构、定位与发展方向上都发生了重大调整的十余年。本章将系统梳理过去十余年中国民办幼儿园发展境遇的变迁，以期探讨民办幼儿园的未来走向。

一、从市场化到政府主导下的民办幼儿园十余年历程

2010—2021 年，是政府系统进行顶层设计、重建学前教育公共服务体系的重要阶段。在这十余年里，国家层面颁布的有关民办学前教育的政策如表 7 - 1 所示。

表 7 - 1 2010—2021 年有关民办学前教育法律法规及政策

时间	名称	颁布机关	重点内容
2010 年	《国家中长期教育改革和发展规划纲要（2010—2020 年）》	国务院	首次在国家级文件中提到"积极探索营利性和非营利性民办学校分类管理"
2010 年	《国务院关于当前发展学前教育的若干意见》	国务院	首次提出"普惠性民办幼儿园"的概念，并将其基本特征概括为"面向大众、收费较低"
2011 年	《关于加大财政投入支持学前教育发展的通知》	财政部、教育部	提出要"按照'广覆盖、保基本、有质量'的要求，大力发展公办幼儿园，积极扶持民办幼儿园，形成公办民办并举的办园格局。建立政府投入、社会举办者投入、家庭合理负担的投入机制，积极动员社会力量投资办园、捐资助园"

续表

时间	名称	颁布机关	重点内容
2012 年	《中华人民共和国教育部关于鼓励和引导民间资金进入教育领域促进民办教育健康发展的实施意见》	教育部	提出要"探索完善民办学校分类管理的制度、机制"
2014 年	《教育部 国家发展和改革委员会 财政部关于实施第二期学前教育三年行动计划的意见》	教育部、国家发展和改革委员会、财政部	为进一步解决入园难的问题，提出"积极扶持普惠性民办幼儿园。落实用地、减免税费等优惠政策，多种方式吸引社会力量办园。各地根据普惠性资源布局和幼儿入园需求，认定一批普惠性民办园，通过政府购买服务、减免租金、派驻公办教师、培训教师等方式，支持民办园提供普惠性服务，有条件的地区可参照公办园生均公用经费标准，对普惠性民办园给予适当补贴"
2015 年	《全国人大常委会关于修改〈中华人民共和国教育法〉的决定》	全国人民代表大会常务委员会	删除了原《教育法》中关于"任何组织和个人不得以营利为目的举办学校及其他教育机构"的论述
2016 年	《中华人民共和国民办教育促进法》（2016 年修订）	全国人民代表大会常务委员会	明确了对"营利性民办学校"与"非营利性民办学校"区分对待，提出"民办学校的举办者可以自主选择设立非营利性或者营利性民办学校。但是，不得设立实施义务教育的营利性民办学校。非营利性民办学校的举办者不得取得办学收益，学校的办学结余全部用于办学。营利性民办学校的举办者可以取得办学收益，学校的办学结余依照公司法等有关法律、行政法规的规定处理"
2016 年	《教育部等五部门关于印发〈民办学校分类登记实施细则〉的通知》	教育部、人力资源和社会保障部、民政部、中央编办、国家工商行政管理总局	有关分类管理、分类登记的纲要性文件，共 6 章 18 条，重点解决营利性与非营利性学校"到哪里登记""如何登记"的问题，规定了民办学校设立审批、分类登记、事项变更、注销登记、现有民办学校分类登记等方面的内容

续表

时间	名称	颁布机关	重点内容
2016 年	《教育部 人力资源社会保障部 工商总局关于印发〈营利性民办学校监督管理实施细则〉的通知》	教育部、人力资源和社会保障部、国家工商行政管理总局	有关营利性民办学校管理的纲要性文件，共 9 章 50 条，重点解决营利性民办学校"能办什么学""如何办学""如何办好学"的问题，对营利性民办学校的设立、组织机构、教育教学、财务资产、信息公开、变更与终止、监督与处罚等内容做出了制度安排
2017 年	《教育部等四部门关于实施第三期学前教育行动计划的意见》	教育部、国家发展和改革委员会、财政部、人力资源和社会保障部等	第三期行动计划提出了"十三五"期间学前教育发展的总体目标，首次在国家级文件中提出，未来学前教育领域的格局中普惠性幼儿园占比应达到 80%左右
2017 年	《工商总局 教育部关于营利性民办学校名称登记管理有关工作的通知》	国家工商行政管理总局、教育部	明确了"营利性民办学校"应登记为"公司"
2018 年	《中共中央 国务院关于学前教育深化改革规范发展的若干意见》	中共中央、国务院	奠定了未来几年里学前教育领域的格局，首次提出，到 2020 年，普惠性幼儿园覆盖率（公办园和普惠性民办园在园幼儿占比）达到 80%，全国公办园在园幼儿原则上达到 50%。全国公办园、民办普惠园、民办非普惠园在园幼儿的比例分别是 50%、30%、20%
2018 年	《中华人民共和国民办教育促进法》（2018 年修订）	全国人民代表大会常务委员会	关于"营利性民办学校"与"非营利性民办学校"的分类管理没有变化，依然是"民办学校的举办者可以自主选择设立非营利性或者营利性民办学校。但是，不得设立实施义务教育的营利性民办学校。非营利性民办学校的举办者不得取得办学收益，学校的办学结余全部用于办学。营利性民办学校的举办者可以取得办学收益，学校的办学结余依照公司法等有关法律、行政法规的规定处理"
2020 年	《教育部关于印发〈县域学前教育普及普惠督导评估办法〉的通知》	教育部	明确了普惠性民办幼儿园的定义，指出"普惠性民办园是指通过教育部门认定、面向大众、质量合格、接受财政经费补助或政府其他方式的扶持、收费执行政府限价的非营利性民办幼儿园"

续表

时间	名称	颁布机关	重点内容
2021 年	《教育部等九部门关于印发〈"十四五"学前教育发展提升行动计划〉和〈"十四五"县城普通高中发展提升行动计划〉的通知》	教育部等九部门	强化公益普惠，提出"进一步提高学前教育普及普惠水平，到 2025 年，全国学前三年毛入园率达到 90% 以上，普惠性幼儿园覆盖率达到 85% 以上，公办园在园幼儿占比达到 50% 以上"。未来将形成全国公办园、民办普惠园、民办非普惠园在园幼儿比例分别为 50%、35%、15% 的格局

以民办幼儿园的市场化程度为标准，可将过去十余年民办幼儿园的发展简单划分为三个阶段。

（一）第一阶段：2010 年至 2015 年年底，在政策与市场的双重驱动下持续增长

2010 年 7 月，中共中央发布了《国家中长期教育改革和发展规划纲要（2010—2020 年）》。在这份被视为我国新世纪教育改革部署的纲要性文件中，学前教育被单独列为一章，与义务教育、高中教育、高等教育、继续教育、民族教育、特殊教育等处于平行地位。同年 11 月，国务院发布了"国十条"。以《国家中长期教育改革和发展规划纲要（2010—2020 年）》和"国十条"为起点，政府陆续发布了一系列政策与学前教育三年行动计划，学前教育重回公共政策视野，办园体制开始向以政府为主导、兼顾市场的方向转变。

2015 年前，政策导向仍以扩大学前教育供给为主，重点是缓解"入园难"的问题。因此，这一阶段的民办幼儿园延续了 2010 年前高速发展的势头，在数量上仍有显著增长，尽管在占比上稍有所下降。2010 年，全国民办幼儿园总数为 10.23 万所，到 2015 年，增长为 14.64 万所。但民办幼儿园数量在全国幼儿园数量中的占比从 2010 年的 68.02% 下降为 2015 年的 65.44%，并在此后持续下降（如图 7-1 所示）。

从在园幼儿数的角度看，2010 年，民办幼儿园在园幼儿数为 1 399.47 万人，2015 年，这一数字增长为 2 302.44 万人。与民办幼儿园总体数量在全国幼儿园数量中占比有所下降不同，民办幼儿园在园幼儿数占全国幼儿园在园幼儿数的比例在 2010—2015 年间仍然呈上升趋势，从 2010 年的 47.01% 上涨到 2015 年的 53.99%。此后这一比例仍然缓慢上扬，直至 2019 年才有所下降（如图 7-2 所示）。

在这一阶段，一方面，国家意识到学前教育的重要性和学前教育公共服务体系的不健全，也看到了"入园难""入园贵"等现象体现出来的学前教育资源供

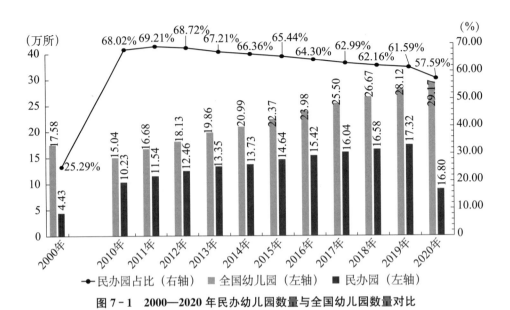

图 7-1　2000—2020 年民办幼儿园数量与全国幼儿园数量对比

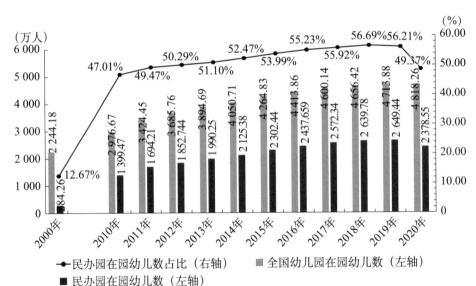

图 7-2　2000—2020 年民办幼儿园在园幼儿数与全国幼儿园在园幼儿数对比

给不足、管理体制粗放等问题，因而开始加大对学前教育领域的投入（如图 7-3 所示）；另一方面，由于历史欠账太多，财政投入又多集中在公办园，因此并没有从根本上解决广大普通民众面临的"入园难"的问题。强劲的市场需求仍然在不断吸引社会力量进入学前教育领域。从政策层面看，这一阶段的政策倾向对于民办教育以"鼓励"和"大力支持"为主。

　　与此同时，中国年轻一代父母（特别是受过良好教育的精英家庭）对于差异化

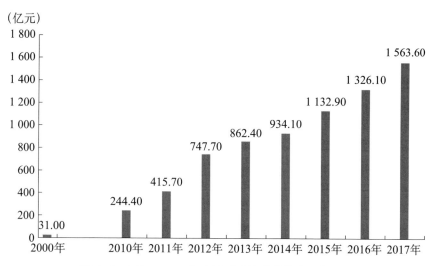

图 7 - 3　2000—2017 年全国财政性学前教育经费投入
资料来源：宋映泉 . 我国学前教育事业发展主要矛盾与公共财政投入改革方向［J］. 教育经济评论，2019（3）：19 - 48.

教育有了更多自己的见解与越来越高的需求。一些小众的旨在探索创新教育并提供高质量家庭服务的小微园也遍地开花，学前教育领域呈现出了多元、共荣的局面。

（二）第二阶段：2015 年年底至 2018 年 11 月，资本集中进入学前教育领域

2015 年 10 月，党的十八届五中全会正式决定全面推行"二孩"政策。同年12 月，全国人大常委会通过了关于修改《中华人民共和国教育法》的决定，删除了原《教育法》中关于"任何组织和个人不得以营利为目的举办学校及其他教育机构"的论述，从而在法律上扫清了民办教育发展的障碍。

2016 年 11 月，新修订的《中华人民共和国民办教育促进法》公布，这次修订体现了政府对民办教育进行分类管理的决心。16 条修正案中，有 6 条集中在对"营利性民办学校"与"非营利性民办学校"的分类管理政策上，分别涉及民办学校的设立及办学结余的使用、收费、扶持政策、税收政策、用地政策及终止后的财产处理等各方面。

此后，国家在很短的时间内颁布了一系列法规，在民办教育分类管理的问题上给出了更多纲要性的指引。根据这些法规，非营利性民办学校的主体性质为民办非企业单位或事业单位，设立时应适用的法规为《民办非企业单位登记管理暂行条例》或《事业单位登记管理暂行条例》。而营利性民办学校的主体性质为公司，设立时应适用的法律为《中华人民共和国公司法》。这些政策在当时被广泛理解为对分类管理制度更为深入的探索。将营利性幼儿园划入公司范围更是被认

为给民办教育资本化扫平了道路。

受此鼓舞，自 2016 年起，在过去近 20 年市场化发展的基础上，资本大量涌入学前教育领域。2016—2018 年，幼教行业无论并购数量还是并购金额都呈爆发式增长。2016 年，全国学前教育行业投融资案例计 30 起，并购交易规模达 12 亿元，到 2018 年，这一数字一度上升为 71 亿元，2019 年下降至 21 亿元。

在这一阶段，中高端民办幼儿园因其广阔的市场、政策利好与较强的盈利能力而成为资本的宠儿。以红黄蓝、博实乐为代表的一些大型连锁幼教机构迅速扩张，并赴中国香港或美国上市，一些上市公司也纷纷布局幼教市场，例如在 2015—2016 年间非常活跃的威创股份、秀强股份等。表 7-2 展示了部分上市公司在这一阶段做出的与幼教有关的并购或投资。

表 7-2　2015—2018 年上市公司布局幼教行业概览

公司名称	幼教相关举措
威创股份	2015 年 2 月，收购北京红缨时代教育科技有限公司（旗下包括 6 家直营幼儿园，1 192 家连锁加盟园）； 2015 年 9 月，收购北京金色摇篮教育科技有限公司（旗下有 150 余家品牌加盟园）
秀强股份	2015 年 12 月，收购杭州全人教育集团有限公司（2016—2017 年全人教育直营幼儿园数量达到 17 家）
和晶科技	2016 年起，建立"智慧树"样板幼儿园
时代出版	2015 年 1 月，与紫荆时代及贝壳育德共同投资设立时代紫荆教育投资公司，旨在切入中高端幼儿园市场
阳光城	与深圳新奥投资基金管理有限公司共同成立教育产业并购基金，旨在加大对幼教行业的整合和收购力度
拓维信息	2015 年 4 月，收购长征教育，打造幼儿园＋家庭场景下的幼教教育 O2O 生态圈
长方集团	2016 年 6 月，与深圳前海易德资本投资管理有限公司共同投资设立长方易德教育产业投资并购基金，主要投资国际教育及学前教育
枫叶教育	2018 年 1 月，收购常青藤幼儿园

资料来源：广证恒生. 证券研究报告：新三板专题研究［R］. 2016.

表 7-3 则呈现了自 2014 年至 2018 年以枫叶教育、博实乐等品牌为代表的一众教育集团在上市方向上的努力。

表 7-3　2014—2018 年教育集团上市情况概览

上市地点	公司名称	上市时间	地区分布
中国香港	枫叶教育（下有 19 所幼儿园）	2014 年 11 月	中国 13 个省份
	成实外教育（下有 2 所幼儿园）	2016 年 1 月	四川
	宇华教育（下有 8 所幼儿园）	2017 年 2 月	河南、湖南

续表

上市地点	公司名称	上市时间	地区分布
中国香港	21 世纪教育（下有 8 所幼儿园）	2018 年 5 月	河北
	博骏教育（下有 6 所幼儿园）	2018 年 2 月递交上市申请	四川
	天立教育（下有 3 所幼儿园）	2018 年 2 月递交上市申请	四川
美国	博实乐（下有 38 所幼儿园）	2017 年 5 月	中国 8 个省份
	红黄蓝（下有 80 家直营园，175 家加盟园以及 800 余家加盟亲子园）	2017 年 9 月	全国 30 个省份
	海亮教育（下有 9 所幼儿园）	2015 年 7 月	浙江、湖北、江西

资料来源：华创证券. 行业深度研究报告：供需错位孕育超 6000 亿民办学校市场，从增长驱动模型看上市公司核心竞争力［EB/OL］.（2018 - 06 - 30）［2019 - 02 - 25］. https://doc. mbalib. com/view/a7603b0c639c9b09f412dbb1456775a7. html.

对于广大幼教人而言，2014—2018 年是充满了挑战与机会、诱惑与不安的几年。行业与机构的快速扩张必然带来管理跟不上、师资无保障、教育品质下降等问题；而资本的大量进入则直接推高了幼儿园的房租成本，过度追求盈利带来的过高收费等对行业生态产生了直接冲击。

（三）第三阶段：2018 年 11 月以来，"去市场化"成为定局，民办园发展黄金期宣告终结

2017 年 11 月，位于北京市朝阳区管庄的红黄蓝幼儿园（新天地分园）爆出了某班老师以扎针的方式虐待儿童的事件。消息一经报道，立刻引发了巨大的社会反响。一石激起千层浪，此后，教育主管部门连出重拳，从加强校园安全管理开始，提高了对整个行业"合规性"的审查标准。

2018 年 11 月 7 日，《中共中央　国务院关于学前教育深化改革规范发展的若干意见》发布。该文件规划了未来中国学前教育领域的格局，它明确提出了到 2020 年全国范围内实现公办园在园幼儿占比 50%，普惠性民办园在园幼儿占比 30%，非普惠性民办园在园幼儿占比 20% 的目标，并将我国学前教育的问题概括为"学前教育资源尤其是普惠性资源不足，政策保障体系不完善，教师队伍建设滞后，监管体制机制不健全……部分民办园过度逐利、幼儿安全问题时有发生"。为此，该文件中数次使用了"坚决扭转""坚决抑制""坚决予以取缔"这样的字眼，表明了国家规范民办园市场、引导学前教育产业布局的决心。

该文件还明确了资本禁入范围，相关规定如下：

（1）社会资本不得通过兼并收购、受托经营、加盟连锁、利用可变利益实体、协议控制等方式控制国有资产或集体资产举办的幼儿园、非营利性幼儿园；

（2）参与并购、加盟、连锁经营的营利性幼儿园，应将与相关利益企业签订的协议报县级以上教育部门备案并向社会公布；

（3）当地教育部门应对相关利益企业和幼儿园的资质、办园方向、课程资源、数量规模及管理能力等进行严格审核，实施加盟、连锁行为的营利性幼儿园原则上应取得省级示范园资质；

（4）幼儿园控制主体或品牌加盟主体变更，须经所在区县教育部门审批，举办者变更须按规定办理核准登记手续，按法定程序履行资产交割；

（5）民办园一律不准单独或作为一部分资产打包上市。上市公司不得通过股票市场融资投资营利性幼儿园，不得通过发行股份或支付现金等方式购买营利性幼儿园资产。

受此影响，2019 年学前教育领域以资本为主导的并购交易规模仅为 2018 年的 29.5%。以此为拐点，中国民办学前教育自 1998 年起长达近 20 年的一个黄金发展期告一段落。在国家层面，学前教育公益普惠的方向已定。"政府主导、全面管控学前教育的时代来临"[①]。

各地政府自 2018 年起轰轰烈烈地开始了对民办幼儿园一轮"运动式"的以转为普惠园为导向的整改。2020 年年初一场突如其来的疫情更是加剧了这一转型进程。2017 年至 2020 年不同类型幼儿园数量及在园幼儿数变化情况见表 7 - 4 和表 7 - 5。

表 7 - 4　2017—2020 年公办园数、民办普惠园数、民办非普惠园数及占比

年份	幼儿园数（万所）	公办园数（万所）	民办园数（万所）	普惠园数（万所）	民办普惠园数（万所）	民办非普惠园数（万所）	普惠园占比	公办园占比	民办普惠园占比	民办非普惠园占比
2017	25.50	9.46	16.04	16.50	7.04	9.00	64.71%	37.10%	27.61%	35.29%
2018	26.67	10.09	16.58	18.29	8.20	8.38	68.58%	37.83%	30.75%	31.42%
2019	28.12	10.80	17.32	20.30	9.50	7.82	72.19%	38.41%	33.78%	27.81%
2020	29.17	12.37	16.80	23.41	11.04	5.76	80.25%	42.41%	37.84%	19.75%

资料来源：教育部网站 2017—2020 年全国教育事业发展情况。

表 7 - 5　2017—2020 年公办园、民办普惠园、民办非普惠园在园幼儿数及占比

年份	幼儿园在园幼儿数（万人）	公办园在园幼儿数（万人）	民办园在园幼儿数（万人）	普惠园在园幼儿数（万人）	民办普惠园在园幼儿数（万人）	民办非普惠园在园幼儿数（万人）	普惠园在园幼儿数占比	公办园在园幼儿数占比	民办普惠园在园幼儿数占比	民办非普惠园在园幼儿数占比
2017	4 600.14	2 027.80	2 572.34	3 249.00	1 221.20	1 351.14	70.63%	44.08%	26.55%	29.37%
2018	4 656.42	2 016.64	2 639.78	3 402.23	1 385.59	1 254.19	73.07%	43.31%	29.76%	26.93%
2019	4 713.88	2 064.44	2 649.44	3 583.00	1 518.56	1 130.88	76.01%	43.79%	32.21%	23.99%
2020	4 818.26	2 439.71	2 378.55	4 082.83	1 643.12	735.43	84.74%	50.63%	34.11%	15.26%

资料来源：教育部网站 2017—2020 年全国教育事业发展情况。

---

① 张守礼，冉甜. 阳光与阴影：新政下的中国学前教育发展［M］//杨东平主编. 中国教育发展报告（2019）. 北京：社会科学文献出版社，2019.

二、民办幼儿园发展的制度困境

2010—2020 年间，中国经济经历了自改革开放以来最长的一轮增速下行，国内生产总值增长速度由 2010 年的 10.4％下降到 2019 年的 6.1％，呈现出较明显的结构性改革期的特点。一方面，中央明确提出要通过"供给侧结构性改革"突破"三期叠加"[①] 的发展困境，希冀民营企业可以在改革中发挥作用；另一方面，面对错综复杂、不断变化的内外部环境，政府又在巨大的惯性以及难以预测的一些系统性风险面前，持续广泛地渗透于经济体系中，并在政策的发布与执行层面呈现出诸多矛盾与纠结之处。

政府过去十余年在学前教育领域所做的改革尝试可被视为大的经济环境下国内供给侧结构性改革的缩影。制度层面的一些不完善给民办园的发展带来了一定的困难。

（一）普惠性民办园、非营利性民办园与营利性民办园的制度困境

过去十余年里，我国学前教育政策是围绕着一些关键词演进的，比如"普惠""非营利性""分类管理""营利性民办幼儿园"等。从逻辑上看，"普惠"与"非普惠"是以价格为维度做出的分类；"营利性"与"非营利性"则是以设立目的为维度做出的分类。在对这些概念的使用上，"普惠性幼儿园"被广泛理解为既包括公办园，也包括普惠性民办幼儿园；民办幼儿园被广泛理解为既包括"民办普惠性幼儿园"，也包括"民办非普惠性幼儿园"；"非营利性幼儿园"被广泛理解为包括"非营利普惠性幼儿园"，也包括"非营利非普惠性幼儿园"。实践中，普惠园、民办园、非营利性幼儿园这些内在逻辑不同的概念常常同时出现在同一政策文件里，在使用外延上多有交叉。这不仅造成了逻辑上的混乱，而且给广大民办幼儿园举办者带来了很多疑惑。

1. 普惠性民办幼儿园

（1）概念辨析。

"普惠"即"普遍惠及"，无歧视性，是公平与正义的体现[②]。2010 年《国家中长期教育改革和发展规划纲要（2010—2020 年）》首次提及要坚持教育的公益性和普惠性，"形成惠及全民的公平教育"。此后，"国十条"里首次提及要积极扶持普惠性民办幼儿园的发展，并将普惠性民办幼儿园的基本特征概括为"面向大众、收费较低"。

---

① 最早由中央在 2012 年提出，即"增长速度换挡期、结构调整阵痛期、前期刺激政策消化期"。
② 丁秀棠. 普惠性目标定位下民办学前教育的现状与发展 [J]. 学前教育研究，2013（3）：16 - 22.

"国十条"中对"普惠性民办幼儿园"的界定是一个内涵不清、外延又过于宽泛的定义。而此后多年，中央层面颁发的文件始终未曾给出对这一概念更为清晰的解读，特别是关于几个比较关键的问题一直没有明确的答案。例如：普惠性幼儿园是否一定是非营利性幼儿园？非营利性幼儿园在价格上是否一定要受到类似普惠园的限制？这不仅给民办幼儿园举办者带来了诸多疑惑，还让地方政府在实践中展现出对同一规定迥然不同的理解。

例如，辽宁、天津、河南、陕西等省市的学前教育条例将普惠性民办园认定为非营利性民办园。辽宁省2017年颁布的《辽宁省学前教育条例》将普惠性民办幼儿园定义为"取得办学许可，面向社会招生，达到省教育主管部门规定的定级标准，收费实行政府定价或者接受政府指导价，多种形式接受政府扶持的非营利性民办幼儿园"。而浙江省2018年颁布的《浙江省学前教育条例》则规定"提供普惠性学前教育服务的民办幼儿园，是指接受县级以上人民政府财政扶持，按照规定标准收费并向一定区域的居民提供普遍学前教育服务的民办幼儿园"，并未指明是"营利性"还是"非营利性"。

这种混乱的局面直到2020年年初才有所改善。教育部2020年2月颁布的《县域学前教育普及普惠督导评估办法》对普惠性民办幼儿园的内涵与外延给出了一个更为全面的定义："普惠性民办园是指通过教育部门认定、面向大众、质量合格、接受财政经费补助或政府其他方式的扶持、收费执行政府限价的非营利性民办幼儿园。"

根据这一文件，普惠性民办幼儿园应该具有以下几个基本特征：

第一，就举办主体而言，是社会力量办园，而不是教育部门办园。普惠园概念的提出背景是鼓励社会力量参与，即普惠性民办园的举办主体是社会力量，包括自然人和法人；

第二，就法律性质而言，普惠园被明确界定为"非营利性幼儿园"，即不得以营利为目的；

第三，就设立方式及条件而言，普惠园需经教育部门认定；

第四，就投入来源而言，普惠园的投入分为两部分，一部分为政府财政补助或扶持，一部分为社会力量自筹；

第五，就收费与定价而言，"国十条"将普惠园的收费直接界定为"收费较低"，但在法律层面，"较低"是一个相对主观、很难被量化的标准。该文件则明确要求普惠园执行政府限价。

（2）普惠性民办幼儿园面临的突出矛盾。

普惠性民办幼儿园理念的提出是政府为解决学前教育资源短缺、缓解教育资源分配不公等问题做出的一项重大努力及尝试。然而这一理念在推行的过程中，却由于制度设计的底层逻辑不清晰、配套制度不明晰或是不完善以及概念使用上的混乱导致了诸多矛盾。

矛盾一即政府投入不足、配套制度不完善与普惠园收费过低，很难自负盈亏，更遑论保证教育质量的现状之间的矛盾。

这是目前广大普惠性民办幼儿园面临的最突出的困境，也是多地不断爆出矛盾与冲突背后的根本原因。客观地说，自2010年以来，全国财政性学前教育经费投入持续增长，由2010年的244.40亿元人民币增长为2017年的1 563.60亿元人民币。与此同时，财政性学前教育经费总量占全国财政性教育经费的比例也有明显提高，由2010年的1.7%提高至2017年的4.6%。然而由于历史欠账太多，尽管财政投入增长明显，与2019年已达83.4%的学前三年毛入园率相比，我国财政性学前教育经费投入总体仍然过低①。而有限的财政投入又主要流向了公办幼儿园。

因此，尽管从中央到地方各级政府都规定了政府应对民办普惠园给予不同程度的扶持，但现实情况是地方财政投入不足，对于广大民办幼儿园（包括民办普惠性幼儿园与民办非普惠性幼儿园）来说，办园资金仍然主要来自举办者的投资以及自主招生费用。在这样的背景下，政府对普惠园的价格实行"强干预"，一方面剥夺了举办者自主定价的权利，另一方面在定价时并未考量普惠园的运营成本与真实的市场需求，这必然会导致另外两个矛盾。

矛盾二即地方政府对普惠率的盲目追求与民办园举办者办或转普惠园的意愿普遍不强之间的矛盾。

矛盾三即广大民众消费需求升级与优质幼儿园资源供给不足之间的矛盾。

例如，北京地区北五环附近最老牌的一家国际幼儿园，疫情期间转为普惠性幼儿园。转制前学费为16 000元/月，转制后学费降为750元/月。报名截止时，该幼儿园所在小区业主只有两位报名，远远低于该园往年的招生人数。这是因为这种转制是以降低学前教育质量为代价进行的，无法满足那些对教育有着更高需求的家庭。目前在我国一、二线城市存在广大民众消费需求升级与优质幼儿园资源供给不足之间的矛盾，由于转制导致一些幼儿园教育质量下降，因此这种转制事实上是加剧了而不是缓解了这种矛盾。

2. 非营利性幼儿园与营利性幼儿园

（1）概念辨析。

根据《民法典》，非营利法人指"为公益目的或者其他非营利目的成立，不向出资人、设立人或者会员分配所取得利润的法人"；营利法人指"以取得利润并分配给股东等出资人为目的成立的法人"，"营利法人包括有限责任公司、股份有限公司和其他企业法人等"。值得注意的是，非营利指的是不将其赚得的利润

---

① 教育部2015年11月发布的《〈国家中长期教育改革和发展规划纲要（2010—2020年）〉中期评估学前教育专题评估报告》指出，世界范围内，学前三年毛入园率在80%以上的国家，学前教育财政经费占财政性教育经费支出的比例平均为9.67%；毛入园率在60%～80%的国家，这一比例平均为7.73%。

分配给其他组织和个人，即所有利润均须用于支持非营利组织的发展，并不是说非营利组织不得赢利。

在我国的民办教育领域，由于教育天然具有公益属性，因此一直存在关于教育能否营利的争论。2016年《民办教育促进法》修正案通过之前，主流观点是教育的公益性与营利性不可兼得，亦即认为教育不得以营利为目的。在这个前提下，为了回应社会力量办学者对于取得经营回报的诉求，在制度层面出台了一些界定模糊的设计。例如，一方面规定"民办教育事业属于公益性事业"，一方面又规定民办学校的出资人可以从办学结余中取得"合理回报"。以"合理回报"的措辞回避"分配利润"或"股东分红"这些公司法层面的概念，结果是导致了实践层面的更多混乱。

"分类管理"这一概念正是为解决上述困境而出现的。2010年《国家中长期教育改革和发展规划纲要（2010—2020年）》首次提及分类管理的概念，即在办园体制改革的问题上，应"积极探索营利性和非营利性民办学校分类管理"。2015年《教育法》修正案中删除了有关教育不得以营利为目的的条款，2016年年底出台的《民办教育促进法》修正案更以一系列条款规定了非营利性学校与营利性学校之间的区别。

自此，对非营利性学校与营利性学校概念的探讨似乎告一段落。从法律内涵的角度看，非营利性民办幼儿园与营利性民办幼儿园的界定与前述《民法典》中的定义无异。根据散落于各法规中的规定，可将非营利性幼儿园与营利性幼儿园在诸多维度上的异同概括如表7-6所示。

表7-6 非营利性幼儿园与营利性幼儿园各项制度对比

	非营利性幼儿园	营利性幼儿园
性质	民办非企业单位或事业单位	公司
适用法律	《民办教育促进法》《民办非企业单位登记管理暂行条例》或《事业单位登记管理暂行条例》	《民办教育促进法》《公司法》
办学结余的用途	举办者不得取得办学收益，办学结余全部用于办学	举办者可以取得办学收益，办学结余依照国家有关规定进行分配
政府扶持方式	政府补贴、政府购买服务、基金奖励、捐资奖励、土地划拨、税费减免等	各地政府可根据经济社会发展需要和公共服务需求，通过政府购买服务及税收优惠等方式支持营利性民办学校
办学筹资渠道	创新教育投融资机制，多渠道吸引社会资金；鼓励金融机构在风险可控的前提下开发适合民办学校特点的金融产品；鼓励社会力量对非营利性民办学校给予捐赠	
办学主体	推广政府和社会资本合作模式，鼓励社会资本参与教育基础设施建设和运营管理、提供专业化服务；鼓励公办学校和民办学校相互购买管理服务、教学资源、科研成果；鼓励营利性民办学校建立股权激励机制	

续表

	非营利性幼儿园	营利性幼儿园
退出机制	捐资举办的民办学校终止时，清偿后剩余财产统筹用于教育等社会事业；2016 年《民办教育促进法》修改决定公布前设立的民办学校，选择登记为非营利民办学校的，终止时民办学校财产清偿后仍有剩余的，按照国家规定给予出资者相应补偿或奖励，剩余财产用于其他非营利性学校办学	民办学校终止时，清偿后仍有剩余的，按照《公司法》有关规定处理
扶持制度	加大对民办教育的扶持力度，财政扶持民办教育发展的资金纳入预算，向社会公开；建立健全政府补贴制度，明确补贴的项目、对象、标准、用途；完善政府购买服务的标准和程序，制定向民办学校购买就读学位、课程教材、科研成果、职业培训、政策咨询等教育服务的具体政策措施	
分类收费	通过市场化改革试点，逐步实行市场调节价	实行市场调节价，具体收费标准由民办学校自主确定，政府依法监管

（2）非营利性民办园面临的制度困境。

教育一直是非营利组织发挥作用的重要领域之一。2020 年全国共有民办园 16.80 万所，其中绝大多数都是"非营利性幼儿园"，这其中既有主动选择成为非营利性幼儿园的民办园，也有由于制度的缺失而不得不选择"非营利"的民办园。

1）困境一：历史及转型困境。

《教育法》2015 年修改前明确规定"任何组织和个人不得以营利为目的举办学校及其他教育机构"。因此，2016 年以前注册成立的所有学校（包括幼儿园）在性质上均为非营利性的。此外，根据 2002 年的《民办教育促进法》，民办学校的出资人在扣除办学成本、预留发展基金以及按照国家规定提取其他必需的费用后，可以从办学结余中取得合理回报。因此，在 2016 年《民办教育促进法》修正案出台前，国家法律事实上同时肯定了民办非营利性幼儿园的"公益性"与"取得合理回报"的可能。

因此，在 2016 年之前，大量民办非营利性幼儿园的出资人对非营利性幼儿园的投入是带有明确的、"取得回报"的诉求的。前述 2018 年学前教育新规（即《中共中央 国务院关于学前教育深化改革规范发展的若干意见》）出台之前发生在幼教领域的投融资，也多以民办非营利性幼儿园为主要对象。

自 2010 年《国家中长期教育改革和发展规划纲要（2010—2020 年）》明确提出"分类管理"的概念，特别是在 2016 年《民办教育促进法》修改以来，有关将非营利性幼儿园与营利性幼儿园区分对待、分类管理，准许已经设立的非营利性幼儿园重新选择成为营利性幼儿园或坚持非营利性幼儿园道路的呼声日益高涨，看起来这也是中央政府鼓励的方向。但实践中，出于各种原因，在这方面做出有效探索的地方寥寥无几。

这种局面在 2018 年 11 月《中共中央 国务院关于学前教育深化改革规范发展的若干意见》出台后显得尤为艰难。对于广大想要转型为营利性民办园的非营利性民办园而言，想要转型，无法可依；不转型，则大概率会被要求转为普惠园。这已成为当前民办幼儿园分类管理改革进程中的一个突出矛盾。

2）困境二：制度及文化困境。

在学术界，有多种关于非营利组织存在的理论基础的研究，较有代表性的包括政府失灵理论、市场失灵理论和自愿失败理论等。无论哪种理论，非营利组织被公认为具有公益性，是介于"公组织"（政府）与以营利为目的的"私组织"之间的第三部门。

在制度保障的问题上，国外有关非营利组织公益性的保障主要涵盖禁止利润分配、权利配置、组织形式、税收等。其中，权利配置指的是非营利组织没有"所有者"，亦即没有人对其利润拥有索取权，这种权利配置可以给捐赠者更大信心，也有助于非营利组织实现其目的。在组织形式上，国外的非营利组织多采取非营利性公司、公益信托或财团法人等形式[①]。

反观我国目前有关非营利法人特别是非营利性幼儿园的制度设计，不难发现其与国外的制度设计大相径庭。如前所述，2016 年《民办教育促进法》修改之前，举办者还有取得"合理回报"的权利。同时，举办者事实上就是所有者，有权决定非营利性幼儿园的组织形式和治理结构。从这个角度来看，我国非营利性幼儿园的公益属性在历史上是偏弱的，与私组织的边界也很模糊。

在 2016 年《民办教育促进法》和一系列有关非营利性和营利性民办学校登记管理的制度出台后，非营利性幼儿园的公益属性被进一步强化，并被明确要求"不得分配利润"，在学术界，也有将非营利性民办园纳入《慈善法》管辖范围内的呼声。但从制度设计的角度来看，对于有心选择非营利性幼儿园的举办方而言，由于前述的政府投入与支持不足、我国捐赠文化与配套制度不成熟，以及在一些关键问题（例如有关组织的形式与治理结构等）上制度缺失，使得长久以来空有口号，行动乏力。这些都让广大民办非营利性幼儿园的前途显得阴影重重。

（3）营利性幼儿园面临的制度困境。

如果说对于广大非营利性幼儿园而言，其面临的最大的困境是配套制度不完善以及相关文化不成熟，那么对于营利性幼儿园来说，最大的困境是适用法律的

---

① 魏建国. 教育公益性、非营利性教育与营利性教育 [J]. 教育经济评论，2016 (7)：23 - 38.

模糊以及法律与实践的脱节。

从法律层面看,现行法律明确了"营利性幼儿园"的公司属性,即营利性幼儿园的运行与管理应遵循《公司法》以及私法领域的一些基本原则。然而受限于长久以来存在的"教育的公益性与营利性无法兼容"的惯性思维,各级政府在面对营利性幼儿园这一新生事物时,很难将其视为单纯的市场主体,从而会习惯性地对其施以种种限制。这就使得营利性幼儿园虽有"公司"之名,也承载着自负盈亏的责任,但无论是幼儿园还是其举办者都并不完全享有《公司法》以及《证券法》下公司及其股东的权利。2018 年的《中共中央 国务院关于学前教育深化改革规范发展的若干意见》中对股东退出或股权转让、公司资本化的诸多限制都是此方面的明例。这种制度上界定的模糊在一定程度上影响了社会力量进入民办幼儿园领域。

(二)制度困境背后的迷思

在上述制度困境的背后,我们看到了在学前教育领域政府治理与市场调节的不足,以及与此相关的公办园与民办园的割裂与冲突等问题。

1. 政府治理与市场调节的不足

学前教育属于准公共产品,由政府和市场共同提供。政府负责解决教育资源的公平分配与平等问题,市场负责解决教育的效率与差异化问题。二者应各司其职,实现公平与效率的动态平衡,然而在过去的十余年里,政府治理与市场调节并没有达到平衡,还存在一些不足。

市场调节不足表现为无论政府如何倡导,低价优质的普惠园供给仍然不足。如前所述,当前中国学前教育市场比较突出的一个矛盾就是对普惠率的盲目追求与民办园举办者承办或转制普惠园意愿不足之间的矛盾。这背后的根本原因是:在政府财政投入不足与收费限价过低的双重压力下,民办普惠园的举办者没有办园的动力。政府事实上是将其应承载的功能转移到了民办园举办者的身上,当这种义务的转移并没有伴随着权利的转移时,就只会导致市场主体纷纷离场,留下的有限的主体连生存都很成问题,遑论优质。

政府治理不足表现为政府还未充分理顺与市场的关系,例如,简单以价格为手段解决"入园贵"问题,在需求仍存在的情况下,这种方式可能会影响学前教育质量。

2. 公办园与民办园的割裂与冲突

在学前教育领域,公办园所能提供的学位长久以来供给不足,因此民办园的存在能满足两种需求:超额教育需求与差异化教育需求。有学者调查研究后发现,在经济发展水平不同的地区,选择上述两类民办园的家庭的比例不尽相同;经济发展水平越高的地区,选择民办园的家庭越看重其在提供差异化教育方面的功能①。

然而在现实中，自 2018 年《中共中央 国务院关于学前教育深化改革规范发展的若干意见》出台以来，伴随着"转公转普"的实施，一些地区出现了"一刀切"现象，较为突出地体现在对小区配套园的收回与改制上。在 2020 年 8 月媒体公开报道的一起案例中，位于福州的某小区配套园原本是一所口碑与质量都居上乘的营利性幼儿园，在 2020 年上半年，该园接到了要求移交办学场地、改为普惠性民办幼儿园的通知。在接到通知后，开发商单方面终止了合同，提前收回场地。但是关于对幼儿园的前期投入如何进行补偿、日后的安置，似乎没有明确的文件或说明。

有关小区配套幼儿园的性质及使用在 2010 年的"国十条"中即有提及。其中提到"城镇小区配套幼儿园作为公共教育资源由当地政府统筹安排"。在 2018 年《中共中央 国务院关于学前教育深化改革规范发展的若干意见》中，明确要求各地方政府在 2019 年 6 月底前制定小区配套幼儿园建设管理办法，并"对小区配套幼儿园规划、建设、移交、办园等情况进行专项治理"。实践中，各地政府也确实制定了相关管理规定。仅以上述案例中涉及的福建省为例，福建省人民政府在 2019 年 3 月发布了《福建省城镇小区配套幼儿园专项治理工作方案》。然而在这份 3 000 多字的文件中，只字未提是否应区分情况对所收回的配套幼儿园给予适当补偿。

从法理的角度看，我国小区配套幼儿园的产权性质非常复杂，它包括以下几个层次的问题：（1）小区配套幼儿园所占用的土地的取得方式是出让还是划拨？其性质是国有还是集体所有？（2）小区配套幼儿园地上建筑物的权属，是政府委托建设、开发商建设还是幼儿园投资人自建？（3）小区配套幼儿园其他资产（人员、固定及非固定资产、商誉、经营权）的权属是怎样的？（4）小区配套幼儿园建设之初适用的法律以及地方政府与举办者当时的协议是如何规定的？在与现行政策冲突的情况下如何妥善协调？

制度的变迁必须有配套制度及相关措施。不对以上问题进行个案分析，不考虑每一个案例背后可能存在的错综复杂的历史原因，只单纯以"小区配套幼儿园是公共教育资源"为由，忽视每一个小区配套民办园的举办方在举办幼儿园的过程中投入的大量物力、人力与精力，将小区配套园转为公办园或是普惠园，可能会导致诸多社会矛盾。

三、民办幼儿园的未来

从 2010 年《国家中长期教育改革和发展规划纲要（2010—2020 年）》提出

---

① 周森．民办基础教育学校在服务于谁?：基于 2017 年中国教育财政家庭调查的分析［M］//王蓉．中国教育新业态发展报告（2017）：基础教育．北京：社会科学文献出版社，2018．

幼儿园办园体制要向以政府主导、公办民办并举的方向转变，到 2016 年新的《民办教育促进法》出台，再到 2018 年《中共中央　国务院关于学前教育深化改革规范发展的若干意见》将学前教育的格局明确规定为公办园、民办普惠园、民办非普惠园分别占 50％、30％、20％，中国学前教育的格局可谓经历了翻天覆地的变化。

民办学前教育的发展受公共政策、市场需求和政府与市场主体投入的共同驱动。从政策层面看，强调学前教育的公益性与普及普惠是主流方向，但市场需求与财政投入同样会影响行业发展。历史已经证明，在学前教育领域，民办幼儿园在丰富市场供给、满足教育的差异化需求方面有其不可替代的作用。

从短期看，眼下的民办幼儿园正在逐渐从供给侧改革的主力，演变为以普惠为主要价值取向。但从长远看，对于民办幼儿园中的普惠性民办园来说，它们应该也必须获得更多地方政府财政上的投入与支持，因为它们与公办园一道共同解决的是学前教育市场的教育公平与普及问题。而对于广大非普惠性民办园来说，它们要努力解决的是如何满足市场对优质或差异化教育的需求。

教育生态的丰富与多元离不开民办教育的支持。在学前教育长期供给不足、整体质量有待提高的情况下，如何激发社会力量参与的热情，提升整个行业的多元化与差异化供给水平，是我们在未来需要解决的问题。

第八章 0~3岁婴幼儿托育体系起步

随着出生率下降和人口老龄化现象日益加剧，国家于2016年1月正式实施"全面二孩"政策，2021年5月开始实施"三孩"政策。为促进生育意愿的释放，从国家到地方层面都开始探索建立0~3岁托育服务体系，尤其是2019年国务院办公厅发布《关于促进3岁以下婴幼儿照护服务发展的指导意见》，国家卫健委发布《托育机构设置标准（试行）》《托育机构管理规范（试行）》后，各地纷纷开始着手构建托育服务体系。在一系列政策下，不少从业者将目光转向0~3岁托育赛道，探索实践0~3岁托育。政策的密集发布、行业的跃跃欲试，让2019年被称为"0~3岁托育服务元年"。本章将系统梳理中国0~3岁托育的历史发展阶段，分析当前行业发展现状、特点，并基于行业发展短板，探讨0~3岁托育未来的发展方向。

一、0~3岁婴幼儿托育的历史沿革和主要类型

（一）历史沿革

中华人民共和国成立70余年，0~3岁托育发展经历了以下三个阶段：

1. 1949年至20世纪90年代中期，托育服务具有明显的福利性质

0~3岁婴幼儿托育事业一直伴随着新中国发展而逐渐壮大。从新中国最早的寄宿制托儿所中国福利会托儿所开始，到地方政府设立的地区或者县保育院，再到在包括上海、北京在内的各大城市工业化和城市化的过程中各大企事业单位开设的托儿所和幼儿园，这些托育机构解决了许多双职工家庭的托育需求，有效地支持了家庭就业，促进了社会经济发展。从新中国成立至20世纪90年代中期，0~3岁托育服务强调国家和集体的责任，主要由企事业单位开办，具有明显的福利性质。

2. 20世纪90年代中后期至2010年，托育机构相应市场化或逐步退出

20世纪90年代中后期，中国进行市场化体制改革，企事业单位改革也拉开序幕，其主旋律是精简机构、减负增效、分离社会职能①，大力发展经济。大量

---

① 庞丽娟. 中国教育改革30年：学前教育卷［M］. 北京：北京师范大学出版社，2009.

的国有企业、集体企业等纷纷改制，剥离原有的承载着"社会职能"的福利项目①，职工福利性的支出进行社会化运作，由企事业单位开办的 0～3 岁婴幼儿照护服务机构也相应市场化或者逐步退出。

3. 2010 年至今，开始重构 0～3 岁托育公共服务体系

2010 年《国家中长期教育改革和发展规划纲要（2010—2020 年）》指出要"重视 0 至 3 岁婴幼儿教育"，0～3 岁托育事业再次受到社会重视。为应对日益严重的低生育率和老龄化现象，我国于 2016 年开始全面实施"二孩"生育政策后，更是将 0～3 岁托育推向新的高潮，开始重构 0～3 岁托育公共服务体系。

（二）主要类型

历史上，提供 0～3 岁托育服务的机构主要有以下几种类型：

第一，由新中国成立之初的保育院延续而来。在各地市设立的保育院，以招收 18 个月到 3 岁的城市儿童为主，部分保育院还保留了夜间保育。这些保育院有独立院落，园舍宽敞，师资规范，设施设备齐全。

第二，利用幼儿园多余园舍，尤其是城市公办园的多余园舍开办的托儿班，以招收 18 个月到 3 岁的城市儿童为主，多为日间保育。其中，招收 2 岁以下婴幼儿的托儿班为小托班，招收 2～3 岁婴幼儿的托儿班为大托班。它们与幼儿园合用场地院落，师资规范，设施设备齐全。2000 年以后，随着城市幼儿园"入园难"的问题愈发严重，部分幼儿园减少甚至关闭了托儿班，将全部园舍优先用于保证 3～6 岁儿童入园。

第三，由城市内业态丰富的早教机构提供的日托班。这类日托班既解决了部分家庭日间没有成人陪伴子女的问题，又可以为早教机构储备生源。根据婴幼儿在园时间的长短，日托班分为半日托和全日托，全部为日间保育。这类日托班以利用商业用房或者社区用房为主，无独立院落和户外场地，师资来源多元，设施设备可满足婴幼儿的基本需要。

第四，由新设立的专业托育机构提供的托育服务，可以招收 6 个月到 3 岁的婴幼儿，实际以招收 1～3 岁（尤其是 2～3 岁）婴幼儿为主。这类托育机构主要服务双职工家庭，缓解家庭育儿压力，满足家庭对子女入托的需求。

上述四种形式目前同时存在，随着国家加大对托育行业的支持力度，以及鼓励公办幼儿园向前端延伸，第一种和第三种形式的占比将会越来越小，而第二种和第四种托育形式会获得长足的发展，尤其是第四种托育机构，虽然起步较晚，但是发展势头迅猛，园所数量和专业化程度均有大幅提升。

---

① 曾晓东，范昕，周惠. 入园何时不再难：学前教育困惑与抉择［M］. 南京：江苏教育出版社，2011：24 - 35.

二、现行 0～3 岁婴幼儿托育政策

（一）政策背景

1. 出生人口持续下降

1982 年计划生育被定为基本国策，2001 年颁布了《人口与计划生育法》，在法律层面规定了计划生育的方针、政策和制度措施等，主要目的是有效控制人口数量增长过快。人口数量增长过快直接影响国家经济的增长，由此易引发环境压力增大、资源不足等问题，因此这项政策在特定的历史时期对缓解矛盾起到了重要作用。从 20 世纪 90 年代末开始，人口自然出生率持续下降，政府调整了生育政策，2015 年 10 月党的十八大五中全会公报明确提出"全面二孩"政策，并于 2016 年 1 月 1 日起正式实施。

然而，在实施"全面二孩"政策的情况下，出生人口仍持续下降。国家统计局数据显示，自 2017 年开始，出生人口逐年下降，2021 年出生人口只有 1 062 万人，降到了我国自 1949 年以来的最低水平（见表 8-1）。

表 8-1　1949—2021 年出生人口

年份	出生人口（万人）	年份	出生人口（万人）
1949	1 950	1968	2 769
1950	2 023	1969	2 726
1951	2 107	1970	2 749
1952	2 105	1971	2 586
1953	2 151	1972	2 579
1954	2 260	1973	2 476
1955	1 984	1974	2 246
1956	1 982	1975	2 120
1957	2 169	1976	1 862
1958	1 909	1977	1 795
1959	1 650	1978	1 745
1960	1 392	1979	1 727
1961	1 197	1980	1 787
1962	2 478	1981	2 078
1963	2 975	1982	2 247
1964	2 747	1983	2 066
1965	2 718	1984	2 063
1966	2 589	1985	2 211
1967	2 575	1986	2 393

续表

年份	出生人口（万人）	年份	出生人口（万人）
1987	2 529	2005	1 617
1988	2 464	2006	1 585
1989	2 414	2007	1 595
1990	2 391	2008	1 608
1991	2 265	2009	1 591
1992	2 125	2010	1 592
1993	2 132	2011	1 604
1994	2 110	2012	1 635
1995	2 063	2013	1 640
1996	2 067	2014	1 687
1997	2 038	2015	1 655
1998	1 942	2016	1 786
1999	1 834	2017	1 723
2000	1 771	2018	1 523
2001	1 702	2019	1 465
2002	1 647	2020	1 200
2003	1 599	2021	1 062
2004	1 593		

资料来源：1949—2010年出生人口数据是由出生率×年中总人口计算而得，出生率、年末总人口数据来自国家统计局网站。除1949年使用年末总人口外，其余年份年中人口为当年年末和上年年末总人口的平均数。2011—2021年出生人口数据来自国家统计局网站。

2. 老龄化日益严重

老龄化社会是指老年人口数量占总人口数量达到或超过一定比例的人口结构。按照联合国的标准，若一个地区60岁以上老人数量达到总人口数量的10%，65岁老人数量占总人口数量的7%，则可认为该地区进入了老龄化社会。

第七次全国人口普查数据显示，全国人口中，60岁及以上人口为26402万人，占18.70%，比2010年第六次人口普查时上升了5.44个百分点。此外，65岁及以上人口为19 064万人，占13.50%，比十年前上升了4.63个百分点。

在老龄化趋势增强的同时，劳动力人口逐年减少。国家统计局的数据显示，中国15～59岁劳动年龄人口在2011年达到9.4亿人的峰值后，于2012年开始逐年下降，至2020年，我国15～59岁劳动年龄人口为8.9亿人，占总人口的63.35%。

3. 新一代父母对子女的保教要求更高

1999年为解决经济和就业问题，开始实施大学扩招政策，我国高等教育进入了空前迅速的发展阶段。2019年全国高等教育毛入学率达51.6%。汇总每年国家统计局公布的大学毕业生数量可发现，自 1999 年大学扩招以来，高校毕业生规模迅速扩大。这部分人群有知识、有见识，对未来生活有期待，并且有自己的看法，成为父母后对子女的保教有着更高的要求。

4. 城镇化进程加快

1992—2000 年是我国城镇化全面推进的阶段，以城市建设、小城镇发展和普遍建立经济开发区为主要动力。1992—1998 年，城镇化率由 27.63% 提高到 30.42%，年均提高 0.42 个百分点。20 世纪 90 年代开始，中国的城镇化已从沿海向内地全面展开。进入 21 世纪以后，城镇化率继续上升。据国家统计局公布的数据，截至 2019 年年末，全国城镇常住人口达 84 843 万人，占总人口的比重为 60.6%。北京、上海、广州和深圳 4 个超大城市和 15 个新一线城市的城镇化率达到了 82.95%①。随着城镇化的高速推进，越来越多的青壮年进入城镇和城市生活与就业，催生了更大的子女入园入托的潜在需求。

5. 城市商品房高速发展

1998 年出台了《国务院关于进一步深化城镇住房制度改革加快住房建设的通知》，其中第二条规定"深化城镇住房制度改革的目标是：停止住房实物分配，逐步实行住房分配货币化"，同时决定自 1998 年下半年开始实施。至此，我国已实行了近 40 年的住房实物分配制度从政策上退出历史舞台。因此，该文件被人们称为中国住房制度改革的里程碑，它宣告了福利分房制度的终结和新的商品住房制度的开始，由此拉开了房地产 20 年高速发展的大幕，几乎所有的年轻人都被裹挟其中。随着城市商品房的高速发展，城市人口居住密度显著提高，有着同样子女入托需求的人群在同一社区聚集，使得机构保育具备了可能性和必要性。

（二）0～3 岁托育行业的基本形势

人口结构的不合理变化、新生代父母对孩子保教的期待、城镇化进程加快等和社会形势风云际会，共同造就了今天 0～3 岁托育行业的基本面。

1. 国家层面

由于新生人口的持续下降已经引起国家战略层面的高度重视，国务院、相关部委、省级政府、地市级政府甚至个别区县政府，在过去两年密集出台相关鼓励政策，从政策支持、财政配套、劳动保护、专业指导和社区动员等方面多层次、多维度地促进 0～3 岁托育事业的发展。2019 年更是被定义为中国托育元年。总体而言，硬件上的保障比较充分，软件上的 0～3 岁托育发展目标、课程体系和师资培养方面还比较薄弱。

---

① 我国城镇化率首次超过 60%，但成色有待提高 ［EB/OL］.（2020-06-05）［2020-06-30］. https://www.jiemian.com/article/4483411.html.

2. 地方层面

积极推进各项托育政策的落实，鼓励兴办公办以及各种所有制形式的 0～3 岁托育机构。部分地区已经在制定建设用地规划时，要求住宅项目配套一定面积的托育用房；已建成小区的社区配套用房，也要求设定一定面积用于开办普惠性的托育机构。

3. 市场方面

2018 年以来，投资人对 0～3 岁托育行业的关注显著提升，投资热情高涨。一方面，是得益于政策的支持；另一方面，是相对于幼儿园的场地要求，0～3 岁托育机构的场地容易获得。

4. 家庭方面

适龄婴幼儿的入托需求巨大。根据北京师范大学洪秀敏教授团队的调研结果，目前我国有 3 岁以下婴幼儿的家庭中 47% 有入托的需求，但实际入托率只有 4.1%，与许多国家相比，差距明显。2016 年，OECD 国家中 3 岁以下婴幼儿入托率平均值已达到 33.2%，其中最高的丹麦达到了 61.8%，有 10 个国家 3 岁以下婴幼儿入托率超过 50%。此外，家庭对托育服务的需求并非仅仅满足于有地可托，其对普惠和质量也有一定的要求。调研中有近 1/3 的家长表示目前托育服务收费过高。在家庭育儿成本中，托育服务的压力仅次于住房压力和日常生活支出。在托育服务的质量上，机构安全性、教师专业性以及卫生和健康是家庭最为看重的三大方面。

（三）现行 0～3 岁保育政策

1. 国务院及相关部委文件

2019 年 5 月，国务院办公厅发布《关于促进 3 岁以下婴幼儿照护服务发展的指导意见》，明确了对 3 岁以下婴幼儿照护服务的总体要求、主要任务、保障措施、组织实施。

2019 年 5 月，国务院总理李克强主持召开国务院常务会议，部署进一步促进社区养老和家政服务业加快发展的措施，决定对养老、托幼、家政等社区家庭服务业加大税费优惠等政策支持力度。

2019 年 7 月，财政部等六部委发布《关于养老、托育、家政等社区家庭服务业税费优惠政策的公告》，该公告自 2019 年 6 月 1 日起执行至 2025 年 12 月 31 日。

2019 年 8 月，中国银保监会办公厅印发了《中国银保监会关于推动银行业保险业支持养老、家政、托幼等社区家庭服务业发展的试点方案》，围绕养老、家政、托幼等社区家庭服务业，积极鼓励保险机构创新开发保险产品，为保险在上述领域的发展提供了有利条件。

2019 年 9 月，住房和城乡建设部行业标准《托儿所、幼儿园建筑设计规范》(JGJ39) 局部修订的公告正式对外发布，为托育机构的场地规划和建筑设计提供了最新的执行标准。

为加强托育机构专业化、规范化建设，按照国务院办公厅《关于促进3岁以下婴幼儿照护服务发展的指导意见》的要求，国家卫生健康委员会组织制定了《托育机构设置标准（试行）》《托育机构管理规范（试行）》，就托育机构的功能职责、设置要求、场地设施、人员规模、托收管理、保育管理、健康安全管理、人员管理等多项内容做出了明确规定，自2019年10月8日起施行。

2019年10月，国家发展和改革委员会与国家卫生健康委员会发布《支持社会力量发展普惠托育服务专项行动实施方案（试行）》，以调动社会力量参与的积极性，增加3岁以下婴幼儿普惠性托育服务的有效供给。

2019年12月，国家卫生健康委员会办公厅、中央编办综合局、民政部办公厅和国家市场监督管理总局办公厅公开发布《托育机构登记和备案办法（试行)》，明确了不同性质托育机构的注册登记部门，规定了托育机构的备案程序及所需材料。

2.省级人民政府及其职能部门文件

2019年下半年起，广东、山东、贵州、江苏、海南、吉林、甘肃、陕西、湖北、新疆、重庆、内蒙古、河北等地陆续出台各自关于促进3岁以下婴幼儿照护服务发展的实施意见或征求意见稿，部分地区还对0~3岁托育机构的设置提出了具体的要求，具体细节见表8-2。

表8-2　部分地区陆续出台的0~3岁婴幼儿托育政策

	政策	地区
主管牵头部门及发布的政策	上海市教育委员会《上海市3岁以下幼儿托育机构设置标准（试行）》	上海
	浙江省卫生健康委员会《浙江省托育机构设置标准（试行）》	浙江
	广西壮族自治区卫生健康委员会《广西托育机构设置与管理实施办法（试行）》	广西
	四川省卫生健康委员会《关于加快推进3岁以下婴幼儿托育服务发展的意见》	四川
	湖北省育婴行业协会、湖北省质量技术监督培训中心、湖北省儿童中心《婴幼儿日间照料托育机构服务规范》	湖北
	辽宁省人民政府办公厅《辽宁省人民政府办公厅关于促进3岁以下婴幼儿照护服务发展的实施意见》	辽宁
	福建省卫生健康委员会《福建省托育机构设置标准（试行）》《福建省托育机构管理规范实施办法（试行）》	福建
	山西省卫生健康委员会《山西省托育机构设置标准（试行）》（征求意见稿），山西省卫生健康委员会、山西省民政厅等《托育机构登记和备案实施细则（试行）》	山西

续表

	政策	地区
选址要求	1. 新建、改建、扩建托育机构应符合《托儿所、幼儿园建筑设计规范》（JGJ39）和国家相关抗震、消防标准、电气安全的规定。 2. 幼儿生活用房不应设置在地下或半地下，当设置在建筑的首层确有困难时，可设置在地上二、三层，除应当符合《建筑设计防火规范》的要求外，还应满足以下条件：（1）应设置在一、二级耐火等级的建筑内。（2）场所下方对应区域也应为托育机构用房。（3）应设置独立的安全出口和疏散楼梯。（4）场所应采用耐火极限不低于 2.00h 的防火隔墙和 1.00 的楼板与其他场所或部位分隔，墙上必须设置的门、窗应采用乙级防火门、窗。（5）场所应设置自动喷水灭火系统和火灾自动报警设施。（6）场所顶棚的内装修材料应为 A 级，墙面、地面、隔断、装饰织物和其他装饰材料不应低于 B1 级	上海
	托育机构应设置在安全无污染、空气流通、日照充足、交通方便、排水通畅、场地平整干燥、基础设施完善、环境适宜、符合卫生和环保要求的宜建地带。 新建、改建、扩建托育机构应符合《托儿所、幼儿园建筑设计规范》（JGJ39）和国家相关抗震、消防标准、电气安全的规定	浙江 四川 辽宁
	托育机构应选择地质条件较好、环境适宜、交通便利、符合卫生和环保要求的宜建地带，远离对婴幼儿成长有危害的建筑、设施及污染源，不应与公共娱乐场所、集贸市场等喧闹脏乱、不利于婴幼儿身心健康的场所毗邻。 3 个班及以下规模的托育机构可设置在公共建筑内，与居住、养老、教育和办公建筑合建；4 个班及以上的托育机构建筑应独立设置	广西
	托育机构的场地应当选择自然条件良好、交通便利、符合卫生和环保要求的建设用地，远离对婴幼儿成长有危害的建筑、设施及污染源，满足抗震、防火、疏散等要求	福建 山西
面积要求	托育机构建筑面积不低于 360 平方米（人数不超过 25 人的，建筑面积不低于 200 平方米），且幼儿人均建筑面积不低于 8 平方米。户外场地符合《托儿所、幼儿园建筑设计规范》（JGJ39）的机构，幼儿人均建筑面积不低于 6 平方米	上海
	托育机构应有与举办规模、服务功能相适应的建筑面积，参照《托儿所、幼儿园建筑设计规范》（JGJ39）规定设置婴幼儿生活等用房（用餐区、睡眠区、游戏区、盥洗区、储物区等）	浙江
	户外活动场地人均面积不低于 2 平方米	广西
	总建筑面积原则上不少于 300 平方米，且入托婴幼儿人均建筑面积不少于 4 平方米，人均室内活动面积不低于 3 平方米，室外活动总面积不少于 60 平方米	四川

续表

	政策	地区
面积要求	托育机构建筑面积不低于 360 平方米，幼儿人均建筑面积不低于 8 平方米	湖北
	人均使用面积不低于 8 平方米	辽宁
兴办主体	在本市行政区域内，由社会组织、企业、事业单位或个人举办，面向 3 岁以下尤其是 2～3 岁幼儿实施保育为主、教养融合的幼儿照护全日制、半日制、计时制机构	上海
	托育机构举办主体应当是具有完全民事行为能力的中国公民、法人或其他组织，且无不良征信记录	广西
班额要求	托育机构每班人数如下： 对于全日制/半日制托育机构，18～24 个月幼儿，10～15 人；24～36 个月幼儿，15～20 人。对于计时制托育机构，18～24 个月幼儿，5～10 人；24～36 个月幼儿，11～20 人。 招收 24 个月以下幼儿的班级不应超出 15 人，招收 2～3 岁幼儿的班级不应超出 20 人	上海
	乳儿班：6～12 个月，10 人以下； 托小班：12～24 个月，15 人以下； 托大班：24～36 个月，20 人以下； 混合班：18 个月以上，18 人以下	浙江 福建
	乳儿班：6～12 个月，10 人以下； 托小班：12～24 个月，15 人以下； 托大班：24～36 个月，20 人以下； 混合班：18 个月以上，18 人以下； 托育机构班级总数不宜超过 10 个	广西
	0～12 个月，15 人以下； 12～24 个月，20 人以下； 24～36 个月，25 人以下	四川
托育形式	全日制/半日制托育机构、计时制托育机构	上海
	日托、半日托、计时托、临时托等多样化、多层次的托育服务	四川 辽宁 福建 山西 贵州

续表

	政策	地区
园长要求	专职负责人应具有大专及以上学历，同时具有教师资格证和育婴员四级及以上证书，有从事学前教育管理工作6年及以上的经历，能胜任机构管理	上海
	托育机构负责人负责全面工作，应当具备大专以上学历，具有从事儿童保育教育或卫生健康等相关工作3年以上的经历，且经托育机构负责人岗位培训合格	浙江广西福建山西
	机构负责人原则上应具有医学、早期教育、学前教育专业大专及以上学历，具有政治权利和完全民事行为能力，品行良好，身心健康，热爱保育工作，从事医疗、护理、幼儿教育工作5年以上或从事医学教育工作5年以上，具有一定的组织管理能力	四川
老师要求	2～3岁幼儿与保育人员的比例应不高于7：1，18～24个月幼儿与保育人员的比例应不高于5：1，18个月以下幼儿与保育人员的比例应不高于3：1。 收托50人以下的托育机构，应至少配备1名兼职卫生保健人员；收托50～100人的，应至少配备1名专职卫生保健人员；收托101～140人的，应至少配备1名专职和1名兼职卫生保健人员	上海
	乳儿班师幼比1：3，托小班1：5，托大班1：7，混合班1：6。收托50人以下的托育机构，应至少配备1名兼职保健人员；收托50～100人的，应至少配备1名专职保健人员；收托100人以上的，应至少配备1名专职和1名兼职保健人员。有条件的可配备医务人员。独立设置的托育机构应至少有1名保安人员在岗	浙江广西福建山西
	0～12月龄段幼比1：3，13～24个月龄段1：5，25～36个月龄段1：7。收托50人以下的托育机构，至少配备1名兼职卫生保健人员；收托50～100人的，至少配备1名专职卫生保健人员；收托101～140人的，至少配备1名专职和1名兼职卫生保健人员。托育机构至少配备1名专职保安，100人以上托育机构配备2名保安	四川
是否支持幼儿园开办托班	支持	上海河北湖北辽宁广东

（四）现行0～3岁托育政策的特点

近几年国家和地方出台的0～3岁托育政策，具有如下几个特点：

第一，国务院文件重申了0～3岁托育发展的原则，政策细化和落地层面的细则需要各地方政府跟进。

第二，鼓励市场化发展和坚持普惠方向，这为托育机构发展模式的多样化提供了可能。

第三，大致反映了所在地的实际情况。例如，上海托育机构对师资的要求比较高，因此，其托育政策对师资条件规定得就很高。安徽省的留守儿童看护点比较多，相应地，安徽省的托育政策里面就有居民家中可以设立"临时托管看护点"的规定。

第四，政策定位"照护"。这既是当前全国上下对0～3岁托育的科学性、专业性和系统性认识不足的权宜之计，又带有鼓励行业先行者进入的考量。将0～3岁托育定位为"照护"也体现了政府政策的务实性。

第五，国务院的文件规定了各地方人民政府是托育发展的责任人，所以在目前0～3岁和3～6岁卫健委和教育部门各有侧重的情况下，很多地方也会在存量公办幼儿园推进0～3岁托育工作，迅速增加幼儿园托班数量。

三、托育新政颁布下0～3岁托育机构的基本情况

（一）0～3岁托育行业的主要潜在投资主体

托育新政下，有哪些潜在的投资主体呢？笔者基于投资意愿、资金、物业取得、园长、运营水平、协同效应六个指标对托育行业潜在参与者做了一个分析（见表8-3）。

表8-3 潜在主要投资人对比列表

托育行业潜在参与者	对比指标（每个对比指标按照积极到消极分为三档，相应得分为2分、1分和0分）						参与排名
	投资意愿	资金	物业取得	园长	运营水平	协同效应	综合得分	
全国性开发商	强烈	充足	自有	容易雇用	高	明显	11	1
私立连锁幼儿园集团	强烈	充足	容易取得	已经拥有	高	明显	11	1
公办幼儿园	一般	充足	容易取得	已经拥有	一般	明显	9	3
独立的私立幼儿园	强烈	一般	竞争取得	已经拥有	一般	明显	8	4
地方性开发商	一般	筹措	自有	容易雇用	一般	明显	7	5
公立医院	无意愿	充足	自有	容易雇用	一般	一般	7	5
公办园退休园长	强烈	筹措	竞争取得	已经拥有	一般	不明显	5	7

续表

托育行业潜在参与者	对比指标（每个对比指标按照积极到消极分为三档，相应得分为 2 分、1 分和 0 分）							参与排名
	投资意愿	资金	物业取得	园长	运营水平	协同效应	综合得分	
月子会所	无意愿	充足	竞争取得	不容易雇用	一般	一般	4	8
现有早教机构	强烈	筹措	竞争取得	不容易雇用	高	不明显	4	8
幼儿园老师	强烈	筹措	竞争取得	已经拥有	低	不明显	4	8
婴幼儿家长	强烈	筹措	竞争取得	不容易雇用	低	不明显	2	11

1. 全国性开发商

这一群体进入 0～3 岁托育行业意愿强烈，资金充足，物业自有，容易雇用园长，运营水平高，协同效应明显。

2. 私立连锁幼儿园集团

私立连锁幼儿园集团非常愿意进入 0～3 岁托育行业，且资金充足，物业容易取得，已经拥有园长，运营水平高，协同效应明显。

3. 公办幼儿园

公办幼儿园参与 0～3 岁托育事业意愿一般，资金充足，物业容易取得，已经拥有园长，运营水平一般，协同效应明显。

4. 独立的私立幼儿园

独立的私立幼儿园进入 0～3 岁托育领域意愿强烈，已经拥有园长，但所拥有的资金规模一般，物业需竞争取得，运营水平一般，协同效应明显。

5. 地方性开发商

地方性开发商进入 0～3 岁托育行业意愿一般，资金需筹措，物业自有，容易雇用园长，运营水平一般，协同效应明显。

6. 公立医院

公立医院无意愿涉及 0～3 岁托育行业，资金充足，物业自有，园长容易雇用，运营水平一般，协同效应一般。

7. 公办园退休园长

公办园退休园长进入 0～3 岁托育行业意愿强烈，但资金需筹措，物业需竞争取得，运营水平一般，协同效应不明显。

8. 月子会所

月子会所无意愿涉足 0～3 岁托育行业，资金充足，物业需竞争取得，园长不容易雇用，运营水平一般，协同效应一般。

9. 现有早教机构

现有早教机构进入 0～3 岁托育行业意愿强烈，运营水平高，但资金需筹措，物业需竞争取得，园长不容易雇用，协同效应不明显。

10. 幼儿园老师

幼儿园老师也非常愿意进入 0～3 岁托育行业，意愿强烈，且已经拥有园长，但资金需筹措，物业需竞争取得，运营水平低，协同效应不明显。

11. 婴幼儿家长

婴幼儿家长尤其是母亲进入 0～3 岁托育行业意愿强烈，但资金需筹措，物业需竞争取得，园长不容易雇用，运营水平低，协同效应不明显。

（二）目前 0～3 岁托育机构保育师资

目前 0～3 岁托育机构的师资主要由以下人员组成：

（1）拥有学前教育背景，选择不进入幼儿园或者从幼儿园离职的老师，学历从高职到大专，再到研究生都有。这是保育师资的少数，却是保育师资队伍最大的希望所在。

（2）部分早教专业的专科学生，已经陆续进入托育机构工作。

（3）拥有大教育和护理类专业背景的老师，例如基础教育、心理学、护理、护士、康复专业等。这类老师不多，当他们和学前专业的老师一起承担保育工作的时候，不同专业背景相互可以取长补短。

（4）拥有艺术类教育背景，原先在各类早教机构或亲子教育机构工作，之后转向 0～3 岁托育机构的老师。这类老师不少，而且由于有一定的教育机构工作经验，很受托育机构欢迎。

（5）拥有其他教育背景且有教育机构工作经验的老师。

（6）婴幼儿的母亲，她们因为自己孩子的托育需求而从事托育工作，这样的老师绝非个例。

（三）运营中的托育机构所采用的课程形式

目前已经在运营的托育机构使用的课程主要有以下几种情况：

（1）"托育课程幼儿园化"，按照幼儿园的"一日常规"编制婴幼儿的在园生活，以招收 2～3 岁幼儿为主的机构更是如此，而目前市场上的所谓托育机构大多以招收 2～3 岁幼儿为主。

（2）在原有早教机构或者亲子教育机构"小时课"的基础上进行二次研发，形成机构的托育课程。

（3）纯看护型，这种形式在县域托育机构中比较多见。

（四）0～3岁托育行业发展的不足之处

（1）对0～3岁托育的科学性、专业性和系统性的认识不够，从国家到机构再到家庭，普遍忽视了0～3岁托育对婴幼儿终身成长与发展的重要价值。少数重视0～3岁托育的家长能够找到的优质托育机构又很少。

（2）过于强调0～3岁托育工作中的"生活照护"，严重忽视婴幼儿快速发展过程中必须享有的教育。0～3岁阶段婴幼儿的教育天然就是"生活化的、全时空化的和游戏化的"。

（3）过于强调0～3岁托育工作中机构内部的绝对安全，钝化了婴幼儿的感知觉能力，而后者恰恰是婴幼儿成长中不可或缺的。丰富婴幼儿的感知觉，慢慢让婴幼儿习得如何"辨别风险"远远比"保障安全"更加重要。

（4）过于强调在建筑物内部实施保育托育工作，对于适宜和促进婴幼儿早期发展的保育环境严重缺乏认识。

（5）把0～3岁托育行业等同于其他服务行业，期望可以快速复制扩张，忽视了这个行业的特点、痛点和风险。仅仅一个师资问题，就不是很快能够解决的。

四、未来0～3岁托育行业发展过程中亟须弥补的短板

（一）0～3岁托育课程设置

由于缺乏对婴幼儿发展和"人的终身发展"的深入研究，我们的基础保育和教育没有现成的、科学的、系统的课程体系。

在这方面，邻国日本的经验值得我们研究。日本在20世纪70年代大量立足于"人的发展"的基础研究和诸如"临床教育学"等跨学科建设齐头并进，1996年还建立起了"大儿童学"的专业交流和国际交流平台。2002年，日本大学开始设置"儿童学"本科专业。经过数十年持续努力，其才有了今天相对科学、完善的0～6岁保育教育的研究和实践体系。

我国政府相关部门需尽快建立跨产学研、跨学科、跨领域的协同研究和实践机制，全面启动将婴幼儿作为一个生命体的全人发展的基础研究。

在我国0～3岁托育发展的新阶段，经过一段时间的研究与实践，托育课程要全面覆盖"医、保、教"三大系统。"医"即医护，医护是"医、保、教"三大体系的底线，只有做好"医"这个环节，才有可能做好"保"和"教"。"医护"也是目前我们专业基础和实践水准最高的一个系统，几乎所有托育机构都需

要，甚至需要的内容都很相似，所以从管理层面看，"医"这个系统是最容易标准化也应该标准化的部分。"保"即基础保育，即在婴幼儿生活的"衣食住行、玩读便睡"的各个方面实施陪伴和保育。基础保育部分针对不同孩子的发展情况应该有所侧重，促进婴幼儿的全面发展。从管理层面看，"保"这个系统可以给出一个规范化的、指南性质的指引，每个托育机构在指南的指引下，对在园婴幼儿提供基础保育。"教"即教育，即在婴幼儿的一日生活中融合教育活动、渗透教育内容；教育环节要做到个性化对待，对于每个婴幼儿，陪伴过程中的内容、时机、方式、回应和鹰架等都应具有针对性。从管理层面看，"教"这个环节不宜严格规定。

（二）保育师资缺口较大，师资培训的专业设置还需完善

2021 年，全国开设学前教育专业的本专科高校有 1 095 所，毕业生达到 26.5 万人，毕业生大多去幼儿园就职，去托育机构工作的很少，不能满足托育机构的师资需求。

2003 年国家推出育婴师职业资格认证，学员通过短期培训并考试合格后，可以获得由国家颁发的育婴师职业资格证书。但是类似的职业资格认证由于培训时间短、课程设置不系统、缺少实践技能锻炼，持证人员的保教素养与全日制专业的毕业生相比差距还很大，而且持证人员中有相当一部分并不实际从事托育工作。

自 2014 年开始，全国共 44 所院校针对早教机构、托育机构和家庭育儿指导，开设了专科段的"早教"专业，作为"学前教育"的一个分支，重点培养面向 0～3 岁婴幼儿照料者或者保育老师。

未来在托育师资培养方面，要理论和实践并重、"职前和职后"并重，既要增加跨学科的理论学习，又要增加职前的见习和实习，更要在职后持续进行教育与认证管理。

0～3 岁托育事业是一项面向未来、功在千秋、利国利民的大事业，在前人摸索的基础上，还需要国家层面高度重视，强化政策支持和基础研究，同时也需要几代从业者持续努力，提升全民教育素养，真正实现"幼有所育、幼有优育"。

第九章　"社会力量"

——中国学前教育公益组织发展

在中国学前教育领域里，广为人知的行动者是制定政策、管理学前教育事业的各级政府，作为行业专家的高校学者，各类幼儿园，为幼儿园及家庭提供服务的各类企业等，本章聚焦于那些自身使命就是致力于通过公益行动推动学前教育发展且行动具有一定持续性的基金会、社会团体、民办非企业单位等非营利机构，以及国际组织和社会使命驱动企业。它们的动机、行动特点与政府、市场两大部门有所差异，为学前教育贡献了独特的力量。

一、社会公益力量进入学前教育领域的进程

较早在农村学前教育领域开展支持活动的机构是政府间组织联合国儿童基金会。从 2001 年开始，联合国儿童基金会与教育部在贫困地区合作开展"早期儿童养育与发展"项目，力图在贫困地区实施以儿童为本的学前教育质量改进计划。2007 年，联合国儿童基金会与教育部开始合作推进"爱生幼儿园"项目[①]，该项目开发了支持农村幼儿园提升质量的系列课程和教师培训、幼儿园发展评估的技术资源。

2008 年，中国学前教育研究会在汶川地震之后开展了为期三个月的灾区"流动幼儿园"项目。该项目先后发动组织北京、上海、南京等地高校 100 多位幼教专业学生、幼教教研员、幼儿园园长和教师作为志愿者前往四川绵阳、什邡、绵竹、崇州等重灾区开展了多项救援活动。在短短的三个月里，参加"流动幼儿园"项目的幼儿达 1.4 万多人次，同时该项目还面向 1 500 名幼儿教师开展了以"灾区幼儿心理抚慰"和"震后幼儿园课程重建"为核心的专业培训。

中国本土公益机构进入学前教育领域的历史不算久远。它们因察觉到弱势儿童学龄前发展面临的挑战而萌芽，同时随着中国整个学前教育行业的大发展，找到了更匹配其资源和能力的定位，从而发挥着日益重要的作用。

---

① 关于"爱生幼儿园"项目在中国的实践，参见本书第三部分第二十五章。

　　大部分公益机构是从义务教育阶段开始参与乡村教育发展的，后来有些机构将重心转入学前领域，这经历了一个认识加深的过程。随着国际公益组织进入中国，并从社区发展、儿童发展的角度切入乡村儿童学龄前的公益服务，其理念及实践启发培养了一批人才，此后开展学前教育工作的地方性公益组织中，许多负责人、工作人员都有在国际公益机构工作的经历。另外，少数具有学前专家资源的本土公益机构如四环游戏小组、西部阳光农村发展基金会也在 2000 年之后关注到了弱势儿童的学前教育困境。中国民间学前公益行动因此而萌芽。其后，2010 年国家开始重视学前教育，一系列国际研究揭示出儿童早期发展对人终身发展的重要意义，除了能够解决家庭育儿的后顾之忧外，学前教育支持幼儿学习发展的作用开始被重视，公益组织与公众随之加深了对学前教育的理解，学前公益行动也更容易得到捐赠者的认同。多方面对学前教育价值的认同加快了公益机构进入学前教育领域的步伐。

　　公益力量进入学前领域也是一个公益资源与社会需求相匹配的过程。农村义务教育从 2006 年起开始免费，公益机构主要以智力帮扶方式介入，如教师培训、阅读推广，对经费的要求相对较低。但是，学前教育不属于义务教育，在 2010 年之前，要想改善农村学前教育就需投入更多资金，同时还面临着政府重视与投入不足、区县内学前教师和专业人才非常缺乏的状况。2010 年之后，中国学前教育快速发展，大量农村新建幼儿园、新任教师产生了数量庞大的发展型需求。尽管政府加大了对学前教育的重视和投入，入园率大幅提升，但建设与发展不可能快速完成，并不是所有儿童都享受到了这一增长带来的益处，特别是那些生活在偏远农村或受人口流动影响的城乡贫困家庭的儿童。一些社会公益组织敏锐地发现了这些儿童和教师的困境，开始在自己力量范围内提供部分学前教育公益服务，以儿童活动方案递送、师资培训等方式，尝试寻找解决问题的办法。

　　分析十几年来开展过学前公益行动的 48 家民间机构，可将其主要分为三类：实施项目的执行型机构（34 家）、提供资金的资助型机构（12 家），以及兼顾两者的混合型机构（2 家）。它们所开展的学前公益项目集中关注以下几个议题，依据项目启动时间可粗略地划分出三个阶段：

　　（1）第一阶段为 2004—2010 年，重点关注城乡 3～6 岁贫困儿童缺少进入幼儿园接受学前教育机会的问题。

　　（2）第二阶段为 2011—2012 年，重点关注幼儿园保教质量不佳，无法有效支持幼儿学习发展的问题。

　　（3）第三阶段为 2013 年至今，向前追溯低收入家庭 0～3 岁幼儿早期发展滞后、家庭养育支持不足的问题。

　　除上述直接服务幼儿的公益项目之外，从 2009 年开始出现了一些从学前教育、教育公益的行业需求出发支持行业发展的项目，例如分享知识、搭建网络促进行业协作等。

二、中国学前教育公益行动

（一）关注城乡 3～6 岁贫困儿童缺少进入幼儿园接受学前教育机会的问题

幼儿发展受其周围社会生态环境的影响。在中国城镇化迅速推进的背景下，贫困农村与城市幼儿的生活环境客观上出现了明显差别，体现在家庭、社区、幼儿园等对儿童的支持等多个方面，幼儿在进入小学正式学习之前就面对着不平等的成长机会。

2006 年，城市儿童学前三年毛入园率为 58.05%，农村为 29.63%；六年之后，2012 年城市儿童学前三年毛入园率已提升到 89.10%，农村变化却微乎其微（见表 9-1）。随着国家学前教育三年行动计划的实施，城市和农村地区幼儿园数量大幅上升，但是农村地区学位仍十分不足。根据 2017 年全国农业普查数据，截至 2017 年年底，全国 59 万个行政村中，只有 19 万个行政村有幼儿园，这意味着全国有 40 万个行政村的适龄幼儿无法就近入园。有质量的幼儿教育对幼儿发展的支持作用已被证实，但贫困弱势的农村幼儿、流动儿童——最需要补偿教育支持改善其学习条件的人群——却没有得到托底的学前教育机会，这种现实进一步扩大了不同儿童学龄前发展的差距。

表 9-1　中国幼儿园毛入园率的城乡对比（2006—2012 年）

年份	3 岁以上		1 岁以上	
	城市	农村	城市	农村
2006	58.05%	29.63%	72.08%	50.14%
2007	62.11%	29.86%	74.85%	49.51%
2008	65.63%	31.73%	78.96%	50.78%
2009	67.72%	33.13%	77.05%	49.03%
2010	69.76%	34.95%	75.68%	48.12%
2011	87.72%	28.59%	76.37%	29.64%
2012	89.10%	29.69%	81.24%	31.70%

资料来源：历年《中国人口和就业统计年鉴》《中国教育统计年鉴》。

一批公益组织出于对农村、贫困人群的关注敏锐地觉察到贫困幼儿无园可入的困境，开始动员社会公益资源，直接为一部分城乡贫困幼儿提供接受学前教育的机会。阳光童趣园、未来希望幼儿班、山村幼儿园以及四环游戏小组等项目，或者在偏远农村地区改造或建设幼儿园，为幼儿提供就近入园的机会，或者为城市流动儿童提供非正规的学前教育。

在发展学前教育公共服务、提升入园率的过程中，各地主要以人口密集地区为主建设幼儿园，对农村地区的投入聚焦于建设乡镇园，因为入园需求高，家庭入园意愿及付费能力等都比较强，配套条件也相对容易获得，政府只需建好新园就可以迅速高效地提升入园率。但剩余未入园儿童大部分生活于偏远农村地区，这些地区缺少合格的师资，家庭教育意识和能力薄弱，要解决他们的问题，不仅要建园，还需要搭建能够跨越地理距离、支持农村幼儿园运营、开展教师培训、提供有质量的学前教育的支持系统。与此同时，在城镇化背景下，农村存在人口流出的趋势。地方政府是否愿意牺牲一部分教育投资的效率，更多地从提供公平的教育机会、为弱势幼儿提供托底补偿教育的角度出发，从教育减贫和人力资本长远发展的角度考虑，重视并支持偏远地区贫困儿童入园？地方政府根据各自情况往往会得出不同的判断并制定相应的政策。

公益机构在关注如何增加学前教育资源的同时，进一步关注学前教育质量的提升。例如，作为长期深入社区的公益教育项目的"未来希望幼儿班"项目在进行过程中逐渐分化为两种模式：一种是在偏远自然村开办社区幼儿班模式；另外一种则是"一村一幼"及"班改幼"模式，协助地方教育局提升村级幼儿园教学质量。广西田东县的社会公益组织晨曦儿童发展中心在连续四年推动设立村级园之后，于2012年开始将重点转变为支持田东县约40所农村幼儿园提升学前教育质量。

（二）追问学前教育质量：入园的孩子真的受益了吗？

2013年前后，到农村幼儿园考察，能看到普遍的大班额情况。一个班里六七十名幼儿挤坐在教室里，教师不足，同时许多新教师缺少幼教经验，幼儿玩具少，教学形式及内容与小学一年级相仿，不符合幼儿学习规律的教学活动大量存在。在教育质量无法保证的情况下，进入幼儿园带给孩子的可能是好奇心的压抑、情感的束缚、枯燥的学习体验，而并不必然意味着幼儿会得到更充分的发展。从2011年开始，以千千树项目的发起方北京乐平公益基金会为代表的一批公益组织关注到农村幼儿园教育质量低下的问题，它们从适合幼儿发展的幼儿园活动研发、幼儿教师培训、基于项目的系统性的学前教育专业支持和管理体系建设等方面入手开展项目，致力于让幼儿不仅能入园，更能在园所里得到适宜的、快乐的、全面的发展。

这些项目最初聚焦于儿童语言发展、体育运动，但随着农村园走出创办初期，逐步发展成熟，幼儿园自身对教育质量的认识和要求也在提高，它们开始提出新的问题。例如：怎样开展儿童区角活动，支持儿童游戏？如何科学开展活动？如何促进儿童社会情感能力的发展？等等。这些新问题一方面来自农村园在新阶段所面临的新挑战，一方面也源于公益机构对园所的引导及与其开展的互动。同期，公益行业也逐渐发展出一批聚焦于某一儿童发展领域、更具专业性的机构（见图 9 - 1）。

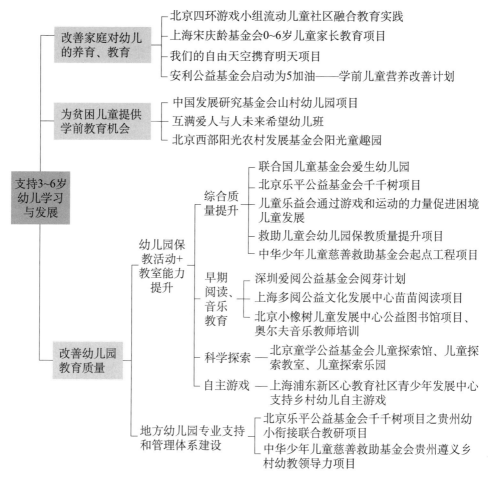

图 9 - 1　支持 3~6 岁幼儿学习与发展的公益项目

1. 聚集于学前教育质量综合提升的公益机构和公益项目

北京乐平公益基金会支持的千千树项目是致力于提升农村学前教育质量的公益项目。2011 年该项目由北京小橡树幼儿园的教学研发团队发起，他们针对农村幼儿教师能力不足、大班额、资源匮乏等现实情况，以儿童早期阅读为重点，研发了一系列方便农村教师上手操作的幼儿活动资源，以及幼儿教师配套培训资源。

中华少年儿童慈善救助基金会起点工程项目于 2013 年成立，致力于搭建学前教育公益联合平台，携手学前公益机构，重点关注老少边穷地区的学龄前儿童，致力于建设农村幼儿园（班）、童书益站，资助贫困幼儿，提供教师培训等。

2. 着眼于早期阅读、科学探索等领域的公益机构和公益项目

深圳爱阅公益基金会 2016 年开启阅芽计划，为深圳未满 6 岁的儿童家庭公益赠送支持幼儿早期阅读的"阅芽包"；面向农村幼儿，深圳爱阅基金会向公益机构提供专项资助，支持农村儿童阅读项目的开展。

北京小橡树幼儿园历届校友、家长及老师成立了小橡树儿童发展中心公益平台，于 2016 年发起小橡树公益图书馆项目，至 2019 年年底，在甘肃、贵州、云南、广西以及湖南建成 15 所幼儿园公益图书馆。

北京童学公益基金会于 2018 年成立，以 STEAM 为主要教育内容，鼓励家长通过高质量的游戏陪伴孩子。该基金会提供三种支持方式：（1）儿童探索馆，面向博物馆、科技馆、儿童活动中心等社会教育机构，提供展览设计及教育方案的支持。（2）儿童探索教室，面向幼儿园，提供教室环境创设、探索课程和师资培训等服务。该项目于 2019 年 9 月在青海大通县六个试点幼儿园启动。（3）儿童探索乐园，面向社区，提供微型的户外儿童乐园。

3. 着眼于家长育儿教育领域的公益机构和公益项目

上海宋庆龄基金会家庭教育专项基金 2018 年 11 月成立至今，主要开展两个方向的活动：（1）携手各领域教育专家大力倡导正确的家庭教育理念，让更多的人开始重视家庭教育；（2）联手各省（区、市）教育部门，汇聚优质的家庭教育课程并带到各地进行教师培训，让家庭教育的方法工具和公益传承得以落地生根。

那些致力于解决幼儿入园问题的公益机构都先后迈进了提升教育质量的阶段。而新兴的关注教育质量的公益机构则逐渐发展出专业性的教育服务，为基础薄弱的幼儿园提升质量的努力提供专业支持。

除此以外，有一类公益机构虽然教育专业性没那么强，但却是一些项目实施落地的重要组织力量，它们是一些区域性公益组织，生于斯长于斯，深切关注本地学前教育问题，比如广西田东县晨曦儿童发展中心、青海宗喀慈善协会，它们都曾为了解决本地农村学前教育问题，或与具有教育专业性的机构合作，或联手本地学前教育专家，有效地提升了本地农村社区幼儿园的学前教育质量。

（三）提前干预——面向低收入家庭 0～3 岁幼儿早期发展困境

近年来国际研究表明，儿童早期是个人能力形成的关键时期，不仅影响着他们个体发展状态，而且影响到他们一生发展的轨迹。国内有一些公益组织从国家反贫困战略、可持续发展，以及儿童公平的发展机会等立场出发，通过家访、社区中心等干预模式，致力于倡导并支持农村贫困家庭对幼儿进行科学喂养和养育，支持 0～3 岁儿童早期发展。

在过去十余年中，中国在降低存在早期发展滞后风险的儿童的比例方面取得

了巨大的成就，大多数中国城市儿童达到了儿童发展的国际标准，但仍有至少
1 700 万名 0～3 岁的儿童存在发展滞后的风险，这一问题主要存在于农村。中国
农村贫困地区儿童在认知、语言、社交情绪和运动早期发展等方面仍面临一定挑
战：一半儿童存在认知发展风险，52% 的儿童存在语言发展风险，且随时间推
移，风险不断增大。这与农村贫困地区照养人在喂养行为、养育行为和抑郁倾向
方面存在的问题有关①。

　　影响儿童早期大脑发育的三个关键因素是营养、刺激及环境。以中国发展研
究基金会、农村教育行动计划（REAP）为代表，相关机构在 2000 年前后针对
中国贫困农村地区儿童早期营养问题对早期发展的影响进行了家庭科学喂养与营
养素补充干预及研究。其后，它们进一步将幼儿早期发展滞后的原因聚焦到农村
婴幼儿照养人普遍缺乏积极养育行为的问题上。一项研究发现，农村家庭亲子互
动讲故事、唱儿歌、读书的比例均不超过 40%，消极管教方式的发生率超过
40%②。而积极的养育行为、亲子互动所带来的早期刺激和良性的环境，正是支
持幼儿学习发展的重要因素。在这些弱势儿童早期发展面临严峻挑战，国家对这
一群体家庭科学养育的公共支持匮乏的情况下，这些公益行动所开展的实践、研
究与倡导尤为宝贵（见图 9 - 2）。

　　REAP 自 2012 年起开始在中国农村贫困地区开展一系列关于儿童早期发展
的行动研究项目。REAP 基于儿童早期发展理论和农村贫困地区儿童发展的现
状，设计、实施、评估了多个项目。首先，从制约儿童发展潜能实现的营养元素
方面设计了营养包补充项目。其次，自 2014 年起，REAP 与当时的国家卫生计
生委员会合作，从家庭养育出发，设计了每周一次入户家访干预项目养育未来。
2015 年起，该项目在陕西 50 个儿童居住相对聚集的农村社区建立了儿童早期发
展活动中心，为照养人提供交流和获得更多社会支持的场所。

　　中国发展研究基金会 2015 年与当时的国家卫生计生委员会妇幼健康服务司
合作开展慧育中国项目，这是一项结合养育指导与营养干预的 6～36 个月儿童早
期发展项目。2015 年 7 月，慧育中国项目首先在甘肃省华池县进行试点，截至
2018 年年底，已在七地开始试点。

　　REAP 的养育未来项目与联合国儿童基金会的 0～3 岁儿童早期综合发展项
目、中国发展研究基金会的慧育中国项目，均是由公益、学术机构与国家部门紧
密合作开展，不仅直接为部分农村家庭提供 0～3 岁幼儿科学养育方面的指导，
相关评估、研究也可为政府制定相关政策提供参考。除此之外，在低收入家庭儿

　　① 岳爱，蔡建华，白钰，等. 中国农村贫困地区 0～3 岁婴幼儿面临的挑战及可能的解决方案 [J].
华东师范大学学报（教育科学版），2019 (3)：1-16.

　　② 白钰，郑丽娟，刘步瑶，等. 中国农村贫困地区养育行为现状及其影响的实证研究 [J]. 华东师
范大学学报（教育科学版），2019 (3)：70-83.

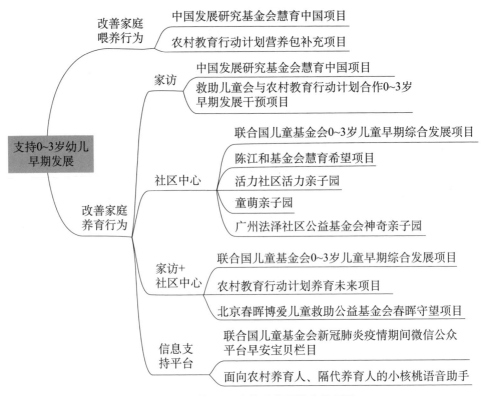

图9-2　支持0~3岁幼儿发展的公益项目

童早期科学养育指导公共服务匮乏的现实之下，一批公益组织依靠社会捐款或服务收入，开始致力于为部分低收入家庭提供公益服务。主要有两种类型：

一类是基于社区儿童中心，针对幼儿组织各种早期发展活动，同时通过开展亲子活动、家长养育指导，提升家长养育能力，改善幼儿家庭养育情况。其中部分经验丰富的机构如活力社区、童萌、广州法泽，将自身的工作模式和技术向其他公益组织、社区组织输出，支持更多机构为儿童早期发展服务。

另一类项目则尝试依靠数字化平台，聚焦于传播关于儿童早期发展、科学教养、亲子活动方案的知识，比如面向农村养育人、隔代养育人递送科学、综合育儿知识的手机应用小核桃语音助手，以及北京春晖博爱儿童救助公益基金会的春晖守望项目。

北京春晖博爱儿童救助公益基金会2012年成立，通过招募和培训工作在一线的儿童照料者和教育者，给予福利院孤残儿童亲情般的关爱和以儿童需求为中心的教育抚育。2015年，春晖博爱在河南省叶县启动春晖守望项目，主要关注农村0~6岁儿童的早期教育和发展，整合家庭、学校和社区的力量，依托儿童活动中心和入户走访，通过育儿技能培训、亲子阅读活动以及社区参与三个维度的核心早教课程体系，在改变照料者行为的同时，为儿童营造一个滋养型的社区成长环境。

（四）学前教育公益行动相关的行业发展项目

前文所述公益项目大多直接面向身处弱势的儿童、儿童照料者和教育者以及儿童服务机构提供支持，通过改善幼儿直接的成长学习环境，帮助幼儿在早期获得多领域的充分发展。这种公益项目干预的逻辑脉络很直接，效果也相对更容易观察。

还有一类公益行动，其关注的问题从时空和逻辑关系上向后退了一步。例如，许多幼儿教师入职前在学校里没有为教育实践做好相应的能力准备，因此需要大量在职培训。那么能否通过改变这个更根本性的因素，去优化和提高高等院校培养幼儿教师的模式和效果？再如，许多在学前教育领域工作的公益机构，在各自的实践中取得了经验，但也面对着挑战与困惑，如何让某一个机构的知识成为行业的知识基础，减少公益机构各自作战、重复摸索的成本？以下公益项目就是从行业发展角度思考而开展的。这类项目距离最终受益儿童的逻辑链较长，干预的是支持幼儿早期发展重要但间接的环境（见图 9-3）。

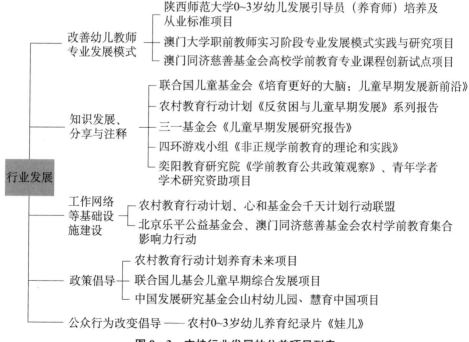

图 9-3　支持行业发展的公益项目列表

1. 提升行业知识水平，搭建工作网络，促进交流与合作

农村学前教育集合影响力行动是北京乐平公益基金会与澳门同济慈善基金

会于 2016 年联合启动的一次创新公益尝试，旨在为学前教育领域的专家学者、地方政府教育部门、基金会、投资者等利益相关方搭建目标一致、高效合作的平台，同时建立跨越中国、美国、印度，关注农村儿童早期发展的国际学习网络。

2. 优化学前教育从业人员职前培养及专业发展模式

0～3 岁幼儿发展引导员（养育师）培养及从业标准项目由 REAP 成员之一陕西师范大学教育实验经济研究所实施，旨在解决中国农村婴幼儿早期发展缺乏职业从业者的问题。该项目通过与公立、私立职业学校合作开展教学试验，开发形成了一套能满足中等受教育程度人群从事儿童早期发展服务需要的课程，用于职业院校培养养育师和指导农村婴幼儿父母进行科学养育。

三、中国学前教育公益行动的价值

从上述学前教育公益行动的内容和成效看，公益机构在过去的十多年中，伴随着中国学前教育的发展，在以下方面发挥了显著的作用：

第一，学前教育公益组织是敏锐的问题发现者。公益组织大多致力于服务弱势人群，在基层开展工作，在自上而下的政策实施过程中，在行业发展大趋势下，它们总是能更敏锐地发现弱势儿童在学前教育方面面临的困境，以及农村学前教育工作中存在的真实挑战。西部阳光农村发展基金会、互满爱人与人等机构都敏锐地发现了偏远农村儿童无法入园的情况。

第二，学前教育公益组织是支持农村儿童学前教育发展的先行者和服务者。农村儿童学前教育中的问题被公益组织看到后，它们倾向于迅速动员社会资源，为困境中的儿童提供服务支持。2011 年北京乐平公益基金会千千树项目开始支持农村幼儿园质量提升，在政府成为解决这些问题的主力军之前，公益组织的行动切实地服务了一部分急需帮助的幼儿和家庭，其先行探索也为后续行动提供了经验。

第三，学前公益组织是以儿童为中心的教育理念、儿童适宜教育的践行者和倡导者。从致力于提升学前教育质量的项目中可以看出，无论是阅读类项目还是科学类项目，最后的落脚点都是儿童能力素养的发展，不受迫于应试教育下的前置压力，也不追逐超过儿童年龄的过度学习，而是采取适合儿童发展阶段、符合学习规律的教育方式。公益组织通过自身践行和倡导，在纠正项目地学前教育理念、提升儿童学前教育质量方面起到了示范作用。

第四，学前公益组织发挥了模式创新的力量。公益组织直接以解决问题为目标，行动有较大的灵活创新空间。西部阳光农村发展基金会的阳光童趣园项目、中国发展研究基金会的山村幼儿园项目、REAP 养育未来项目等，都为问题解决提供了在中国贫困农村地区具有很强操作性的创新方案。

第五，学前公益组织发挥了社会倡导作用。中国发展研究基金会连续多年举办国际研讨会议，聚集国内外学者、公益行业的实践者，持续倡导国家及社会应托底支持最贫困儿童的早期发展，阻断贫困代际传递。公益组织基于对问题的敏锐体察、丰富的实践服务经验，有望通过倡导激发政府、企业、其他社会组织更广泛的行动力量。

四、中国学前教育公益行动的思考与展望

随着中国学前教育的发展，公益机构想要发挥自身价值，就不仅要有扎根基层现实的使命与热忱，还需具备教育专业素养和更综合的项目设计、实践、评估能力及跨部门合作能力，去探索解决那些政府、市场两大部门尚没有触及或还没有解决好的问题，这无疑需要团队长期专注、坚持与不断自我反思。

与以上高期待相对应的，是所有公益机构都面临着一条资金筹集的"生死线"。资金是支撑其价值实现的支柱，资金充足与否影响着公益机构能否找到优秀的人才加入，能否开展创新有效的公益行动，以及能否在财务上实现健康运转。在过去十余年，有些机构跨越了长周期，见证了学前教育的发展变化，在发展过程中持续面对重要挑战，重塑专业能力，得以不断促进问题的解决。有些组织在学前教育领域的行动则比较短暂，它们在两三年内做出了自己的努力，但随后却转变了工作方向，原因可能是骨干人员流失、项目资金不足等。这些挑战对地方执行型公益组织的影响更大。

在支持 0～6 岁儿童早期发展教育这个目标下，越是经济落后的偏远山区农村，问题越是严重，解决起来也越复杂。在缺乏利润刺激的情况下，很少有企业愿意进入，单靠政府系统又存在专业人才不足、支持系统缺位、资源不足的挑战。社会公益组织较多活跃在这类地区和相关领域，且组织形式灵活，但是与政府的合作还比较初级，大部分仅仅处于被许可开展活动的层面。这种现状既存在不足也存在机会。公益组织可以提高自身在问题解决、机构运营方面的专业性和效率，充分利用自身公益性问题解决者的定位，整合社会中的专业资源，探索低成本解决方案，与政府等相关方就共同关注的问题进行深度合作，推动有质量的学前教育的落地。政府在 0～6 岁儿童特别是贫困弱势儿童的学龄前发展教育方面，也可以尝试以更开放的态度，了解公益组织的优势和能力，通过深度合作、购买服务，更好地发挥政府与社会公益机构的整合作用，提高问题解决的效率。

学前教育的公益行动值得被更多人了解、关注，因为它们拥有接地气的视角，给予最弱势儿童直接的帮助；它们拥有更宽松的行动空间，勇于承担创新风

险，为社会探索解决问题的更优方法。政府与学前教育行业可以通过了解公益项目为自己添加一个重要的视角，看到基层真实的挑战所在，在局部实践中发现有用的经验。虽然公益行动自身并未强大到足以独立、全面地解决一个问题，但它们就像举火把的人，增加光亮温暖，吸引更多人的目光，催生出可能的变化。

第二部分
当代中国学前教育新思潮与新实践

第十章　学前教育课程实践十余年变迁

从我国第一个学前教育机构诞生至今，我国学前教育发展已有百年的历史，纵观百年，幼儿园课程发展是一条贯穿始终的主线。课程发展是一个历史动态的过程，既受到教育理论演变的影响，也受到教育实践中政策变化、本土交流等的影响。

2010 年以来，伴随着《国家中长期教育改革和发展规划纲要（2010—2020年)》《国务院关于当前发展学前教育的若干意见》等国家政策法规的颁布，我国学前教育事业进入快速发展期，幼儿园课程改革也迎来崭新的发展阶段。在党的十九大提出"幼有所育、学有所教"的历史契机下，对十余年间我国课程实践的变迁进行梳理，回顾变迁的背景，分析幼儿园课程实践的特点，展望课程改革发展的趋势，对进一步推进我国学前教育质量的内涵式发展具有重要意义。

一、我国幼儿园课程实践十余年变迁的背景

十余年来，国家出台了规范和促进学前教育发展的一系列指导性文件，从制度层面保障了我国学前教育事业的快速发展，推动了我国幼儿园课程改革的持续深入。同时，国外先进的幼儿园课程理念与模式也在不断地影响我国幼儿园课程实践改革的步伐。

（一）国家公共政策的影响

21 世纪初，我国基础教育进入了"素质教育"全面推进时期。在这一背景下诞生的《幼儿园教育指导纲要（试行）》明确指出："幼儿园教育是基础教育的重要组成部分，是我国学校教育和终身教育的奠基阶段。城乡各类幼儿园都应从实际出发，因地制宜地实施素质教育，为幼儿一生的发展打好基础。"由此，开启了新一轮的幼儿园课程改革，打破了以往对幼儿园课程统一分科式的设置，拉开了我国幼儿园课程本土化、多样化改革的序幕。

2010 年《国家中长期教育改革和发展规划纲要（2010—2020 年)》出台，将学前教育单独列为一章进行阐述，明确提出要积极发展学前教育，肯定了学前教

育对幼儿身心健康、习惯养成、智力发展的重要意义，并强调遵循幼儿身心发展规律，坚持科学保教方法，保障幼儿快乐健康成长。同年11月，《国务院关于当前发展学前教育的若干意见》明确规定，学前教育要遵循幼儿身心发展规律，面向全体幼儿，关注个体差异，坚持以游戏为基本活动，保教结合，寓教于乐，促进幼儿健康成长。这两份文件的出台，体现出国家对学前教育日益重视，也明确提出了幼儿园课程改革"以儿童为中心"的基本立场。

为深入贯彻上述两份文件的精神，树立"终身教育"和"儿童是自主建构者"的教育理念，同时帮助幼儿园教师和家长了解幼儿学习与发展的基本特点和规律，教育部于2012年9月颁布了《3-6岁儿童学习与发展指南》。《3-6岁儿童学习与发展指南》从健康、语言、社会、科学、艺术五个领域描述了幼儿的学习与发展，并附有详细的发展目标和教育建议，充分考虑到了幼教工作者在实施保教过程中的可操作性，搭建了教育理念与实践之间的桥梁[1]。《3-6岁儿童学习与发展指南》的颁布为幼儿园课程改革带来了新的活力，对幼儿园课程标准制定起到了重要指引作用。

2016年为了加强幼儿园的科学管理，规范办园行为，提高保育和教育质量，促进幼儿身心健康发展，教育部修订了《幼儿园工作规程》。《幼儿园工作规程》从幼儿本位出发，强调幼儿园教育要"面向全体幼儿"，"引导幼儿个性健康发展"，为幼儿创设良好的教育环境，为终身发展奠定基础。《幼儿园工作规程》的修订与颁布，标志着有计划、有组织的全国性幼儿园课程改革的开启，课程模式也朝着多元化和个性化的方向迈进[2]。

2017年，教育部等四部门发布《教育部等四部门关于实施第三期学前教育行动计划的意见》并指出学前教育行动的主要目标为"到2020年，基本建成广覆盖、保基本、有质量的学前教育公共服务体系"。2018年国务院颁布的《中共中央 国务院关于学前教育深化改革规范发展的若干意见》进一步指出，要"到2035年，全面普及学前三年教育，建成覆盖城乡、布局合理的学前教育公共服务体系"，"为幼儿提供更加充裕、更加普惠、更加优质的学前教育"。自此，促进教育质量实现内涵式优质发展成为我国幼儿园教育改革与发展的基本取向，也明晰了幼儿园课程实践必须指向内涵质量发展，深化课程改革，科学有效地提升保育教育质量。

（二）国外课程模式的涌入

随着国际学术交流的加强，西方的学前教育理论和课程模式开始不断涌入，

---

[1] 李昱杭，曾彬. 新中国70年幼儿园课程的变迁及启示 [J]. 江苏第二师范学院学报，2020，36（1）：98-103.

[2] 孙蔷蔷. 新中国幼儿园课程改革的历程、特点与展望 [J]. 中国教师，2020（2）：84-87.

瑞吉欧方案教学，美国银行街早期儿童教育方案、高瞻课程等都对我国幼儿园课程实践带来了一定的影响。

20世纪末，瑞吉欧教育涌入中国。瑞吉欧是意大利的一个小镇，在过去三十多年，瑞吉欧建立了一个公共幼儿保教体系，它的理念来自进步主义思潮、皮亚杰和维果茨基的心理学理论及第二次世界大战后意大利左派的政治改革。瑞吉欧教育追求幼儿愉快、幸福、健康地成长，不预设人为的目标，以幼儿的兴趣和环境变化为核心，采用动态性、生成性的目标进行教学。瑞吉欧的课程内容与幼儿生活的方方面面息息相关，如日常生活、社区活动、节日庆典、自然环境等均是课程资源，教师根据幼儿的潜能，依据幼儿的经验和兴趣做适当的回应，使幼儿从与社会、环境的互动中学习。瑞吉欧的课程具有动态性、灵活性和开放性，由师幼共同构建，以"项目活动"为课程的主要形式，强调在实际生活中解决问题和进行专题研究[①]。瑞吉欧教育由家长、教师、幼儿等众多主体共同协商决定，力图在"教师中心"与"幼儿中心"之间寻找平衡点的教育理念，促进我国学前教育加快了转变传统灌输式教育模式的步伐，给我国学前教育课堂中"教师中心"以及重结果、轻过程的现象带来了一定冲击。瑞吉欧教育主张幼儿通过多种方式表现自己，推动我国学前教育课程突破了以读与写为主的教学模式，倡导幼儿运用多种感官体验、多种语言表达方式进行学习。瑞吉欧教育中教师基于对幼儿的观察、记录、评价与自我反思支持幼儿发展的教学方式，加强了我国对学前教育教师专业成长的关注[②]。

银行街早期儿童教育方案可追溯到1916年由米切尔（Mitchell L. S.）在纽约创办的一所名为"教育实验局"的教育研究机构。银行街早期儿童教育方案强调儿童的发展与互动，以培养儿童有效作用于环境的能力、促进儿童自主性和个性发展、培养幼儿的社会性、鼓励幼儿的创造性为目标，重视经验的联系，将课程视为经验的总和，同时重视儿童的社会性发展，所以常以社会学习为核心展开课程。银行街早期儿童教育方案用主题网和课程轮的方法实现综合性课程的设计与实施，即教师以主题为中心，设计各个活动区域或活动类型内容，并可根据需要更改、增加或删除，力图整合音乐、阅读、书写、数学等不同课程的经验，统合身体、社会、情绪情感和认知等儿童发展的各个方面，联系儿童第一手经验及其再创造的机会，统整儿童在家与在托幼机构的经验[③]。随着我国与国外教育界交流的不断增多，2010年后银行街教育学院也成为我国教育工作者尤其是学前教育工作者前往参观访问的重地。银行街早期儿童教育方案以儿童的整体发展为

---

① 朱家雄. 幼儿园课程概论 [M]. 上海：复旦大学出版社，2015：121 - 141.
② 蔡东霞，窦岚，左瑞红，等. 瑞吉欧方案教学的特点及其对我国幼儿教育改革的启示 [J]. 教育探索，2011 (10)：158 - 159.
③ 朱家雄. 幼儿园课程概论 [M]. 上海：复旦大学出版社，2015：121 - 141.

目标，重视儿童动手能力的启发及广泛集结社会力量等有益经验给我国幼儿园课程实践提供了积极的启示，使得我国幼儿园课程对幼儿创造力的保护与激发加大了关注；启发了幼儿园通过制定教学目标、情境设置和活动教学等方式的衔接实现幼小一体化，为进一步加强家园共育的衔接提供了一定的参考；推动我国幼儿园课程开始着力于与社区广泛合作，充分利用各种资源，合力探索学前教育的创新之路①。

高瞻课程起源于 20 世纪 60 年代，是基于皮亚杰和杜威的儿童发展理论发展起来的，并在教学实践中借鉴了维果茨基的研究成果。近年来，高瞻课程引起了国内学前教育学者的关注，国内关于美国幼儿园高瞻课程的研究成果不断丰富。高瞻课程首次将幼儿的主动学习及知识的建构作为课程的核心，不再仅仅关注幼儿认知的发展，还重视幼儿的情感和社会性发展，为中国幼儿园课程模式打开了一个全新的视野。受到高瞻课程的启发，我国学者提出应通过立法明确学前教育的重要地位，加大对学前教育的投入并确定学前教育财政投入政策。在高瞻课程的影响下，我国幼儿园课程模式将注意力更多地转向尊重幼儿的主体地位并培养其主动学习的习惯、创设支持幼儿主动学习的学习环境、重视活动的开展、通过支持性成人-幼儿互动策略鹰架幼儿发展、树立真实性评价理念和依据关键发展性指标制定学前课程内容②。

国外课程模式的涌入为我国幼儿园课程模式带来了新的思路，让幼儿园将关注点更多地转移到幼儿身上，开启了以幼儿为本位的本土化课程模式探索之路。

（三）国内课程实践交流与学习

在国家政策法规大力支持和引导下，在学习和借鉴国际学前教育先进理论与实践的过程中，国内幼儿园课程的实践与探索得到了长足的发展，积累了丰富的经验。从课程改革实践的空间范围来看，较有代表性的浙江安吉县、上海市、江苏省的幼儿园课程改革都取得了良好成效，并对我国的幼儿园课程改革产生了较大影响，成为中国幼教改革的缩影。

安吉县是浙江省湖州市贯彻《幼儿园教育指导纲要（试行）》的试点县，安吉游戏是安吉幼教改革的产物。安吉幼教改革关注幼儿园游戏领域的革新，不断落实"以游戏为基本活动"的幼儿园课程改革③，掀起了一股寻找"真游戏"的浪潮。安吉游戏从户外游戏研究开始，逐步向室内活动及一日生活的各个环节渗透游戏的自由精神（如自主选择、自我管理、规则自律），同时兼顾教师的成长

---

① 郑小贝，洪明. 美国银行街教育学院儿童课程的特点与启示 [J]. 基础教育，2012，9（3）：56-62.

② 沈正兰. 美国学前教育高瞻课程研究 [D]. 福州：福建师范大学，2017.

③ 程学琴. 安吉学前教育改革渐入佳境 [J]. 政策瞭望，2019（10）：19-20.

与家长的参与，形成了基于游戏的课程①。安吉游戏模式突破了某区某园的一个科研项目或教育实验的限制，在全县域推进鲜活的幼教实践，推动全县所有城镇、乡村幼儿园的整体发展，彻底地改变了当地县城与乡村幼教的小学化倾向②，从侧面展现了我国学前教育领域改革开放的实践进程。

上海市作为我国教育领先的直辖市，在开展"一期课程改革"并反思教育现状的基础上，继续实施"二期课程改革"。上海市"二期课程改革"（学前教育）通过编制《上海市学前教育课程指南》（2011年），提出了"以儿童发展为本"的基本理念，强调儿童自身发展的需要和社会需要，重视适宜的环境的创设，让儿童主动、积极、内涵丰富地活动，根据儿童的兴趣和发展特点实施教育，使他们获得全面、和谐、充分的发展。此外，还组建了"幼儿园课程园本化的理论与实践的研究"课题组，对影响课程园本化的理论背景、国际课程园本化的特征进行研究，并深入幼儿园，分析现行的幼儿园园本课程，将研究成果进一步转化为全市园长培训的内容，深入推动了上海幼儿园的课程改革。

江苏省针对对幼儿园课程的本质把握不够、对以儿童为本的理念理解和落实不到位、对以游戏为基本活动的观念有认识和实践偏差、课程环境和资源不够丰富且有"小学化"的倾向等问题，于2014年以课程游戏化为切入点推行课程建设项目，旨在提高全省幼儿园教学质量，推动全省幼儿园课程改革。课程游戏化的根本目的是把游戏的理念、游戏的精神渗透到各类课程活动中，促进幼儿健康快乐成长，并通过项目建设，深入开展幼儿园课程的改革和实践，不断提升课程的适宜性和有效性，提升教师的专业化水平，普遍提升幼儿园课程游戏化实施水平，从而提高幼儿园教育质量，更好地促进幼儿的发展③。

这些课程实践与探索，是对《幼儿园教育指导纲要（试行）》和《3-6岁儿童学习与发展指南》等文件精神的贯彻落实，是对我国幼儿园课程实践进行的积极探索，推动了越来越多的地区展开全面推进幼儿园课程改革的工作，促进了学前教育质量的全面提升。

二、我国幼儿园课程实践十余年变迁的特点

近年来，学前教育事业迎来了发展的新契机，学前教育的价值和质量不断受到国家和社会的重视，表现出了鲜明时代特征，不仅形成了幼儿园课程改革的基本方式，奠定了课程的价值基础与基本框架，而且促进了教学与学习方式的深层变革，突破了长期固有的教材概念，推动了课程资源的变革。幼儿园课程改革着

① 华爱华. 我所认识的"安吉游戏"[J]. 学前教育，2019（5）：15-19.
② 李季湄. 学习安吉深化改革 [J]. 学前教育，2019（6）：10-13.
③ 虞永平. 幼儿园课程游戏化项目的基本要求 [J]. 早期教育（教育教学），2018（4）：4-7.

力于课程园本化的多元探索与实践，实现了课程理念的转变。

（一）基本实现了自上而下与自下而上的相互推动，促进了课程发展

我国历次幼儿园课程改革均以课程政策颁布和实施为标志，通过自上而下接力、自下而上反馈的方式展开，即采取的是教育行政主管部门牵头、依托高校等科研机构，同时吸取各地课程实践的有益经验和教训进一步深化改革的方式。

20世纪80年代，我国幼儿园课程改革就已经开始以自上而下、自下而上互相推动的方式进行课程变革。1989年国家教育委员会出台《幼儿园工作规程（试行）》后，全国各种扎根本土的课程实践研究经过几年的尝试和探索，有效推动了幼教工作者的课程观念从教材教法更新、分科目研究课程转变为研究幼儿园整体性课程。20世纪90年代，伴随着中国教育学会幼儿教育研究会第三届理事会将"幼儿园课程结构改革"课题组改名为"幼儿园教育整体改革"课题组，广大幼儿教师积极参与到课程研究各个领域，与教育理论工作者共同研究幼儿园课程的改革和实践①。2001年，教育部根据党的教育方针及《幼儿园工作规程（试行）》，吸取《北京市幼儿园教育纲要（试行）》、《上海市学前教育纲要（试行）》和《武汉市幼儿园课程纲要（试行）》等地方学前教育纲要的制定经验，颁布了《幼儿园教育指导纲要（试行）》。这些实践探索为进一步形成课程改革的推行策略沉淀了经验、积蓄了力量。

2010年以来，我国幼儿园课程改革采取的主要是自上而下与自下而上相互推动的方式，有效地促进了这一时期课程改革中课程政策渐次落实。首先是上海、江苏等地陆续出台幼儿园课程改革和发展相关政策，从地方层面持续发力。例如，2010年上海市教委颁布《上海市提升中小学（幼儿园）课程领导力三年行动计划（2010—2012年）》，开始了上海市全面提升课程领导力的行动；2014年，江苏省教育厅、财政厅下发《关于开展幼儿园课程游戏化建设的通知》，展开了幼儿园课程游戏化建设。此后，课程改革实践在全国范围内展开，幼儿园课程改革进入多元化发展的新阶段。南京实验幼儿园"综合教育课程"、梅花山庄幼儿园"民间艺术教育课程"、浙江安吉"安吉游戏课程"、成都浦江县南街幼儿园"自然课程"等课程实践，均是在我国教育情境中探索科学化的本土幼儿园课程的实践。这些探索预示着我国幼儿园课程改革的国家-地方-园所三级课程管理制度基础的形成，某种程度上为确保幼儿园课程改革驶入正确轨道提供了有益的实践经验及有力的政策和制度保障。

---

① 杜继纲，蔡冠宇，和卓琳，等. 从编制到理解：我国幼儿园课程改革40年回顾与展望 [J]. 学前教育研究，2019（3）：21-30.

由此可见，我国幼儿园课程改革正是在不同相关利益主体参与课程决策的需求与可能中，通过行使课程资源配置的决策力，推动了专业、民主与服务的课程领导方式发展，确立了课程的社会价值与个人价值及其实现机制，促进了课程、社会和儿童的协调发展。多元主体参与、课程政策颁布实施推进和课程实践带动，在实践中检验并推动课程政策发展的方式，已经成为我国幼儿园课程改革的基本常态。

（二）基本确定了"以幼儿为中心"的课程框架，为儿童终身发展奠定了基础

一直以来，幼儿园课程为谁服务——为社会？为家庭？为幼儿？——是学前教育界争论的焦点。《3-6岁儿童学习与发展指南》的颁布，一方面贯彻了"终身教育"和"儿童是自主建构者"的思想，另一方面也针对儿童发展提出了细致的教育建议。与此同时，2016年修订颁布的《幼儿园工作规程》进一步明确了幼儿园就是为儿童身心和谐发展服务的，同时删除了《幼儿园工作规程（试行）》中"为家长服务"的内容。自此，课程中的幼儿本位理念得到了进一步落实，幼儿在课程中的主体地位被夯实，幼儿发展取向的课程教学观也建立起来。

对于学龄前幼儿，发展是他们的本质特征。发展是什么？《3-6岁儿童学习与发展指南》明确指出，"儿童的发展是一个整体，要注重领域之间、目标之间的相互渗透和整合"，"幼儿的发展是一个持续、渐进的过程，同时也表现出一定的阶段性特征"。可见，发展包含以下含义：发展是一种变化，而这种变化是在个体内部进行的，发生在个体外部的变化就不能说是发展；不是所有的内部变化都可以称为发展，只有连续、稳定的内部结构变化才是发展。《3-6岁儿童学习与发展指南》从"健康、语言、社会、科学、艺术五个领域描述幼儿的学习与发展。每个领域按照幼儿学习与发展最基本、最重要的内容划分为若干方面"，帮助我们更加明晰儿童人生的前六年是语言、概念和社会等方面能力的飞速发展期，幼儿需要在与环境积极主动的互动中实现发展。

随着《3-6岁儿童学习与发展指南》及《幼儿园工作规程》的颁布与实施，"以幼儿为中心"的课程理念不断被接受，不少来自高校和科研机构的专家学者围绕幼儿园课程的基本理论问题展开了深入研究并达成了共识，全国各地幼儿园纷纷展开本土实践探索。这些实践不仅体现了课程理念由侧重教授学科知识向关注幼儿的经验、兴趣及需要的转变，还践行了尊重幼儿发展的主体性、关注课程情境的动态变化、注重不同领域的融合等"以幼儿发展为本"的主旨精神。这也意味着，我国幼儿园"以幼儿发展为本"的课程目标基本确立，为终身教育奠基的幼儿园课程框架基本形成。

（三）促进了教学与学习方式的深层变革，明确了以游戏为基本的活动方式

教学与游戏的关系，是幼儿园课程改革关注的另一个焦点。1981年10月教育部颁布的《幼儿园教育纲要（试行草案）》详细规定了幼儿园各年龄班每周的课时数，指出幼儿园课程主要通过"上课"完成，突出了"教师、课堂、教材"三个中心。改革开放之初，"上课"成为我国幼儿园课程实施的主要手段，这种过于强调学科系统知识、脱离幼儿实际生活、忽视幼儿已有经验和真实体验的传统教学模式，导致很长一段时间里我国幼儿园课程实践"小学化"现象严重。因此，纠正幼儿园教育教学工作中只重"上课"的传统模式成为很长一段时间幼儿园课程改革的主要方向。

2001年，教育部颁布了《幼儿园教育指导纲要（试行）》，标志着我国学前教育改革迈进了一个新的阶段。《幼儿园教育指导纲要（试行）》明确指出，"幼儿园教育应尊重幼儿的人格和权利，尊重幼儿身心发展的规律和学习特点，以游戏为基本活动，保教并重，关注个别差异，促进每个幼儿富有个性的发展"，充分体现了既尊重幼儿主体地位，又发挥教师主导作用的儿童观、教师观和教育观。在此基础上，《3-6岁儿童学习与发展指南》进一步指出幼儿的学习应"以直接经验为基础，在游戏和日常生活中进行"，且幼儿的学习经验不只限于认知，"幼儿在活动过程中表现出的积极态度和良好行为倾向是终身学习与发展所必需的宝贵品质"。由此可见，幼儿教育要充分尊重和保护幼儿的好奇心和学习兴趣，要"珍视游戏和生活的独特价值，创设丰富的教育环境，合理安排一日生活，最大限度地支持和满足幼儿通过直接感知、实际操作和亲身体验获取经验的需要"，"帮助幼儿逐步养成积极主动、认真专注、不怕困难、敢于探究和尝试、乐于想象和创造等良好学习品质"。《3-6岁儿童学习与发展指南》关于幼儿园一日生活的各项活动都是课程、幼儿园的环境创设也是课程等的诸多阐述，突破了教学以教师、课堂和教材为中心的传统教学模式，让教师更坚定地超越课程根深蒂固的学科中心主义取向，从传统狭隘的课程实施和教学中跳出来，逐渐厘清了游戏与课程、教学的关系，更加明确了游戏是幼儿主导下的经验获得过程，而教学是教师引导下的幼儿经验获得过程，二者相辅相成才能更好地促进幼儿发展。

当前，在全球化和多元文化的背景下，各地幼儿园在借鉴国外先进理念的同时扎根本土实际，自主创新课程组织形式。许多幼儿园突破了幼儿园集体教学的单一活动方式，打破了年龄和班级的界限，在区域活动与集体教学之间，在室内与室外环境的有机整合下，实现了时间和空间的有效贯穿与科学转换。这也充分说明，经过十余年的发展，我国幼儿园教育教学方式已经发生了深层的变革。

（四）突破了教材概念的局限，推动了课程资源开发利用和共享方式的建立

幼儿园课程资源开发与利用是幼儿园课程改革的重要内容，从 20 世纪 90 年代开始，幼儿园课程内容的"教材"观开始向"教育资源"观转变。

2001 年颁布的《幼儿园教育指导纲要（试行）》明确提出了"教育资源"的课程内容观，并指出，"环境是重要的教育资源"，"幼儿园应与家庭、社区密切合作，与小学相互衔接，综合利用各种教育资源"。2016 年修订并颁布的《幼儿园工作规程》再次强调"幼儿园应当将环境作为重要的教育资源"，"支持幼儿自主选择和主动学习，激发幼儿学习的兴趣与探究的愿望"。这样的环境不仅仅是物质环境，还应当包括心理氛围，正如《幼儿园工作规程》中提出的，"幼儿园应当营造尊重、接纳和关爱的氛围，建立良好的同伴和师生关系"，与此同时，还"应当充分利用家庭和社区的有利条件，丰富和拓展幼儿园的教育资源"。随着互联网时代的发展，信息技术变革更是给课程资源带来了巨大的冲击，AI 智能技术、慕课等已逐渐融入教师的教学与幼儿的学习。可见，课程资源的内涵和外延都发生了质的变化，这有效拓展了课程内容的广度、课程实施的场域，甚至是课程活动呈现的方式。

"教育资源"观的改变突破了幼儿园长期固守的教材概念的局限，促使幼儿园在课程资源视域下对知识观、教学观、教师观、学习观和评价观进行反思。可以说，十余年的实践变迁充分阐释了教学预设资源、动态生成性资源、教室和场馆资源、现代教育技术资源、教师资源、社区资源和时间资源等课程资源开发、利用和共享理论与技术的变革。

（五）着力于课程园本化的多元实践与探索，逐步实现课程理念的转化

园本课程的提出源自校本课程。基础教育改革之后，中小学课程由国家课程、地方课程、校本课程组成。套用"校本课程"的说法，"园本课程"一词也应运而生，相应地出现了"课程园本化""园本课程开发"等概念。《幼儿园教育指导纲要（试行）》强调学前教育课程的设计和实施应该充分考虑本地、本园和本班的实际情况。此后，幼儿园课程园本化的多元实践与探索成为学前教育课程改革的热点。

一直以来，关于园本课程的概念存在把园本课程建设等同于编教材、把园本课程建设等同于树立幼儿园的特色、把园本课程建设等同于我行我素等误区，这些做法实际上是对课程园本化问题的错误理解，也导致了幼儿园课程开发实践的一系列问题。例如，对园本课程开发持消极观望的态度，使园本课程开发处于自发状态；关注所谓课程的特色开发，在幼儿园兴办兴趣班；一味地引进国外课

程，而忽视了课程的园本化改造；等等。

2012年《3-6岁儿童学习与发展指南》颁布以来，学前课程领域对将园本课程异化为"特色课程"的做法开始实行纠偏。通过在学理层面展开园本课程概念辨析，在实践层面以园本课程实施方案为抓手进行整治，园本课程建设的异化局面有所扭转。如李辉等人从上海的幼儿园园本课程开发实践中归纳出了园本课程的两种模式，即园本化开发和园本化实施①；虞永平对园本课程概念反复加以辨析，指出园本课程是在符合国家法规要求和科学理念的前提下，构建的符合特定幼儿园实际并满足幼儿需要和兴趣，充分利用幼儿园周围的课程资源而形成的课程②。可见，园本课程不单纯是本园的课程，园本课程的建设是一个长期、艰巨、需要坚持不懈努力的过程；幼儿园课程园本化的建设应该充分考虑自身的实际情况，要努力结合本地、本园、本班的实际情况开发出适宜幼儿的课程。

这一时期课程园本化的探索具有广泛性、全面性和整体性，幼儿园课程也呈现了多样化的格局，通过不断地实践和探索实现了课程理念的转化，即体现了课程由封闭转向开放、由预设转向生成、由关注结果转向关注过程、由关注普适知识转向关注幼儿个体经验的实践探索。

三、当前我国幼儿园课程改革发展趋势

2010年以来的幼儿园课程实践变迁，事实上是以百年的课程改革成果为基础的厚积薄发。回溯历史、总结和梳理这一时期的课程实践，我们可以清晰地看到我国幼儿园课程实践是如何从模仿借鉴走向规范创新的。在持续推进课程质量向内涵质量发展的道路上，我们还需要更进一步把握课程改革的发展方向。

（一）坚持以幼儿为本的价值取向，超越学科知识与儿童经验的二元对立

幼儿园课程实施的对象是幼儿，课程改革的根本目的是促进幼儿健康成长，因此幼儿园课程改革应坚持"以幼儿为中心"的基本立场，应当关注幼儿本身，回归幼儿的生活，充分体现幼儿的主体性。这也是近现代学前教育发展的基本方向。

"以幼儿发展为本"是幼儿园课程必须坚守的价值基础和核心理念。这并不是要将学科知识与儿童经验对立起来，而是要将二者辩证统一起来。无论是以赫尔巴特为代表的传统教育模式，还是以杜威为代表的进步主义教育模式，虽然都以实现儿童和社会的整合发展为目的，但由于过于强调学科、儿童或社会的单一

① 李辉，杨伟鹏. 中国百年幼教课程改革之历史反思 [J]. 幼儿教育，2017 (11)：11-14.
② 虞永平. 把促进幼儿发展作为课程改革和建设的根本目标 [J]. 幼儿教育，2018 (1)：4-8.

方面，因此不能有效达成儿童与社会的真正整合。我们应反思片面的课程价值取向，把幼儿的发展及其幸福视为幼儿园课程的出发点和归宿，严禁"拔苗助长"式的"小学化"教育，珍视游戏和生活的独特价值，实现儿童中心价值取向和社会中心价值取向的辩证统一。一方面，遵循幼儿心理发展的特点与规律，结合幼儿实际的生活、已有经验，在充分了解幼儿的基础上进行教育支持；另一方面，也应当遵循学科知识的教育逻辑，选择并设计有助于提升幼儿已有经验的适宜活动，发挥好一日生活的价值，在游戏中促进幼儿健康成长。

（二）关注课程要素的整体性，兼顾课程目标、实施与评价整合式发展

幼儿的发展是一个整体，是各领域有机整合促身心全面协调发展的一个完整系统。对于幼儿而言，学习就是生活。从发展的意义来看，以幼儿发展为本位的课程能让每一名幼儿获得具有独特性的发展，课程内容都指向幼儿的生活，是整体和全面的。可见，幼儿园课程应该是一个整体，课程的各个部分应该有机联系、相互渗透。因此，课程改革与实践的工作重点应该是不断完善课程结构，密切课程各要素的联系，增强课程的整体性建构。

幼儿园的课程是一个整体，实现科学有效的保育和教育需要一个系统、整合的课程实施过程。这个过程是一个复杂的系统，需要在整合理念下构建课程目标、内容、实施和评价等各种课程要素综合作用的课程样态，实现课程观念整合、课程目标整合、课程内容和资源整合、课程实施方法和手段整合，最终实现幼儿发展的整合。这就是课程整体性的总体蓝图，也是幼儿园课程的基本特征[1]。

幼儿园课程的整体性还体现为对课程资源的整合。教育部1981年颁布的《幼儿园教育纲要（试行草案）》的实施通知中要求编写幼儿园体育、语言、常识、计算、音乐、美术、游戏七种教材，使得相当长一段时间幼儿园对课程资源的理解存在误区，认为其来源于教材，认为幼儿学习内容均来自教材中的间接经验。2010年以后，随着课程研究的不断深入推进，各地围绕课程资源开发的实践陆续启动，一些幼儿园打破传统活动室布置模式，课程场域由室内转向室外、由园内转向园外、由成人生活转向儿童生活，家、园、社区联动，课程实施由教师主导向师幼互动转变，更强调游戏化，更强调学习品质的培养。至此，多元课程资源的建设成为课程改革发展的重要一环，多样化资源的融入、更为适宜幼儿学习的环境的构建，有效促进了幼儿的整体性和连续性发展。

（三）重视课程内容的生活化整合，以幼儿生活作为课程的基础和来源

生活是幼儿的存在方式，是幼儿成长与发展的过程；课程是沟通幼儿的现实

① 虞永平，张帅.从模仿借鉴到规范创新：新中国成立70年来幼儿园课程的发展［J］.南京师大学报（社会科学版），2019（6）：34-48.

生活和可能生活的教育中介；课程不仅仅是知识本身，不仅仅是幼儿经验的建构过程，还是人类经验和幼儿个体经验相联结的过程。正如杜威所指出的，"儿童与课程仅仅是构成一个单一过程的两极，正如两点构成一条直线一样，儿童现在的经验以及构成各种科目的事实和真理，构成了教学"①。而实现儿童与课程的有益联结的有效途径，陈鹤琴认为在于"从儿童生活出发完成儿童的完整生活"，"在儿童生活中结成一个教育的网，有组织、有系统、合理地编织在儿童的生活中"②。可见，生活才是课程的基础和来源，支持幼儿发展应当将课程内容的整合建立在幼儿生活场域中，以幼儿的生活为基础，对幼儿的生活经验进行整合。

真正符合幼儿生活的课程，不仅要在课程内容上进行生活化整合，而且在课程设计理念上也要强调课程与生活的整合，即课程与现实生活相符合，与幼儿发展的价值一致；同时课程要反映生活的需要，体现课程对幼儿现实生活和可能生活的关注、关心与关怀③。

（四）依托教师专业发展的长效机制，促使课程质量向内涵式发展推进

教师是最重要的课程资源，课程改革能否取得效益，最关键的因素在于教师；课程改革能否达成预期的目标，主要取决于教师的专业水平。教师专业化是世界教师教育发展的方向，也是我国教师教育改革的一个重要取向。2010年以来，国家对幼儿教师专业发展的支持和投入力度逐年加大，如教育部、国家发展和改革委员会、财政部印发的《关于实施第二期学前教育三年行动计划的意见》提出要"完善区域教研和园本教研制度"，《教育部等四部门关于实施第三期学前教育行动计划的意见》进一步强调，"加强学前教育教研力量，健全教研指导网络"，使幼儿园课程改革依托教师专业发展的长效机制得到了进一步的推进。

然而，我国幼儿教师队伍的发展仍然是学前教育发展的薄弱环节，国务院颁布的《中共中央 国务院关于学前教育深化改革规范发展的若干意见》中一大目标即"到2020年，基本形成以本专科为主体的幼儿园教师培养体系"。而要实现"到2035年，全面普及学前三年教育"，"为幼儿提供更加充裕、更加普惠、更加优质的学前教育"，还须把教师队伍建设放在首位，只有这一重要的课程实施队伍建设实现突破，才能更有效地带动幼儿园课程的优化发展，实现课程质量向内涵式发展推进。

---

① 约翰·杜威.学校与社会·明日之学校 [M].赵祥麟，等译.北京：人民教育出版社，1994：120.

② 北京市教育科学研究所.陈鹤琴全集：第4卷 [M].南京：江苏教育出版社，1991：374-613.

③ 侯莉敏.儿童的生活与教育 [M].北京：教育科学出版社，2009：221.

第十一章　陶行知、陈鹤琴、张雪门、张宗麟学前教育思想的当代回归

在新文化运动、五四运动的影响下，中国教育领域掀起了一场批判封建传统教育和引进西方教育思想的热潮，并形成了一支探索教育改革的队伍。五四运动前夕，美国进步主义教育家杜威来中国讲学，历时两年多。杜威的儿童中心论和其学生克伯屈的"设计教学法"等对我国基础教育的影响极大。在这支探索新教育和改革旧教育的队伍中，陶行知、陈鹤琴、张雪门、张宗麟等诸位前辈就是我国现代学前教育中国化和科学化的开拓者与领路人。

一、陶行知教育思想和教育实践

（一）创建生活教育理论

陶行知的生活教育理论深受杜威实用主义教育思想的影响，但他改造并超越了杜威的教育思想，提出：

（1）生活即教育。陶行知认为，生活决定教育，教育要以生活为中心。教育源于生活，在生活中进行，过什么样的生活就受什么样的教育。

（2）社会即学校。陶行知认为，社会就是一个伟大无比的学校，学校只是小课堂，社会才是大课堂。要把社会办成大学校，把学校办成与社会密切联系的学校。

（3）教学做合一。教学做应以"做"为中心，在"做"上教的是教师，在"做"上做的是学生，"做"是劳心与劳力相结合的"做"。陶行知主张在小学教师的岗位上培养小学教师，在幼稚园教师的岗位上培养幼稚园的教师。

综上所述，生活教育的特点是生活的、行动的、大众的、前进的、世界的、有历史联系的。

（二）明确幼稚教育的服务方向

（1）揭露当时中国幼教害了三种大病，即外国病、富贵病、花钱病，倡导建设中国的、省钱的、平民的幼稚园。

(2) 发现工厂和农村是幼稚园的新大陆。陶行知在《幼稚园之新大陆》一书中认为工厂和农村是我国幼稚园的新大陆，遂于1927年11月在南京郊区创办了我国第一所乡村幼稚园即南京燕子矶幼稚园，1934年又在上海沪西女工区创办了劳工幼儿园。

（三）倡导对儿童创造力的培养

陶行知是我国创造教育的首创者，他认为儿童是创造产业的人，而不是继承产业的人，特别重视对儿童创造力的培养。他曾尖锐地批评说，那些不了解儿童的糊涂先生的教鞭下有瓦特，冷眼里有牛顿，讥笑里有爱迪生，同时提出了六大解放的要求：

(1) 解放儿童的头脑，让他们能够去想、去思考。把儿童的头脑从迷信、成见、曲解、幻想中解放出来。

(2) 解放儿童的双手，让他们去做、去干。他批评那种自古不许孩子动手的恶见，他认为爱动手是动脑、好奇、好学、好创造的表现。

(3) 解放儿童的眼睛，让他们去观察，去看事实，否则就犹如睁眼瞎看不到大千世界。

(4) 解放儿童的嘴巴，让他们有足够的言论自由，特别有问的自由，以发挥创造力。

(5) 解放儿童的空间，让他们从鸟笼式的学校里走出来，去接触大自然中的花草树木、青山绿水、日月星辰以及大社会中的士农工商，自由地对宇宙发问，与万物为友，并向古今三百六十行学习。只有解放了空间，有了广博的基础，才能发挥创造力。

(6) 解放儿童的时间，让他们做时间的主人，学他们想学的知识，做他们愿意做的事。

（四）改造幼稚师范教育

陶行知认为改革训练教师的制度是普及幼稚教育的重要步骤之一。他主张采用两种途径来训练新型的幼儿教师：

(1) 把旧的幼稚师范改造成新的幼稚师范。陶行知认为旧师范的学生理论脱离实际，新师范要以幼稚园为中心，学生既在课堂上学习，又在幼稚园中学习如何办好幼稚园。

(2) 实行"艺友制"，用非正规方式来培养幼儿教师。陶行知认为"凡用朋友之道教人学做教师，便是艺友制师范教育"。采用艺友制招收乡村教师之夫人和姐妹中的高小和中学生在幼稚园经过半年培养，就可做乡村幼儿的教师了。这种做法既可以理论联系实际，花费的时间又短。当年鼓楼幼稚园等均用艺友制培训乡村幼儿教师。

二、陈鹤琴幼儿教育思想和教育实践

（一）研究儿童心理

陈鹤琴从 1920 年冬长子一鸣出生开始，就儿童的动作、能力、情绪、言语、游戏、学习、美感等方面的发展，连续进行了 808 天的观察和实验研究，于 1925 年写成《儿童心理之研究》，这是我国第一本研究中国儿童心理的专著。

1. 揭示幼儿的心理特点和教育

陈鹤琴认为幼儿具有以下特点：好动、好模仿、好奇、好游戏、喜欢成功、喜欢合群、喜欢野外生活、喜欢称赞。成人应尊重幼儿的心理特点，满足其身心发展的需要。

2. 探索学前儿童的发展阶段

陈鹤琴认为"人生的过程，是一个连续不断的发展过程"。他把学前期划分为四个阶段：第一，新生婴儿时期——新生；第二，乳儿时期——新生后到 1 岁左右；第三，学步儿时期——1 岁左右到 3 岁半左右；第四，幼儿时期——3 岁半左右到 6 岁左右。

他认为每个阶段都有发展特点和据此的教育重点，如学步儿时期发展的特点是行走的发展和言语的发展。行走的发展能使一个不独立的或半独立的个体向独立的个体发展；言语的发展使幼儿能表达、能交流。教育的重点就在于促进学步儿行走的发展及自主性的发展；鼓励学步儿乐意说话，并及早发现语言发展中的缺陷，以便及早干预、治疗。

陈鹤琴针对幼儿教育发展，首先提出"要对于作为儿童教育基础的儿童心理做全面、系统、切实的科学实验"。他认为"儿童不是成人的缩影，而是有他独特的生理、心理特点的。幼儿期是身体和智力发展的极为重要的时期，必须掌握其特点，掌握其生长发展的科学规律，才能把幼儿教好、养好"。

（二）研究家庭教育

陈鹤琴认为家长是子女的第一个老师，父母应尽到教育好孩子的责任，他指出"知识之丰富与否，思想之发展与否，良好习惯的养成与否，家庭教育应负完全的责任"。陈鹤琴倡导把教育功能自然地渗透于家庭生活的各个方面，主张通过家长的言传身教、亲子间的交往、家庭生活的实践，随机地、个别地、面对面地进行有关健康卫生教育、情感和社会性教育以及智育等。

在 20 世纪 70 年代末，陈鹤琴建议"重视幼儿家庭教育的科学实验，对幼儿的家庭教育应作为一门科学来研究和推广"。他认为"幼儿自一出生，就得到抚爱，这对幼儿的感觉和情感上的发展特别重要。同时，幼儿个性形成的最初基础，也是在家庭中奠定的。家庭对幼儿的思想和行为习惯的影响是极大的"。所以，必须重视家庭教育，应当向家长广泛宣传科学的育儿观和教育方法。

（三）开创中国化的幼稚园教育

陈鹤琴对当时"抄袭外人，墨守成规，不知改良，以致陈旧腐败不堪闻问"的幼稚教育极为不满，他不仅撰写论文揭露弊端、提出主张、指明方向，还创办鼓楼幼稚园来研究和实验有关幼稚园的教育、教学、教材、设备等，以探索中国化幼稚教育的道路。

1. 提出办好幼稚园的 15 条主张

陈鹤琴提出：幼稚园要适应国情；儿童教育是幼稚园与家长共同的责任；凡儿童能够学的而又应当学的，我们都应当教他；幼稚园的课程可以以自然、社会为中心；幼稚园的课程须预先拟定，但临时可以变更；幼稚园第一要注意的是儿童的健康；幼稚园要使儿童养成良好的习惯；幼稚园应当特别注意音乐；幼稚园应当有充分而适当的设备；幼稚园应当采用游戏式的教学法去教导儿童；幼稚生户外生活要多；幼稚园多采取小团体的教学法；幼稚园的教师应当是儿童的朋友；幼稚园的教师应当有充分的训练；幼稚园应当有种种标准，可以随时考查儿童。

陈鹤琴通过 15 条主张阐明了我国幼稚园教育的方向和任务，课程的中心和组织，教学的方式和方法，教师和幼稚生的关系，幼稚园和家庭的关系以及环境、设备等。

2. 研究和实践幼稚园课程

陈鹤琴对幼稚园课程的研究经过了两个阶段。

第一阶段：20 世纪 20 年代初，我国幼稚园课程非常混乱，多数进行宗教课程和日式课程，也有少数进行福禄培尔和蒙台梭利课程。针对抄袭外国课程的弊病，陈鹤琴决心研究适合国情的幼稚园课程。鼓楼幼稚园经过散漫期、论理组织期、中心制期的发展，总结出了以自然和社会为中心的中心制课程。他强调"儿童是主体"；反对分科教学，主张实施整个教学法（俗称单元教学）；提倡采用游戏式、小团体式的教学方法。这种单元教学法风行于 20 世纪三四十年代。

第二阶段：20 世纪 50 年代初，陈鹤琴经过学习，更新了教育观念，提出了编制课程的十大原则：（1）是民族的，不是欧美的。（2）是科学的，不是封建迷信的。（3）是大众的，不是资产阶级的。（4）是儿童化的，不是成人的。（5）是发展连续的，而不是孤立的，（6）是配合形势实际需要的，而不是脱离现实的。（7）是适合儿童身心发展、促进儿童健康的。（8）是培养五爱国民公德和团结、勇敢等优良品质的。（9）是陶冶儿童性情、培养儿童情感的。（10）是培养儿童说话的技能，以表达自己的情感和思想的。

根据上述十大原则，他修订了原来的单元内容，加入了五爱教育，共分九项内容，包括节日、五爱教育、气候、动物、植物、工业、农业、儿童玩具、儿童卫生，使课程更加生活化。

陈鹤琴将原有的单元活动提炼、上升为五指活动，包括五个方面即健康、社会、科学、艺术、语文。五指是"生长在儿童手掌上的"，"是活的，可以伸缩，互相联系的"，五指活动"在儿童生活中结成一个教育的网，有组织、有系统、合理地编织在儿童的生活中"。五指活动采用单元制。

陈鹤琴建议："对幼儿园的教育应进行系统、深入的科学实验和研究"，"应根据幼儿的特点，多给儿童感性的知识，创造各种环境和条件，多让儿童接触大自然和社会生活，多观察、多活动，扩大他们的眼界，增进幼儿的科学常识，发展他们的智力"。他认为"应一分为二地总结'五四'以来及新中国成立以来这方面我国自己的经验和创造，继续前进。外国有许多经验，也有许多好的经验，但不能不加分析地照搬照抄，要结合中国实际情况，以实战来检验哪些是成功的、切实可行的，哪些是不可取的，更适合中国的特点"。此外，他还提出必须重视和解决幼教玩具、教具的科学实验和制造，认为这是一个极为迫切的重大问题。

3. 重视和实践幼教师资的培养

陈鹤琴认为中国化的幼稚教育必须由中国化的幼儿教师来实现。创办培养幼教师资的学校是他多年的愿望。早在1927年陶行知在晓庄学校开办幼稚师范院时，陈鹤琴就被邀请担任了幼稚师范院院长，培养了一批乡村幼教老师。1928年在第一届国民教育大会上，他与陶行知联合提出的"注重幼稚教育案"中就有"各省师范学校急需设幼稚科案"，他建议"就环境适宜之地，开设幼稚师范学校。或就各省之师范内，添设师范科，以培养专门人才，供给良好师资"。

1940年，他在江西泰和创办了江西省立实验幼稚师范学校，继而又创办了国立幼稚师范专科学校；抗战胜利后在上海创办了上海国立幼稚师范专科学校。他认为幼稚师范是幼稚教育的原动力，所以他对幼稚师范生有严格的要求：首先要求学生去创造生活，使自己成为生活的主人；其次他主张培养学生具有敬业、乐业、专业、创业的精神。此外，还注意培养学生从事校内外各种社会活动和教育活动的能力。

新中国成立后，他担任南京师范学院院长。南京师范学院设立了独立的幼教系、一所附属幼儿师范学校、两所附属幼儿园，建立起了从幼儿园到幼儿师范再到幼教系的完整的幼教体系。南京师范学院还设立了两个研究室，即儿童教育研究室和儿童玩教具研究室，并附设有玩具工厂，生产的玩具远销东南亚。到这个时候，陈鹤琴创建了教学、研究和生产三结合的办学体制。

陈鹤琴以身作则倡导科学研究之风，每年举办校庆科学报告会，在1956年第一届科学报告会上，他作了题为《从一个儿童的绘画看儿童心理之发展》的报告。在陈鹤琴院长的带领下，幼教系的教师深入幼儿园，进行了幼儿园桌椅尺寸、幼儿营养、服装、游戏和玩具等方面的研究，使理论与实践、教学与研究紧密结合的观念深入人心。

（四）创建"活教育"理论

受陶行知反对死教育的影响，陈鹤琴主张实施活教育——教活书，活教书，教书活；读活书，活读书，读书活。陈鹤琴活教育的理论体系包括三大纲领、17条教学原则以及13条训育原则。

1. 三大纲领

包括：目的论——做人、做中国人、做现代中国人；课程论——大自然、大社会都是活教材；方法论——做中教、做中学、做中求进步。

2.17条教学原则

陈鹤琴根据"心理学具体化、教学法大众化"的指导思想，提出了活教育的17条教学原则。（1）凡是儿童自己能够做的，应当让他自己做。（2）凡是儿童自己能够想的，应当让他自己想。（3）你要儿童怎样做，就应当教儿童怎样学。（4）鼓励儿童去发现他自己的世界。（5）积极的鼓励胜于消极的制裁。（6）大自然、大社会是我们的活教材。（7）比较教学法。（8）用比赛的方法来增进学习的效率。（9）积极的暗示胜于消极的命令。（10）替代教学法。（11）注意环境，利用环境。（12）分组学习，共同研究。（13）教学游戏化。（14）教学故事化。（15）教师教教师。（16）儿童教儿童。（17）精密观察。以上17条教学原则，可以概括为活动性原则、儿童主体性原则、教学法多样化原则、利用活教材原则、积极鼓励原则和教学相长的民主性原则等。

3.13条训育原则

陈鹤琴认为训育工作在整个教育工作中可以说是最重要的。有了训育原则，才可以使训育工作不至茫无头绪、无所适从。因此，他提出了13条训育原则：（1）从小到大。（2）从人治到法治。（3）从法治到心理。（4）从对立到一体。（5）从不觉到自觉。（6）从被动到自动。（7）从自我到互动。（8）从知到行。（9）从形式到精神。（10）从分家到合一。（11）从隔阂到联络。（12）从消极到积极。（13）从"空口说教"到"以身作则"。以上13条训育原则，蕴含着道德认知、情感及行为表现的内外统一和相互促进的原理，充满了辩证法，符合道德教育的基本规律。

活教育是对欧美新教育经验的吸收和再创造，更是陈鹤琴教育实践的总结和理论探索的结果。可以说，活教育理论是和陈鹤琴的儿童发展理论、课程理论、家庭教育理论相辅相成的，它们的观念是一致的，目的都在于发现儿童、认识儿童、理解儿童、尊重儿童、发展儿童，指向改革当时社会的教育状况，形成和发展中国自己的学前教育。

三、张雪门幼儿教育思想和教育实践

（一）创建幼稚园的行为课程

张雪门指出："课程是什么？课程是经验，是人类的经验，用最经济的手段，按有组织的调制，用各种的方法，以引起孩子的反应和活动。幼稚园的课程是什么？这是给三足岁到六足岁的孩子所能够做而又喜欢做的经验的预备。"他于1966年明确提出了行为课程的概念，指出："生活就是教育，五六岁的孩子们在幼稚园生活的实践，就是行为课程。"行为课程的第一要素是"生活"，他认为这种课程"完全根据于生活，它从生活而来，从生活而展开，也从生活而结束，不像一般的完全限于教材的活动"。行为课程的另一要素就是"行为"。他指出要注意实际行为，凡扫地、抹桌、熬糖、爆米花以及养鸡、养蚕、种玉蜀黍和各种小花等，能够让幼儿实际行动的，都应该让他们实际去行动。

简言之，行为课程意味着生活即教育、行为即课程。张雪门选择利用设计教学法来组织实施行为课程，即根据儿童的兴趣和需要，设计一个个单元，再计划系列活动来进行教学。

（二）探索幼稚师范教育

幼稚师范的改革和建设，是张雪门一生的工作重点。他指出幼稚师范教育的培养目标应该为普及平民幼稚教育，培养为改造具有民族素养的新一代国民而献身的幼稚教育师资。

张雪门设置的幼稚师范的课程也是行为中心课程，特别重视理论和实际的结合，重视幼师生在幼稚园里的"做"。他提出了"骑马者从马背上学"的主张，采用半日上课、半日实习的措施，实行一年级看、二年级做、三年级管的制度，从办园开始，调查、发动到选址、开园，幼师生参与建园的全过程。

张雪门以毕生精力致力于幼稚教育60年，他自学幼教成才，几十年如一日地始终在幼稚园和幼稚师范最基层的岗位上辛勤工作，孜孜不倦地进行学习和研究。20世纪30年代有"南陈北张"之说，赞誉的就是陈鹤琴和张雪门两位前辈对我国幼教事业的贡献！

四、张宗麟幼儿教育实践

（一）协助陈鹤琴和陶行知两位导师办学

张宗麟在鼓楼幼稚园协助陈鹤琴进行了读法、故事、习惯等研究，尤其对课程的研究，张宗麟参与了从散漫期到论理组织期再到中心制期的全过程，总结出了以大自然、大社会为中心组成一个单元来实施的课程。在此期间，他协助陈鹤琴创办幼教杂志，成立幼稚教育研究会，通过群众性的学术团体，组织幼教老师相互学习、共同进步。

张宗麟在晓庄试验乡村师范学校协助陶行知研究农村幼稚教育。他们创办的农村幼稚园也实行单元教学，有中山诞辰、娶新娘子、出外做客、捕捉昆虫、野外旅行等，还特别注意收集民间歌谣、谜语、故事、游戏等，加以改编后作为教材。此外，他们还开辟了小农场，进行农事教育，改关门办园为开门办园；实施了艺友制，在幼稚园里学做幼稚园教师，并创建了第一个农村幼教研究会。

（二）实践社会化的幼稚园课程

张宗麟认为"幼稚园各种活动，都应当是倾向于社会性的"，"幼稚生在幼稚园一切之活动"就是社会化的幼稚园课程。

他将社会化课程的内容分为七类：（1）衣食住行及邻里、社会组织等的观察研究。（2）日常礼仪的演习。（3）纪念日和节假日的研究与举行。（4）身体的认识活动和基本卫生活动。（5）健康和清洁活动。（6）党旗、国旗、总理形象等认识。（7）集会的演习（以培养公正、仁爱、和平的态度、精神为主）。

他认为，为使社会化课程能更好地促进幼儿社会性的发展，应注意：（1）培养儿童具有互助与合作的精神；（2）培养儿童具有爱与怜的情感；（3）培养儿童具有顾到别人的思想。

张宗麟作为陶行知和陈鹤琴的学生和助手，积极参加了两位师长有关学前教育的许多实验研究，并对学前教育理论进行了深入的探讨。他的研究成果和论著，在我国学前教育界产生过广泛而深远的影响。

五、传承与创新

陶行知、陈鹤琴、张雪门、张宗麟这几位我国学前教育界的大师，处于相同的时代，负有共同的使命。他们在半殖民地半封建的社会里，不顾政治环境的恶劣和经济状况的困难，勇于探索和实践，为我国学前教育的中国化、科学化做出了各自的贡献。他们反对封建的儿童观和教育观，主张尊重儿童和解放儿童，以促进儿童个性的和谐发展。他们反对洋化教育，主张从中国的国情出发，吸收、借鉴国外先进的教育思想。他们反对理论脱离实际，主张学以致用，崇尚亲身感知、亲自实践。他们既是教育理论家也是教育实践家和社会活动家。他们在改革我国教育和学前教育过程中体现出的爱国情怀、时代精神、献身精神和创新精神，是值得后人继承和发扬的。

20世纪50年代至70年代，我国学前教育的性质和任务虽然发生了根本性的改变，但学前教育思想基本属于"全盘苏化"。改革开放以来，我国学前教育界逐步走上了中外文化教育融合之路。我们既学习当代西方的先进教育理论，又弘扬我国学前界前辈陶行知、陈鹤琴等人的教育理念和实践经验，出版了相关的全集和文集，组建了中国陶行知研究会学前教育专业委员会，一些省份还应立了陈鹤琴教育思想研究会、张雪门教育思想专业委员会等群众性学术团体。这些学习和实践使我国学前教育发生了广泛而深刻的变化。学前教育领域先后实施了《幼儿园教育指导纲要（试行）》《3-6岁儿童学习与发展指南》《幼儿园工作规程》，学前教育改革的结晶主要体现在这些文件中，它们是当前指导我国学前教育科学发展的重要纲领性文件，体现出了当代学前教育的观念更新和实践转化，是对陶行知、陈鹤琴等教育家思想的回归和继承，也是一种发扬和创新，前辈的思想通过这些文件彰显了新的时代价值。

（一）儿童观——体现为以儿童为主体

陶行知、陈鹤琴、张雪门、张宗麟的思想都彰显了以人为本、以儿童的发展需要为中心的理念，强调和保障儿童在活动过程中的主体地位。他们主张教育必须从儿童出发，符合儿童的身心发展特点；儿童活动应当代替课堂灌输成为教育的基本形式，使得儿童的主体地位得到凸显。教师需因材施教，尊重幼儿个体差异性，努力使每个幼儿都能获得满足和成功。这些思想在当代学前教育文件中得到了延续和发扬。

《幼儿园工作规程》提出"按照保育与教育相结合的原则，遵循幼儿身心发展特点和规律，实施体、智、德、美等方面全面发展的教育，促进幼儿身心和谐发展"，以及"引导幼儿个性健康发展"，"促进幼儿能力和个性的全面发展"，"促进每个幼儿在不同水平上得到发展"，强调了幼儿是教育的主体，要遵循儿童身心发展的特点和规律办教育，着力于为幼儿的终身发展打下基础。

《幼儿园教育指导纲要（试行）》"总则"是有关幼儿教育的基本规则，体现了对儿童主体地位的重视，如尊重幼儿的人格和权利，尊重幼儿身心发展的规律和学习特点，通过"促进每个幼儿富有个性的发展"来关注个别差异。五条原则除第一条之外，其他四条从不同角度围绕以幼儿的发展为本，指出"为幼儿一生的发展打好基础"，"共同为幼儿的发展创造良好的条件"，"满足他们多方面发展的需要，使他们在快乐的童年生活中获得有益于身心发展的经验"，"尊重幼儿的人格和权利，尊重幼儿身心发展的规律和学习特点……促进每个幼儿富有个性的发展"。这些观点也贯穿于《幼儿园教育指导纲要（试行）》的其他各个部分。

《幼儿园教育指导纲要（试行）》主张建立以幼儿为主体的环境。这里的环境既指物质环境，也指精神环境，如"幼儿园应为幼儿提供健康、丰富的生活和活动环境，满足他们多方面发展的需要，使他们在快乐的童年生活中获得有益于身心发展的经验"，"为幼儿的探究活动创造宽松的环境"。《幼儿园教育指导纲要（试行）》在精神环境方面，重视以人为本，营造积极友好的人际氛围，指出"幼儿同伴群体及幼儿园教师集体是宝贵的教育资源"，教师要"以关怀、接纳、尊重的态度与幼儿交往"，"教师的态度和管理方式应有助于形成安全、温馨的心理环境；言行举止应成为幼儿学习的良好榜样"，"建立良好的师生、同伴关系，让幼儿在集体生活中感到温暖，心情愉快，形成安全感、信赖感"等。在教育过程中，《幼儿园教育指导纲要（试行）》重视儿童的生成，反对预成内容对儿童的框限，从而保障儿童的主体地位，如"善于发现儿童感兴趣的事物、游戏和偶发事件中隐含的教育价值，把握时机、积极引导"，"关注幼儿在活动中的表现与反应，敏感地觉察他们的需要，及时以适当的方式应答，形成合作探究式的师幼互动"。此外，《幼儿园教育指导纲要（试行）》重视儿童情感态度的培养，重视儿童自身的学习兴趣和学习品质，比如在目标表述上，较多地使用"体验""喜欢""乐意"等词汇，突出幼儿的主体感受，再如在关于"语言"的内容与要求方面，提出要"鼓励幼儿大胆、清楚地表达自己的想法和感受"，并指出这些比知识习得更重要。

从《3-6岁儿童学习与发展指南》的标题来看，其强调的是"学习"与"发展"，聚焦于幼儿主体的变化过程，对各年龄段幼儿提出了合理的、动态的、发展的期望，是对幼儿学习与发展的过程性描述。《3-6岁儿童学习与发展指南》延续了以儿童为主体的教育理念和教育目的，进一步关注学前教育如何为幼儿的发展奠定长期良好的素质基础。《3-6岁儿童学习与发展指南》开宗明义地说明了制定的目的："以为幼儿后继学习和终身发展奠定良好素质基础为目标，以促进幼儿体、智、德、美各方面的协调发展为核心"。在"说明"部分列出了四条基本原则，即关注幼儿学习与发展的整体性，尊重幼儿发展的个体差异，理解幼儿的学习方式和特点，重视幼儿的学习品质；强调促进幼儿体、智、德、美各方面的协调发展和整体发展，切实关注每个幼儿的发展，充分理解和尊重幼儿身心发展的个体差异，通过帮助幼儿园教师和家长了解3～6岁幼儿学习与发展的基本规律和特点，从而建立对幼儿发展的合理期望，并关注幼儿的情感体验，实施科学的保育和教育。

（二）课程观——体现为生活课程

前述四位教育家都强调了生活课程的理念，主张"从儿童的生活出发完成儿童完整的生活"，具体可以归纳为课程内容的生活化、生活课程的全面性、生活课程的完整性。课程内容的生活化表述如："所有的课程都要从人生实际生活与经验里选出来"，"不能把幼稚园生活和幼儿实际的生活截然分作两途"。生活课程的全面性表述如："餐点"和"休息"，乃至"儿童的一饮一食，一草一木的接触，灿烂的玩具用品"皆为课程。生活课程的完整性表述如："生活是整个的、互相联系的，不能四分五裂，因此课程也是综合的。""我们不能把幼稚园里的课程像大学的课程那样独立，什么音乐是音乐、故事是故事，相互间不发生影响。我们应当把幼稚园的课程打成一片成为有系统的组织。""课程是整个的，连贯的。依据儿童心身的发展，五指活动在儿童生活中结成一个教育的网，有组织、有系统、合理地编织在儿童的生活中。"

《幼儿园工作规程》贯穿着生活课程的思想。自从《幼儿园工作规程》颁布后，我国幼儿园即开始创设与教育发展相适应的生活环境，重视教育内容从幼儿生活经验出发。幼儿一日生活包括了多种多样的活动，如入园、晨练、散步、用餐、就寝，这些与生活直接关联的活动都被纳入了课程。课程内容的生活化，使得幼儿感受和体验到学习对自己生活的意义，了解到学习就是知道当前想知道的东西和解决想要解决的问题，体验到知识就在身边，从而理解学习对生活的实际意义。《幼儿园工作规程》还将幼儿园课程范围以幼儿生活为中心进一步扩大到家庭和社区，提出幼儿园应当主动与幼儿家庭沟通合作，密切同社区的联系与合作，引导幼儿积极主动地参与与生活相关的广泛的课程活动。

《幼儿园教育指导纲要（试行）》中幼儿园的课程与生活的关系进一步密切。幼儿园的课程内容要"贴近幼儿的生活"，"选择幼儿感兴趣的事物和问题"。课程实施原则就是"寓教育于生活、游戏之中"，"为幼儿提供健康、丰富的生活和活动环境"，"科学、合理地安排和组织一日生活"。与生活化一致的是，《幼儿园教育指导纲要（试行）》强调"要充分尊重幼儿生长发育的规律，严禁以任何名义进行有损幼儿健康的比赛、表演或训练"，"要避免仅仅重视表现技能或艺术活动的结果，而忽视幼儿在活动过程中的情感体验和态度的倾向"，"应支持幼儿富有个性和创造性的表达，克服过分强调技能技巧和标准化要求的偏向"，等等。如"健康"领域中，明确规定禁止不顾幼儿身心发育特点的专门训练和比赛，在"艺术"领域中，禁止过分强调技能的艺术训练。正确的做法是从生活中获取课程经验，并应用于生活。如"从生活和游戏中感受事物的数量关系并体验到数学的重要和有趣"，"从生活或媒体中幼儿熟悉的科技成果入手……培养他们对科学的兴趣"，"引导幼儿实际感受祖国文化的丰富与优秀，感受家乡的变化和发展，激发幼儿爱家乡、爱祖国的情感"，"在日常活动与教育教学过程中采用自然的方法进行"。

《幼儿园教育指导纲要（试行）》充分体现了课程内容的生活化。《幼儿园教育指导纲要（试行）》中"生活"一词频频出现，处处渗透着生活教育的理念，即教育都是在日常生活中，借助日常生活，并为了日常生活而进行的，如教会幼儿学习生活、教育利用生活、教育为了生活，等等。具体来看，在第二部分"教育内容与要求"中，与"生活"有关的条款有十多处，如"建立科学的生活常规""培养幼儿良好的饮食、睡眠、盥洗、排泄等生活习惯""培养幼儿对生活中常见的简单标记和文字符号的兴趣""体验与教师、同伴共同生活的乐趣""密切结合幼儿的生活进行安全、营养和保健教育""在共同的生活和活动中，以多种方式引导幼儿认识、体验并理解基本的社会行为规则，学习自律和尊重他人""幼儿社会态度和社会情感的培养应渗透在多种活动和一日生活的各个环节之中""科学教育应密切联系幼儿的实际生活进行""在集体生活中情绪安定、愉快""有基本的生活自理能力""遵守日常生活中基本的社会行为规则""学习用简单的数学方法解决生活和游戏中某些简单的问题"。

《幼儿园教育指导纲要（试行）》充分体现了生活课程的全面性。《幼儿园教育指导纲要（试行）》将课程与生活、社会、文化等密切结合，提出充分利用外部资源，与家庭、社区等合作，共建课程资源。如"总则"第三条指出了幼儿园不同于小学的地方："幼儿园应与家庭、社区密切合作，与小学相互衔接，综合利用各种教育资源，共同为幼儿的发展创造良好的条件。"幼儿园是通过创设健康、丰富的生活和活动环境来帮助幼儿学习的，幼儿是通过在环境中与他人共同生活来获得经验的，在生活中发展，在发展中生活，不像小学生那样通过学科教学来获得间接知识。

《幼儿园教育指导纲要（试行）》还充分体现了生活课程的完整性："幼儿园的教育内容是全面的、启蒙性的，可以相对划分为健康、语言、社会、科学、艺术等五个领域，也可作其它不同的划分。各领域的内容相互渗透，从不同的角度促进幼儿情感、态度、能力、知识、技能等方面的发展。""教育活动内容的组织应充分考虑幼儿学习的特点和认识规律，各领域的内容要有机联系，相互渗透，注重综合性、趣味性、活动性，寓教育于生活、游戏之中。"

进一步发展到《3-6岁儿童学习与发展指南》中，开始关注幼儿学习与发展的整体性，要求防止"小学化"倾向，避免盲目追求"提前学习""超前教育"，强调通过完整生活促进幼儿身心全面协调发展。《3-6岁儿童学习与发展指南》十分重视幼儿生活的独特价值，在开篇的"说明"中即明确指出："幼儿的学习是以直接经验为基础，在游戏和日常生活中进行的。要珍视游戏和生活的独特价值，创设丰富的教育环境，合理安排一日生活，最大限度地支持和满足幼儿通过直接感知、实际操作和亲身体验获取经验的需要"。

《3-6岁儿童学习与发展指南》强调一日生活环节蕴含着丰富的学习与发展契机，每个环节都能帮助幼儿向着发展目标迈进，并在日常生活中渗透各领域的指导，在日常生活中通过反复的体验、学习和联系来习得知识。如，针对健康领域，关于动作发展，提到了力量、平衡能力、协调能力的发展，所以平时生活中鼓励幼儿多走路、少坐车，自己爬楼梯，走路牙子、荡秋千、蒙眼走路、踩小高跷等对于幼儿平衡能力的发展有较大助益；关于生活习惯和生活能力，提到了幼儿要具有良好的生活与卫生习惯，所以需要锻炼幼儿基本的自理能力，"提醒幼儿保持正确的站、坐、走姿势"，"提醒幼儿保护五官，如不乱挖耳朵、鼻孔，看电视时保持 3 米左右的距离"，"帮助幼儿了解周围环境中不安全的事物，不做危险的事"，"告诉幼儿不允许别人触摸自己的隐私部位"。针对社会领域，关于社会适应，提出幼儿应"具有初步的归属感"，所以幼儿园教育内容应围绕幼儿的生活。数学领域中强调学习的目标是"能发现生活中许多问题都可以用数学的方法来解决，体验解决问题的乐趣"，在生活中用数学尝试解决问题。《3-6 岁儿童学习与发展指南》还指出生活本领和生活知识对于幼儿当下的生活非常重要，对后继的学习与发展也具有重要的意义，生活知识的启蒙性、广泛性、综合性，能够提供当下的自信和快乐，能够帮助未来学业发展。

值得一提的是，在实践层面，20 世纪 80 年代初，以赵寄石教授为首的南京师范大学学前教育团队与南京市实验幼儿园从课程入手，进行了合作研究，逐渐建构起了幼儿园综合教育课程，一石激起千层浪，立刻在全国幼教界掀起了幼儿园课程改革的热潮，打破了一直以来分科教学一统天下的局面，拉开了我国学前教育改革开放的序幕。

（三）方法观——体现为"做中学"

前述四位教育家均批判了传统的灌输式教学，认为书面知识是远离儿童的、间接的、形而上的，主张把儿童从片面的知识习得中解放出来，大自然、大社会是活教材，儿童的学习应以自身的体验为主，"做中教，做中学，做中求进步"。如陶行知指出："做是学的中心，也就是教的中心。""不在做上用功夫，教固不成教，学也不成学。"陈鹤琴提倡："凡是儿童自己能够做的，应当让他自己做。""以自动代替被动。自动地学习，自发地学习。"活动和游戏是幼儿的天性。因此，《幼儿园工作规程》、《幼儿园教育指导纲要（试行）》和《3-6 岁儿童学习与发展指南》都坚持幼儿园教育应"以游戏为基本活动"，主张幼儿的学习应以直接经验为基础，在游戏和生活中进行，应通过环境的创设，最大限度地支持幼儿通过"做中学"去获取经验。

《幼儿园工作规程（试行）》在 1989 年已开始讨论如何在幼儿阶段实施素质教育，提出幼儿的发展水平和认知特征使其学习方式更多地依赖活动，即"做中学"，活动既是教育内容的载体，也是教育内容的本身。幼儿是在与周围环境相互作用的活动中主动学习和发展的，幼儿园应该为幼儿提供活动的机会和条件，发挥幼儿的积极性、主动性和参与性，鼓励儿童通过自己的体验去探究。游戏是幼儿的基本活动，幼儿园应该以游戏为基本活动，寓教育于各项活动中。这种注重游戏和活动的看法，改变了当时老师讲、孩子听的上课教育方式，与四位教育家的观点不谋而合。

《幼儿园教育指导纲要（试行）》主张幼儿园课程以各种活动为组织和表现形式，要让幼儿主动参与各项活动，亲身经历真实的研究过程，即强调"做"的经验。如其针对社会领域指出，应"提供自由活动的机会，支持幼儿自主地选择、计划活动，鼓励他们通过多方面的努力解决问题，不轻易放弃克服困难的尝试"。其针对科学领域指出，"提供丰富的可操作的材料，为每个幼儿都能运用多种感官、多种方式进行探索提供活动的条件"。具体来说，该文件强调从五个关注方面来支持幼儿的"做中学"：（1）关注幼儿活动的需要，"善于发现幼儿感兴趣的事物、游戏和偶发事件中所隐含的教育价值，把握时机，积极引导"，"关注幼儿在活动中的表现和反应，敏感地察觉他们的需要，及时以适当的方式应答，形成合作探究式的师生互动"。（2）关注幼儿活动的自由，让每个幼儿参与尝试和操作，为幼儿创造展示自己的条件，"保证幼儿每天有适当的自主选择和自由活动的时间"。（3）关注幼儿活动的环境，给予幼儿充分的"做"的自由，让幼儿学会且能够"做中学"。尽量创造条件让幼儿参与探究活动，并拥有安全、宽松的活动氛围。"为幼儿的探究活动创造宽松的环境，让每个幼儿都有机会参与尝试，支持、鼓励他们大胆提出问题，发表不同意见，学会尊重别人的观点和经验。"（4）关注幼儿活动过程中获得的经验。"发展幼儿语言的重要途径是通过互相渗透的各领域的教育，在丰富多彩的活动中去扩展幼儿的经验，提供促进语言发展的条件"。（5）关注幼儿活动的个体差异性，"尊重幼儿在发展水平、能力、经验、学习方式等方面的个体差异，因人施教，努力使每一个幼儿都能获得满足和成功"。

《3-6岁儿童学习与发展指南》延续了这些观点，强调幼儿学习的重点不是教材和抽象符号，而是通过实际操作和亲身体验进行的"做中学"。如在开头的"说明"中指出，要"最大限度地支持和满足幼儿通过直接感知、实际操作和亲身体验获取经验的需要"。《3-6岁儿童学习与发展指南》还在教育内容方面给出了具体引导，如针对艺术领域强调"表现与创造"，建议经常和幼儿一起唱歌、表演、绘画、制作，共同分享艺术活动的乐趣。此外，还在散见全文的"教育建议"中进一步提出："多为幼儿选择一些能操作、多变化、多功能的玩具材料或废旧材料，在保证安全的前提下，鼓励幼儿拆装或动手自制玩具"，"给幼儿提供丰富的材料和适宜的工具，支持幼儿在游戏过程中探索并感知常见物质、材料的特性和物体的结构特点"，"提供丰富的便于幼儿取放的材料、工具或物品，支持幼儿进行自主绘画、手工、歌唱、表演等艺术活动"。《3-6岁儿童学习与发展指南》还强化了对教师的要求，主张教师要会创设适宜的环境，通过发现并抓住教育契机，给予幼儿启发和引导，成为幼儿学习的支持者、合作者、引导者。这也是对前述四位教育家思想的继承，因为教师需要与全体学生用热烈的情绪互相鼓舞、互教共学，"他的责任是引发，他的工作是供给，他的任务是指导，他的态度是欣赏"。合作探究式的师生互动仍然是当代推崇的师生关系，善于反省、思考和评价自己的教育行为，仍然是当代追求的教师能力。

总而言之，陶行知、陈鹤琴、张雪门、张宗麟的思想虽然诞生于 20 世纪，但是其教育理念丰富的价值内涵对当代学前教育的发展产生了重要影响。学前教育界的后来人要坚定文化自信、教育自信、幼教自信，在我国现代学前教育界前辈开辟的中国化、科学化的大道上，为建设具有中国特色的学前教育体系而努力奋斗！

第十二章　学前教育领域变革

一、早期阅读改革发展：从绘本到书香校园

20 世纪八九十年代，我国幼儿园课程改革开启。在幼儿语言教育领域，早期阅读渐渐开始进入人们的视野。经过几十年的发展，早期阅读经历了从无到有、从研究到实践、从颠覆到重建、从对话到融合的发展过程，早期阅读成为幼儿园课程资源最为丰富的领域，也是五大领域中教学实践变化最大的领域。

（一）变革与开端：秉烛照路

国外的早期语言与阅读教育研究始于 17 世纪。随着 19 世纪晚期欧洲各国"教育心理学化运动"的兴起，心理学的研究成果逐渐成为儿童教育的重要理论依据。在随后的一百多年间，心理学和语言学、语言教育哲学一起，共同推动着儿童语言教育的蓬勃发展。20 世纪三四十年代的儿童语言研究主要受行为主义心理学和传统语言学的影响，采用实验法进行静态语言分析，重点在于了解儿童言语的某些表面特征。20 世纪五六十年代受乔姆斯基转换生成理论的影响，研究者认为儿童语言学习不是对句子和语言的个别成分的学习，而是学习一种内在的规则体系，儿童对句法规则的学习机制成为这一时期的研究重点。20 世纪 70 年代后，西方儿童语言学习的研究转向对形式、意义和应用三者关系的考察，认为语言的结构形式和意义不能分离考虑，语用涉及交谈者的身份、双方对内容的理解和知识背景、交谈情境等，这些因素直接影响对结构形态的选择和底层意义[①]。

近现代以来我国在国家层面先后颁布了三个幼儿语言教育纲领性文件。1932 年的《幼稚园课程标准》中对儿童"故事儿歌"的学习设定了目标、内容与要求，这是一个文学性纲要，重视文学语言审美特征的感受、体验和创造性表现，强调语言情感符号的学习。1952 年，由中华人民共和国颁布的《幼儿园暂行教学纲要（草案）》对"语言科目"的目标和大纲进行了详细说明，该纲要重视语

---

① 楼必生 . 我国幼儿语言教育纲要的变革与评述 ［J］. 学前教育研究，1995（2）：23 - 25.

义内容的认识功能和教育功能，有比较鲜明的工具性，是纲领性文件的完整性和系统性初步显现。第三个纲领性文件于 1981 年 10 月发布，即中华人民共和国制定颁布的《幼儿园教育纲要（试行草案）》中的幼儿语言教育纲要，克服了 1952 年纲要的不足，突出了语言形式的学习，同时又兼顾到了语言的语用功能①。

在 20 世纪 80 年代的十年间，学前儿童语言发展和语言学习方面的研究逐渐起步。南京师范大学赵寄石在《从心理语言学的角度看婴幼儿的语言教育》一文中强调了学前儿童语言学习的特殊性，提出在进行语言教育时应注意教育对象语言发展的规律，对当时的语言教改起到了一定的导向作用②。史慧中的《3～6 岁儿童语言发展与教育》（1987 年）和《为幼儿园语言教育纲要的修订提供依据》（1990 年）等研究成果也探讨了相关问题，提出了同样的观点。有关早期阅读的问题已开始进入人们的视野，但是对早期阅读的目标要求、内容范围和教学方法，教育界尚未达成共识③。

（二）借鉴与探索：科研奠基

20 世纪 90 年代，我国早期语言与阅读教学工作思潮汇集、科研兴起，大量长期基于实践的科研工作和追踪研究为 21 世纪初期我国早期阅读的颠覆式变革提供了助力。

随着认知心理学研究的深入和建构主义的兴起，国外早期语言与阅读教学研究出现了多元化的新思潮，中国的早期语言教育工作在多种思潮的影响下，产生了三种基本观念：完整语言的观念、整合教育的观念、活动教育的观念④。1997—2000 年间，由美国国家研究院发起、哈佛大学牵头进行的一项为期 3 年的早期阅读研究项目在北美地区开展，该项目最终形成了题为《在早期预防儿童阅读困难》的研究报告，引起了国际教育界的广泛关注⑤。

北京师范大学认知神经科学与学习国家重点实验室自 20 世纪 90 年代起围绕儿童阅读困难相关问题进行了长期的追踪研究，从汉语儿童阅读困难现状调查、发展性阅读障碍与早期语音训练、阅读障碍的亚类型研究、阅读障碍性别差异研究、阅读障碍遗传关联分析等角度为中国儿童阅读障碍的预防与矫治提供了坚实的研究基础。20 世纪 90 年代末，汉语儿童阅读认知机制的深层研究也得以广泛开展。汉语认知加工的脑机制研究、识别加工中的策略因素、汉语儿童语音意

① 楼必生. 我国幼儿语言教育纲要的变革与评述 [J]. 学前教育研究，1995（2）：23－25.
② 赵寄石. 从心理语言学的角度看婴幼儿的语言教育 [J]. 学前教育研究，1983（2）：61－65.
③ 周兢. 关于我国幼儿园语言教育改革的思考 [J]. 幼儿教育，1994（6）：4－7.
④ 周兢. 中国幼儿园语言教学研究的新进展 [J]. 学前教育研究，1997（4）：3－7.
⑤ Snow C，Burns M S，Griffin P. Preventing reading difficulties in young children [M]. Washington DC：National Academy Press，1998.

识、汉语儿童词素意识、汉语儿童正字法意识、阅读教学策略、阅读模式与语言促进等一系列系统扎实的长期追踪研究，对汉语儿童阅读的认知机制问题进行了深入的解析。

从预防和矫治儿童阅读困难的角度出发，各国教育界开始重新审视早期阅读教育的价值。哈佛大学的一项关于 3~19 岁儿童语言和阅读能力追踪研究的结果表明，儿童早期语言和阅读的条件、环境、能力与他们未来的阅读能力以及所有学业成就显著相关①。因此，研究者们大声疾呼：早期阅读是儿童成为终身学习者的开端。在国内外一系列相关研究的推动下，我国学前教育界在 21 世纪初正式把早期阅读纳入幼儿园语言教育领域，全面开始实施早期阅读教育。

在同一时期，随着改革开放的推进，优秀绘本开始引入我国，儿童文学领域的图画书研究逐渐兴起，新的教育元素进入了我国学前教育工作者的视野，与我国的教育改革实践相结合，为后续我国早期语言与阅读领域的颠覆式变革奠定了坚实基础。

（三）反思与重建：新理念新实践

21 世纪初期，人们不再把早期阅读误认为早期识字，早期阅读教育成为新时期我国幼儿园语言教育的重要内容，基于新理念的教学实践革新在全国范围内迅速推进。

2001 年，教育部正式颁布了《幼儿园教育指导纲要（试行）》，对儿童语言教育提出了全新的目标，首次提出早期阅读教育的观念，明确把早期阅读纳入我国幼儿园语言教育体系，代表着政府对学前教育发展的一种新思考与预期。《幼儿园教育指导纲要（试行）》对早期阅读的内容和要求的具体阐述为：（1）引导幼儿接触优秀的儿童文学作品，使之感受语言的丰富和优美，并通过多种活动帮助幼儿加深对作品的体验和理解；（2）培养幼儿对生活中常见的简单标记和文字符号的兴趣；（3）利用图书、绘画和其他多种方式，引发幼儿对书籍、阅读和书写的兴趣，培养前阅读和前书写技能。

《幼儿园教育指导纲要（试行）》把早期阅读的内容从"儿歌故事"拓展为多样化的儿童文学作品，从连续性文本拓展到日常生活环境中的文字、标记符号等非连续性文本，早期阅读兴趣的培养被放在了显著重要的位置，前阅读和前书写技能的培养被明确提出。自 2001 年《幼儿园教育指导纲要（试行）》颁布以来，我国幼儿园早期阅读教育受到空前重视②。

---

① Snow C，Burns M S，Griffin P. Preventing reading difficulties in young children [M]. Washington DC：National Academy Press，1998.

② 教育部基础教育司 .《幼儿园教育指导纲要（试行）》解读 [M]. 南京：江苏教育出版社，2002：31 - 32.

回顾以往，中国对早期阅读的认识存在一个具有普遍性的误区，即阅读活动通常被视作儿童识字的工具，或者过早成为儿童获取知识、学习道理的工具。同时，优秀的阅读材料匮乏、早期阅读方法失当、阅读环境与氛围缺失、早期阅读社会支持系统不足等问题，共同导致了中国儿童早期阅读存在很多缺憾和不足。

20世纪90年代以来，随着新技术被引入儿童阅读研究领域，例如，通过脑诱发电位技术（ERP）对语言学习进行分析，通过脑功能成像以及眼动研究对儿童阅读图画书过程中的视觉焦点进行分析，汉语儿童阅读过程即从图像到文字的早期阅读和读写发展过程得到了学界的广泛关注，以图画书为载体、以阅读理解为导向的早期阅读活动开展范式取代以大量练习和反复记忆为主的识字或复述活动，成为国内早期阅读教育教学实践工作的新理念、新模式。

早期阅读不再强调幼儿口语发展，转而注重幼儿听说读写能力的全面发展与教育，这是幼儿语言教育领域的重大变革，它带来了整个语言教学生态系统的革新和变化。在早期阅读材料的选择上，系统的、难度递进的、适合幼儿身心发展水平和心理需求的阅读材料成为早期阅读活动的适宜材料；在教学方法的选择上，从教师"一言堂"转变为师幼"共同建构课堂"，允许儿童充分表达个人化的想法并实现分享，鼓励儿童通过多种方式表达自己的见解和想象；在教学目标的确定上，以语境感知、整体理解优先的目标导向取代了以字词识记等语言局部要素优先的目标导向。早期阅读改变了以往文学作品教学中以强调记忆、复述和道德说教为主要特征的教学方式，迅速发展为一种新的思潮和趋势，引发了人们对早期阅读学习、阅读环境创设、课程建构等诸多方面的思考。

（四）对话与融合：多元共进

21世纪初，我国早期阅读教育进入了多元发展时期。在引进和吸收国外先进理念和实践研究的基础上，对早期阅读的认识不断丰富，关于阅读的概念和阅读教育实施路径的阐述角度日渐多元化。多元化引发了思考与对话，多元化也带来了融合和提升。

在认同汉语儿童从图像到文字的早期阅读和读写发展过程的基础上，关于早期阅读活动的目标、内容和实施取向，产生了不同的思考与对话。列夫·托尔斯泰曾在《艺术论》中谈到，文学艺术活动通过作品唤醒读者体验过的情感，而读者可以在文学活动中用动作、线条、色彩、音响和语言将其传递并表达出来[①]。有研究者认为阅读教学应尊重文学活动规律，在早期阅读教学中应选择具有文学性、人文性的绘本作为阅读材料，通过对作品的阅读，激活儿童生活中已有的情感体验，鼓励幼儿用语言、表情、肢体动作、声音、涂画等方式表达自己的感

① 列夫·托尔斯泰. 艺术论［M］. 张昕畅，等译. 北京：中国人民大学出版社，2005：5.

受。优秀的经典绘本是图画和语言相结合的艺术，而文学艺术认知和教育功能的实现离不开儿童的审美感受和阅读体验。换言之，绘本阅读的认知和教育功能的实现有其特殊性，往往建立在审美或娱乐功能的基础之上。

同时，受认知语言学、教育心理学等理论的启发，也有学者认为早期阅读教学需要以儿童阅读心理发展为基础，尊重儿童语言发展规律，发展儿童的口语能力、理解技能，在伴随识字的过程中完成形、音、义的结合和转换。在教学法层面，儿童学习阅读要经历一系列渐进的阶段：给儿童读故事阶段（read to）主要是给儿童提供机会观察别人阅读，享受别人读故事书、自己听故事的乐趣，这个阶段主要是培养儿童对阅读的喜爱，促使其萌发希望自己阅读的动机；分享式阅读阶段（read with）的主要特点是儿童更加主动地参与阅读过程，家长或教师有机会帮助儿童开始注意文字，了解字形与语音的对应，了解书面文字与口语中的词的关系，扩展词汇，丰富有关的背景知识，通过儿童与家长、教师的交互，使儿童享受阅读的快乐；指导性阅读（read by）是在教师指导下的读书活动，使用精心选择的在内容、情节上更复杂的阅读材料，教师通过提问引导启发儿童，讨论故事内容，扩展儿童的口语词汇、世界知识，引导儿童使用合适的理解策略，注重帮助儿童发展阅读理解需要的高水平思维技能，如推理、预期、提取中心思想等，这些技能的发展对儿童从早期阅读走向深度阅读有重要意义。

站在历史的角度看，争论与对话是有益的。文学审美的观点帮助大家打开了一扇面向优秀绘本的大门，使我们更为关注儿童的心理需要，关注儿童文学作品的文学性与美学性的表达；"阅读功能"的观点则让我们看到阅读所具有的更大的价值，通过专业的学习材料和独特的指导方法，通过成人与儿童之间的有效互动促进儿童阅读兴趣的增强、阅读习惯的养成、阅读能力的提升，帮助儿童实现向自主阅读、独立阅读的过渡[1]。

在经历了最初的磨砺后，两者之间呈现出了彼此借鉴和不断融合的趋势，促进了学界对真正有益于儿童阅读能力发展和提升的完整体系的系统思考，并在一定程度上达成了共识。儿童阅读能力的发展并不是单个因素作用的结果，它需要系统的有效组织和互动。在这个系统里，除了不同的阅读材料、与材料相对应的特定的方法外，还需要一些外在的支持性因素，如对儿童阅读及语言能力发展过程的进一步研究和科学的评价系统。

（五）系统与深化：面向未来

随着 21 世纪进入第二个十年，早期阅读促进工作进入了系统建设、目标深化的阶段。书香校园建设、阅读路径实现、阅读素养培养、深度学习实现等新热

---

① 王丽. 早期阅读课程建设与综合性语言教学实践探索［M］. 北京：北京联合出版公司，2012.

点、新议题，在时间和空间上极大地拓展了早期阅读的思考跨度。

2012 年 10 月教育部正式颁布《3-6 岁儿童学习与发展指南》，我国早期阅读教育研究与实践也进入了一个新的发展阶段。《3-6 岁儿童学习与发展指南》提出了一整套幼儿学习与发展的目标体系，并配合目标提出了有针对性的教育建议，将教育观、儿童观、发展观渗透其中，引导成人用正确的方法支持幼儿的学习与发展，科学地帮助幼儿达到教育的期望，最大限度地促进 3～6 岁儿童的学习与发展，为其一生的发展打下基础①。根据《3-6 岁儿童学习与发展指南》，阅读的探讨应从个体终身发展的视角加以纵向思考，也应在开放式的阅读系统中横向延伸。社会发展日新月异，大时代背景下的个体发展需要更为综合的能力。以个体 0～99 岁阅读发展路径的整体性视角来看，不同阶段的个体阅读环境要求、阅读材料特点、主要阅读方式以及阅读核心目标均各有侧重。不论哪一阶段，关注未来的自我产生式的学习能力的培养逐渐成为学界所达成的教育共识。

同时，个体的阅读不是孤立封闭的，个体阅读的促进需要一个有时代视野与时代宽度的系统作为依托和动力。如图 12-1 所示，在以书香校园建设为代表的阅读系统建设工作中，阅读生态系统被整体考虑、统合激活、充分应用：(1) 系统的基础层是环境要素，环境是支持和保障，校园功能性阅读环境的创设和阅读材料的投放为儿童阅读发展提供了良好的物理基石；(2) 系统的主体层是活动要素，活动是生机和活力，阅读课程建设、常规阅读活动、阅读推广活动从不同维度对儿童阅读兴趣、阅读习惯和阅读能力的发展加以促进；(3) 系统的动力层是文化要素，文化是基础助推力也是前端引导力，教师专业发展是书香校园建设的文化基线和基础动力，园长文化领导力是书香校园建设的航标和高限。在校园之外，更多的家长资源、社区资源、社会资源也被纳入早期阅读开展的范畴内，更多的阅读机构、阅读推广人和公益组织将优质阅读资源深入推进到城市、乡村幼儿园以及非在园儿童的手中。多种资源的充分调动和激活极大地扩展了早期阅读开展的广度和深度。

当我们今天再次审视早期阅读教育的目标导向时，重新思考教育的本质是有必要的。教育的核心价值并非传递知识，而在于唤醒个体自我生长的内在动力。新的时代对个体的信息加工、分析整合、评价反思能力提出了更高的要求，时代需要具备审辨式思维能力的创造性人才。经济全球化要求个体对多元文化有足够的了解和尊重，具备良好的团队沟通与协作能力。如何培养个体面向未来的核心素养，就成为新时代教育者们必须思考的问题。

随着《3-6 岁儿童学习与发展指南》的颁布，我国幼儿园课程改革进入新阶段，课程游戏化思想逐渐被广泛接受，深度学习和培养核心素养成为教育工作者

---

① 李季湄，冯晓霞．《3-6 岁儿童学习与发展指南》解读 [M]．北京：人民教育出版社，2013.

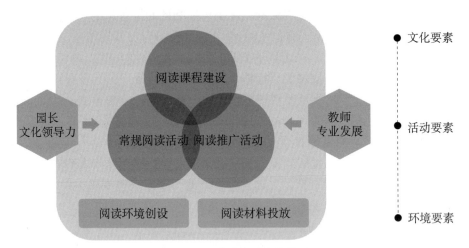

图 12 - 1　书香校园建设模型

关注的核心议题。教育应面向个体未来生活，培养适应新时代的具备 21 世纪核心素养的优秀社会公民成为新时代我国学界的广泛共识。阅读既是学习的对象，又是学习的工具。早期阅读是学习的基础，阅读素养的培养是儿童成为终身学习者的开端。早期阅读教育对于个体深度学习和培养核心素养亦具有重要的基础作用。重新定义早期阅读的价值和意义，在早期阅读教育教学实践中初步实现符合幼儿发展特点的深度学习，以 21 世纪核心素养培养为出发点重新思考早期阅读活动的开展，成为本阶段教育工作者们探索的核心领域。

二、早期科学与数学教育改革发展：从知识本位到人本位

科学教育一开始并不是独立出现在人们的视野里的。在 20 世纪 80 年代及其之前的很长一段时间里，"常识教育"是更为常见的一个概念。教师们更关心把教学大纲中规定的自然常识和社会常识传授给儿童，他们往往认为科学结论是唯一的，而只要将这些唯一确定的"正确答案"以某种方式传递给儿童，就完成了"常识教育"。科学被定义为"常识"，科学教育被定义为"常识的传递过程"，这显然是一种知识本位的科学教育观。要对这种教育观念做出合理公正的探讨，我们就需要首先回到问题的本质上来：科学是什么？

保加利亚学者优尔科夫认为："科学的本质，不在于已经认识的真理，而在于探索真理"。美国科学促进会在《面向全体美国人的科学》（*Science for all Americans*）中认为："科学世界观的内涵应该包括：世界是可以认识的，科学认识是可以改变的，科学知识是持久的，科学不能为所有问题提供完善的答案。"从这些表述中我们不难发现，科学并不等于知识，科学教育的本质不是知识的被动传递。科学源于人类对客观世界的探索和认知。世界是客观存在的，人类对其

进行的探索是阶段性和片段性的。"科学没有最终的结论，更没有永远正确的结论"①，"科学不是纯粹客观的、价值中立的，它本身就是一种精神、一种价值追求"②。

所以，我们认同这样一种观点：科学是客观存在于自然世界中的，科学发现起源于人类对客观世界的探索过程。在这个过程中，人类获得知识，形成看待客观世界的方法与态度。因此，科学既是知识，也是过程，同时还是世界观。这是科学丰富而立体的内涵，不适宜做割裂化、片面化的解读。科学的内涵是多元的，我们对科学教育的认识和定义也应跳出单一的知识教育范畴。真正的科学教育应当包括科学知识、科学方法、科学态度、科学价值观、科学史五位一体的"立体"的科学素质教育③。

（一）早期科学教育发展进程

国内外对科学和科学教育的认知，并不是一开始即如此，在这之前经历了漫长的探讨和争论的过程。20 世纪至今，科学教育的发展经历了知识本位、方法本位和人本位三个发展阶段。

从 1932 年颁布的《幼稚园课程标准》正式将常识课程列入课程标准，"常识教育"一词出现在科学教育的舞台上，到中华人民共和国成立后以苏联教育思想为主导的知识传授型的科学教育观，再到 20 世纪 80 年代"科学教育"取代"常识教育"成为核心概念，在这半个世纪左右的漫长岁月里，从常识教育到科学教育，表述词汇在改变，但其实对科学教育的认识本质上是相同的，即都是以知识为本位。在这个历史阶段中，科学教育的中心是科学知识，科学教育活动的核心是把教学大纲中规定的自然知识或社会知识，以讲授的方式传递给儿童。在认知发展层面，这种教育理念更为注重儿童的感知能力、注意力以及记忆能力的训练，儿童的兴趣和态度被置于次要的位置，知识的记忆和积累直接指向的目标是入学准备及应试训练。

20 世纪 90 年代，以探究为导向的科学教育活动成为我国儿童科学教育的新方向，我国的科学教育实践进入了方法本位的阶段。这个阶段的科学教育，仍将对知识的掌握放在首要位置，但相比以往更加注重儿童在感性经验基础上通过动手操作形成科学概念；在儿童认知发展层面，不再停留于感知能力和记忆能力的强化，思维能力的发展也被加以重视。这一阶段的教育者们已意识到科学方法的学习需要通过操作来进行，但此时在实践中实施的操作主要还是为了理解科学知识和科学关系而进行的练习性和验证性的操作，探索性和创造性的操作还未被重

---

① 刘占兰 . 学前儿童科学教育 [M]. 北京：北京师范大学出版社，2008.
② 洪秀敏 . 学前儿童科学教育 [M]. 北京：北京大学出版社，2015.
③ 刘占兰 . 学前儿童科学教育 [M]. 北京：北京师范大学出版社，2008.

视，"操作"的核心本质未被完全揭示。儿童的学习兴趣和情感体验仍处于被忽略的状态。

进入 21 世纪，研究者和一线的教育教学工作者逐渐将关注的焦点放到了科学素养的培养上。至此，我国的科学教育进入了第三个阶段，即人本位的阶段。科学素养最早由美国学者赫德（P. D. Hurd）在 1958 年提出，随着社会经济文化的不断发展，科学素养的定义和内涵也在不断丰富完善。OECD 认为，科学素养是运用科学知识确定问题和做出具有证据的结论，以便对自然世界和通过人类活动对自然世界的改变进行理解和作出决定的能力。学生基础能力国际研究计划（PISA）提出，科学素养的测试应该包括三个方面，即科学基本观念、科学实践过程、科学场景，并应覆盖科学知识、科学研究的过程和科学对社会的作用。当前国际上普遍认为，公众科学素养由三个部分组成：对科学知识的基本了解程度、对科学方法的基本了解程度、对科学技术对社会和个人所产生的影响的基本了解程度。我国学者认为，科学素养的基本要素为科学知识与技能、科学方法与能力、科学行为与习惯、科学精神、态度与价值观[1]。

不论哪一种观点，"实践探索"和"问题解决能力"都是其核心内涵。在人本位阶段，科学教育的核心和侧重点更加关注人本身，准确地说，是人的发展本身。与长期以来将知识的掌握放在教育目标的首位所不同的是，本阶段的科学教育更加注重个体的终身发展，尊重个体的差异，强调个体主动性和创造性的激发。科学可以是教育的内容、教育的过程和教育的媒介，在整个科学教育的过程中，儿童对科学探究的兴趣和态度才是应被放在首位的。有足够大的内驱力的科学探究的兴趣的产生，是个体持续进行科学探究、将科学方法用于生活、以正确的科学观思考生活的起点。在兴趣培养之外，教育者也更关注儿童探究问题、解决问题的过程与策略，探究能力的培养是核心。以此为理念的科学教育，不再指向知识传递和入学准备，而是指向个体的终身发展。

我国教育界关于科学教育的探讨，经历了以上三个阶段，完成了从"教书"到"育人"的本质性核心理念的转变。科学教育的发展经历了知识本位、方法本位和人本位三个阶段，科学教育的中心也经历了从科学知识、科学方法到科学素养的转变[2]。

此外，当我们重新整理和审视 20 世纪 80 年代至今的早期科学教育论著时，可以发现，还有一个显著的变化动向，就是儿童本位的科学教育逐渐兴起。儿童被视作儿童而存在，独立的儿童观促使教育者开始思考儿童的心理发展特点与认知发展需求，开始思考什么是真正适合于儿童的科学教育。在这期间，儿童有了

① 王素菊. 我国幼儿教师科学素养现状分析综述［J］. 当代学前教育，2007（5）：4-8.
② 洪秀敏. 学前儿童科学教育［M］. 北京：北京大学出版社，2015.

真正属于自己的科学教育，早期科学教育被独立地进行讨论与研究。

《幼儿园教育指导纲要（试行）》指出："幼儿的科学教育是科学启蒙教育，重在激发幼儿的认识兴趣和探究欲望。""要尽量创造条件让幼儿实际参加探究活动，使他们感受科学探究的过程和方法，体验发现的乐趣。""科学教育应密切联系幼儿的实际生活进行，利用身边的事物与现象作为科学探索的对象。"

儿童有其自身独特的学习方式和认知特点。正如皮亚杰所说，"认识既不来自于客体，也不来自于主体，而是发生于主客体的相互作用"，儿童通过与客观世界的相互作用获得对客体的认识。实践、操作和探索是儿童科学教育中三个关键性的词汇。儿童的思维正处于以具体形象思维为主、抽象逻辑思维逐步发展的阶段，所谓儿童的科学知识，并不是成人意义上的概念化、抽象化的科学知识，而是具体的科学经验。因此，站在儿童的视角来理解"儿童的科学教育"是非常重要的一项教育原则。学前儿童的科学教育只能而且应当是启蒙性质的科学教育。所谓"启蒙"，含义有三：第一，对于科学探究的兴趣，应加以保护、激发和延续，用生活化和游戏化的科学活动激发儿童的好奇心和求知欲，奠定儿童科学态度和科学精神培养的良好基础；第二，对于科学探究的方法，应在以探究为核心的科学过程中加以体验和感知，通过实践探索客体、尝试错误、调整方案、反思改进，重复性的操作和练习并不能使幼儿理解其中的奥秘；第三，对于科学知识，应将其视为一种在探索过程中不断演进的、动态化的、阶段性的探索结果，没有任何一种科学知识是唯一和永恒正确的，避免陷入常见的"真理传授"式的早期科学教育的误区中。

综上所述，儿童本位的科学教育，应是"支持和引导幼儿主动探究、经历探索和发现，获得有关周围物质世界及其关系的经验的过程"。学前儿童的科学，即是儿童对事物表现出好奇心、提出问题、进行探究、寻求解释的一系列探究活动，尽管他们最后并没有得出在成人看来"正确的"结论。学前儿童的科学是一种经验层次的科学知识，是一个自我建构的过程，是对客观世界的独特理解[①]。

回顾以往，我国早期科学教育的研究和实践，在历史的思考与实践中，逐渐完成了两个"清晰化"：关于科学的清晰化、关于儿童的清晰化。

那么，究竟什么是科学？什么是科学教育？什么是适合儿童的科学教育？综上所述，科学是知识，科学是过程，科学也是世界观，科学的本质在于探究。科学教育应当从人本位的视角出发，关注个体的终身发展和个体差异。而儿童的科学教育应当尊重儿童本身的发展特点，以儿童的方式来学习儿童的科学。

谈到科学，另一个与之相伴相随的词汇就是数学。科学思维的核心是实证，数学思维的核心是抽象化。它们是看似相逆的两个思维过程，但数学和科学却是

---

① 洪秀敏. 学前儿童科学教育［M］. 北京：北京大学出版社，2015.

紧密联系的。数学既是科学探究的工具，同时也有其自身独特的学科特性和应用价值。回望我国近代数学教育发展历程时，我们对数学教育的认识，也经历了与科学教育高度相似的过程。

（二）早期数学教育发展进程

数学是什么？数学是被发现的还是被创造的？人类在漫长的发展历程中，需要认识客观世界才能更好地与之和谐相处并改造之。人类发现季节的交替、河水的涨落都有其规律可循，人类发现类似土地测量、食物分配这样的实际生活事件也需要一些更为抽象的思考方法来解决问题。逐渐地，数学就从客观世界中被发现并抽象出来，数学符号作为这种抽象思维的表达和交流工具，被创造并使用。数学的力量在于它可以用一种普遍的问题解决策略去解决一些表面上各不相同的问题，这是数学的抽象属性；数学的最终指向是实际生活问题的解决，这是数学的应用属性。数学从来都不是简单的数数和计算，数学是一种思维方式。

数学学习机制是怎样的？数学学习过程是吸收论还是建构论？吸收论者认为，数学是一组事实与技能，数学学习的目的就是获得这些事实与技能，因此吸收论者认为数学的学习需要进行反复的练习以建立和强化联系。吸收论实质上是一种行为主义理论。而以皮亚杰为代表的建构论者则认为，在学习过程中，儿童必须创造自己的内见与理解，幼儿数学学习是在自己的经验基础上主动建构与探索的过程，强调动作在儿童数学能力发展中的重要作用[1]。

理论的争论体现在教育实践中就出现了对早期数学教育的不同定位。20 世纪 80 年代至今，我国的早期数学教育沿着这种争论逐渐清晰化的过程，也经历了三个发展阶段[2]。

20 世纪 80 年代，数学教育的核心是"学习数学"。1981 年教育部颁布《幼儿园教育纲要（试行草案)》将幼儿园课程内容分为计算等八个方面，其中计算学科的任务是："教幼儿掌握 10 以内数的概念和加减运算，学习一些有关几何形体、时间、空间等粗浅的知识；培养幼儿对计算的兴趣；发展幼儿初步抽象思维能力，培养幼儿思维的准确性、灵活性、敏捷性"。本阶段的教学实施过程重视传授知识，数学知识的学习被放在了儿童数学教育的重要位置。数学教学方法以教师演示讲解为主，教育活动形式以课堂教学为主，课程评价以终结性评价为主。这一时期的早期数学教育主要是在学科课程理论指导下进行的，课程内容的系统性较强，但儿童的主体性体现不足，儿童的情感、态度培养重视不足，儿童数学学习兴趣较难激发。

---

① 张官学. 近十几年来我国幼儿数学研究综述：对 65 篇学术论文的文献分析 [J]. 课程教育研究，2012 (3)：126-127.

② 梅纳新. 幼儿园数学课程改革的回顾与思考 [J]. 教育评论，2016 (2)：59-62.

　　20 世纪 90 年代，随着认知心理学研究的深入和建构主义的兴起，我国早期数学教育教学研究出现了新的方向，"操作数学"是本阶段数学教育的核心。1989 年国家教育委员会颁布《幼儿园工作规程（试行）》，倡导儿童整体发展观、活动教育观、环境教育观，这对于早期数学教育改革产生了深远的影响。本阶段的教育教学活动，从以往重视数学知识传授的传统中走出来，更加关注儿童逻辑思维能力的发展。课程实施形式更加多元化，集体教学、区角活动、生活活动、家庭活动等均成为数学教育活动的有机组成要素。20 世纪 90 年代初，以南京师范大学"活动教学法"教学模式的兴起为代表，集体教学的"课"转变为"数学活动"，更加鼓励儿童在操作中建构数学概念，以分组活动、小组互换的方式，促进儿童获得多样化的数学操作经验，从个体建构和社会建构两个方面，建构儿童自己的数学。20 世纪 90 年代中期，上海南阳路幼儿园探索了"游戏化数学教育"模式，主张在活动中创设游戏情境，伴随游戏情节的转化引导幼儿充分活动，与材料相互作用。这两种教学模式在当时产生了广泛的影响。在课程评价方面，更加关注过程性评价，儿童数学能力的发展取代知识的传递成为课程评价关注的重点，儿童数学能力发展的个体差异也开始受到关注并逐渐被接纳。

　　21 世纪初期，"实践数学"成为教育者关注的焦点，数学被赋予文化视野。本阶段的早期数学教育实践活动打破了过去仅关注教材和教学内容本身的传统，从社会建构主义的角度出发，更加提倡儿童数学学习中真实数学情境的创设以及数学学习与个体社会活动的紧密联系。"人"取代"教材"成为数学教育活动中被关注的核心要素，教育的导向和目标转向了人的终身发展，数学素养的培养成为首要的教育目标。数学核心素养是个体从数学的角度观察事物，并借助数学知识与思想方法解决数学学习或者现实生活情境中相关问题的综合能力以及个体所持有的数学情感态度、价值观等，它主要包含数学知识与数学技能、问题解决能力、数学思维以及数学精神等[①]。也有研究者将数学核心素养的体系由低到高划分为数学双基层、问题解决层、数学思维层、数学精神层等四个层面，构建了"数学核心素养体系塔"[②]，全面概括了数学核心素养的内涵。数学教育的核心从关注儿童数学知识的传授转向了提倡数学知识能力的应用和实践。

　　此外，研究者也发现，良好的早期数学教育必须基于对数学学科特性和儿童认知发展规律的充分认识，只有准确地理解数学，同时准确地把握幼儿的现有能力，才可能有针对性地实施教学。在儿童的数学学习过程中，不同的数学概念、技能的发展进程是不同的，而且其发展进程都要经历一系列逐级升高的思维水

---

　　① 李军华，何万风. 基于数学核心素养的高校学前教育专业课程改革 [J]. 甘肃高师学报，2020（2）：63 - 66.

　　② 吕世虎，吴振英. 数学核心素养的内涵及其体系构建 [J]. 课程·教材·教法，2017（9）：12 - 17.

平。因此，教-学路径图在西方教育界被提出并引起了广泛关注。美国学者克列门茨和萨拉马（2009）基于十几年的实证研究和教学实验，开发出了适合美国文化与美国儿童的教-学路径图和相应的幼儿数学课程。以南京师范大学为代表的我国教育教学研究者们，也在这一时期关注到教-学路径图，对幼儿数学学习路径进行了深入研究，结合关于数学教学特性的研究，开发出了基于实证、符合我国文化和儿童特点的中国幼儿数学教-学路径图，并通过课程实践与实证研究相结合的方式不断完善。

2010 年 11 月，为贯彻落实党的十七届五中全会、全国教育工作会议精神和《国家中长期教育改革和发展规划纲要（2010—2020 年）》，积极发展学前教育，国务院印发了《国务院关于当前发展学前教育的若干意见》，提出了加快推进学前教育发展的十条政策措施。2011 年是我国学前教育发展的腾飞起点，也是我国幼儿数学活动研究快速发展的起点。2012 年教育部制定《3 - 6 岁儿童学习与发展指南》，对学前教育研究的方向有了更加明确的建议和指导。与这一系列教育促进措施相对应，我们也可以看到，2011 年到 2014 年，我国幼儿数学活动研究的文献数量呈现显著增长态势[①]，与 20 世纪的第一个十年相比，研究的方向更加多元化，研究的内容更加具有实践性和指导性。

综合来看，当前幼儿数学教育研究主要集中在新课程模式下的幼儿数学教育创新、幼儿园数学课程内容研究、幼儿园数学课程设计、数学教学中的师幼关系、数学幼小衔接等方面[②]。研究内容日趋丰富且细化，教师提问与反馈、儿童观察与指导、教育评价、学习品质培养、支架式教学等成为近十年早期数学教育研究中关注度较高的热点词汇，生活化、游戏化、操作化成为早期数学研究的新方向，从以动作的规定性为主的规则性游戏向以主题活动为特征的创造性、建构性游戏转变。研究方法多为经验总结和案例分析，实证研究较为缺乏，以横向研究为主而纵向研究较少，缺乏针对思维能力的科学研究方法。

综上所述，我国幼儿园数学教育改革呈现出两方面的典型特征：一方面，教育内容层面经历了从静态的知识传递到动态的主动建构的过程，生活中的教育资源得到充分重视并被纳入早期数学教育活动中，教育活动的设计与实施更加尊重幼儿的发展水平和需要，更加重视数学能力的培养；另一方面，教育方法层面，从重教转向重学，重视儿童主动建构的过程，从重知识的掌握转向重知识的运用，重视数学问题情景的设置，从重单向指导转向重双向合作，强调积极有效的师幼互动[③]。

纵观近半个世纪以来我国科学与数学教育发展的历程，从知识本位到人本

---

① 陈晨. 近十年我国幼儿数学活动研究综述［J］. 陕西学前师范学院学报，2017（10）：140 - 145.
② 马佳丽，卢清. 幼儿数学教育研究综述［J］. 教育文化论坛，2016（5）：109 - 112.
③ 谷俊平. 幼儿园数学教育改革的研究［J］. 读与写（教育教学刊），2013（4）：240.

位，从以教材为中心到以学习者为中心，从讲授到建构，从结果性评价到过程性评价，我国的科学与数学教育改革与创新历程实现了质的跨越。以人为本的现代教育理念得以充分实现，以人的全面发展为目标的教育实践得以切实开展，我国的科学与数学教育将继续蓬勃发展。

三、幼儿艺术教育改革发展：从"为艺术"到"为儿童"

2010 年以来，随着《国家中长期教育改革和发展规划纲要（2010—2020年）》《国务院关于当前发展学前教育的若干意见》和《3-6 岁儿童学习与发展指南》的颁布，幼儿教育获得了全面、长足的发展。查阅并分析中国期刊全文数据库 2010 年以来的研究成果，可以发现，幼儿艺术教育伴随着幼儿园课程改革的深化，在理论和实践两方面呈现出以下三方面的发展样态与趋势。

（一）幼儿艺术教育价值理念和目标：从本质论转向工具论

随着对幼儿艺术研究的深入，人们逐渐认识到幼儿艺术教育对幼儿艺术素养的萌发以及全面发展的价值。在本体论层面上，艺术就是幼儿的精神生命活动，艺术内在于幼儿的心灵之中，只要具备适宜的条件，艺术活动如同他们的基本生活需要一样，就会自然地发生在任何场合与时段里；而从认识论层面来看，艺术就是幼儿认识世界的一种感性的方式，"用艺术的方式把握生活的能力，并不是少数几个天才艺术家特有的，而是每一个心智健全的人都可以拥有的，因为大自然给每一个健全的人都赋予了一双眼睛"[①]。艺术也是他们的另一种语言，幼儿会在多种场合下运用艺术的方式表达自己的所见、所想、所思、所感。正是因为有这样的特征，幼儿的艺术活动区别于成人为创作而创作的艺术活动，获得了自己的质的规定性，每个幼儿都是艺术家。

因此，幼儿艺术教育就不仅仅是一种手段性教育，其目的并不是用科学技术与技能、社会生活知识与规范等来训练幼儿，使他们掌握改造世界的必要工具和适应生活的本领。幼儿艺术教育更重要的是一种目的性教育，旨在使幼儿在以审美活动为代表的各种人生经验中，逐渐养成良好的人格素质，使他们在肉体与精神、感觉与意志的协调平衡中健康成长。艺术教育的过程就是幼儿站在自己的生活经验基础上与作为"文本"的"文化"能动地相互交往的过程。在这一彼此对话、相互融合的过程中，文化得到了提升，幼儿获得了精神的成长。这是一种根本性的、本源意义上的教育，是一种更为深刻、更为本体、更为全面的教育。

---

① 鲁道夫·阿恩海姆. 艺术与视知觉 [M]. 滕守尧，等译. 北京：中国社会科学出版社，1984：7.

（二）幼儿园艺术教育课程理念：从传统的"为艺术的艺术教育"转向"为儿童的艺术教育"

基于对幼儿艺术教育价值理念和目标的认识，伴随着幼儿园课程理念从学科课程到经验课程或活动课程的改革的不断深入，幼儿园艺术教育课程理念也随之发生了变化——从传统的"为艺术的艺术教育"逐渐向"为儿童的艺术教育"转变，将幼儿的全面发展作为首要价值区别于专业艺术教育，为幼儿艺术教育定下了基调。在"为儿童的艺术教育"的理念引导下，幼儿园艺术教育既不再将艺术知识与艺术技能的习得当作主要的学习目标（更不是唯一的目标），也不再把艺术教育仅仅当作德育、智育的工具与手段，只强调它的"辅德与益智"功能，人们逐渐认识到幼儿艺术教育不能等同于科学理性教育，不能把逻辑推理能力的培养、艺术知识的积累作为审美教育的目标，而应将艺术教育的目标直接指向幼儿艺术素养的萌发：首先强调幼儿艺术兴趣的养成；其次强调幼儿对艺术欣赏与创作两方面广泛的尝试与探索，如艺术欣赏强调幼儿对艺术形式的感知与想象，强调对知觉对象之意蕴的审美体验，艺术创作强调幼儿对艺术媒材的探索和对艺术形式要素的尝试性运用，所有这些都指向幼儿的艺术欣赏与艺术创作的关键经验。

当然，人们还认识到，幼儿艺术教育还具备了对幼儿其他领域学习以及多种学习品质的发展的手段性价值。当幼儿通过亲身体验、感受自然、生活环境和艺术作品中的美好，同时又通过艺术活动表达自己的美好情感时，即通过艺术欣赏和艺术创造活动使自己的内心情感和外在形式达到同构时，幼儿就会感受到用艺术与别人交流的喜悦，从而获得一种精神上的满足，产生丰富的审美愉悦感——一种因自我肯定而产生的愉悦感。这种审美愉悦感反过来又成为幼儿进行审美感知和审美创造活动的动力，从而进一步丰富其审美情感体验，并由艺术这种符号化的人类情感形式泛化到生活的其他领域，丰富和发展其情感世界，按照美的标准和美的规律，将他们感受世界的审美能力转变为内心需要和自我发展的内在动力，进而成为行为的一种内在自我调节，使其人格得到健全完善的发展。这样的艺术教育价值取向与幼儿教育的奠基性定位是一脉相承的，因而是科学的幼儿艺术教育观。

在以儿童全面发展为指向的艺术教育理念引领下，幼儿艺术教育内容不再像专业艺术教育那样单一化地按照学科的逻辑编排学习内容，也不再只注重作品的真与善的内涵，忽略其审美的价值，只关注学科的逻辑或成人的标准，只关注艺术知识的学习，而是将幼儿艺术教育的内容拓展到自然美、生活美、艺术美，开启了全方位的审美启蒙与艺术探索，注重选择那些符合或揭示人的深层无意识本身的秩序和运动规律，既具有类主体性的结构又符合幼儿自身特定的生活经验、愿望与情趣的对象，以使幼儿的身心达到同构，更好地促进其艺术能力的发展和审美心理结构的建构。

在艺术欣赏层面，幼儿园艺术教育不再把名画作为唯一的艺术欣赏教育的内容，大自然的日月星辰、山川草木、花鸟虫鱼，生活中与衣食住行有关的服饰美食、家具器皿、车辆建筑等都是幼儿欣赏的对象，而在艺术美方面，尤其凸显对民族传统艺术资源和绘本资源的运用，这两者因为其中所蕴含的稚拙的童心童趣而广受幼儿喜爱。民间艺术的幼态化夸张造型、富有装饰性的用色，充满了艺术的张力，又与幼儿自己的艺术作品"心心相印"。例如，天津杨柳青年画印制精细，题材丰富，样式多变，作品内容通俗明了，形象秀美生动、俊俏传神、色彩鲜艳、明快、协调，构图饱满，富有一定的装饰性。苏州桃花坞年画是南方年画的代表，其构图和造型精巧、秀美，用色虽不离红、绿等色，但色调淡雅不俗。无锡惠山泥人形象健康、内容朴实、风格特征鲜明，从外观上看，团团的身体连着大大的头，手脚都短小而且简单，从上到下整个形体接近于圆形，那圆圆胖胖的小脸和笑眯眯的表情，显得稚气和福态，含有"一团福气"的寓意。天津"泥人张"的彩塑形象真实生动，形体结构准确，在用色上讲究简雅、明快，使作品产生了端庄和厚重的艺术效果。陕西凤翔的泥玩憨厚朴实，造型饱满圆润，简洁端庄，设色浓艳，清新悦目。北京"兔儿爷"的作用处于供像和玩具之间，兔首人身，脸蛋上淡施朱粉，看起来端庄而又稚气，俊秀而又威武，活泼生动，惹人喜爱。中原地区的布老虎更是集中地体现了民间艺术的造型与用色特点：造型上讲究完整与饱满，用色上选用高纯度的饱和色，原色并列，补色对比，纯净明亮，热烈鲜明。这些民间艺术与儿童有着某种内在的一致性，因此是儿童审美教育的内容来源。而由那些"心中也住着一个儿童"的创作者们为儿童创作的好的绘本，就是在用"一个灵魂唤醒另一个灵魂"，因而传统民间艺术与绘本进入艺术欣赏领域在幼儿园艺术教育实践层面就成为必然的选择了。

在艺术创作层面，幼儿园艺术教育不再将艺术技能的模仿学习作为唯一的内容，而是更强调幼儿对家庭生活和幼儿园生活的自由自主的表征与表现，对点状、线状、面状和块状等多样化的、开放的材料的操作与探索。艺术创作的题材则围绕幼儿的生活展开，自然景物、日常用品、人物、植物与水果、动物、交通工具与生产工具、建筑物、简单生活事件以及想象中的物体与事件、玩具、节日装饰物、游戏头饰、日常布置用品、贺卡也是幼儿常常制作的作品。而彩笔画、水粉画、蜡笔水彩画、水墨画、印画、吹画、喷洒画、吸附画等也是幼儿经常探索的创作类型，彰显着艺术教育内容丰富、多元的特点。

（三）幼儿艺术教育实施：从关注艺术知识传授转向支持幼儿有质量的艺术学习与整体发展

在艺术教育的实施上，人们越来越强调支持幼儿有质量的艺术学习与整体发展，具体表现在以下方面：

第一，更加注重通过科学地观察、准确地解读幼儿的艺术学习，有效地支持幼儿的艺术学习。

在艺术欣赏中，教师认识到审美活动不同于认知活动，不能用科学知识学习中对客观事实作"正确"与"错误"的判断这样的标准来衡量艺术审美活动中的想象与体验，也不再以艺术文本为中心只注意有关艺术知识的传授和对作品内容的记忆，于是不再过度强调创作者的原意或批评家的观点的权威性，教师越来越注意让幼儿与艺术文本进行平等的心灵对话，注意让他们用自己的眼睛自主地去看、去听，开始让幼儿用自身的审美感知、审美想象去欣赏作品的整体意蕴，注意鼓励幼儿通过形式意味感受并理解作品内涵与意蕴。在艺术欣赏过程中，教师越来越多地关注幼儿的直觉、幻想等感性能力的价值，尊重这些心理能力在艺术欣赏中的运用。这样的过程实际上就是关注幼儿在艺术欣赏中的关键经验——对自然美、生活美和艺术美的感知、想象与体验。

在艺术创作中，人们同样认识到要关注与重视幼儿在艺术创作中的关键经验，认识到用简笔画来进行教学的危害性，认识到简笔画教学让幼儿模仿教师的范例的做法实际上是替代了幼儿的探索与思考，让幼儿失去了独立探索工具材料的机会、自主构思与表现的机会，使幼儿习得了一个"画画就要画得跟老师的一样"的与艺术创作倡导独特性的原则背道而驰的错误理念。因而，越来越多的教师开始在实践中抛弃这种教学方式，不再单纯地强调教师的示范与幼儿的模仿，而是努力利用与开发生活中的各种点状、线状、面状、块状等开放性的低结构材料，研究它们的艺术表现特性，研究它们对不同年龄段幼儿艺术学习的适宜性，放手支持幼儿自主探索这些开放性材料的多元使用方法，并结合材料进一步探索如何运用造型、色彩等艺术元素表现自己的构思与设计，更加强调教师的支持者、合作者的角色身份，强调师幼互动过程中教师多观察少指导、先观察后指导，更细心地观察幼儿的艺术表现过程，解读其中的艺术心理过程与幼儿艺术学习的特点，主张在幼儿需要时，围绕艺术创作的关键经验提出开放性问题，鼓励幼儿自主思考与探索，及时有效地支持幼儿的艺术学习与发展。

第二，除了以上对传统的集体艺术教育活动的研究之外，还基于对幼儿艺术学习特点的把握和对幼儿自主学习的支持，更多地注重艺术区角的创设和艺术在一日生活中的运用。在艺术区角的创设中，人们开始注意研究与不断地尝试用多元化的材料支持幼儿的自主艺术学习，尤其强调为幼儿提供多样的、有美感的、幼儿可以理解的、与创作任务相关的欣赏材料和幼儿可探究的、适宜的、有层次性的操作材料，强调让幼儿在与这两类材料相互作用的过程中获得有益的艺术经验。

在艺术在一日活动中的运用上，更强调艺术"美化生活和开展游戏"的价值的发挥。例如，在自然角里，幼儿除了将教师精心布置的自然角作为静物写生的对象来欣赏与创作之外，还会用绘画的方式记录植物不断生长的过程；幼儿在美工区制作装饰的相框被放到照相馆游戏中供客人装饰照片，饺子、包子等泥工作品则被送到了小吃店游戏里，而其他的水果蔬菜等是超市游戏需要的商品。我们在角色游戏中看到越来越多的幼儿的手工作品代替了教师的"自制玩具"。幼儿精心设计和制作的发夹、项链、手链、腰带则作为爱心礼物送给了妈妈。更多的艺术作品展示在教室里，让幼儿的学习看得见，他们也因此获得了满满的成就感，也对艺术越来越有兴趣与热情了。

在对幼儿艺术学习的评价上，人们不再把幼儿创作的作品这一结果作为唯一的追求，也不再重创作结果而轻创作过程，而是认识到艺术作品与创作过程两方面对幼儿发展都有价值，因而注重对幼儿完整的艺术经验的评价，并且注重促进学习与发展的评价，即注重通过评价促进幼儿艺术的发展。对幼儿艺术欣赏的评价，更多地关注欣赏过程中幼儿的审美感知、审美想象与审美体验；对幼儿艺术创作的评价，更注重创作过程中的艺术思维的发展，以及蕴含在其中的学习品质或如精细肌肉动作等其他领域能力与态度的发展；而对幼儿艺术作品的评价，也不再用"像不像"作为唯一的标准来评价，更多地注意幼儿个性化的创造性表达，以及对幼儿艺术兴趣的激励。

在中国，以上艺术教育理论、实践改革与发展的样态、特点，并未呈现出整齐划一的面貌，不同地区由于政治、经济、文化的传统以及人们的儿童观、教育观、课程观等的差异，可能呈现为一条轴线上的某一点，也可能呈现为一个更为复杂的网状结构，这意味着解决各种儿童艺术教育问题是一个漫长的过程。只有开放地直面问题，不断地探索、反思与研究，才能逐渐正确地理解幼儿艺术教育的理论与观念，也才能科学地实施幼儿艺术教育，真正有效且有意义地支持儿童的艺术学习，这样的艺术教育也才是幼儿所需要的。

四、社会情感学习：学前教育迈向质量的一条路径

（一）社会情感能力——21 世纪核心素养之一

社会情感能力（social emotional competence）被认为是 21 世纪的核心素养之一。联合国教科文组织提出了一系列以广泛、可迁移技能为基础的 21 世纪技能（非认知技能）计划，涵盖了以社会情感能力为核心的人际沟通能力、自省能力、全球公民素养、心理和生理健康等内容[①]，并在全球范围内推广社会情感学习计划。2013 年 2 月，联合国教科文组织发布了题为《向普及学习迈进——每

---

① Asia-Pacific Education Research Institutes Network. Regional study on transversal competencies in education policy and practice (Phase 1)［EB/OL］. (2013-10-16)［2019-08-25］. http://www.unescobkk.org/fileadmin/user_upload/epr/ERI-Net_Seminar/2013/Transversal_16_Oct.pdf.

个孩子应该学什么》（*Toward Universal Learning*：*What Every Child Should Learn*）的研究报告，将社会情感列为全球儿童与青少年学习框架的七大领域之一，具体包括自我调节、情绪感知、自我概念与自我效能、同情心、社会交往、冲突解决、道德价值观等子领域①。2018 年 4 月，OECD 发布了最新的《教育与技能的未来：教育 2030》（*The Future of Education and Skills*：*Education 2030*）项目文件，这份文件描述了该项目工作的首个成果《OECD 学习框架 2030》，其中社会和情感方面的能力成为"技能"的三大组成部分之一②。同年，OECD 推出新项目——青少年"社会与情感能力"评估项目，旨在测评参与国家和城市 10 岁和 15 岁学生的社会与情感能力的发展，以及影响这些能力发展的条件和做法③。

社会情感能力是一种胜任性能力，可以通过学习、练习及在具体情境中的应用而获得。"社会情感学习是指儿童和成人理解和管理情绪、设定和实现积极目标、感受和表现出对他人的同情、建立和维持积极关系以及做出负责任的决定的过程。"④ 这一术语在 1994 年菲兹尔研究所（Fetzer Institute）的会议上首次被提出，随后《情感智能》（*Emotional Intelligence*）的作者丹尼尔·戈尔曼（Daniel Goleman）等人创办了美国社会情感学习促进联合会（Collaborative to Advance Social and Emotional Learning/Collaborative for the Advancement of Social and Emotional Learning），后于 2002 年更名为美国学术、社会与情感学习联合会（Collaborative of Academic，Social and Emotional Learning，简称 CASEL）。CASEL 集研究者、推动者、协调者等角色于一体，努力推进社会情感学习的研究、循证实践和政策。1997 年，CASEL 与美国督导与课程发展协会（Association for Supervision and Curriculum Development，简称 ASCD）合作开发了《促进社会情感学习：教育者指南》（*Promoting Social and Emotional Learning*：*Guidelines for Educators*），为 K - 12 阶段的教师提供实施社会情感学习的实践策略。其 2013 年发表的《有效"社会情绪学习"指南（学前和小学版本）》（*CASEL Guide*：*Effective Social and Emotional Learning Programs*

---

① UNESCO. Toward universal learning：what every child should learn［EB/OL］.（2013 - 02 - 12）［2019 - 03 - 15］. http：//uis. unesco. org/sites/default/files/documents/towards-universal-learning-what-every-child-should-learn-2013-en. pdf.

② OECD. The Future of education and skills：education 2030［EB/OL］.（2018-04-15）［2019-06-17］. http：//www. oecd. org/education/2030/E2030%20Position%20Paper%20. pdf.

③ OECD. Social and emotional skills for student success and well-being：conceptual framework for the OECD study on social and emotional skills［EB/OL］.（2018-04-27）［2019-08-12］. https：//www. oecd-ilibrary. org/docserver/db1d8e59-en. pdf？ expires = 1591183270&id = id&accname = guest&checksum = D99120271F 100E2A949924F67B611EFE.

④ https：//casel. org/what-is-sel/.

（*Preschool and Elementary Edition*）〕 提出了在学校开发和实施社会情感教育的
7 条准则①。其 2015 年发布的《社会与情感学习手册：研究与实践》（*Handbook of Social and Emotional Learning：Research and Practice*）总结了该领域各方面的发展情况，包括学前教育②。2019 年，经过十多年的起草、实地测试、研究和提炼，CASEL 发布了《基于全校的社会情感学习指南》（*The Guide to School-wide Social and Emotional Learning*），提出了社会情感能力的培养需要家庭、学校、社区等共同发挥作用。截至目前，促进社会情感能力项目已推广至美国各州以及其他国家的上千所学校，美国重视孩子社会情感能力的发展与 CASEL 的积极推进密不可分。至 2018 年 6 月，美国已有 25 个州参与了 CASEL 发起的"合作州倡议"（Collaborating States Initiative），已通过 16 项与社会情感学习有关的州级法案和决议，关于社会情感学习实施情况的不同类型的评估达 500 余个。

　　二十多年的研究表明，重视社会情感学习的成效体现在多个领域，包括学生成绩、神经科学、健康、就业、心理学、课堂管理、学习理论、经济学和预防青少年问题行为③。2017 年，CASEL 和其合作研究者进行了一次元分析。该研究分析了 82 个社会情感学习项目的结果，涉及从幼儿园到高中的 97 000 多名学生（在项目结束之后的 6 个月到 18 年），并对项目效果进行了评估。研究发现最后一次干预完成之后的 3.5 年中，参与过社会情感学习项目的学生的平均学习成绩比未参与过社会情感学习项目的学生高出 13%④。佩里学前教育项目（Perry Preschool Program）的干预结果也证明了社会情感学习的重要性。此项目选取智力发展水平处于 85 分以下的儿童，对他们进行教育干预，教他们如何与别人友好相处，并通过每周的家访活动改善亲子关系。此项目进行了两年，并开展了实验组与控制组的对比和跟踪研究，直到这些研究对象到 40 岁。研究发现，教育干预极大地提升了他们的社会情感能力，他们的婚姻更幸福，家庭关系更和谐，健康状况更佳，生活质量更高，犯罪率更低⑤。

---

①　CASEL. CASEL guide：effective social and emotional learning programs（preschool and elementary edition）〔EB/OL〕.（2013-06-17）〔2019-07-12〕. https://casel. org/preschool-and-elementary-edition-casel-guide/.

②　Bierman K L, Motamedi M. CASEL programs for preschool children〔M〕//Durlak J A, Domitrovich C E, WEISSBERG R P et al. Handbook for social and emotional learning：research and practice. NY：The Guilford Press，2015.

③　https://casel. org/impact/.

④　Taylor R R, Oberle E, Durlak J A, et al. Promoting positive youth development through school-based social and emotional learning interventions：a meta-analysis of follow-up effects〔J〕. Children Development，2017，88（4）：1156-1171.

⑤　U. S. Department of Justice. The High/Scope Perry Preschool Project〔EB/OL〕.（2000-10-12）〔2019-01-13〕. https://www. ncjrs. gov/pdffiles1/ojjdp/181725. pdf.

（二）社会情感学习的发起与国际行动

社会情感学习的发起与实施源于美国日益严重的校园危机与青少年社会情感荒芜等社会现实问题，以及脑科学对情绪研究的突破①。社会情感学习也深刻地改变了美国的课程标准化运动。20 世纪 80 年代末以来，美国教育界兴起了旨在提高公立学校质量、解决教育机会不公平等问题的大规模课程标准化运动。这场标准化运动还引发了全球范围各国教育的改革，如英国政府颁布了《基础阶段教育课程指南》（2000 年），德国政府提出要制定面向所有幼儿的国家教育标准②。随着《从神经细胞到社会成员：儿童早期发展的科学》（*From Neurons to Neighborhoods：The Science of Early Childhood Development*，2000）、《渴望学习：教育我们的幼儿》（*Eager to Learn：Educating Our Preschoolers*，2001）等一系列有影响的著作的发表，课程标准化运动开始影响 5 岁以下儿童的教育。

2002 年，联合国儿童基金会纽约总部启动了名为"遍及全球"（Going Global Project）的研究与发展项目，得到了很多国家的积极支持，现在已有多个国家完成了课程标准的制定，也有许多国家正处于课程标准的制定与推行过程中③。但是，课程标准化运动在一定程度上忽视了儿童公民能力和品性的发展，这引起了美国教育界及相关专业组织的批评："虽然一如既往地重视幼儿的社会性情感、创造力及身体的发展，但是，从所强调的'核心领域'来看，它们都注重幼儿的早期读写、数学和科学学习"④。为了应对"学业压力下移"的困境……全美幼儿教育协会专门组织专家撰写了《发展适宜性实践》并申明了其立场⑤。由于学前课程标准化在一定程度上是基础教育标准化运动的向下延伸，幼小衔接作为研究与实践的焦点凸显出来，而社会情感学习在其中所起的作用得到了证实，即幼儿的情绪和行为调整对他们能否在初入小学就取得成功很重要⑥。政策制定者越来越意识到非学术技能的重要性，这使他们在全国范围内在不同程度上将社会情

---

① 全景月，姚计海．社会情感学习（SEL）项目的实施背景与价值探析 ［J］．基础教育参考，2014 （17）．

② Gerhard Schröder, Reinhard. One law for all schools：PISA and its implications for the German school system ［J］．European Education，2003，35 （4）．

③ 周欣，周晶，高黎亚，等．早期学习与发展标准的制订：又一份国家指导性文件的诞生 ［J］．学前教育研究，2008 （10）．

④ 刘焱，潘月娟，赵静．早期学习标准化运动述评 ［J］．比较教育研究，2005 （5）：1－6．

⑤ 周晶，郭力平．从理想到现实："发展适宜性实践"的发展变化：全美幼教协会 DAP 及其立场声明撰写者 Sue Bredekamp 教授访谈录 ［J］．学前教育研究，2016 （1）：3－8．

⑥ Raver C Cybele. Emotions matter：making the case for the role of young children's emotional development for early school readiness ［J］．Social Policy Report，2002，16 （3）．

感学习纳入课程标准①。联合国儿童基金会综合人类大脑发展的研究进展，在
2014 年发布了《培育更好的大脑》，向各国宣传对儿童的情感关爱和支持的重要
意义，并在各个干预项目中宣传儿童关爱对儿童社会性和情感的意义。2017 年
联合国儿童基金会的亚太地区办公室发布了《3～5 岁幼儿社会情感学习推动社
会融合的课程指南》。

　　社会情感学习已逐渐成为一项重要的国际行动。越来越多的国家重视它，英
国、德国等欧洲发达国家以及亚洲的日本、新加坡等数 10 个国家都已经引入了
社会情感学习项目，并积极进行推广。英国教育部提出了社会情感学习的课程框
架（Social and Emotional Aspects of Learning，简称 SEAL)②，2005 年正式启动
面向全国中小学的社会情感学习项目，截至 2010 年共覆盖全英约 90％的小学和
70％的中学。新加坡将美国的社会情感学习作为学校项目引进，与公民教育、价
值教育联系在一起，于 2008 年提出了社会情感学习的目标，并于 2014 年正式推
行新的品格与公民教育教学大纲，将社会情感学习纳入品格与公民教育课程体
系中③。

　　联合国儿童基金会历来主张和推广基于儿童权利的教育。联合国儿童基金会
在全球范围内倡导的爱生学校于 2001 年被引入中国④，并成为中国教育部与联合
国儿童基金会 2001—2005 年和 2006—2010 年两个合作周期中以促进农村义务教
育普及和提高为目标的基础教育项目的主线及核心内容。同时，中国政府与联合
国儿童基金会在自 1979 年开始的持续了长达 40 余年的合作中也始终把儿童早期
发展与教育作为重点，从 1982 年起，开展了幼儿园与小学衔接、学前教育师资
培训、学前教育机构一体化教育的教学策略等多个儿童早期教育与发展领域合作
项目。

　　2001—2010 年，我国教育部与联合国儿童基金会在贫困地区合作开展了
"早期儿童养育与发展"项目，旨在扩大儿童教育资源，同时在贫困地区实施以
儿童为本的学前教育质量改进计划。为了更集中地体现以平等、包容关系为本质
的教育，我国也一脉相承地引入了爱生幼儿园的理念。在 2006—2010 年这个周

　　① Katherine M Zinsser，Linda Dusenbury. Recommendations for implementing the new Illinois early learning and development standards to affect classroom practices for social and emotional learning ［J］. Early Childhood Research & Practice，2015，17（1）.

　　② Department for Education and Skills. Excellence and enjoyment：social and emotional aspects of learning guidance ［EB/OL］.（2008-11-05）［2019-10-11］. https：//webarchive. nationalarchives. gov. uk/ 20081105232925/http：//www. standards. dfes. gov. uk/primary/publications/banda/seal/pns ＿ seal137805 ＿ guidance. pdf.

　　③ 沈伟，王娟. 社会情感学习为国家人才培养带来了什么：基于政策流动的视角 ［J］. 教育发展研究，2019（20）：8-17.

　　④ 郭晓平. 联合国儿童基金会的发展思想与实践：特别关注其教育的思想和实践 ［J］. 世界教育信息，2011（12）：48-52.

期，教育部与联合国儿童基金会通过调查研究编写了爱生幼儿园教育指南等一系列材料，支持 30 多个西部农村试点县实施以平等无歧视，卫生健康，有效学习和与家庭、社区合作为原则的实践。在项目推进中，研究者和实践者都感到幼儿教育由于受到传统的以教为主的理念影响，教育关注认知偏多，对儿童的情感和社会性发展了解不多、意识不强，因此在贯彻爱生教育理念方面始终因缺乏这方面的理解而遇到障碍。而在家庭和儿童面临贫困、流动和各种社会风险的挑战时，更是缺乏对儿童社会情感的支撑。因此，我们在 2006—2012 年研究编制《3 - 6 岁儿童学习与发展指南》时，将社会性和情绪情感的发展作为重要维度。

（三）中国对社会情感学习的研究与探索

我国在 2010 年前后开始关注社会情感学习，研究者们开始对国外社会情感学习课程进行研究和探索，一些省份也开展了探索性试点。2011 年，教育部与联合国儿童基金会组建"社会情感学习"项目组，对项目核心内容进行攻关并在 5 个实验县试点校有序实施。2009 年起，上海市静安区为了解决本区域儿童社会生活中的现实问题，使之拥有面向未来的全球胜任力，开始了"社会情绪能力养成教育"的研究和实践。经过长期的研究与实践，其完善了自幼儿园到高中阶段相互衔接的社会情绪能力养成教育体系，逐步形成了鲜明的本土实践特征。其成果先后荣获了 2017 年上海市基础教育教学成果奖特等奖、2018 年基础教育国家级教学成果奖一等奖[①]。

从 2008 年开始，中国教育科学研究院和中国香港教育学院合作，陆续在北京、天津、西安、江苏、重庆、宁波等地推广"比比和朋友"课程。"比比和朋友"是英国慈善机构儿童好拍档开发并在全球推广的专为 5 岁至 7 岁儿童设计的幼儿社会性课程，旨在促进幼儿情绪识别和应对负面情绪的能力，提升幼儿的社会性能力水平。十余年来的评估表明，"比比和朋友"课程不仅使十几万学前儿童获得了多方面的发展，还使老师和家长获益良多。

2018 年 6 月 12 日，联合国儿童基金会在中国学前教育研究会的年会上主办了以"婴幼儿社会情感学习及支持"为主题的专题论坛，提出了抗逆力培养、社会情感学习的意义和实践做法等，同时介绍了正在进行的游戏与抗逆力的行动研究。2019 年 6 月 17 日至 18 日，联合国儿童基金会联合教育部幼儿园园长培训中心共同主办了以"促进幼儿的社会情感学习"为主题的国际研讨会并进行了直播，联合国儿童基金会的专家和来自美国、芬兰、印度的专家与我国各地的 500 余位在场的及 6 万人次在线的幼儿园园长、高校师生共同研讨如何开展幼儿社会情感领域的学习探索，话题涉及社会情感学习的意义，教师眼里的社会性和情

---

① 曹坚红 . "社会情绪能力养成"教育的实践特征与创新 [J]. 人民教育，2019（Z1）：90 - 93.

感，以及如何通过覆盖课程、师幼互动、家庭合作等的"全学校"方式促进儿童的社会情感学习，并着力通过提高校长、园长的领导力形成社会情感氛围，由此发挥社会情感学习在推广平等、无歧视的爱生教育，促进社会和谐融合方面的作用。

2019 年颁布的《中国教育现代化 2035》提出了面向未来教育发展的八大基本理念，其中包括"更加注重以德为先，更加注重全面发展"。学前教育阶段是人生的初始阶段，学前教育应以"为幼儿后继学习和终身发展奠定良好素质基础为目标，以促进幼儿体、智、德、美各方面的协调发展为核心"[1]。社会情感学习在学前教育领域虽然是一个年轻的研究课题，但却是一个非常古老的概念。早在柏拉图的哲学著作中就有这样的观点，即儿童需要明确的社会情感能力的指导，这在一定程度上也是当今幼儿教育"全人教育"（whole-child development）和"发展适宜性实践"（developmentally appropriate practice）框架的基础[2]。《联合国儿童权利公约》（1989 年）第 29 条也多次提到将社会和情感结果作为儿童教育的方向。社会情感学习是学前儿童后继学习和终身发展的关键领域之一，重视学前儿童社会情绪的培养已经成为当下国内外学前教育研究和实践的重要趋势。截至 2015 年，美国 50 个州都将社会情感学习作为学前阶段重要的学习领域之一，并制定了社会情感学习学前教育标准[3]。我国 2012 年颁布的《3-6 岁儿童学习与发展指南》强调儿童社会性领域的学习与发展，实质在于促进儿童社会化，并在社会化的过程中逐渐形成良好的个性与社会性，这也与社会情感学习的各领域联系密切[4]。人们尽管仍然存在对标准的负面作用的担忧，但已将注意力转向了如何趋利避害、在不可逆转的标准化进程中保持学前教育的特色和独立性[5]。然而，社会领域的教育目标如何真正落实，社会领域的课程如何开展，对于大多数幼儿园教师而言仍然是两大难题。社会情感学习的落实缺乏有力的抓手。我国学前教育改革正在从数量满足阶段逐渐转向质量提升阶段。在此背景下，有效地开展学前儿童社会情感学习的探索是促进当前学前教育质量提升的一个重要路径。

---

① 教育部. 教育部关于印发《3-6 岁儿童学习与发展指南》的通知 [EB/OL]. (2012-10-09)[2019-03-24]. www.moe.gov.cn/srcsite/A06/s3327/201210/t20121009 _ 143254. html.

② Amanda J Moreno, Mark K Nagasawa, Toby Schwartz. Social and emotional learning and early childhood education: redundant terms? [J]. Contemporary Issues in Early Childhood, 2012, 20 (3).

③ 曾晓滢，原晋霞. 美国学前儿童社会-情绪能力的培养策略：源自七个"CASEL SELect"课程的经验. 上海教育科研 [J]. 2020 (1).

④ 李季湄，冯晓霞.《3-6 岁儿童学习与发展指南》解读 [M]. 北京：人民教育出版社，2013：89.

⑤ 刘昊，冯晓霞. 经济危机下的美国早期学习标准化运动：趋势、困境和机遇 [J]. 学前教育研究，2009 (11)：7-13.

（四）如何促进儿童早期社会情感能力发展？

社会情感能力受学前儿童早期学习与生活环境的影响。2015 年 3 月，OECD 发布了《促进社会进步的技能：社会情感能力的力量》（*Skills for Social Progress：The Power of Social and Emotional Skills*），提出社会情感能力的培养需要家庭、学校、社区等共同发挥作用，希望能够引发学校的系统性变革[①]。哈佛大学琼斯（Stephanie M. Jones）等人认为，学生社会情感能力的发展与认知能力的发展相辅相成，社会情感能力可以在社会交往过程中发展。积极的人际关系是社会情感能力得以发展的土壤和最初平台，学校和教室是社会情感能力得以发展的环境，而家庭、社区及各级政府的教育政策则提供了重要保障，学者们由此提出了基于关系的学校综合变革模式[②]。因此，学前儿童社会情感能力的培养不能依靠单一的、零碎的改革措施，幼儿园自身应作为变革的主体，将社会情感学习融入日常生活与游戏，教师则应将目标了然于胸，在与幼儿的日常互动中捕捉教养契机。此外，还需要重构园所内的关系，为师师、师生、生生的积极互动提供支持性氛围，这种互动本身就是在培养学前儿童的社会情绪能力。同时，要与家庭、社区形成促进社会情感能力发展的共享愿景，携手促进儿童社会性、情绪情感技能的发展。

支持性、回应性关系是学前儿童社会情感能力发展的基础。学前儿童依赖教师（以及看护人）发现和满足他们的需求。这些需求不仅仅是对营养和安全的需求，还有对社会参与、认知刺激、安抚和情绪调节的需求。敏感的、回应性的、可预测的、温情的、关爱的教师（以及看护人）可以识别、解读幼儿的信号并做出持续恰当的回应，有助于学前儿童早期社交、情绪的发展，促进安全型亲子依恋关系的建立，促进学前儿童的学习。安全且富有挑战性的环境是学前儿童社会情感能力发展的保障。如果学前儿童在所处环境中感到安全，他们就会积极探索周围的环境，学习表达自己的感受，并与他人沟通、互动。在充满刺激和挑战的环境中，学前儿童会渴望学习更加复杂的技能，这有助于他们建立自信和积极的自我意识。游戏是发展学前儿童社会情感能力的重要途径。游戏是幼儿的"社交圈"，同伴是学前儿童认识周围社会世界的重要组成部分。他们在游戏中学习规划、与他人合作、解决冲突等。通过游戏中的互动，学前儿童学习辨认并解读社交线索，例如面部表情和肢体语言，还有根据他人的反应来调整自己在沟通、行为、情感方面的方法、策略等，帮助他们做好入学准备。

---

① OECD. Skills for social progress：the power of social and emotional skills [EB/OL]. (2015-03-15) [2019-05-13]. https://www. oecd-ilibrary. org/education/skills-for-social-progress _ 9789264226159-en.

② 杜媛，毛亚庆. 从专门课程到综合变革：学生社会情感能力发展策略的模式变迁 [J]. 全球教育展望，2019 (5)：39-53.

　　幼儿园开展社会情感学习对领导者、教师而言是具有挑战性的，对他们的知识、能力结构提出了新的要求。2012 年 OECD 发布的《培养 21 世纪的教师和学校领导者：来自世界的经验》（*Preparing Teachers and Developing School Leaders for the 21st Century：Lessons from around the world*）研究报告总结了成为 21 世纪领导者和教师的关键能力因素，对幼儿园领导者、教师的能力建设具有启发性。该报告认为，21 世纪的学校领导者能支持、评价、促进教师发展，能有策略地进行学习资源管理，善于赋权；21 世纪的教师要有丰富的教学策略与较强的整合知识和教学方法的能力，对教学发生的过程有深刻理解，能从自身教学实践和经验中反思学习，合作学习，有精湛的教学技巧作为有效的教学工具[①]。赋权使幼儿园领导者从管理走向引领，放权于教师，让教师拥有专业自主权，将社会情感学习融入一日生活和游戏活动中，让学前儿童在体验中学习和掌握技能、方法等。放权教师，还让他们可以争取幼儿园内外部的一切支持力量。

　　家庭是儿童成长的第一个环境，社会情感学习的实施离不开家园积极沟通合作。看护人有意识地、积极地参与、指导，将学前儿童在家庭的生活经验和在幼儿园的学习经验衔接起来从而深化儿童的学习，可以进一步促进儿童对社会情感技能的习得。社区对学前儿童发展的影响也日益增大，它不仅为学前教育提供更多的服务和资源，还为幼儿园、看护人的参与提供了合作空间。

　　学前儿童社会情感能力的发展还要求幼儿园领导者、教师和其他教职工提升自身的社会情感能力。一些有效提高教师社会情感能力和教育能力的项目可提供情感技能指导，关爱、倾听等的练习等。美国的"我的教学伙伴"（My Teaching Partner）、教育意识和适应能力培训（Cultivating Awareness and Resilience in Education）、加强管理和弹性培训（Stress Management and Resiliency Training）等项目[②]表明，提高教师自身的社会情感能力可以有效提高儿童的社会情感能力，还能促进教师的专业发展。OECD 报告还指出，教师专业发展面临的一个关键挑战是加强其专业实践的"技术核心"，这要求发展支持创造、积累和传播专业知识的教育生态系统。这种生态系统需要利用好四个来源：受科学启发的创新和知识（研究和评估）、受公司启发的创新（新产品和服务的开发）、受实践者启

---

　　① OECD. Skills for social progress：preparing teachers and developing school leaders for the 21st century：lessons from around the world［EB/OL］.（2012－06－07）［2019－09－21］. https://www.oecd-ilibrary. org/docserver/9789264174559-en. pdf? expires ＝ 1591160323&id ＝ id&accname ＝ guest&checksum ＝ 6E04DE50F46EB111BCB75B13D1D53D1D.

　　② Jennings P A，et al. Improving classroom learning environments by cultivating awareness and resilience in education（CARE）：results of two pilot studies［J］. Journal of Classroom Interaction，2011，46（1）.

发的创新和知识（教师、校长），以及受用户启发的创新（学生、家长、社区）①。幼儿园领导者、教师的专业提升能够更好地支持学前儿童社会情感能力的发展，以及促进学前教育质量的提升。

"世界在变化，教育也必须变化。社会无处不在经历着深刻变革，这种形势呼吁新的教育形式，培养当今及今后社会和经济所需要的能力。这意味着教育要超越识字和算术，以学习环境和新的学习方法为重点，以促进正义、社会公平和全球团结。"② 印度圣雄甘地曾说过："如果我们要在这个世界上宣传真正的和平，如果我们要对战争发起真正的抗争，就必须从孩子开始。"

今天的孩子需要一套平衡认知、社交和情感的技能，才能在现代生活中取得成功。他们实现目标、与他人有效合作和管理情绪的能力对于迎接 21 世纪的挑战至关重要。虽然每个人都认识到社会情感技能的重要性，如毅力、社交能力和自尊，但人们往往对提高这些技能的"有效方法"认识不足。老师和家长并不知道他们在培养这些技能方面的努力是否有回报，也不知道他们能做得更好③。儿童人生的最初几年，其神经、认知、心理、社会性和身体的发展快速而深刻。如果在此期间，学前儿童接触到包括暴力在内的风险，就会对其社会和情感发展产生不利影响，增加行为问题的风险，降低学前儿童自我调节情绪的能力。社会情感能力是 21 世纪核心素养不可缺少的组成部分，促进学前儿童的社会情感能力发展至关重要，较强的社会情感能力会大大增加儿童的亲社会行为、增强其抗逆力和自信，大大减少他们的负面思考、情绪困扰、压抑和压力，而且能促进社会和平和经济发展。因此，幼儿园、家庭建立平等、合作的关系，有利于为幼儿身心的健康发展、终身学习奠定重要基础，为他们做好面对未来的挑战的准备。

---

① OECD. Skills for social progress: preparing teachers and developing school leaders for the 21st century: lessons from around the world [EB/OL]. (2012-06-07) [2019-09-21]. https://www.oecd-ilibrary.org/docserver/9789264174559-en.pdf? expires = 1591160323&id = id&accname = guest&checksum = 6E04DE50F46EB 111BCB75B13D1D53D1D.

② 联合国教科文组织. 反思教育：向"全球共同利益"的理念转变 [M]. 北京：教育科学出版社，2018.

③ OECD. Skills for social progress: the power of social and emotional skills [EB/OL]. (2015-03-15) [2019-05-13]. https://www.oecd-ilibrary.org/education/skills-for-social-progress _ 9789264226159-en.

第十三章 国外学前教育新思潮的中国实践

一、支持儿童主动学习——高瞻课程的全球传播与中国实践

2004 年，OECD 在其研究报告中把高瞻课程（High/Scope Curriculum）认定为当代学前教育阶段最有影响力的五大课程之一①。高瞻课程的有效性已经得到了美国半个世纪纵向研究的证实，被誉为基于循证教育研究研发而成的有效干预方案②。高瞻课程的历史可以一直追溯到 20 世纪 60 年代，诞生于当时民权运动风起云涌的美国。

（一）高瞻课程的美国故事

高瞻课程是位于美国密歇根州的伊普西兰蒂市（Ypsilanti）高瞻教育研究基金会（High/Scope Educational Research Foundation）历经多年的理论研究和实践探索总结出来的课程模式。高瞻教育研究基金会是一个独立的、非营利性的从事研究、开发、培训和公共咨询工作的机构。该基金会的根本目标是促进全世界从幼年到青春期儿童的学习和发展，并通过支持和培训相关教育工作者和父母帮助儿童学习。所谓"High/Scope"，顾名思义是指高度的热情和广泛的兴趣，是由该课程模式的创始人戴维·韦卡特（David P. Weikart）和他的同事于 20 世纪 60 年代早期在一个针对青少年开设的夏令营中所提出和使用的③。1970 年，戴维·韦卡特正式成立高瞻教育研究基金会，"高瞻"一词用于表明该基金会高远的目标和远大的使命。

---

① OECD. Starting strong curricula and pedagogies in early childhood education and care [R]. Paris: OECD, 2004.

② Schweinhart L J, et al. Lifetime effects: the HighScope perry preschool study through age 40 [M]. Ypsilanti, MI: HighScope Press, 2005.

③ Goffin S G, Wilson C. Curriculum models and early childhood education: appraising the relationship: 2nd Edition [M]. Upper Saddle River, New Jersey: Merrill/Prentice Hall, 2001: 150.

1. 扎根教育扶贫的故事原点

高瞻课程是随着密歇根州伊普西兰蒂市佩里学前学校项目发展起来的课程模式。20 世纪 60 年代，受到当时认为学前教育可以降低经济处境不利的儿童在以后的学校教育中失败概率的流行观点的影响，佩里学前学校项目应运而生，123 名黑人儿童参与其中。这是美国第一个由公共经费资助、针对经济处境不利的儿童的学前教育项目。1962 年，针对 3 岁和 4 岁儿童的幼儿园课程项目正式面世。戴维·韦卡特与佩里小学（Perry Elementary School）校长——也是密歇根州首位非裔小学校长贝蒂（Charles Eugene Beatty）——合作，旨在帮助处境不利的黑人儿童做好进入附属于小学的学前班（kindergarten）的入学准备。这种非常具有前瞻性的教育扶贫理念后来在林登·约翰逊总统于 1965 年发起的开端计划（Head Start）中被推广到全美的极度贫困家庭及其幼童群体，受益对象更多是非裔美国人。

1964 年，受到皮亚杰发展心理学的影响，该课程被命名为认知倾向课程（cognitively oriented curriculum）①。从此，该课程模式大步迈开了发展步伐。1967 年，韦卡特及其同事开启了高瞻学前课程比较研究项目（High/Scope Preschool Curriculum Comparison Study），试图进一步探索哪种课程模式更有利于贫困儿童的学习与发展。1971 年，依托佩里学前学校项目的研究成果，高瞻示范幼儿园（High/Scope Demonstration Preschool）成立了。同年出版了认知倾向课程丛书，并作为幼儿园课程的工作手册。2018 年开始，这所传统的半日制幼儿园开始为社区 3 岁和 4 岁幼儿提供全日制服务。

2. 不断更新迭代的课程模式

也许对于高瞻课程来说，最能说明其发展历程的就是一系列标志性著作的出版。1971 年出版了《认知倾向课程：学前教师的工作框架》（*The Cognitively Oriented Curriculum：A Framework for Preschool Teachers*）。它以皮亚杰的认知理论为基石，把重点放在如何促进儿童的认知发展上。在开发课程的第一年，课程明显具有教师指导的特点，却不具有明确的说教色彩。课程的组织性、计划性很强，教师的教育教学目标明确，而支持这些目标的观点却相当传统。当初他们试图摒弃的把一般的社会性发展和情感发展的目标作为学前课程主要目标的观点仍支配着他们的思考和计划，而且对发展性目标的理解、贯彻也相当有局限性。但是，这一课程模式仍然参加了开端计划和坚持到底计划（Follow Through Project）的比较研究。

1979 年出版了《活动中的幼儿：学前教育工作者手册》（*Young Children in*

---

① Goffin S G，Wilson C. Curriculum models and early childhood education：appraising the relationship (2nd ed.)[M]. Upper Saddle River，New Jersey：Merrill/Prentice Hall，2001：150.

Action：*A Manual for Preschool Educators*）①。该书在对《认知倾向课程：学前教师的工作框架》进行很大改造的基础上，首次将课程的核心放在儿童的主动学习和知识建构之上，服务对象也不再局限于特殊儿童，而开始转向全体儿童。教育目标由仅仅发展儿童的认知思维转向以认知发展为中心，同时注意儿童社会性与情感的全面发展，该书奠定了高瞻课程模式的基本框架。高瞻课程的设计者们根据主动学习是儿童发展的核心这一信念以及皮亚杰对前运算阶段儿童最重要的认知特征的论述，确定了 49 条关键经验，并将之作为制定课程和进行评价的指标。认知发展课程在根据这一整套关键经验组织学校课程方面取得了重大突破，这套关键经验主要来源于皮亚杰的认知发展理论和参与课程开发的教师们在十年的儿童教育实验中所获得的经验。

1995 年出版了《教育幼儿：为学前学校和儿童看护中心教育方案所提供的主动学习的实践》（*Educating Young Children：Active Learning Practices for Preschool and Child Care Programs*）。这本书为那些希望采用高瞻课程教育 3～4 岁儿童的教师提供了工作手册。其内容包括教室的安排、材料、一日生活流程、教师的需要以及和十个领域的关键经验联系在一起的活动和教学策略。而且这本书非常强调和家庭一起合作的理念。这本书是高瞻教育研究基金会 20 世纪八九十年代教育实践的结晶。"20 世纪 80 年代中期，他们意识到以前的关键经验对孩子发展的描述不全面。1991 年，自主性和社会关系被列为关键经验之一，主动学习被移走。在借鉴加德纳（Howard Gardner）的多元智力理论（Theory of Multiple Intelligences）的基础上，分别将运动和音乐于 1987 年、1994 年并入关键经验之中。另外，还修改了一些关键经验的名称，如将经验和表征改为创造性表征。迄今，已有十大关键经验，分别为创造性表征、语言与文字、自主性与社会关系、运动、分类、音乐、数概念、排列、空间、时间概念。小关键经验 1979 年只有 49 条，现在已发展为 58 条。"② 这些关键经验所涉及的领域与美国国家教育目标委员会（National Education Goals Panel，NEGP）提出的让所有儿童做好入学准备的关键领域基本一致③。

从根本上说，这次修订把社会性和情感发展置于一个更核心的位置，注重儿童的整体发展。关键经验的不断增多表明教师对儿童成长的关心不仅越来越细致，而且对各种心理学、教育学理论的接纳态度、实施运用越来越开放、深入。

---

① Hohmann M，Banet B，Weikart D. Young children in action：a manual for preschool educators [M]. Ypsilanti，MI：High Scope Press，1979.

② 徐小龙. HIGH/SCOPE 学前课程模式近二十年的发展 [J]. 学前教育研究，2001（4）：75.

③ Kagan S L，Moore E，Bredekamp S. Reconsidering children's early development and learning：toward comment views and vocabulary（Goals 1 Technical Planning Group Report 95 - 03）[R]. Washington，DC：National Education Goals Panel，1995.

对皮亚杰认知发展理论的进一步摸索使他们进一步把握住了主动活动的精髓所在；对加德纳多元智力理论等各派思想的兼收并蓄为其提供了开拓思路的广阔空间。但是，我们必须要指出的一点是，高瞻课程的理论基础仍然受制于发展心理学传统的势力范围。

2012 年第四版高瞻课程的学前系列丛书发布①，其最大的一个变化就是紧跟美国普及学前教育的步伐。根据《开端计划儿童发展与早期学习框架》（*Head Start Child Development and Early Learning Framework*）、各州的共同核心标准（Common Core Standards）以及美国其他全国性以及各州的早期学习标准②，高瞻课程把原有的学习领域拓展为八个——学习品质（Approaches to Learning）③，社会性与情感发展（Social and Emotional Development）④，身体发展与健康（Physical Development and Health）⑤，语言、读写及沟通（Language, Literacy, and Communication）⑥，数学（Mathematics）⑦，创造性艺术（Creative Arts）⑧，科学与技术（Science and Technology）⑨ 和社会学习（Social Studies）⑩。此外，高瞻课程把这八个领域的关键经验修订成为 58 个关键发展指标（Key Developmental Indicators），且与各州针对早期学习关键领域的发展标准进行一一对应分析，方便教师使用⑪。2015 年，高瞻课程发布了儿童观察记录高级版本，提供最新版的在线评估工具，帮助教师为每一个儿童提交基于观察记录的儿童发展报告。2018 年，高瞻课程把家庭投入度纳入儿童观察记录系统，鼓励教师更多地支持家庭提高对教育的投入度。

---

① Epstein A S, Hohmann M. The High Scope preschool curriculum [M]. Ypsilanti, MI: HighScope Press, 2012.

② National Association for the Education of Young Children and National Association of Early Childhood Specialists in State Departments of Education. Early learning standards: creating the conditions for success-joint position statement [EB/OL]. (2002 - 11 - 11) [2019 - 01 - 02]. http://www.naeyc.org/files/naeyc/file/positions/position _ statement. pdf.

③ Epstein A S. Approaches to learning [M]. Ypsilanti, MI: HighScope Press, 2012.

④ Epstein A S. Social and emotional development [M]. Ypsilanti, MI: HighScope Press, 2012.

⑤ Epstein A S. Physical development and health [M]. Ypsilanti, MI: HighScope Press, 2012.

⑥ Epstein A S. Language, literacy, and communication [M]. Ypsilanti, MI: HighScope Press, 2012.

⑦ Epstein A S. Mathematics [M]. Ypsilanti, MI: HighScope Press, 2012.

⑧ Epstein A S. Creative arts [M]. Ypsilanti, MI: HighScope Press, 2012.

⑨ Epstein A S. Science and technology [M]. Ypsilanti, MI: HighScope Press, 2012.

⑩ Epstein A S. Social studies [M] .Ypsilanti, MI: HighScope Press, 2012.

⑪ Schweinhart L J, Weikart D P. The HighScope model of early child education [M] //Jaipaul L Roopnarine, James E Johnson. Approaches to early childhood education: 6th Edition. Upper Saddle River, New Jersey: Pearson Education, Inc. , 2013: 241 - 263.

3. 融入普及学前教育运动的新世纪发展历程

进入 21 世纪，高瞻课程全面与美国普及学前教育运动结合，"有准备的教师"不仅仅成为课程的核心价值观之一，更是成为美国发展适宜性实践的最新核心理念"有效教师"的解决方案。针对开端计划的研究显示，2003 年超过 59% 的老师表示他们主要使用高瞻课程和创造力课程（Creative Curriculum）[①]；2005 年针对公共学前教育项目的研究显示，教师主要使用的课程资源仍然是上述两种课程方案[②]。此外，负责管理开端计划的美国卫生与公众服务部网站的最新信息显示，美国联邦政府推荐使用的 14 种课程方案中，高瞻课程和创造力课程在 14 个评估指标的综合考量下仍然拥有最好的研究证据的支持[③]。由此可见，时至今日，高瞻课程仍然是美国联邦经费资助的学前教育项目被推荐使用的有效课程模式。

但是与此同时，美国国内针对开端计划所提供的半日制学前教育的有效性研究一直在持续，质疑课程有效性的声音此起彼伏。加州大学尔湾分校与哈佛大学研究者 2020 年的最新联合研究显示，与没有参加开端计划的同伴相比，参加了开端计划的儿童并没有在学龄期以及成年后展现出显著更好的发展结果[④]。而且，这个研究还拓展了 2009 年的一个著名的纵向研究的结果[⑤]，重申质疑课程有效性。从这个意义上说，对高瞻课程有效性的相关证据，也需要批判性地考量。

（二）高瞻课程的全球传播与中国故事

1. 培训先行的全球化步伐

高瞻课程的发展早就跨越了国界。1988 年，高瞻教育研究基金会在英国伦敦成立了首个国际研究中心，截至 2013 年其在全球共建设了 10 个国际研究中心，分别位于加拿大、智利、英国、印度尼西亚、爱尔兰、韩国、墨西哥、荷兰、葡萄牙和南非。高瞻教育研究基金会借助这些全国性的教师培训中心来推广

---

① Administration for Children and Families（ACF）. Federal and state funding for early care and education [R]. 2003.

② NCEDL. NCEDL Pre-kindergarten Study. Early Developments [R]. The University of North Carolina at Chapel Hill: FPG Child Development Institute，2005.

③ https://eclkc. ohs. acf. hhs. gov/sites/default/files/featured _ file/preschool-curriculum-consumer-report-032519. pdf.

④ Pages R，Lukes D J，Bailey D H，et al. Elusive longer-run impacts of head start: replications within and across cohorts [J]. Educational Evaluation and Policy Analysis，2020（4）.

⑤ Deming D. Early childhood intervention and life-cycle skill development: evidence from Head Start [J]. American Economic Journal: Applied Economics，2009，1（3）：111－134.

高瞻课程[①]。高瞻教育研究基金会网站的最新数据显示，其在中国、泰国等国家设立了新的国际研究中心，但是之前位于英国、韩国的国际研究中心已经解散。

目前高瞻课程模式还在积极向外扩张，随着全球化的推进，高瞻课程已经被越来越多的国家和地区所采用。美国广义的学前教育包括针对0~8岁的儿童的课程。高瞻课程一开始研发出来的是面向3岁和4岁儿童的幼儿园课程，后来往下延伸到面向1~2岁的婴幼儿与学步儿的课程，还有面向5~8岁儿童的从学前班到小学三年级（K-3）的课程。

该课程模式的创始人韦卡特曾经在高瞻教育研究基金会成立20周年的时候表示："我们现在努力向全国传播这种高质量的课程方案，这种课程方案被多年的研究证明是有效的。我们知道这种课程方案真的能有所作为，我们知道它可以让儿童的生活变得更加美好，我们必须传播这种课程方案。"[②] 韦卡特本人还宣称，高瞻课程对众多挑战都是有所准备的，因为高瞻课程有着一个内在一致的理论基础，被多年研究证明是有效的，能在广泛的范围内应用，在不同实践条件下的实践工作者都能够清晰地说明和很容易就理解这个课程模式，有着一个有效的教师培训系统可以支持课程模式在全球范围内的复制，有着一个广泛定义儿童学习结果的评价系统[③]。

对于高瞻教育研究基金会来说，创始人韦卡特是具有全球视野的教育领袖，可惜天不假年，他于2003年便去世了。早在1984年，韦卡特就带领高瞻教育研究基金会承担了国际教育成就评价协会（International Association for the Evaluation of Educational Achievement，简称IEA）首个涉及17个国家及地区的学前教育比较研究项目（Preprimary Project），主要是探索不同学前教育机构的结构性特征与过程性特征如何影响儿童在7岁时候的语言和认知发展[④]。在课程研发和培训模块开发的过程中，研究始终是高瞻教育研究基金会的核心竞争力之一。

也许对于高瞻课程来说，它所面对的最大的挑战来自希望在全球范围内传播这种课程模式。例如，有人批评高瞻课程对文化因素视而不见，因为高瞻课程宣称关键发展指标"不必考虑国籍和文化背景，它们对于全世界儿童理性思维的发

---

① Schweinhart L J，Weikart D P. The HighScope model of early child education [M] //Jaipaul L Roopnarine，James E Johnson. Approaches to early childhood education：6th Edition. Upper Saddle River，New Jersey：Pearson Education，Inc.，2013：241-263.

② Weikart D P. Celebrating 20 years [R]. High/Scope Resource，1990.

③ Goffin S G，Wilson C. Curriculum models and early childhood education：appraising the relationship：2nd Edition [M]. Upper Saddle River，New Jersey：Merrill/Prentice Hall，2001：165.

④ Montie J E，Xiang Z，Schweinhart L J. Preschool experience in 10 countries：cognitive and language performance at age 7 [J]. Early Childhood Research Quarterly，2006（21）：313-331.

展是同样重要的"①，同时宣称根据长期研究的成果，自己是最好的课程模式，等等。这种"最好"是否在所有文化语境下都是可行的呢？

随着高瞻课程的国际研究中心以及培训中心在全球铺开，尤其是高瞻课程的核心著作被翻译成为阿拉伯语、中文、德语、芬兰语、法语、韩语、挪威语、葡萄牙语、西班牙语以及土耳其语，其奠基人也开始承认"不同语种的出版物有助于传播高瞻课程这个教育模式，这个模式必须通过民主化的运作针对当代的文化与语言进行量体裁衣，并借助那些深思熟虑的教育工作者用开放的态度去使用高瞻课程"②。

从这个意义上说，也许高瞻课程所面临的最大挑战就在于如何在在世界各国的传播过程中实现本土化，而这几乎是所有课程模式向外传播的必然会面对的问题。

2. 融入中国普及学前教育运动的高瞻课程

如果考察高瞻课程的中国故事，那么从学术引进到实践模式的推广可能是故事的变奏曲。早在 1995 年，人民教育出版社就翻译出版了 1979 年霍曼等著的《活动中的幼儿：学前教育工作者手册》(*Young Children in Action：A Manual for Preschool Educators*)。尽管翻译的时间与原著出版时间相隔较远，但因符合中国当时幼儿园课程改革的需求，所以高瞻课程在中国 20 世纪 90 年代引起了学术界与实践界的广泛关注。理论界认为高瞻课程是实施皮亚杰认知发展理论的优秀实践模式，同时也解决了当时国内实践界对于幼儿园如何开展活动区教学的诸多困惑。随着素质教育理念的兴起，以及教育部 2001 年出台《幼儿园教育指导纲要（试行）》，高瞻课程内嵌的活动课程、活动区学习、关键经验、教师的支架式教学等理念越来越广泛地传播开来，其与蒙台梭利课程、多元智力理论指导下的光谱课程、瑞吉欧教育法等占据了广大实践工作者的场域。

随着 2010 年《国家中长期教育改革和发展规划纲要（2010—2020 年）》提出普及学前教育的国家政策，以及《国务院关于当前发展学前教育的若干意见》推动三期三年学前教育行动计划出炉，学前教育走上了快速扩张的十年。2012 年出台的《3－6 岁儿童学习与发展指南》，更是呼吁开展以儿童和游戏为中心的课程建设，高瞻课程模式迎来了一个真正的学术高潮。学术界也开始加快参与全球教育对话的进程。2010 年，教育科学出版社开始引进高瞻课程模式系列著作，并邀请北京师范大学霍力岩教授领衔翻译，目前已经陆续出版了高瞻课程模式的二十多种图书。这

---

① Schweinhart L J, Weikart D P. The HighScope model of early child education [M] //Jaipaul L. Roopnarine, James E. Johnson. Approaches to early childhood education：6th Edition. Upper Saddle River, New Jersey：Pearson Education, Inc. , 2013：246.

② Schweinhart L J, Weikart D P. The HighScope model of early child education [M] //Jaipaul L. Roopnarine, James E. Johnson. Approaches to early childhood education：6th Edition. Upper Saddle River, New Jersey：Pearson Education, Inc. , 2013：243.

些高质量的翻译著作与高瞻课程的原版著作几乎同步出版，体现了中国学前教育课程改革与世界发达国家学前教育改革同步互动的全球化进程。

与此同时，实践界对于原版高瞻课程模式的呼声越来越高。高瞻教育研究基金会正式寻找到自己在中国的合作对象，并于2012年成立了中国高瞻教师培训（上海）中心。2014年11月高瞻教育研究基金会荣誉主席施维因哈特博士（Lawrence Schweinhart）到访江苏省第二师范学院，推动高瞻课程落户中国幼儿园。此后，高瞻课程在中国幼儿园被运用得越来越多。

为什么高瞻课程能够在中国得到学术界和实践界的广泛认可呢？主要有以下几个原因：

第一，中国幼儿园教育深受苏联分科教育模式的影响，而高瞻课程2012年改版后就是非常经典的领域课程，与分科教学在逻辑结构上具有同构性质。而且2001年出台的《幼儿园教育指导纲要（试行)》倡导的五大领域课程，更是与高瞻课程的八大领域不谋而合。更重要的是，高瞻课程倡导基于儿童的关键经验来开展区域活动，高度吻合中国学前教育的课程改革方向。不管是教育科学出版社的《幼儿园领域课程指导丛书》，还是南京师范大学出版社的《核心经验与幼儿教师的领域教学知识丛书》，都蕴含着高瞻课程的思路。

第二，高瞻课程高度重视基于对儿童的观察进行发展性评价，其儿童观察记录（Child Observation Record）与《3-6岁儿童学习与发展指南》具有逻辑同构的关系，是一个可操作性非常强的教师评估工具，它支持教师用发展性评价连接教与学的全过程。这是建设有质量的学前教育中最需要攻破的难点之一，而高瞻课程的观察评价体系为学术界和实践界探索学前教育观察评价提供了明确的方向和抓手。

第三，高瞻课程倡导"有准备的教师"与中国自2010年后一直强调的促进教师专业性发展的目标高度吻合。高瞻课程的这个核心理念被全美幼儿教育协会（NAEYC）第三版的《发展适宜性实践》纳入其中，高瞻课程"有准备的教师"的理念和实践，为中国学前教育界提供了参考蓝本。

高瞻课程的主动学习理念、系统的课程体系以及极具操作性的观察评价方法等适合我国当前学前教育改革的需要，为我国幼儿园教育多元化实践提供了参考。高瞻课程在中国本土化过程中还需要进一步克服文化差异，加强师资培训，加强对高瞻课程的深入研究等，其中国化道路仍然任重而道远。

二、学习故事——为了促进儿童学习而评价

（一）背景

改革开放40余年以来，我国早期教育越来越重视发现儿童和童年的独特、

丰饶，确立儿童的本体地位，贯彻儿童优先原则，保障儿童应该拥有的各种权利①。以"幼儿为本"是《幼儿园教育指导纲要（试行）》、《3-6岁儿童学习与发展指南》和《幼儿园教师专业标准（试行）》所追求的核心价值取向，这也对教师在教学实践中观察、了解幼儿，"评估他们的兴趣、特点和需要，以便更有效地拓展他们的经验、促进他们学习与发展"②提出了更高的要求。自《幼儿园教育指导纲要（试行）》和《3-6岁儿童学习与发展指南》颁布以来，教师们已经建立起了以幼儿为本的意识③，但是对儿童观的认识在理论层面和实践层面之间还存在着的巨大差距，教师心中那把"隐藏的标尺"以及对未来培养目标的关注，影响着教师对每一个具体的、当下的、独一无二的儿童的看法、评价和与其的互动④。因而，转变儿童观，转变评价儿童的视角和方法，了解每一个幼儿，成为近年来我国幼儿教育改革的重要课题。

在这样的教改背景下，新西兰国家早期教育课程 Te Whāriki⑤ 提出的"儿童是有能力、有自信、积极主动的学习者和沟通者，身体、心理、精神健康，有安全感、归属感，知道他们能为社会做出重要贡献"这一儿童观，以及基于此儿童观的"取长式"形成性评价方式——学习故事，给中国老师们带来了很大的震动，也引发了很多讨论和思考。中国幼教人看见了学习故事的理念与《幼儿园教育指导纲要（试行）》《3-6岁儿童学习与发展指南》之间的连接，并由此展开了与新西兰幼教同行长期的相互学习和交流。例如，由贝蒂·阿姆斯特朗发起成立的中国-新西兰教育基金（China-New Zealand Education Trust）早在2002—2006年就与当时的中央教育科学研究所（现已更名为中央教育科学研究院）合作，在贵州开阳县和甘肃临夏市开展了促进中国贫困地区早期教育发展项目，旨在通过学习新西兰的早期教育模式，在中国西部贫困地区发展以社区为依托的早期教育服务体系⑥。华东师范大学周欣教授和她的研究团队，也在她们进行的儿童数学学习研究中，借鉴了学习故事的观察和评价理念与实践⑦。2013年夏天，

---

① 蒋雅俊. 改革开放40年学前教育政策中的儿童观变迁 [J]. 学前教育研究，2019 (3)：12-20；刘晓东. 童年何以如此丰饶：思想史视角 [J]. 南京师大学报（社会科学版），2017 (5)：70-79.

② 周欣，周亚君. 如何利用《指南》观察和了解儿童 [M] //李季湄，冯晓霞.《3-6岁儿童学习与发展指南》解读. 北京：人民教育出版社，2013：181-214.

③ 李季湄.《3-6岁儿童学习与发展指南》概述 [M] //李季湄，冯晓霞.《3-6岁儿童学习与发展指南》解读. 北京：人民教育出版社，2013：10-53.

④ 范铭. 一个游戏引发对"儿童观"的深度反思 [J]. 上海教育科研，2018 (4)：59-63.

⑤ New Zealand Ministry of Education. Te Whāriki：Early childhood curriculum [S] //Te Whāriki matauranga mo nga mokopuna o Aotearoa. Wellington，New Zealand：Learning Media，1996. "Te Whāriki"为毛利语，音为特法瑞奇，意思是"编织而成的草席"，用"编织"来比喻课程建构的过程。

⑥ 王化敏. 给幼儿教师的一把钥匙：幼儿教师教育实践策略指导 [M]. 北京：教育科学出版社，2008.

⑦ 周欣，黄瑾，华爱华，等. 学前儿童数学学习的观察和评价：学习故事评价方法的应用 [J]. 幼儿教育，2012 (6)：12-14.

世界学前教育组织（OMEP）年会在上海召开，1996 版 Te Whāriki 的编写者之一、学习故事这套评价方式的研发者、新西兰怀卡托大学的玛格丽特·卡尔教授在大会上进行了主旨演讲，让更多的中国幼教人了解了学习故事以及它的理念和实践。2014 年 4 月，北京教育科学研究院早期教育研究所成立了兼职教研员儿童学习故事研习小组。2015 年 4 月，时任中国学前教育研究会副理事长王化敏老师提议并经研究会批准，成立了"贯彻《指南》，学习故事研习"项目组。

几年来，来自全国各地包括新疆、西藏、宁夏、内蒙古等地区的幼儿园的老师们，开始自愿自主地以"同行者"身份参与各种线上和线下的研习，立足所在幼儿园，扎根自己的实践，从转变儿童观和评价实践切入，共同探索借鉴学习故事，贯彻落实《3-6 岁儿童学习与发展指南》以"儿童为本"的核心价值取向的实践路径[1]。在研究层面，以在中国知网上以"学习故事"为关键词的搜索结果为例，2013 年至今，与学习故事相关的文献数量逐年上升。可见，来自新西兰的学习故事越来越受到中国幼教界的关注。

（二）学习故事是什么

1. 突出儿童"能做的"和"兴趣"的取长式儿童学习评价

学习故事是一套由明确价值观引领的形成性儿童学习评价理念和实践，具有双文化特性（新西兰本土毛利文化与外来多元文化），继承了以社会文化建构理论为理论基础的新西兰国家早期教育课程 Te Whāriki 中提出的儿童观、学习和发展观、课程观、课程原则、学习和发展线索（可以理解为学习领域）以及预期学习成果等，引领着教育者围绕为什么评价、评价什么、怎么评价等与评价相关的问题展开思考。特别是相信每一个儿童从一出生就是"有能力、有自信、积极主动的学习者和沟通者"这一儿童观，要求儿童学习评价的切入点从"找不足、找差距"转变为"发现优点、发现能做的和发现感兴趣的"，通过捕捉儿童学习过程中的一个个让人惊喜的"哇时刻"来刻画儿童的"有能力、有自信、积极主动的学习者和沟通者"这一形象，解读他们的所思所想所为，并让儿童知道他们是"能为社会做出重要贡献"的有价值的社会成员。

评价，即价值赋予。在案例 13-1 里，杨老师观察的是一个静静地坐着、默默地发挥作用的孩子参与"磨豆浆"活动的过程，看见了他参与"磨豆浆"时的行为，并倾听了孩子赋予自己这些行为的意义——"把它捏碎会更好磨"。不过，杨老师并没有借助一套量表或测评指标来"评判或评定"孩子的学习情况和发展

---

① 刘晓颖 . 发现儿童的力量：学习故事在中国幼儿园的实践［M］. 北京：北京少年儿童出版社，2015；曾艳，徐宇，唐智 . 追随儿童的脚步：幼儿园学习故事集［M］. 重庆：西南师范大学出版社，2017；王菁 . 用专业的心，让观察更有温度：幼儿园"学习故事"的本土化实践研究［M］. 上海：上海教育出版社，2017.

水平，而是通过分析和解读赋予这样的参与过程对这个孩子的价值和意义——"看着、想着、观察着，想办法做你能做和想做的事"，并指出了孩子与周围人和活动的关系，即他的参与对其他"磨豆浆"的孩子的价值和意义——"你真是这个团队里面不可或缺的一分子"。在杨老师的笔下，静静地坐着和默默地参与，是这个孩子在用自己特有的方式参与和表达，而不是"内向""消极""不参与"；"捏碎豆子"也不是"搞破坏"，而是孩子正在发展的与"豆浆怎么样更好磨"相关的认知和理论的一部分。

案例 13-1

学习故事："把它捏碎会更好磨"①

作者：杨茜楠（北京市西城区三教寺幼儿园）

日期：2019 年 5 月 22 日

你静静地坐在椅子上，并没有急着去推动石磨磨豆浆，而是看着、想着、观察着，想办法做你能做和想做的事。你小心地把豆子的外皮剥掉，再瓣成两半，一个个放进石磨里。

你把手伸进装豆子的盒子里，用两只小手使劲地抓着豆子，豆子有的被你捏成了小半，你告诉我，"把它捏碎会更好磨"。原来，你在用心去看，在默默地发挥你的作用，这些作用虽然没有被你说出来，但是你却知道自己可以做到什么，知道身边的伙伴需要什么！你真是这个团队里面不可或缺的一分子！

越来越多中国幼儿教师开始像杨老师这样感受到"另一种评价"的可能性，这种评价不为能力考查，不为检核碎片式的、不体现环境因素的知识技能，不为发现缺点、不足和弥补差距，而是在发现和突出儿童自身兴趣和优长的前提下，支持儿童用越来越复杂和深入的方式不断建构对周围世界的认识，发展有助于学习的心智倾向。这种评价实践引导老师们从"取长"视角去发现和关注儿童学习过程中的"哇时刻"，因为"你关注什么，什么就会生长"！然后，老师们会尽力去注意和识别儿童是如何用自己特有的方式，在与周围环境互动的过程中主动探索周围环境的，并努力在"注意、识别、回应"儿童学习的过程中与儿童共创共建学习旅程，促进每个儿童活泼、主动、全面的发展。

---

① 此学习故事发生在北京市海淀新区恩济幼儿园（又名"凤凰岭下的童心家园"），杨茜楠老师在参加北京儿童学习故事研习小组活动时作为客人老师为孩子撰写。

2. 促进学习、推动课程发展的形成性儿童学习评价

Te Whāriki 是基于社会文化建构理论的非规制（non-prescriptive）课程，它并没有具体规定教师们每天需要教什么、组织什么活动、学习哪些主题，而是期待教师们将自己的工作重点放在对儿童的研究，对互动互惠关系的建构，以及为儿童创设一个支持促进每一个儿童健康幸福、有归属感、能贡献、善于沟通和探究的环境上。因此，这个课程是开放、灵活、多元、存在无限可能性和不确定性的，需要儿童、教师、家长和社区在相互促进和回应中生成和建构专属于自己的课程。Te Whāriki 重视儿童的体验，并把课程编织和评价实践紧密联系在一起，认为"评价实践能够阻碍、削弱、支持或强化一个课程"①，因此，卡尔和其团队借用玛丽·简·德拉蒙德对形成性评价的描述，阐述了为促进学习而进行评价的过程，即"每天教学实践的方式就是，我们（儿童、家庭、教师和其他人）观察儿童的学习（注意），尽力去理解它（识别），然后好好地利用我们观察和分析的信息来理解和支持儿童的学习（回应）"②，并在学习故事中呈现出来：

· 注意，即对一个重要学习事件进行的描述。

· 识别，即对学习进行的分析和解读，如"什么样的学习有可能在这一刻发生"。

· 回应，即计划和设想可能进一步促进儿童学习的"机会和可能"。

教师在"注意、识别、回应"的过程中，从"准备好"（关乎学习动机和自我认知）、"很愿意"（关乎对学习场合的识别以及与周围人事物的关系和互动）、"有能力"（关乎知识技能储备）这三个维度分析解读儿童的学习过程，识别这个学习事件对于儿童自身学习和发展的价值，对于他周围人和环境的价值，以及他在学习过程中所运用和发展的知识技能，并在此基础上设计和计划可能拓展和延伸儿童学习的机会。

北京市西城区三义里第一幼儿园的老师们在"注意、识别、回应"儿童学习的过程中③，渐渐把教学和课程发展重点从"激发所有儿童对班级主题活动的兴趣"转变为"支持每一个儿童的个性化学习和发展"，尝试着构建基于儿童、重视关系、多条课程线索并行的生成呼应式课程。例如，2018 年 4 月的一天，汪苑老师所在的大班里有一个男孩用了一周时间制作了一个"蜘蛛侠"面具，这激发了身边其他一些孩子对面具、对京剧脸谱（特别是三国人物脸谱）、对京剧表

---

① Lee W Carr，et al. Understanding the Te Whāriki approach：early years education in practice ［M］. London and New York：Routledge，2013：108.

② Drummond J M. Assessment children's learning ［M］. London：David Fulton Publishers，1993；Kei Tua o te Pae. Assessment for learning：early childhood exemplars book 1-an introduction to Kei Tua o te Pae ［R］. Wellington：Learning Media，2004.

③ 刘晓颖. 发现儿童的力量：学习故事在中国幼儿园的实践 ［M］. 北京：北京少年儿童出版社，2015：254.

演（特别是京剧《三岔口》夜斗那一场戏）以及对歌曲《说唱脸谱》的兴趣，孩子、教师和家长们因此共同创造了一次持续一学期的探究京剧之旅。每一个参与其中的孩子都在建立着自己与面具、京剧等之间的连接和认知，而教师对儿童学习的促进和支持则基于对每一个孩子的兴趣点、想法和意愿的持续注意、识别、回应。

3. 重视关系、跨越边界建立连接的多元视角儿童学习评价

作为正式评价文本的学习故事可以被视为一种边界介质，它跨越幼儿园的边界，存在于不同社会群体（或活动体系）中，连接着包括家庭、幼儿园、社区在内的不同社会群体，促进这些群体间的相互沟通和合作①。重庆市两江新区上林幼儿园的家长们记录下了和孩子们一起阅读老师们所撰写的学习故事时的情景，让我们看到了学习故事可以如何跨越边界，邀请家长、孩子共同参与评价。

言言妈妈写道："这篇学习故事《石头探索记》是你的风格，你在家也是行动派，对很多事情充满了好奇心，并且加以试验。我记得有一次我们看了一本书，里面讲古代是用石头做笔写字，然后我们去小河沟玩的时候，你就捡了各种大小不一、颜色各异的石头回家试验哪些可以写字。有时候我会很感动，觉得我们平时做事就是差了一点你的这种好奇心、行动力，还有坚持不懈的精神，但有时候觉得你只是单纯地调皮。我刚刚给你讲老师写的学习故事《石头探索记》，你听到最后一句'老师希望你以后也要保持爱思考、爱探索的习惯'的时候，说了一句：'我就是这样，我天生就喜欢思考、探索，我以后也会一直这样。'"

言言妈妈记录的是学习故事所期望融入的"家长的声音"，以及儿童的自我评价——"儿童的声音"，这些声音帮助老师从更加多元的视角了解孩子，也让学习故事得以在儿童、教师、家长、幼儿园、家庭和社区之间建立连接，促进沟通合作。

（三）学习故事本土化的思考

学习故事的理念与我国的《幼儿园教育指导纲要（试行）》和《3－6岁儿童学习与发展指南》所期待的幼儿教育有很多共通之处，给我们带来了与儿童观、评价、教学、课程等相关的启发和思考，但是不可否认，新西兰社会背景、教育的历史、教学的现状都与我国有着巨大的差异，要想让学习故事的理念也有可能在中国的幼儿园里生根发芽，首先，需要避免用"非此即彼"式的

---

① 玛格丽特・卡尔，温迪・李. 学习故事和早期教育：建构学习者的形象［M］. 周菁，译. 北京：教育科学出版社，2015.

二元论立场看待学习故事和我们自己，而是通过学习、连接、整合和解读思辨地借鉴；其次，需要相信在行动中教与研的力量，即幼儿园从领导层到教研部门再到一线教师边学习、边实践、边教研，不断领悟和尝试，调整将顺幼儿园的一日生活与儿童、教师的教与儿童的学、儿童的学与教师的发展等一系列关系，为探索学习故事理念和实践提供适宜的环境和土壤，改变才会慢慢发生[1]，并让它为幼儿园所用。

最重要的是，要认识到学习故事本土化研究不只是"方法"和"形式"层面的本土化，应激发我们对教育的本质、儿童是谁等价值观层面的讨论、思考和选择。围绕学习故事理念和实践的一些争议，如"过于关注优长，缺点怎么办""那么多孩子，怎么顾得过来""写故事，太花时间，会不会增加老师负担""幼儿园日常生活中哪有那么多'哇时刻'""只有质性的、日常的、过程中的叙事评价，怎么体现教育质量，量化的和总结性评价难道就没有必要了吗"……在我们看来，这些疑问没有所谓正确的标准答案，只有基于一定价值观的不同选择。学习故事基于它的价值观有自己的选择，但这不代表我们每个人也必须如此选择。

但是，无论我们如何选择，我们可能需要向新西兰幼教人学习的是如何以价值观为基石、以愿景为导向，审慎地做出我们自己的选择，并且明白自己为什么如此选择。因而，在研习学习故事理念和实践的过程中，我们越来越深切地体悟到，对学习故事进行本土化探索，不仅要了解它是什么，以及它与我们中国幼儿教育的价值观、文化背景和教育情境的连接，还需要从文化差异、认识论、方法论、思维方式等几个层面思考和探究如何研习，重视所有研习参与者的研习体验和经历，在倾听、对话、呼应和反思中促进每个人的专业学习和发展，在"礼之、师之、纳之、化之"的"濡化"过程中使之"本土化"[2]，让它帮助我们讲好中国孩子的学习故事，实现让每一个中国孩子拥有"快乐而有意义的童年"这一美好愿景。

三、促进儿童身体、心灵、精神整体健康发展——华德福教育在中国

（一）华德福教育的产生

1919 年，斯图加特一家香烟厂的老板艾米尔·莫特萌生了办一所厂办校的

---

① 刘晓颖. 发现儿童的力量：学习故事在中国幼儿园的实践 [M]. 北京：北京少年儿童出版社，2015.

② 刘梦溪. 中国文化的张力：传统解故 [M]. 北京：中信出版社，2019.

想法，以便让厂子里工人的孩子读书。这个想法在当时的欧洲显得与众不同，因为那时上学读书基本上是贵族阶级的特权，而莫特先生希望这所学校承载他关于第一次世界大战后新秩序的社会理想，使人能够平等，能够全面发展，具备未来社会发展所需要的品质。因此他去寻求歌德研究者、人智学创始人鲁道夫·施泰纳的支持，并得到了对方积极的回应。

办校的第一个举动就是教师培训，大家一起学习了 14 天以后，华德福学校诞生了。华德福这个名字取自烟厂的名字，也是他们家族企业的名字，至今莫特先生家族的瓦尔道夫酒店仍然全球闻名，瓦尔道夫和华德福都是 "Waldorf" 的音译。

华德福学校在欧洲也被叫做施泰纳（Steiner）学校，以鲁道夫·施泰纳的名字命名。鲁道夫·施泰纳于 1925 年去世，他晚年致力于推动华德福教育、活力农耕、人智学医疗、戏剧、优律司美等领域的工作，持续在全球产生影响。一百年来，华德福教育的浪潮冲刷着欧洲、美洲和亚洲，融入各地的本土文化，呈现出全球发展的态势，目前在 100 多个国家建立了 1 100 多所学校和 2 000 多所幼儿园，成为联合国教科文组织在全球范围内所推荐的教育。其理论基础为施泰纳所创建的人智学，强调人是身心灵完整的存在，教育要在不同阶段回应其思考、情绪和身体的发展需求，使其成为其智识、情绪和身体的主人，从而成为一个具有独立思考和创新能力的个体、一个善于合作的社会人。

华德福幼儿园的出现晚于华德福学校。第一所华德福学校开办时，鲁道夫·施泰纳希望学校留出幼儿园的教室，但由于财务压力无法实现。1920 年他再次跟教师们提到幼儿园的重要性，他说："实际上，学校要是包含幼儿园会更好。孩子要是能在 7 岁前开始接受教育最好。今后我们必须要让孩子年龄更小时就能上幼儿园。孩子越大，教育的效果越不明显。"

鲁道夫·施泰纳去世一年半以后，伊丽莎白·葛兰娜利在斯图加特华德福学校一间高年级教室开始和 7 岁前的孩子们一起工作。24 岁的伊丽莎白在波恩完成国立幼师培训后，成为柏林福禄培尔研究会的积极分子。同时，她师从施泰纳学习木雕，和一群艺术家一起在瑞士多纳赫建造歌德大殿。鉴于伊丽莎白的幼教背景，施泰纳生前一直期望她能成为幼儿老师，但她总是觉得自己还没有准备好，迟迟没有行动，直到 1925 年施泰纳离世后，她才迈出了第一步，开启了全球的华德福幼儿教育运动。

（二）华德福幼儿教育在中国的实践

2004 年 9 月，张俐、李泽武、黄晓星三位留学生在成都创办了第一所华德福幼儿园及学校，同期吴蓓、郁宁远在北京也开始了华德福幼儿教育的实践。社会上幼儿教育的理念也日渐丰富和多元化，一批希望给孩子更自然、更健康、更自主的童年的家长被华德福教育所吸引、聚合，妈妈们开始聚在一起办读书会、手工会，共同讨论育儿理念和方法，随之在小区里或者是自然环境丰富的郊区开办华德福幼儿园。就这样，华德福幼儿园在中国以妈妈合作办园、非营利的形态走入了家长的视野。家长们热切地参与华德福幼儿园的发展与管理，几乎所有的华德福幼儿园都有着活跃的家委会。一些华德福幼儿园的理事会里家长的席位甚至超过老师。

1. 延续家庭的生活气息，用爱与温暖养护幼儿，使其在自主玩耍中充分学习

妈妈们创办的幼儿园，看上去更像一个家，带着母爱的温暖特质，以此滋养幼儿的感官与想象力。感官是幼儿参与外部世界的重要渠道，儿童的自我经验、自我意识以及智力的发展都与感官发展着密切相关，现代的孩子往往暴露在过度的感官刺激当中。幼儿的感知，表现出巨大的开放性，他们带着无限的信任与世界相遇。感官经验的不足与过度都会对幼儿发育中的感官造成伤害，影响深远。因此，华德福幼儿园的环境设计从滋养孩子的感官出发，室内的色彩以暖色为主，无论是彩绘墙壁，还是品红色的窗帘、卧具，都带来视觉上的温暖感与安心。玩具架多是实木材质，孩子的玩具多是教师用木头、羊毛、丝绸等天然材料制作的玩具，是低结构的，几乎没有声光电的塑料玩具。

2. 天人合一，把自然的能量和节律带入幼儿的生命

大自然则是幼儿园的另一个教室，华德福幼儿园在选择场地时都会最大可能地亲近自然，或者是在郊区亲近山水的地方，或者是有比较大的院子的别墅，或者是城市郊野公园附近的小区。每周去大自然远足是课表上雷打不动的内容。晨圈、故事、木工、手工、绘画，都会在大自然的场景下发生。北京天下溪青蓝森林园对面就是郊野公园的一片树林，孩子们每天去树林里。大自然是天然的感统教室，孩子身体在和大自然的地、水、火、风各种元素及植物、动物的接触中，充分发展触觉、生命觉、平衡觉、运动觉，为他们日后进一步体验感知世界提供了坚实的基础。

华德福幼儿园课程不是以自然科学的眼光罗列与分科教学，而是以天地之间的呼吸节奏作为原则来安排。在每天的流程里，由孩子主导的那些活动就是他们思考、感受和意志的"呼出"，最典型的活动就是自主玩耍。在自主玩耍中，孩子的个性、生活经验、想象力和创造力呼之即出。而当他们跟随老师的引导参与晨圈、故事、午餐、午睡等集体教学活动环节时，他们则在"吸入"成年人给他们带来的身体和精神的营养。一呼一吸，张弛有致。华德福幼儿园有丰富多彩的四季"庆典"：清明、端午、中秋和冬至，把孩子带入了一个更大的节奏；踏青、舞龙、拜月、祈福，把文化的记忆扎实地带到社群文化里。课程设计中的节奏感，给孩子带来身心的安全感和整体感。华德福幼儿园的一日流程见表 13 - 1。

表 13 - 1　华德福幼儿园的一日流程

时间	周一	周二	周三	周四	周五
8：30	入园				
8：30 - 9：50	室内自主玩耍和艺术活动				
	蜂蜡日	手工日	湿水彩日	烘焙日	远足日
9：50 - 10：10	整理玩具，上洗手间				
10：10 - 10：40	晨圈活动				
10：40 - 10：55	洗手、上午点心				
10：55 - 11：50	户外自主玩耍				
11：50 - 12：00	收拾户外玩具，上洗手间				
12：00 - 12：15	故事与偶戏				
12：15 - 12：45	午餐和餐后清洁				
13：00 - 15：00	午休				
15：00 - 15：30	起床、梳洗、整理和画蜡块画				
15：30 - 16：00	下午点心和清洁				
16：00	再见圈				

3. 从整体性出发，以艺术化的方式让幼儿体验世界和内在情感，获得对自我、社会和世界的初步认知

在华德福幼儿园中有很多独具特色的活动，比如说晨圈。晨圈是一种聚合仪式，让来自不同家庭、不同环境的孩子之间建立连接，感受彼此的存在，感受群体，使孩子在最初的社会化阶段对整体产生意识。晨圈的主题源自童话、自然环境中的动物和植物，节日以及人类生活的图景。在晨圈时，老师会考虑情绪的平衡——欢喜和悲伤、幽默和不夸张、强健和柔和等。动作也是两极性的，比如快和慢、上和下、大和小、扩展和收缩。这些两极化的动作为圆圈带来了生动多样的内容，音乐、童谣等具有韵律的语言会被重复运用在晨圈中，让孩子对优美的母语有所体会。

在华德福幼儿园，故事被放在了很重要的位置，将故事尤其是童话故事视为幼儿心灵的"乳汁"。幼儿园的故事会涵盖自然故事、传说故事、童话故事、疗愈故事、生日故事、生活故事等。老师们在讲故事时会营造梦幻的环境和氛围，并以平静的语气讲述，让孩子沉浸在美好的、描述性的语言中。故事的呈现方式也独具特色，偶戏是故事的一种呈现方式，通过手工制作的桌面立偶、提线偶、膝盖偶，以各种布、丝绸、石头、木头等自然材料为布景，一边静静地讲述故事，一边操作手工制作的桌面立偶、提线偶、膝盖偶等将故事演绎出来。偶戏温暖、有生命的、立体的呈现方式，能帮助孩子理解语言中的丰富场景，从而滋养孩子的内在图景，培养他们的想象力和倾听能力。除了晨圈、故事等之外，幼儿园里还有湿水彩、蜂蜡塑形、优律司美、木工等特色活动在时间流上通过一呼一

吸的节奏编制一日流程。在这个过程中，老师随时观察儿童。儿童研究活动则以独特的方式邀请父母、所有有意愿的教师共同关注研讨某个幼儿个体当下以及未来的发展需求，对孩子的发展给出建议。

4. 幼儿教育的本质是成人的自我教育

模仿是儿童的本能，也是其学习的基本方式，老师的一切言行都构成孩子的环境、孩子的榜样。当老师怀着爱，在孩子的周遭营建温暖的氛围时，幼儿才会在内心的愉悦中形成对世界的赞叹、崇敬与好奇，以及初涉人世的信任与安全。教师的自我成长与姿态被视为与孩子一起工作的先决条件。因此，"幼儿教育的本质是成人的自我教育"这一观点在华德福幼师培训中非常重要。

成都、北京、广州、南京、西安、沈阳先后建立了区域华德福幼师培训中心，为老师们持续不断地开展儿童研究和自我成长提供了学习平台。到目前为止，全国有将近400家小微园、亲子班所进行着华德福教育实践，虽然规模和人数还比较有限，但其独特的教育理念和实践方式使其成为中国家长中一个有影响力的幼儿理念教育流派，丰富了中国的学前教育生态。

5. 一种在真实生活中迈向健康、自主与合作的教育

随着城市化与现代化的发展进程，幼儿越来越生活在一个自然缺失与生活枯干的环境中，被越来越多的钢筋混凝土所包围，人工智能渗透在生活的各个层面，孩子的周遭更多的是碎片化的信息和抽象的世界。华德福教育从儿童观察出发，更具整体性与前瞻性地回应孩子的需求，而非仅仅在智性的角度抽象地设计课程、完成教育。它强调教学组织的节奏与重复，重视持续性的生活体验与自然体验，在室内与户外都给予孩子充分的自主玩耍的时间与空间，在节日庆典中真实地复苏传统文化，使得华德福幼儿园成为生机勃勃的有机体，呈现出温暖、鲜活的品质，这对于许多幼儿园都是有启发的。

（三）对华德福幼儿教育的反思

华德福幼儿教育在中国开展了十余年，仍然处在实践的初期阶段，需要以国际视野站在大历史的视角，深入探寻本土化道路，保持教育中师生以及家长的活力。在学前教育深入改革的背景下，2020年突如其来的新冠肺炎疫情把以小微园为主要形态的中国华德福幼儿园整体带到了一个十字路口、一个反思的时点，办园人需要结合现实条件，在公办园、普惠园和民办园的框架下探索华德福幼儿教育的发展之路。要实现这一点，需要让更多的人理解华德福教育理念，加强其学术体系的对话能力。华德福教育的术语体系自成一家，这保证了理念与实践体系的完整性，但也成为其推广与传播的障碍。华德福幼儿教育需要革新其重实践、轻研究的传统，建立与学界交流的通道，分享其实践经验与理论成果。

四、儿童在大自然中成长和学习——丹麦自然教育对中国的启示

（一）改革后的丹麦儿童早期教育和保育课程

2018 年，丹麦议会通过了针对 0～6 岁儿童早期教育和保育的新课程体系。新课程体系着重强调了玩耍/游戏①、好奇心和社会关系对儿童成长和发展的重要性。玩耍对儿童福祉和学习至关重要，它能促进儿童的社会技能、自我价值感和认知能力的发展。

丹麦儿童早期教育和保育新课程包含：（1）丹麦儿童早期教育和保育的核心价值观和方法的教学基础描述。（2）六大主题——个人发展，社会技能，沟通和语言，身体、感官和运动，自然、户外生活和科学，文化、审美与社会。（3）学习环境应如何增进所有儿童的福祉，促进学习、发展，以及个性和社会性的形成。

自然、户外生活和科学是六大主题之一，被视为儿童整体发展的一部分，同时也指向可持续性的议题。

丹麦早期教育从业者在攻读社会教育学士学位②的受教育期间，必须获得与自然、户外生活和科学相关的知识与技能，使自己在这个领域日益专业化。从业者在获得学士学位后，在自然学校、森林和景观学院的教育项目中，还会获得很多很好的培训和持续实践机会。

在 2018 年改革之后的新课程中，"Dannelse"一词（丹麦语中的"Dannelse"可大致对应中文的"形成""养成"）成为一个重要的概念。这是个很难被准确翻译出来的字眼，是指"一种更深层次的学习形式，在这种形式中，儿童作为积极参与者，会以自己独特的方式来巩固加强价值观和知识，自我引导、自我调整，进而作为一个能理解关怀他人、能思辨和参与民主实践的人，主动参与到全球性的世界中"③。

---

① 本章中，英文原文"play"翻译为中文时，根据语境可译为"游戏"或者"玩耍"。但就此处而言，偏重但不限于"自由玩耍"。

② 就学生总数而言，社会教育学士和教育学士，是丹麦学生人数最多的本科课程专业。课程为期 3.5 年，包括两个部分：基本职业能力的通用部分和专业领域部分。学生必须选择以下三个专业领域之一：日托教育，针对 0～5 岁儿童的早期教育工作；学校和休闲教育，针对学校儿童和 6～18 岁的青少年的教育工作；社会和特殊教育，针对有特殊需要的儿童和青少年，以及身心残疾或有社会问题的人的教育工作。

③ 见丹麦儿童和教育部颁布的《强化早期教育课程：框架和内容》（丹麦文 2018 年版、英文 2020 年版）。

（二）丹麦悠久的传统——儿童在自然和户外的体验

丹麦有着悠久的传统——将儿童引进大自然，并让大自然充分参与到教学工作中。2018 年对丹麦所有托儿所、幼儿园和综合机构的调查图谱显示了在大自然中和户外的时间安排情况。调查图谱显示：（1）丹麦从未有过这么多的自然机构——20％～30％的日托机构自称是自然机构。（2）托儿所、幼儿园和综合机构（称为自然机构）的儿童每天在户外玩耍的时间是 3～5 个小时。这里的"户外"是指操场、户外区域，在很多情况下是日托机构在自己的区域内改造出来的绿地。（3）75％的日托中心每周进行一次或更多的自然之旅。（4）教师们相信，家长们希望儿童在幼儿园有更多的在大自然中散步的安排。（5）教师们认为儿童想更多地在大自然中旅行。（6）对教师们来说，时间可能是一个限制因素，但对于在大自然中更多的活动安排，他们也有着强烈的渴望。

早在两百多年前，德国教育家、自然爱好者、幼儿园的开创者福禄培尔就将儿童、童年和自然紧密地联系在一起。他使用了"幼儿园"这个词——意为儿童成长的地方。在这里，儿童可以与周围环境和谐地发展。自由的、身处于大自然中的儿童，时时在挑战中成长，这样的挑战，是通过身体表达、玩耍/游戏、体验以及强烈而深入地与大自然相处来呈现的。

丹麦第一家幼儿园是由丹麦的一位校长于 1854 年创立的玩耍和预备幼儿园。他认为教育应该以儿童为中心，以适应儿童的发展特点。

丹麦是世界上第一个创建自然/森林幼儿园，将户外教学活动与"建筑之外和远离城市"的地方结合起来的国家。1943 年，基于自然、二手材料和儿童的幻想，丹麦建立了 Emdrup 废弃游乐场。在这里，儿童不受成年人的限制，可以在活动中自在地表达和组织自己，从而得到最好的发展。在当时，这是一种非常具有创新精神的教学思维方式。

1962 年的一份调查报告显示，自然幼儿园的生活对儿童来说是具有挑战性的，他们在自然幼儿园更健康，并发展出了更好的社交和运动技能，更具想象力和创造力，对自然有更多的认识和责任。

从美学角度和研究角度来看，大自然对儿童（人类）是完全有益的。人类来自大自然，与大自然紧密地生活在一起已经超过 20 万年。"城市人"、"都市人"和"室内人"只是人类发展过程中很短暂的一个阶段。从遗传学角度看，人类被赋予了与大自然紧密相关的生活。从法国哲学家卢梭到后来的几个世纪的哲学家、教育家和研究人员都强调自然界的生活才是真正的真实生活。今天，所谓"正规"的机构也越来越多地把自然作为儿童日常生活的一个非常重要的部分。

丹麦 10％的日托机构是森林/自然幼儿园，越来越多的幼儿园称自己为"自然机构"，这个数字在 20％～30％之间，它们进行许多森林/自然之旅，或者以不同的方式将自然带入幼儿园。丹麦森林幼儿园没有统一固定的模式。幼儿园的每种设置都会根据它们所在的位置不同（农村、城市、半农村）和使用这些环境的人群不同（教育者、儿童、家长）而有所不同。

（三）为什么大自然对孩子学习、个性和社会性如此重要？

北欧对 0～6 岁儿童自然教育领域的研究始于 20 世纪 90 年代。在过去的十余年里，研究者们已开展了一些主题探索，如今研究变得更加细致。2019 年，丹麦儿童与自然中心汇编了相关研究文章（书籍）①，并做了一个研究综述，阐述了儿童在日托中心进行自然活动的重要性。它研究了日托中心大自然活动对儿童产生的影响。它着重于日托方案必须支持的要素，即儿童的福祉、学习、发展以及个性和社会性的形成。

研究综述基于 112 篇文章，涉及如空间、健康、体育活动、野外游戏/风险游戏、运动和学习、玩耍、科学、语言和物理场所等有关自然的主题。自然的概念可以有多种解释②。在研究综述中，自然的定义是"相对未受破坏的绿色区域，如海滩、湖泊、溪流、公园或城市森林绿地、灌木丛中的自然小径、草地、荒地、田野和公共自然游乐场"。

1. 调查结果

以下是对儿童与自然中心调查结果的简要总结。

（1）对儿童而言，大自然是一个空间。

自然被理解为一种休闲空间，对人的意识、压力水平和血压以及长期的认同感都有影响。关于自然意义的不同观点，主要表现在三个层面。

1）大自然是减压和疗愈的空间。1984 年，罗杰·乌尔里希（Roger Ulrich）以实证经验的方式证明，人类在生物学上适合在自然环境中生活。他的研究结果支持这样的假设：生活在绿色区域意味着缓解压力、降低血压和心率，人们在绿色环境中会更为放松。证据表明，光照充足的开阔地区，散落的树木和河流，能让人突破文化和年龄的限制，令人平静下来。例如，开阔的公园或森林景观让人放松，而拥挤和嘈杂的城市景观则会让人们感到兴奋，并让人有"逃离"或行动的紧张感。乌尔里希关于大自然的减压和疗愈作用的理论得到了多项国际研究的支持，这些研究都与儿童在大自然中度过童年的重要性有关。

2）大自然是一个深层次的、让专注力焕然一新的空间。大量的研究表明，待在大自然中可以使注意力和专注力得到改善。密歇根大学心理学家卡普兰夫妇

①　Niels Ejbye-Ernst、Bettina Moss 等撰写的《日托中心大自然活动对儿童的重要性》（2019 年），该研究是儿童与自然中心负责的"走出去"项目的一部分，该项目由哥本哈根大学、南丹麦大学、VIA 大学学院、奥胡斯大学和丹麦户外委员会合作完成。

②　哲学家和其他专家已经找到了对这个概念的 66 种不同的解释。

指出，待在大自然中意味着超负荷的人可以重新获得集中注意力的能力。研究还表明，幼儿园通过为儿童提供优质的自然环境（例如，幼儿园自己的区域，或幼儿园周围的公园、森林或其他绿地），以及尽可能多的待在自然中的时间，可以促进儿童注意力的发展，从而抵消各种形式的干扰，如注意力缺陷多动障碍等。

3）亲近大自然可为儿童长大后也爱护环境奠定基础。研究儿童与自然关系的实证研究表明，儿童在自然环境中度过的童年经历，对自然的兴趣和对非人类生命形式的依恋是至关重要的，它们会影响儿童长大后对使用绿色区域的偏好。

（2）大自然为儿童提供健康的场所。

研究表明，增加儿童在大自然中度过的时间对健康有益。自然幼儿园的儿童患病率比同类幼儿园的儿童患病率低；在幼儿园周围的户外区域或绿色环境中度过更多时间的儿童会更苗条，晚上的睡眠时间更长，能获得更强烈的幸福感；在户外活动质量高的幼儿园里，肥胖儿童较少，患 2 型糖尿病的可能性也比其他儿童低。另外，在自然元素活动占比高的幼儿园的儿童，体内维生素 D 的分泌量较高，他们玩耍的时间更长、更平静，参与度更深。

使用加速计测试、体能测试、测量步数等方法进行的研究表明，长时间待在绿色区域的儿童比长时间在室内活动的儿童活动量更大，他们的身体也更强壮、更柔软。对比研究在操场上玩耍的儿童与在大自然中玩耍的儿童，结果表明，儿童在自然环境中更加活跃，许多不同的自然物体和具有挑战性的环境（高度、斜坡、平衡力矩等）支持着儿童的运动欲望。当儿童离开幼儿园外出旅行时，身体活动水平是最高的。

（3）大自然为儿童提供运动和学习。

野外游戏/冒险游戏提供了迎接挑战、测试极限、探索边界和学习应对受伤风险的机会。野外游戏/冒险游戏是北欧研究者们自 2009 年以来一直关注的领域。关于野外游戏/冒险游戏的研究表明近年来人们倾向于更加重视安全问题，这意味着幼儿园在野外的教育实践可能会受到限制。因此，尽管强调这些游戏形式对儿童是有意义的、有趣的，能增进儿童的幸福感，但其也可能削弱野外游戏、冒险游戏和体育活动所具有的积极作用。实际上，并没有研究数据表明幼儿园的野外游戏对儿童是危险的。

最近的研究表明，运动与学习之间存在着联系。在 2011 年体育活动与学习共识会议的一份声明中，一些研究人员指出，无论年龄大小，体育活动与学习之间都存在着确凿的相关性。结合 2016 年的类似会议，2011 年的结果得到了更详细的阐述和证实。材料显示，在不同的环境中游戏/玩耍，可以增强运动和平衡能力，并有利于儿童的全面发展和学习。

（4）大自然支持幼儿进行科学探索、语言表达和社会交往。

自然和户外生活是丹麦日托机构特别重视的领域。幼儿园应支持儿童对周围环境进行批判性思考，使他们能够实现解决他们认为重要的问题的愿望。如前所述，丹麦 2018 年新课程的六大主题涉及自然、户外生活和科学，它们共同支持儿童在日托中心的福祉、发展、游戏和学习。

研究发现，户外空间/自然空间有潜力成为儿童语言支持的学习空间。目前有一种趋势是，外部空间被视为一个纯粹用于身体和社会表达的场所，而不是一个肯定包含有合乎教学逻辑的语言因素的场所。很明显，除了在机构内部进行的工作外，还可以在绿色环境中发展常规的语言工作/语言支持。自然界对新概念、社会交往持开放态度。

总的来说，绿色区域可以用三种完全不同的方式来使用：1）作为课堂，儿童在这里进行短途旅行，了解自然。2）作为一个家、一个安宁的地方，有固定的、可识别的规律，儿童在这里吃饭、睡觉、玩耍。3）像一个迷人的世界，一个由童话人物和人类、动物居住的仙境。

安格德的结论是，当儿童与教师一起待在自然环境中时，他们可以与自然环境建立紧密联系。儿童通过游戏，例如建造洞穴等，把这些地方变成自己的空间。她强调了自然界中三种不同的空间，即儿童在自然界中的原始意义空间、感知意义空间和存在意义空间。儿童存在于自然界中，他们在那里玩耍、吃饭、睡觉、活动，此即原始意义空间；他们被允许自由活动，从而感知环境的多样性，此即感知意义空间；他们有时会通过叙事、幻想游戏和反复举行某种仪式，将象征意义归结于自然，从而使场所变得格外重要，此即存在意义空间。

2. 研究结论

丹麦儿童与自然中心基于 112 篇文章所做的研究综述的结论是，研究证据支持应尽可能多地将 0~6 岁儿童的教学工作放在绿色环境中。

（1）研究表明，在自然环境中进行教育工作，可以增进儿童的福祉，促进其发展、学习以及个性和社会性的形成。遗憾的是，孩子们并没有那么多的时间和家人一起进入自然区域。因此，日托机构对于扭转这种局面，让孩子们有一个美好的童年，非常重要。

（2）研究建议，教师应尽可能多地在绿色环境中度过一天，并考虑使他们的诸多工作能在绿色环境中进行。此外，所有的早期教育机构都应该考虑如何让大自然最大限度地融入其日常生活。

（3）儿童的福祉取决于自由玩耍的空间以及教师对儿童的全面发展给予的支持。当教学工作在室外的绿色环境中时，就有充分的机会来实现这一点。

（4）有关儿童意识的研究表明，3~7 岁儿童在绿色区域的长时间的活动中获益最多。而所有儿童都可以通过每天在大自然中玩几个小时和参与有组织的活动促进注意力的发展。

（5）在过去的 20 多年里，人们致力于将部分日托机构的操场变成绿色的户外空间或郁郁葱葱的花园。这支持了一种趋势，即让日托机构的户外空间具有高质量的大自然。

（6）研究表明，将尽可能多的日托设施放在不同的自然区域附近，以便于在不同的区域开展教育工作，将是未来的一项规划任务。

（7）对特别活跃的前沿领跑者自然机构的调查表明，户外活动提供了更有条理的教育工作方式。一些幼儿园和托儿所将绿色环境与所有课程领域结合，有利于增进儿童的福祉，促进其发展、学习以及个性和社会性的形成。

丹麦儿童与自然中心通过访谈、观察和参与访问的方式，对 37 个最具创新性和最活跃的自然机构进行了定性研究。调查发现，托幼机构有许多非常具体的方法来应对在自然界中来自吃、睡、交通等方面的挑战和实际问题。具体如下：（1）如果自然教育工作得到领导层的全力支持，通过定期的会议讨论确保真正的发展，则效果最好。（2）通过战略性地聘用那些希望每天有部分时间在户外工作的教师来支持儿童在绿色环境中的活动。（3）游戏、语言、社会性发展、运动、自然、审美表现以及手工艺都可以成为教育工作的主题，并与户外空间相联系。（4）机构可以安排定期出行，并做好后勤保障，从而促进大自然中的教育工作。（5）许多机构都有潜力在其户外区域营造绿色环境，进而促进儿童的全面发展。（6）如果教育者周围的环境支持这项工作，他们就可以克服诸如交通、天气、就餐等方面的障碍。（7）通过租赁花园，使用（或租赁）森林、公园或私人区域等形式，参与当地活动，可以提供在绿色环境中工作的机会和便利。（8）教师的工作必须始终基于对每个儿童的福祉、发展、学习以及个性和社会性的形成的整体解释。它包括评估什么对儿童来说是有意义的，如何支持儿童独立形成自己的喜好，以及怎样通过玩耍和与同伴的社会性交往支持他们的发展。

基于 112 篇文章所做的研究综述的结论说明了大自然对儿童的学习、个性和社会性发展具有重要作用。那么，幼教机构应如何做呢？第一，教育者应在绿色环境中度过尽可能长的时间。第二，教育者应考虑如何调整他们众多的工作领域，以便他们可以在户外工作。第三，教师应致力于将各个学科融入绿色环境中。第四，在日常生活中要考虑到对自然的接触和利用。很多机构都强调在大自然中，旅途本身才是目的。一个团队在旅途中，可以发生很多事情。虽然大自然是重点，但游戏、想象力、运动和审美体现、手工艺等，都可以在旅途中得到丰富的体现。第五，所有机构都要考虑如何在"学习时间"和"自由玩耍时间"，以及在机构外的户外旅行活动中，将大自然最大限度地融入日常生活中，促进儿童尽可能地留在绿色环境中。第六，管理层应支持教育者在绿色环境中的工作，并向家长传达这一点的重要性。

日托机构要唤醒儿童对自然的热爱和热情，这是一个很大的挑战。当然，自然教育不仅仅是去森林或海滩。唤醒儿童对自然的热爱和热情是一个持续的过程，它有助于塑造儿童与自然的关系，并受到以下五种不同类型关系的影响：与自然的物质关系、基于经验的关系、认知关系、情感关系和哲学关系。

2020年新冠病毒的传播，间接地强调了以自然为基础的学习和活动的重要性。病毒更可能在室内传播这一事实，为各种户外活动和基于自然的学习提供了进一步的理由。丹麦的幼儿园大部分时间都在户外，学习策略也得到了进一步的发展。新冠病毒使全球感到人类是如此脆弱，这也意味着未来许多人可能会更多地依靠自己的资源、更加自给自足，这导致人们关于现代生活对自然的依赖有了一种新的认知。这将对未来的绿色转型和可持续生活做出积极贡献。

（四）中国自然教育实践

丹麦的儿童早期教育和保育体系以其学习和发展的整体方法而闻名。它另外一个显著的特点是植根于儿童的视角，注重以玩耍/游戏为导向的课程，以及拥有众多的自然/森林幼儿园。丹麦是世界上自然机构数量最多的国家①。在早期教育者们做全年计划安排时，与儿童一起去大自然总是被放在最优先考量的位置。

近年来在世界范围内，幼儿户外活动明显减少这一现象日益受到关注。美国著名作家理查德·洛夫（Richard Louv）在他的书《森林中的最后一个孩子》中采用"大自然缺失症"一词描绘现代社会的孩子们与大自然缺乏联系的事实。甚至很多医学专家认为自然环境的减少是幼儿肥胖、注意力紊乱、抑郁的重要原因。在这样的背景下，让儿童回归大自然的教育逐渐引起人们的关注。孩子们在大自然中爬树、玩火、堆雪人……因为每天都在新鲜空气中成长，并在大自然中得到各种历练，所以他们的身体素质非常好，很少生病，户外跌倒摔伤的事故更是大大低于常规幼儿园。此外，孩子们的动手能力、合作精神以及做事情的专注程度都发展得很好。发源于丹麦的森林幼儿园目前已风行欧洲（例如德国已有超过1500所森林幼儿园），而且已经拓展到了欧洲以外的地区，日本、韩国的森林幼儿园正在蓬勃发展，美国、加拿大也开始试办森林幼儿园②。这些国家除了开办森林幼儿园外，还将自然教育理念带入幼儿园，支持儿童尽可能多地接触大自然。

随着中国城市化进程的不断加快，不论是城市儿童还是乡村儿童都日渐与自然疏离。为支持儿童回归自然，最近十余年，中国的自然教育也开始蓬勃发展。根据《2016自然教育行业调查报告》，2010年以来中国自然教育呈现井喷式发展的态势。2016年又有更多新的自然教育机构涌现出来。目前的自然教育机构主

---

① 丹麦所有日托机构中有10%是森林/自然幼儿园。有20%～30%的幼儿园自称为自然机构，因为儿童全年有相当一部分时间在户外活动。

② 自然教育，我们与德国差的不只是一片森林［EB/OL］.（2018-04-06）［2019-05-25］. https://www. sohu. com/a/227 453 907 _ 372 503.

要集中在北京、上海、浙江、福建、广东、云南、四川。根据 2015 年中国自然教育行业调查结果，按照机构的运营方式，国内的自然教育机构分为八大类：以自然教育为核心发展目标的自然学校（自然中心）类组织机构，以自然教育为机构发展重要项目的生态保育类组织机构，以观鸟协会、植物观察协会等民间团体协会为代表的自然观察类组织机构，在户外活动或旅行方案中融合自然教育内容的户外旅行类组织机构，农牧场类组织机构，博物场馆类组织机构，公园游客中心与保护区类组织机构，以及融合自然教育内容的艺术、科普等其他教育类组织机构。调查结果显示，自然学校（自然中心）类组织机构数量最多，占 47％，主要服务对象目前还是以小学生、亲子家庭以及 3～6 岁的儿童为主。自然教育机构能提供多种类型的自然教育课程服务，调查结果显示，多数自然教育机构都能提供一日活动课程和多日活动课程，分别占 85％和 80％；也有很多机构能提供旅行活动课程，占 63％[①]。

与自然教育机构提供自然教育课程或者旅行活动课程不同的是，幼儿园实践自然教育主要有两种方式：一是将自然教育带入幼儿园，如利用幼儿园地形、环境条件开辟绿地、种植园、花园、动物养殖区，修建水池、树屋等，让幼儿观察、探索自然环境，或者将自然环境与相关课程主题结合起来开展活动；二是将孩子带进自然中，进行森林/自然之旅，如每月一次带孩子走进幼儿园周围的公园、森林或其他绿地，等等。

与蒙台梭利、华德福、瑞吉欧幼儿教育不同的是，中国幼儿教育实践中，与丹麦幼儿教育相同、相似的部分并没有冠以丹麦式或者北欧式之类的自我强调和说明。在追溯各种引入的来源时，会发现各个专题明显的学科和领域标签，及其在某个学科领域内部生长、发展的清晰脉络。比如，中国一些幼教工作者将戏剧教育纳入艺术教育领域范畴，将自然教育纳入科学教育领域范畴，等等。中国幼儿教育实践，因为学科和领域的区隔，无法像丹麦教育那样，透过各种实践共同的哲学基础，发现背后一以贯之的价值追求，还原教育的原貌。

如果说各国的教育实践主要的哲学基础是古典主义、要素主义、进步主义和改造主义的混合态，那么丹麦教育实践中鲜明的对自然主义和进步主义混合态的反复肯定，是极为特别的存在。

这种自然主义的倾向，首先表现在整体观念上。中国的幼儿教育实践仍然习惯把幼儿教育划分为不同领域，认为当每个领域都得到快速发展时，合起来就是幼儿教育实践的进步和发展。丹麦的幼儿教育实践不是这样的。丹麦的幼儿教育在任何一个主题教育中，都可以看到全部的学习主题，也就是说，融合发生在每个主题的实践之内。以丹麦幼儿园的自然教育实践为例，我们能清晰地看到，它

---

① 自然教育在中国［N］. 中国绿色时报，2018－07－27.

作为六大学习主题之一，却覆盖个人发展，社会技能，沟通和语言，身体、感官和运动，自然、户外生活和科学，文化、审美与社会全部六个主题。其次，丹麦幼儿教育的自然主义倾向还体现在把教学、教育和所处的环境看成一个整体，让儿童以整体、全面的视角面对自己作为其中一部分的社会和世界，不再把人和外部世界二分，不再把个人对世界的感知与客观知识割裂开来。

中国幼儿教育实践中透出的对儿童的充分尊重和无尽关怀，当在某一专题学习中促进儿童多种感官充分发展，帮助儿童自然、自在、自由地展现自己时，无疑有着惊喜级别的认同感。因此即便他们从各种碎片中得到的相关知识和技能，并不能连缀成如丹麦幼儿教育般的全景，难以追溯源头，其也会十分乐于将自然教育、戏剧教育、户外运动、游戏等转化落地到幼儿园中，作为日常实践中的一个部分，甚至是办学的亮点。

儿童在大自然中的体验形成了他们与大自然的关系和对大自然的热爱——这是一种我们希望能持续一生的关系。所有研究表明，大自然中的活动会对儿童的身心健康、学习和运动技能产生积极的影响。在自然中，儿童视野开阔，如同鸟儿飞翔在天空。他们或许会时常满身是泥、"伤痕累累"，但依然在广阔的大自然里"摸爬滚打"，风雨无阻，对自己和世界充满了信心。

五、儿童在多元化幼教生态中尽情游戏——当代日本幼儿教育对中国当前教育的启示

（一）日本幼儿园是名副其实的儿童乐园

众所周知，世界上第一所幼儿园是德国福禄培尔早在 19 世纪 40 年代创办的；命名"幼儿园"，寓意着它是儿童的乐园，亦即幸福童年的标志。儿童如同植物花朵，在花圃中快乐成长。在日本，我们感到幼儿园是真正名副其实的儿童乐园，孩子们可以尽情游戏和享受童年的快乐。

1. 游戏成为孩子实实在在的生活方式

日本幼儿园重视开展游戏，以游戏为基本活动早已不是一种口号，而是孩子实实在在的生活方式，成为日本幼儿园教育的普遍特色。

（1）幼儿在园生活从游戏开始，一日中游戏时间充分。

幼儿在园的生活从游戏开始，特别是从自由游戏开始。通常，幼儿自入园至10：00 或 10：30 大致有 2 小时均为自由活动、游戏时间，可以在室内或户外玩。天气好时，幼儿一般都选择进行户外游戏。

幼儿在园一日生活中游戏时间充分。日本幼儿园、保育园的教育活动有两大组织形式，即集体活动与自由活动，幼儿自由游戏与集体活动（包括生活环节）的时间之比一般为 3：1。半日制的幼儿园，孩子每天在园生活中大约有 3 个小时

可以在大自然中进行自发自主的游戏，尽情玩耍。保育园实施全日教育，孩子的游戏时间更长。

集体活动（园班）也是以游戏为主，如唱歌、音乐律动、绘画、手工制作等。集体教育的一种重要形式是所谓的行事活动，这是取材于社会生活或幼儿园生活的重要事件的综合主题活动，如运动会、远足、"七夕"、生活发表会等，通常也是密切结合幼儿生活经验，使之得到充分情感体验的游戏。

无论是在幼儿园还是在保育园，所看到的多半都是孩子们在游戏的情景，几乎未见到类似中国的教师组织的知识性教学的情况。可见，日本幼儿教育实施的是广义的而非狭义的课程。

(2) 环境融于自然，游戏材料简易、朴实。

日本幼儿园大多有较好的自然环境，有浓郁的树荫，有的幼儿园就掩映在小树林中。

室内购买的现成玩具很有限，且大多很简单，如拼板、积木、绒毛玩具、折纸材料等；户外材料设施则较为多样，有大型运动器械，如秋千、单杠、滑梯、攀登架、跳马、爬网、平衡木、联合运动器械等。小型运动材料有球、圈、绳、沙袋，常能见到传统玩具如陀螺等。

沙箱、沙池及玩水设施很普遍。这类活动幼儿最为感兴趣，利用率极高。有的幼儿园甚至把整个院落作为一个大沙场供幼儿挖土装车，用沙造型。

在这里，自然物及废旧材料得到了极为充分的利用。在幼儿园常常可以见到大量非专门化材料，如纸板箱、废纸盒做成的摇马、娃娃家小房子等，这为幼儿开展游戏创造了条件。通常，各班均备有收集纸片、绳头、布头、木块下脚料、塑料瓶盒等的废旧物箱，很多玩具都是幼儿自制的，如用废报纸染色折的帽子。小班儿童也会尝试自制玩具。例如，小班孩子用木块下脚料等做成小车，饭后到多功能室玩赛车。户外场地往往有大量废轮胎，将轮胎侧立插入地面即成跳马，幼儿还可以叠起登高，或是滚动着玩。

幼儿园注重提供自然游戏的条件，让孩子的天性在自然中释放。材料设施常常是依自然环境设置，如在树上系绳打结架绳梯绳网，或是在两棵树之间架秋千，供幼儿攀爬、荡悠。有的幼儿园依大树干造一小木屋，幼儿可以爬上去玩他们喜欢的游戏。有的幼儿园依地势高低不同而设跳台，或是在场地上特意堆起小山坡让幼儿进行登、滑、钻、爬等活动，以获得多种体验。

日本幼儿园提供的游戏环境与材料具有简易、朴实、自然的特点，使人有亲切平实之感，更重要的是它有利于激发幼儿的兴趣，便于其操作和活动，创造性地运用。

(3) 注重户外运动性游戏和紧密接触自然的活动。

日本幼儿园特别注重引导幼儿进行活动性游戏和密切接触自然的游戏。

活动性游戏开展充分。孩子可以在场地上跑动、蹬脚踏车、玩大型运动器械、爬竿、爬梯等，充分运动身体，体验惊险，感受克服困难后的愉悦和对自己能力的自信。幼儿充分运动，因而身体健壮，有较强的体力和活动能力。日本幼儿园的律动或韵律操，是孩子伴随音乐旋律与节奏而进行的充分舒展身体的运动性游戏，甚至于擦地也成为一项运动。

自由活动中，一般班级界限不明显，教师较为放手，提供一种宽松开放的环境。每个幼儿都可以做他喜欢做的事情，不同年龄、班级的幼儿也可相互学习、影响。

各园均有沙池，幼儿可自建沙筑工事，拿小桶提水倒进沙筑工事，有的玩得兴起，甚至脱光了衣服跳进沙池泥水中玩耍。到了夏天，通常幼儿每天可在水池中游泳、戏水，获取水中活动的感受。

幼儿四季都可以开展接触自然的活动，如夏天，孩子们三三两两地提着小笼在草丛中寻找、捕捉昆虫，观察这些小生灵的不同形态、习性，关注它们的生存状况。有些幼儿园有自己的种植园并饲养小动物如兔子、鸡、鸭、狗，甚至羊、马等，幼儿直接参与种植与饲养，不仅可认识和观察各种动植物，更重要的是，还可通过照料动植物学习完成工作任务，培养责任意识和热爱自然界的情感。小动物死了，幼儿会设祭台表达怜惜之情。在与动植物的密切接触中，孩子们可以体验到生与死，感受生命的历程。各园普遍重视开展远足活动，这是引导幼儿走向自然的综合活动，儿童有时步行一次长达 4 公里，并在山涧中戏水，过集体生活。

民间传统活动是幼儿园游戏的重要组成部分。各种在我国现已非常罕见的民间游戏如放飞竹蜻蜓、抽陀螺等让人产生久违的亲切感。在日本幼儿园，处处能感到人与自然融为一体的和谐气氛。

2. 一年中丰富的幼儿园行事活动

(1) 行事是日本幼儿园常年例行举办的较大规模的综合主题活动。

行事活动一般取材于社会生活或幼儿园生活的重大事件，通常为全园儿童共同参加的大型活动，如运动会是融身体运动、游戏娱乐及教育为一体的庆典游戏。

幼儿园行事活动通常是围绕一个主题举行，如七夕、运动会，以此为中心，将表现、语言、健康、环境、人际关系等各发展领域有机联系起来，通过活动促进幼儿身心多方面的发展。幼儿在参加各类行事活动的过程中，可以体验到幼儿园生活的丰富和快乐，获得综合的感悟与经验。幼儿与伙伴共同参加活动，有利于养成喜爱集体生活的态度。

行事活动不同于日常活动，同时它本身又是幼儿生活的组成部分，并作为重要的教育途径与手段，与日常保育相联系，共同实现预期的教育培养目标。

幼儿园一年计划由一系列行事活动贯穿起来，如自 4 月学期初的入园式、花祭、端午、远足、七夕、合宿、秋季运动会至学期末的生活发表会等，儿童在期待和兴奋中度过一个又一个行事活动，经历各种各样的事件与体验，成长起来，同时也留下深刻的童年记忆。

（2）行事的仪式特征与幼教的文化传承价值。

行事活动的内容密切结合社会生活，有益于幼儿丰富社会生活经验、认同民族文化，同时对幼儿园而言也有助于发挥其作为幼儿步入社会的桥梁的作用。

行事活动的社会性、开放性特征使幼儿教育融入社会生活之中，而非相互脱节、孤立进行；行事活动并非仅限于以园所自身为单位开展，而通常是幼儿园与家长、社区携手共同参与组织的，这有益于双向互动、互利互惠，在共同参与中，密切地缘社会关系与推动地方共建共享，幼儿园也进一步发挥其作为社区"文化中心"的作用，扩大辐射与影响力。

行事活动采用具有较强仪式性的外在形式，以民族文化、民俗事象为主要内容，通过将二者结合而成为推动文化传承的有效途径。幼儿在行事活动中体验并认同地域或民族的生活方式，逐渐领悟其中蕴含的民族文化精神，如向上奋进、礼貌互助、协力合作，既有利于增强集体意识，也有利于在此基础上逐渐形成民族凝聚力。

（二）日本幼儿教育的思考与启示

上面探讨的是儿童在幼儿园生活的大致情况。中国一百多年前幼儿教育萌芽时，就曾"以日为师"，今天中国正逐步迈入改革新阶段，需要对拥有成熟幼教经验的日本及其背后的教育理念、教育价值观和制度环境等试着做一些探讨，思考究竟什么是现代化的幼儿教育。

1. 日本幼教以幼儿为主体，从真实生活和需要出发，强调教育应适合其自然天性

（1）儿童的生活就是课程，孩子在每日生活和游戏中学习成长。

日本幼儿园教育课程属广义课程，幼儿在园生活即为课程，关注活动过程，教育实施于无形，是真正的以人为本的教育，与我们仍然注重狭义的学科课程形成了鲜明的对比。

日本幼教较注重以幼儿为主体，强调教育应适合其自然天性。环境创设材料的提供及活动方式等均以有利于幼儿发展、有利于激发幼儿的兴趣和使儿童积极主动地参与活动等为出发点。日本幼教较好地体现了生活教育的特点，注重贴近幼儿的生活经验，提供充分的游戏机会，注重让儿童在自然及生活中学习，获取大量直接感性经验，而不是把孩子关在室内进行知识教育，大量采用多媒体等科技替代孩子的直接感知。

（2）环境设施从儿童出发，园所物质设施人性化，较少受商业的影响。

考察日本幼儿园时一个重要感受是其中没有豪华的装修，也没有琳琅满目的玩具材料，然而在平实朴素中，分明可以体会到幼教工作者清晰的教育理念和价值观。日本幼教同行认为，现代化幼教应是更契合儿童发展规律与教育规律的，因而应更有益于促进儿童发展。在这一观念指导下，很多幼儿园没有配备空调、电脑，甚至不配备钢琴，幼儿步行回家……通过多种方式让幼儿获得童年应有的丰富体验与经历。又如简朴的大门，简易的遮阳设施，小婴儿不用尿不湿，孩子在摆鞋、缝抹布和擦地等日常活动中学习等细节，均体现了其儿童观、教育观。

2. 教师对工作执着敬畏，全身心投入教育过程

（1）教师始终是一名游戏的参加者，以隐性间接的方式引导影响幼儿。

活动过程中，教师始终是一名游戏的参加者，以饱满的情绪感染影响幼儿，而不是旁观者；教师以这种平等身份而非居高临下地参与还有助于幼儿在活动中学习自己做主、自创玩法等，因而游戏中较少见到依赖教师的行为。教师通常不对幼儿提出强制性要求，而是与之一起活动，通过行为示范进行引导。如在音乐律动活动中，常常可以看到教师会像孩子一样四脚着地爬行并与他们一样开心地喊叫，共享游戏的欢乐。在一所幼儿园，我们还看到教师与儿童一起玩沙子，如挖河道、注水，玩得兴起，幼儿跳入泥水中，教师也助兴往其身上泼水等。

在游戏中，教师的作用更多地体现在为儿童创设支持性环境和心理气氛上，而不是处处监督设防、管制、防范。活动中教师多以伙伴身份出现，师生之间无距离感，教育指导以隐性间接的方式为主，引导儿童在游戏和真实生活中学习，使其在不知不觉中潜移默化地受到影响与感染，而不是硬性灌输、说教。这种教育者与儿童伙伴的双重身份，有利于形成信任和谐的师生关系，较好地达成教育效果。在幼儿园，教师的作用就是千方百计让儿童玩得高兴、尽兴。

（2）幼教工作者的执着和全身心投入令人感叹敬佩。

日本幼儿园中师幼比比较小——相对于中国可说是很小，一般来说，其小中大班师生比是1∶20～1∶30，与此同时采取自由游戏的活动形式，这无疑加大了教师指导的难度，其工作强度也可见一斑。在日本，教师，特别是保育园教师的待遇往往低于同类职业。

然而，实践中日本幼儿园教师大多是全身心投入，以饱满的热情与孩子一起积极参与活动，令人惊叹、敬佩，单纯质朴的行为、谦逊平和的态度带给这个职业应有的尊严。日本同行对孩子、对生命和教育有敬畏感，因而对孩子上心，关注细节，脚踏实地，秉持着"一个日子一个孩子就是教育"的信念，矢志不渝地守护着孩子们的童年，同时，他们具有比较强的危机意识——对现代化带来的负面影响的认识比较清晰，能够独立思考，不断改进工作。

3. 重视发挥民间力量的作用，以社会化方式兴办幼教

(1) 民间力量在幼儿教育发展中发挥着重要作用。

日本幼儿教育办学主体多元、形式多样。不足百人的幼儿园、保育园非常多。民间力量最大限度地发挥作用，私立园占到 80% 左右，学校法人制度的实行令幼儿教育被作为公益事业而非赚钱工具。通常是一个家族几代人持续办教育，数十年持久努力，深入探索，从而得到家长与社区的信任、支持，如枫叶幼儿园有 20% 的孩子是第二代。

民间教育运动对教育的推动作用和对政策的制定的影响不容忽视，如 20 世纪五六十年代的保育所运动，各种民间保育教育协会不仅在培训和促进人员的职业专业化方面起着重要作用，还在推动政府政策的制定和调整上发挥着不可忽视的作用。

(2) 幼儿园与家庭、社区相互信任，协作支持，形成教育的命运共同体。

幼儿园、家庭、社区相互信任，协作支持，形成教育的命运共同体，共同促进儿童发展和教育事业的进步。幼儿园实施开放教育，行事活动如运动会的开展如同整个社区的盛会，有利于增强归属感与促进社区和谐。邻里守望相助、互惠共享。幼儿园作为专业机构主动引导，成为家长的精神支柱，因而自然地发挥着社区文化中心的作用。例如，走访蒲公英保育园时，一位已毕业的孩子的妈妈主动担当中文翻译。

(3) 能够直面问题实事求是地加以研究分析，进而寻求逐步解决的对策。

日本能够直面问题实事求是地加以研究分析，进而探索解决之道。如经济上升时期，针对现代化生活带来的负面效应，积极采取对策，研究并实施自然教育；世纪之交时，应对多样化需求，推出延时保育，探索临时保育，幼儿园对 3 岁以下孩子开放并提供特殊需求儿童保育，进而成为园所常态化服务项目；当下日本面临着少子化和年轻人就业需求增加的问题，其针对人们对幼儿园与保育园的需要的变化，不是简单化地"一刀切"，而是历经十年，在认真调研的基础上采取对策，颁布相关政策法规，创出"认定儿童园"，以分层解决问题，适应社会不同需要，做到既尊重历史又区别对待。

政府定位清晰，其并非包办教育的全能政府，而是服务者、支持者，依据社会发展需要和形势的变化，创设有益的政策环境，特别是向低端人群倾斜，强调幼儿教育的福利性。日本幼教的现状是在全社会推动下形成的，教师、办园者、家庭、社会乃至政府各负其责（《儿童福利法》早于 20 世纪中期推出），形成合力，特别是每个个体具有公民意识，关注公共事务，能够遵从内心信念并且从自己、从细微处做起。

4. 日本幼教特色的形成

日本幼教特色的形成可称"以我为主、兼收并包"。在幼教方面，日本注意

将他人的好东西消化改造为自己的，如蒙台梭利教育、音乐律动本土化。

日本幼儿园、保育园的韵律操特别值得一提。其实韵律活动来自西方，是舶来品，但日本幼儿园的韵律操（斋藤公子韵律操）极具日本特点，强度高，身体运动极其充分，小婴儿直至入学前的孩子都有适合的操节——在 20 年前就已经相当普遍。这是经过了日本幼教人自己的消化吸收、融合转化并加以创造而成的日本化的东西。

日本幼教人对自己的好东西即具有民族特色的东西绝不轻易放弃，如自然教育、传统玩具游戏、民族民间传统活动等都受到重视。这些东西被作为教育资源，发挥着重要作用，如引导儿童认识自己的社会环境，自己动手，激发创造性、主动性，增强活动能力，激发民族意识，使幼儿在生活与活动中认同并内化本民族的文化和精神。行事活动就是极具日本特色的幼教形式——采取具有较强仪式性的外在形式，以民族文化、民俗事象为主要内容，通过将二者结合而成为文化传承的有效途径。在日本考察时，我们发现这里现代化与传统文化实现了和谐统一。

考察日本幼儿教育过程中，印象尤为深刻的是其现代幼教体现出多元化、多样化的特点，其并未采用集中统一指令，幼教自主权限掌握在兴办者、管理者乃至于教师手中，他们依据自己对教育的理解与思考办教育，并不断发现问题，不断拓展改进。日本幼教发展有着特定国情和历史背景。明治维新对西方相关制度的学习取得了巨大成效，20 世纪 70 年代以来，随着日本经济的起飞和现代化进程的加快，日本教育者清醒地认识到并正视现代化、都市化带来的负面影响，即人与自然日益疏离，现代生活方式对儿童身心造成了不良影响，因而提出环境教育或自然教育思想，有意识地对现代化带来的负面影响加以弥补，积极创造有利的教育环境、条件，让幼儿密切接触大自然，促进其健康发展。

（三）近年来日本幼儿教育对中国的影响

2010 年以来，中国幼儿教育从政策到教育实践开启了新一轮波澜壮阔的改革。为提升幼儿教育质量，中国幼教工作者前往欧美、日本、新西兰等地访学，邀请国外幼教工作者来华交流，并与之开展合作，深入学习国外新理念、新实践，并尝试形成自己的教育特色。作为邻国的日本，与中国有着相似的文化传统，是近些年来中国幼儿教育学习较多的对象之一。

2014 年 12 月，美国 TED Talk 发布日本建筑师手冢贵晴在东京所做的题为《前所未见的最好的幼儿园》的演讲。这段九分钟的视频迅速引起热议，日本藤幼儿园借此成为近几年世界范围内传播度最高的幼儿园之一，也成为中国幼教界和教育建筑界参访率最高的幼儿园之一。随着藤幼儿园声名远播，中国幼儿教育领域掀起了访学日本的小高潮。越来越多的幼教工作者前往日本参观、访学，更直观地学习日本幼儿教育经验；与此同时，也有许多日本幼教工作者、建筑师被邀请来中国交流、讲学。

中日之间幼儿教育交流并不是近几年才出现的，其实改革开放以后，中日之间幼儿教育交流和合作就一直存在，只是基本集中于高校教师、研究机构人员的访学。与过去几十年不同的突出特点是，近几年除了高教教师、研究人员的访学之外，幼儿园园长、幼儿教师一线群体前往日本参观、研学的数量骤增，几乎成为访学日本幼教的主力。

日本幼儿园新颖、开放、不拘一格、融教育于建筑空间的方式，刷新了中国幼教工作者的认知，引发了很多关于幼儿园建筑和教育空间的讨论、思考和实践；日本为应对"少子化"问题，鼓励生育，通过近 30 年摸索构建的 0～3 岁婴幼儿保育体系，为中国于 2016 年后开始起步的 0～3 岁婴幼儿保育提供了非常重要的参考蓝本；日本回归本真、简单朴实的幼儿教育理念和教育方式，也对中国幼儿教育实践产生了重要影响。如今参观我国一些幼儿园，或多或少都能看到日本幼儿园的影子。这些幼儿园结合自身的特点，创新性地借鉴了日本幼儿园空间设计、环境创设、课程实践等。

第十四章　中国幼教改革的旗帜

——安吉游戏

　　40余年的改革开放根本性地改变了整个中国，也使我国幼教发生了根本性的改变。40余年来，在教育理念、理论、实践等方面发生的深刻蜕变使我国幼教改革具有了思想之光、理论之据与实践之基。理念的更新和理论研究的发展重构并极大地丰富了幼教的实践探索。随着改革的不断深入，特别是通过实施《幼儿园工作规程》《幼儿园教育指导纲要（试行）》《3-6岁儿童学习与发展指南》，幼儿园教育逐步升级转型，涌现出不少以幼儿发展为本的新型实践范式，让我国幼教质量明显地提升到了一个新高度，安吉游戏就是其中的一个代表。

　　安吉游戏是安吉幼教改革的产物。安吉幼教改革是中国幼教改革的一个缩影，从一个侧面折射出整个中国幼教改革开放的实践进程。安吉游戏模式不是局限在某区某园的一个科研项目或教育实验，而是在全县域推进的鲜活的幼教改革实践，是全县所有幼儿园——包括每一所乡村幼儿园在内——的整体发展；不是一般小打小闹的方式、方法的改进，而是彻底地改变了我国县城与乡村幼教"小学化"倾向的模式创新。2014年，在中华人民共和国成立后首次基础教育国家级教学成果奖评选中，"安吉游戏——学前教育改革模式及县域推进机制"荣获了一等奖。这是国家给予安吉幼教的最高奖励，明确地表达了国家对中国幼教发展方向的期望。自此可以说，安吉幼教被推上了中国幼教标杆的位置，成为了中国幼教改革的一面旗帜。安吉幼教所代表的"以游戏为基本活动"的方向乃是中国幼教改革与发展的方向。

一、安吉幼教改革的历程

（一）抓事业改革，助推资源配置均衡

　　安吉县幼儿教育事业改革，抓住了归口管理、美丽乡村建设、实施教育部三期行动计划和贯彻落实《中共中央 国务院关于学前教育深化改革规范发展的若干意见》的契机，推动了幼儿园建设，成功解决了教育资源配置的城乡均衡问题。安吉幼儿教育事业改革自2000年至今大致经历了三个发展阶段。

第一阶段（2000—2004 年），理顺体制，统一归口管理。1999 年 9 月，安吉县人民政府正式印发了《安吉县幼儿教育管理办法（暂行）》（以下简称《办法》），规定全县幼儿教育应统一归口管理，由县教育局主管。根据《办法》的要求，从 2000 年 1 月 1 日起，全县农村幼儿园从妇联、小学或村委会等分离出来，解除原有的依附关系，独立建制，全部转为公办园。《办法》还规定，每个乡镇至少建一所中心幼儿园，带动村教学点的建设，建立镇村一体化的学前教育管理模式。

第二阶段（2005—2010 年），标准化村级幼儿园全覆盖。2005 年，安吉县政府启动"农村幼儿园标准化教学点创建工程"。县教育局指导各乡镇做好规划，村教学点建设资金由村委会筹措，乡镇政府给予补助，县财政给予奖励。在这期间，安吉县涌现出了一大批标准化村幼儿园。2008 年，安吉县委县政府将农村学前教育发展列入"美丽乡村"总体规划，将学前教育的改革发展情况与环境、经济等指标同考核、同落实，实现了标准化村级幼儿园的全覆盖，农村幼儿可以在家门口享受幸福的幼儿园生活。

第三阶段（2011 年至今），实施行动计划，资源配置提档升级。2011 年至今，正是教育部实施学前教育行动计划的重要阶段。从 2011 年至 2013 年，安吉县政府实施了第一期三年行动计划，将行动计划的目标量化，责任派到各单位，并将量化指标作为乡镇教育工作年度考核的重要指标。在原来标准化幼儿园基础上，县、乡镇累计投入 5 亿多元建设资金，用于提升园所建设质量。与此同时，安吉县政府出台提高教师待遇政策，为全县非在编教师办理了住房公积金，非在编教师收入达到了在编教师的 80% 以上。这次工资调整，向实现编制内外幼儿园教师同工同酬迈出了重要一步。

从 2014 年至 2017 年，安吉县政府实施了第二期三年行动计划，进一步完善了学前教育公共服务体系建设。为了让幼儿园教育环境得到进一步优化，安吉县实施了"幼儿园质量提升工程"和"低收入乡镇幼儿园补助工程"。县财政每年安排 200 万元专项经费，全面推进幼儿园课程改革的开展；对规模小、收入低、经费运作困难的幼儿园，县财政每年安排 200 万元专项经费，进行奖励、补助扶持。这一系列的措施直接推动安吉县幼儿园课程改革的内涵深化。

从 2017 年至 2020 年，在普惠、普及、公平、优质的基础上，安吉县政府实施第三期三年行动计划，贯彻落实《中共中央 国务院关于学前教育深化改革规范发展的若干意见》，坚持政府主导保持全县 92% 的适龄幼儿在公办园入园的比例；坚持内涵发展，县财政每年设立 800 万元学前教育质量提升工程专项资金，用于"安吉游戏"课程建设、安吉县幼儿园课程改革和学前教育质量提升工程，继续安排 200 万元专项经费用于低收入幼儿园补助。结合美丽县域建设，启动"中国美丽乡村幼儿园创建工程"推进村教学点的提档升级；实施幼儿园扩容工程，小区配套幼儿园全部公办，实施幼儿教师素质、待遇提升工程，保障安吉县的幼儿能就近入园、入低价优质幼儿园。

截至 2020 年，安吉县共有幼儿园 128 所，其中民办园 4 所，安吉县入园率达 100％，全县 92％的幼儿在家门口的公办园享受到低价优质的学前教育。

（二）抓游戏课程落实，助推资源均衡迈向高质量均衡

安吉在抓建设的同时，高度重视质量问题，积极建设县域内学前教育生态，以游戏为抓手，让幼教改革与学前教育事业发展同步推进。在落实教育部"以游戏为基本活动"的改革理念的过程中，经过 20 年不停顿的自我反思和自我超越形成了"安吉游戏"课程模式。20 年改革经历了"小学化"的无游戏、形式主义的假游戏和回归天性的真游戏三个阶段。

第一阶段，无游戏阶段——反思幼儿园小学化的巨大危害。20 世纪八九十年代，针对办园条件差、材料缺乏的现状，幼儿园开始自己开发设计玩教具，没有经费，就利用本地丰富的竹资源自制玩教具，在日常生活中挖掘游戏材料。但由于教学观念没有转变，教师认为增加了玩游戏的时间就意味着浪费了学知识的时间，所以，尽管当时开发了丰富多样的游戏材料，却没有真正利用，成为了摆设。一直到 2000 年，大部分幼儿园仍然处于无游戏状态。幼儿园"小学化"做法不仅不利于幼儿身心发展，而且给幼儿教师带来了负面情绪和工作压力。幼儿教师经常被小学教师指责教给孩子的拼音发音不准确、写字笔顺不正确等，同时又被家长责怪在幼儿园教的汉字和算术不够多。对此，幼儿教师经常感到自卑和无奈，困惑于幼儿教师的专业性和价值何在。

第二阶段，假游戏阶段——反思去"小学化"的形式化、表面化。2001 年《幼儿园教育指导纲要（试行）》颁布后，安吉作为湖州地区"贯彻《幼儿园教育指导纲要（试行）》试点县"，开始了"去小学化、开展区域活动、试行多样化教学"的改革。教师们拼命设计、包装游戏让幼儿玩，却发现幼儿无奈、尴尬，就像流水线上的操作工，思维简单刻板，没有快乐，缺少创造力、专注力、独立和自信。教师也十分疲倦。疲累中教师疑惑：为什么经过设计和包装的游戏不受幼儿欢迎？为什么教师越辛苦，幼儿却越不快乐？他们在反思中意识到，出现了假游戏问题，幼儿园孩子的头脑、双手、眼睛、嘴、空间、时间都被控制了，而形式主义、功利主义使教师产生了职业倦怠。

第三阶段，真游戏阶段——去形式主义和功利主义，走出三大步。通过解放儿童的头脑、双手、眼睛、嘴、空间、时间，让儿童有机会尽情地展现自己的最大潜力，让教师有可能认识每一个真实的儿童。循着以上实践逻辑，将课程改革和教师专业成长紧密结合、分步实施，将观察解读儿童的能力作为教师的核心素养，将游戏作为培养教师这一核心素养的重要途径。2007 年至 2020 年真游戏阶段迈出了三大步：

第一步，放手游戏，发现儿童，改变儿童观。具体策略是，保障野趣的游戏空间，保障充分的游戏时间，保障充足的游戏材料，而教师则撤出幼儿的游戏过程，带着欣赏的眼光看游戏，把自由的游戏彻底还给幼儿。同时，让家长成为真游戏的支持者，通过邀请家长参与观察和解读游戏等工作，让家长在亲身体验和实地观察中理解游戏的价值，引导家长参与孩子的游戏与反思活动。但是面临的新问题是：幼儿在不加干预的游戏中能发展吗？游戏发展了他们哪些方面？他们的发展全面和均衡吗？于是自然进入了第二步。这一步的出发点是了解游戏与幼儿发展之间的关系。

第二步，看懂游戏，理解儿童，改变教育观。安吉要求教师从观察游戏出发，进一步思考和分析儿童的游戏，努力发现游戏背后的学习，分析游戏行为背后的儿童发展。为更好地帮助教师进行观察分析，安吉在整个县域层面广泛开展了有关观察、解读游戏的教师培训。安吉幼儿教师的学历水平跟别的县区没有什么区别，学历水平并不高，有的虽然接受过理论培训，但缺少对理论的透彻领悟和具体实施经验。为提高教师观察、解读儿童的专业素养，安吉组织教师边实践边撰写游戏观察案例，开展多层次、多形式的案例剖析、分享等研训活动，创设了一套观察与反思的培训系统，引导教师关注幼儿在开放的环境和材料中是如何进行游戏的，学习客观地记录和分析幼儿的游戏，并同步开展家长培训，引领家长发现幼儿游戏中的学习，认同游戏是幼儿特有的学习方式。

第三步，回应游戏，追随儿童，改变课程观。安吉树立了"一日生活皆课程"的大课程观，教师们对"一日生活皆课程"有自己的理解和做法：教师通过创设适合儿童探索的环境，将课程目标隐含在游戏与生活环境中，支持幼儿自发地学；教师追随幼儿的"学"，引发幼儿在做与想中不断"反思"，在"反思"中推动幼儿梳理提升自己的经验。对儿童的学习、师幼关系和教师作用的重新定义，带来了对教师日常教学工作的重新定义。教师一天的教学工作主要有三类：一是观察——发现儿童的发现；二是倾听——记录儿童的记录；三是对话——个别对话和集体对话。其目的是获取关于儿童学习与发展的信息，支持儿童的发展。

经过20余年不懈研究与实践，安吉幼儿教育已形成了一套"安吉游戏"教育模式。2019年8月，安吉游戏被写入《国务院关于学前教育事业改革和发展情况的报告》，该报告中明确指出，"'安吉游戏'的实践探索得到国际学前教育界高度肯定，成为中国学前教育一张靓丽的国际'名片'"。2020年1月，中国安吉游戏教育模式入选世界经济论坛发布的《未来学校：为第四次工业革命定义新的教育模式》，并且在16个"能够为未来做准备"的教育创新模式中排名第一。

安吉游戏诞生于我国的县城、乡村，而非师资水平、物质条件更好的大城市，这不能不令人深思。安吉幼教改革的成功带给我们许多深刻的启示。

二、安吉游戏对深化幼教改革的启示

（一）教育改革必须有坚定的信念与正确的方向

安吉游戏是幼教领域里的一个根本性、结构性的改革。这样的改革如果没有坚定的信念与正确的方向是难以成功的。安吉游戏创生、形成和发展的全过程都生动地证实了这一点。

谁都知道孩子爱玩，但放手让孩子玩却一直是我国幼儿教育中一个迈不过去的坎儿。究其原因，不能不说根子首先是在观念上。由于没有真正转变教育观、游戏观，致使对游戏价值与意义的认识多停留于话语层面，而少成为幼教人内心的坚定信念与行动指南。因此，尽管"以游戏为幼儿园的基本活动"喊了若干年，但在不少地区、不少幼儿园里，开展游戏至今仍阻力重重。

而安吉幼教人的不同之处在于，他们在灵魂深处而非仅在口头层面发生了教育观、儿童观、游戏观的根本性变革。他们认定尊重、保护、实现儿童的权利是幼教的使命，坚信游戏有价值、有意义，发自内心地尊重游戏，视其为幼儿不可剥夺的权利，把"用游戏点亮孩子的生命"化作为坚定的教育信念，把"以游戏为基本活动的方向"转化为自觉的专业选择。基于此，他们在条件很差的初创期，在缺玩具、缺材料、缺经费、缺经验、缺社会的理解与配合的种种困难面前，才能执着而智慧地用竹子、稻草、砖头、石块等自然材料，坚持把低成本、有质量的乡土游戏作为幼儿园的基本活动，保证了幼儿快乐地游戏和成长。尔后，尽管安吉游戏的名气、影响越来越大，然而"用游戏点亮孩子的生命"的信念使安吉幼教人的使命感不但没有减弱，反而历久弥坚。他们更严格地自我反思、自我否定，持续而深入地去研究游戏、发现儿童、追求至善。如今，一个自成一格的儿童世界，一个在今天中国独一无二的安吉游戏模式呈现在我们面前，这极有说服力地彰显了教育理想、教育信念的力量。已故著名诗人流沙河先生曾在《理想》一诗中云："理想是石，敲出星星之火；理想是火，点燃熄灭的灯；理想是灯，照亮夜行的路；理想是路，引你走到黎明。"

"用游戏点亮孩子的生命"的理想如火如灯般地一直在安吉人心中闪耀，坚持这一理想成就了"把游戏的权利还给孩子"的革命，一场实实在在地改变了幼教、改变了幼儿园文化的革命！

（二）坚持以人为本

安吉游戏能获得世界性的广泛好评，一个重要原因是其所焕发出的强烈人性光辉。康德说："人的尊严、人的幸福、人的发展，才是教育终极性的价值目标。"① 安吉游戏的实践对教育这一本质追求做了出色的演绎，"以人为本"成为安吉游戏的一个突出特征。

凡目睹过安吉游戏的人都会情不自禁地赞叹幼儿在游戏中迸发出的那种完全内生的欢乐、自信、主动、进取，都会被幼儿所表现出的强烈的主体感、自由感、满足感以及惊人的能力、智慧和探索精神所震撼。安吉游戏尊重并努力确保每一个幼儿的游戏权、发展权，让每一个幼儿拥有自主地选择、决定以及按自己的想法实施游戏的权利，那种成人高度控制、强制、主宰的所谓游戏在安吉毫无踪影，幼儿完全是自己游戏的主人。

当然，如果获得尊重、体验快乐的仅仅限于幼儿，那么是不完美、不持久的。正如美国瑞吉欧儿童中心雷拉·甘蒂尼教授所言："只有当社会能够保证家长享有参与学校生活的权利，能够保障教师享有丰富自身专业知识的权利时，儿童才能最好地享受到自己的权利。"② 安吉游戏的可贵之处正是在于，它不仅是一个保障幼儿权利的模式，还是一个保障教师、家长权利的模式。

安吉的教师们被赋予了职业的尊严、地位和专业提升的权利。通过游戏，他们体验着发现、了解、支持幼儿的乐趣，不断地更新自己的观念与认识，不断地获得领悟、启迪和教育智慧，不断增强自己的获得感、幸福感、自我价值感。每次看到老师们兴高采烈地讲述教研活动的心得、眉飞色舞地描述一个个游戏过程、津津乐道地点赞一个个幼儿的精彩表现时，我都禁不住想起管理大师德鲁克的名言——"只有你致力于创造出令工作日益精彩的激情，工作才会给你带来兴奋感"，深感教师的职业激情与幼儿的游戏激情同在，幼儿游戏的快乐感、效能感与教师的职业自豪感、成就感同在。正是二者的相互激荡、共鸣、强化，才让教师的改革热情持久不衰。这样的职业状态与职业幸福感是人性化教育的产物。

安吉幼儿的家长拥有以各种方式参与、配合幼儿游戏的权利。他们积极参与对游戏、玩具、环境创设、指导方法的研究，在欣赏、分享幼儿游戏的快乐的同时，也乐在其中，并不知不觉地转变观念、体验成长（见图 14-1）。

可以说，安吉游戏是一项以学习共同体的形式进行的教育行动研究。教师、幼儿、家长在共同创造更好的游戏环境的过程中，逐渐形成了一个民主、平等、开放、合作的学习共同体，共同营造了一个相互关爱、尊重、信赖、理解、互动互学、共创共享的人际关系模式，共同构建了一种以人为本的人性化教育。

① 康德. 康德论教育 [M]. 李其龙，彭正梅，译. 北京：人民教育出版社，2017.

② 亨德里克. 学习瑞吉欧方法的第一步 [M]. 李秀湄，施煜文，刘晓燕，译. 北京：北京师范大学出版社，2000：16.

图 14 - 1　家长在幼儿园参与游戏、玩具的研究

（三）遵循教育规律，触及本质

安吉游戏不是表面的、肤浅的改革，而是遵循幼教规律，回归教育本源，触及教育本质的改革。用安吉人的话来说，就是进行一场真游戏的革命。

向真游戏转型是一场范式变革，因为这意味着从理论到实践、从观念到行为、从形式到内容，从课程、教学的价值取向到"教"与"学"的方式以及教学的性质与作用等都需要发生根本性的变化，教育中的每一个环节都可能遇到冲突与挑战，每一种要素都需要重构其结构与关系。安吉幼教人认识到并抓住了本质的东西，他们说："放手游戏，发现儿童，颠覆传统观念，建立正确的儿童观、教育观，重新认识教师在游戏中的角色，是实践安吉游戏第一阶段的目标，也是实现儿童真游戏革命的关键。"[1]

安吉的真游戏与高度控制的、结构僵化的假游戏形成了鲜明对比，二者的本质区别带来了完全不同的游戏实践形态和幼儿游戏体验。在实践真游戏的十多年中，安吉的老师们不断地与自身的陈旧观念和教育惯性剥离，不断地从幼儿的视角去研究、探索游戏，创造了令人耳目一新的真游戏环境："无结构或低结构，以儿童的游戏去创造结构"；游戏材料丰富、多样，低成本、多功能、本土化；幼儿是游戏的主人——高度的自主性、选择性，玩什么、与谁玩、怎么玩、用什么东西玩，通通自己做主、自己决定、自己策划；老师们毫无控制、干涉游戏的欲望与行动，都睁大眼、竖起耳，合理地管住自己的手和嘴，积极地观察、支持，默契地配合游戏，助推幼儿的深度学习、有效学习；游戏的本质特征，如愉悦、自由、自主、创造等，充分而鲜活地在安吉游戏中显现、演绎、保持、深化。正如国外幼教人所评价的那样，"安吉游戏是有创意的、革命性的和启发灵感的教育模式，代表了理想的进步教育。它通过自主游戏支持幼儿复杂的学习，

① 程雪琴. 放手游戏发现儿童［M］. 上海：华东师范大学出版社，2020.

教师以最少的指导和尽可能低结构的活动组织方式，提高了幼儿对自己的游戏过程和游戏意义进行反思的能力"。

我一直认为，要判断幼儿园是否"以游戏为基本活动"，至少应看三个方面：一是全园是否建立了共同的信念与尊重游戏的幼儿园文化；二是是否充分满足了幼儿游戏的需要，特别是自由自发游戏的需要；三是是否把游戏精神渗透到了幼儿园教育的所有环节中。可以说，安吉游戏模式在这几方面都做得非常精彩、到位。

（四）改革与社会发展紧密联系

安吉游戏改革与社会发展紧密联系，比起一般意义上的家、园、社区的联系与合作来，其层次更高、格局更大、内涵更深。深度的社会融合性不仅给安吉游戏创造了良好的外部环境，而且给地区的文化与社会发展带来了福音。

诺贝尔经济学奖获得者美国经济学家斯蒂格利茨说："决定和影响21世纪全世界面貌的就是两件事：一个是中国的城镇化；一个是美国的高科技。"① 我国目前的"以人为核心的城镇化"是新型的、具有革命意义的社会系统工程。作为社会重要的民生工程的幼儿教育，应当也可以在这一过程中发挥"绿色引擎"的作用，特别是可以在促进家庭与社会的安定、和谐，提升市民的文明素养、教育观念，解决流动幼儿、农村留守幼儿接受教育等方面大显身手，发挥独特的作用。

安吉游戏在这一社会系统工程中成长、发展、贡献。安吉幼教人把幼教改革植根于社区、乡村的整体发展规划之中，通过幼儿园教育改革，转变幼儿园文化，转变家长、村民的观念，提高家庭、社区的教育水平与文明程度，让幼教发展与地区小康社会建设、与社会主义新农村建设、与绿水青山的乡村环境建设、与社会精神文明建设深度融合，有效地帮助了幼儿和其家庭从现实的生存状态向更高质量的生活过渡，为地区的发展、为农村就地城镇化建设做出了积极的贡献，并在这一过程中，创造了一个幼儿园与家庭、乡村、社区、城镇相互支持、相互支撑、共生共荣的良好"教育生态系统"，这一系统反过来又赋能安吉幼教，成为幼教改革背后强大的支撑力量。凡访问过安吉的幼教人几乎都不约而同地爱问一个问题："农村孩子的家长不要求幼儿园教认字、算术吗？"换言之，"你们的家长会赞同孩子天天这样玩吗？"这个问题所涉及的其实主要不是幼教，因为现阶段的国情、社会观念与文化似乎与幼教的游戏理念格格不入。其实，安吉幼教也曾存在过与全国大多数幼儿园一样的严重"小学化"现象，也曾遇到过家长、社会的误解、反对、抵制等，而其所以能够解决这个大难题，坚持改革

① 谈松华.新型城镇化与基础教育布局蓝皮书［M］.上海：同济大学出版社，2016.

不动摇，是靠幼教人的专业信念与执着，一点一点地去说服家长、影响社会，逐步地获得了来自幼儿家庭、社区、乡村人民的认可与支持，获得了来自社会各方面的肯定与合作。当然，安吉游戏的发展也离不开地区社会、经济、文化的进步，离不开地区政府的远见卓识。总之，社会融合性是安吉幼教改革成功的重要因素，是安吉游戏普及、发展的重要因素；也正是这一社会融合性使安吉游戏经验具有了一般幼教改革所少有的深刻性、全局性。

（五）改革面向世界

随着中国国际影响力的不断提升和改革开放的不断深入，在扩展与世界交流的同时，中国幼教立足国情锐意改革，积极探索具有国际视野、中国特色的本土实践模式。安吉游戏在这方面是走在前列的标兵。

安吉游戏以"用游戏点亮孩子的生命"的先进理念、捍卫幼儿权利的教育价值观、具有本土特色的真游戏环境、充满教育智慧的原创性实践形态，震撼了国内幼教界，同时也名扬海外、效应外溢，得到了世界性的关注与认同，成为中国幼教面向世界开放的一个美丽窗口。

安吉游戏以自己扎实独特的本土实践吸引了不少外国专家、教师不远万里前来参观，甚至蹲点数月进行研究，并得到了很高的评价。与此同时，安吉幼教人也多次应邀走出国门，其理念与经验多次在美国的幼儿园、大学、科研机构等进行介绍，还传播到了马来西亚、孟加拉国等"一带一路"沿线国家。2016年年初，在美国西部教育婴幼儿照料项目（PITC）30年庆典大会上，安吉幼教负责人程学琴作为大会特邀的两位嘉宾之一，与美国幼教人士广泛交流，并与另一位嘉宾瑞吉欧儿童主席、瑞吉欧儿童基金会马拉古齐中心主席卡拉·里纳尔迪教授同台对话。安吉游戏，这一在中国县城与乡村里发生的幼教巨变，猛烈地冲击、颠覆了外国同行头脑中对中国幼教刻板、负面的印象，在与会者中引起了强烈反响。当年10月初，"安吉游戏在美国落地了"的消息不胫而走。原来，美国有若干幼儿园基于美国社会、教育中的问题，如日益严重的种族歧视、贫富差异，低收入群体的儿童缺少游戏，越来越大的学业压力等，希望找到解决问题的途径和方案。他们了解到安吉游戏后，视之为治病良方，于是主动展开合作，把安吉游戏引入美国本土进行尝试。除美国之外，还有来自英国、澳大利亚、巴西、加拿大、印度尼西亚、印度、尼日利亚等国的幼教人也都表达了引入安吉游戏的意愿。安吉游戏的魅力正在为越来越多的幼教人所知晓，安吉幼教改革的理念、经验乃至物化的玩具器材也正在传播到国内外许多地方。在我看来，这是中国幼教自改革开放以来第一次真正意义上的"走出去"，真正地开始了我们与世界幼教的平等交流、相互学习借鉴、深度合作。自此可以说，中国幼教真正结束了"净输入、零输出"的局面。安吉游戏彰显了中国智慧，提供了中国方案，不能不说这在中国幼教发展史上具有里程碑的意义。与世界的交流是共赢、共创、共享。在与国外专家、教师的交流中，安吉游戏自身的发展也进入了快车道，教师的观念、视野与能力，游戏的质量与层次都得到了显著提升。

安吉游戏，这一长达 20 多年的成功改革，给予幼教的启示是难以从上述几个方面概括周全的。随着幼教改革的深入，进一步地学习与思考安吉游戏的意义与价值，对今天中国幼教迎接新时期的新挑战、迈向深化改革的新征程是非常有必要的。

习近平总书记在 2018 年全国教育大会上的讲话中嘱托中国教育工作者以"更高远的历史站位、更宽广的国际视野、更深邃的战略眼光"，"坚持扎根中国大地办教育，坚持以人民为中心发展教育"。2019 年 2 月颁布的《中国教育现代化 2035》这一纲领性文件提出要"以教育现代化支撑国家现代化"，"发展中国特色世界先进水平的优质教育"，在 2035 年达到"普及公平、均衡、普惠、有质量的学前教育"的发展目标。不难看到，我们的任务是非常重大而艰巨的。庆幸中国幼教在几十年的改革中已经有了长足的进步，也庆幸安吉游戏这面升起在县城、乡村的改革大旗给幼教增添了更多的信心和勇气。我们相信，只要以发展普及、有质量的学前教育为己任，立志创造具有中国特色的优质学前教育，这一教育理想和由此激发的巨大动力就能让我们在已有改革成果的基础上，开拓出更多符合国情、有国际视野的优质幼教模式，实现 2035 年学前教育的发展目标。

第十五章　江苏省幼儿园课程游戏化的
探索与实践

江苏省幼儿园课程游戏化改革是一场政府主导的区域性幼儿园课程改革的探索性实践，其实质是一项质量工程，旨在贯彻落实《国务院关于当前发展学前教育的若干意见》和《3－6岁儿童学习与发展指南》，实现国家普及、有质量的学前教育的发展目标。本章将从课程游戏化项目的设立背景、建设内容、建设阶段、基本理念、建设过程和经验以及建设成效和反思等方面介绍江苏省近年来在课程游戏化方面的探索与实践。

一、幼儿园课程游戏化项目的设立背景、建设内容与建设阶段

（一）设立背景

为贯彻落实《3－6岁儿童学习与发展指南》和江苏省2010年《关于加快学前教育改革发展的意见》的精神，2014年江苏省教育厅和财政厅联合启动了"开展幼儿园课程游戏化建设"的项目，决定以课程游戏化为抓手，解决幼儿园教育"小学化"问题，深化教育改革，促进内涵发展。

（二）建设内容

课程游戏化的建设内容主要包括以下六个方面[①]：

一是明晰课程游戏化理念。要求项目建设园以项目为突破口，总结、提炼、明晰教育理念，增强课程意识；要求项目共建园结合自身建设进一步完善理念，并体现在日常保教、队伍建设和幼儿园管理中。总之，要求项目参与方都要通过理念提升，不断提高课程实施水平和办园品位。

二是改造课程游戏化方案。要求幼儿园基于一套或多套现行课程方案，通过观察、记录、反思、研训等方式，从环境设置、游戏区域、活动组织以及生活起

---

① 江苏省教育厅. 关于开展幼儿园课程游戏化建设的通知［Z］//江苏教育年鉴，南京：江苏教育出版社，2015：144－145.

居等各方面开展课程方案的游戏化、生活化、适宜性改造，形成以游戏为基本活动方式、全面涵盖幼儿发展领域的幼儿园教育课程体系。

三是创建课程游戏化环境。要求幼儿园根据课程实施的需要，适时、动态地对幼儿的活动环境进行改造、调整，从室内环境到室外环境，从显性环境到隐性环境，营造课程游戏化的物化情境。

四是构建游戏化区域活动。要求幼儿园以尊重幼儿的兴趣爱好、激发幼儿自主活动为宗旨，根据课程实施进展情况，创建数量充足、种类多样、材料丰富、与幼儿发展相适宜的游戏区域，同时要求教师注重观察、适当介入、有效指导，为幼儿主动发展提供条件保障。

五是建设课程游戏化资源。为支持幼儿园开发以游戏为基本活动、以幼儿为主体、适合本园特点、有效促进幼儿学习与发展的课程，要求幼儿园统筹游戏活动中的各类实物资源、社会专家资源和网络信息资源等，形成内容科学、管理有序、应用有效的幼儿园课程资源库。

六是提高课程游戏化能力。通过项目建设，提升教师游戏化活动的规划设计能力、组织实施能力、观察分析能力、诊断改善能力等，形成专业化水平较高的教师团队。

（三）建设阶段

江苏省幼儿园课程游戏化项目实施可分为两个阶段。

1. 以园为单位，选拔性试点探索阶段（2014—2018 年）

江苏省学前教育发展不平衡，部分幼儿园因长期得不到充分关注，发展水平较低。针对此现状，幼儿园课程游戏化项目主要采用结对帮扶、双园共建的方式，以幼儿园为单位结对申报项目和共建。每个项目由两所幼儿园组成：一园为项目建设园，主要为农村幼儿园，兼顾城市薄弱幼儿园；另一园为项目共建园，为办园水平较高的幼儿园。该项目强调共建园具有双重建设任务，既承担帮扶建设园提高课程实施能力的责任，又需对照课程游戏化要求进行自身建设。项目申报园须经县、市、省级层层筛选，才能入选省级项目园。省财政为每个项目提供 40 万元的经费支持，其中建设园 30 万，共建园 10 万，主要用于内涵提升。同时，各地市和县分别设有本级的项目园，也会给予数额不等的经费支持。2014—2018 年，已确立约 215 对省级项目园，及数量更大的地市级和县级项目园。

2. 以县为单位，区域性整体推进阶段（2019 年至今）

经过五年的课程游戏化建设和积累，县内的各级课程游戏化项目园逐渐增多，部分地区的幼儿园基本都已是项目园，区域整体推进的基础已经形成。同时，区域也积累了丰富的课程游戏化项目组织和建设经验。2019 年，江苏省教育厅因势利导，将原来以结对幼儿园为单位申报改为以县为单位申报，幼儿园课程游戏化项目进入了区域性整体推进的新阶段，在区域范围内全类覆盖、全员参与和全面推进课程游戏化建设①，即，区域内所有类型幼儿园都参与，教师、保育员和其他工作人员都成为课程建设的贡献者，全方位对课程理念、目标、环境和资源、实施和评价等进行建设。本阶段，幼儿园课程游戏化项目重点关注区域推进幼儿园课程游戏化建设的情况及成效，着眼全体，实现学前教育质量的均衡发展。2019 年和 2020 年两年间，已确立 70 多个省级项目县。全面性区域推进将是课程游戏化项目建设的未来趋势②。

二、幼儿园课程游戏化的基本理念

幼儿园课程游戏化的基本理念包含两个方面③：

一方面，确保游戏是幼儿园的基本活动。首先，应保证幼儿每天都有基本的自由游戏时间；其次，应重视游戏对幼儿发展的价值，通过提供轻松、丰富、适宜的游戏环境和材料，促进幼儿的发展；最后，应重视对游戏活动进行教研，提高教师的游戏环境创设能力、儿童行为观察评价能力和游戏过程的支持指导能力。切实落实幼儿园"以游戏为基本活动"的理念，纠正集体教学是幼儿园的主要活动、游戏活动处于补充或可有可无地位的固有观念，从时间、态度和能力等多方面保证游戏作为幼儿园基本活动理念的落实。

另一方面，提倡将游戏精神渗透到课程实施的其他途径之中。幼儿园课程实施的途径还包含教学活动和生活活动等。课程游戏化并非要求用游戏去替代生活活动和教学活动，而是将游戏、生活和教学活动都视为课程实施的途径，提倡将游戏理念和精神渗透于生活和教学活动之中，让幼儿在一日生活各类活动中都处于"自由、自主、创造、愉悦"的精神状态。在游戏活动中，课程游戏化强调为幼儿创设丰富适宜的环境和材料，为幼儿自由、自主地开展游戏提供优良的外部条件，教师观察幼儿在游戏活动中的表现，敏感地把握鹰架幼儿的机会，通过提供材料、空间、时间、专家资源等方面的支持，促进幼儿的全面发展。在生活活动中，课程游戏化反对教师包办代替，主张利用生活机会自然而然地渗透教育，促进幼儿的成长与发展。在教学活动中，课程游戏化反对不顾实际情况照搬教材

① 江苏省教育厅. 关于做好 2019 年基础教育内涵建设项目申报工作的通知（苏教办基函［2019］5 号）［EB/OL］.（2019 - 02 - 03）［2019 - 03 - 13］. http://jyt. jiangsu. gov. cn/art/2019/2/3/art _ 58 320 _ 8 111942. html；虞永平. 着力研究区域推进，实现课程游戏化项目新突破［J］. 早期教育（教育教学），2020（4）：4 - 9.

② 虞永平. 着力研究区域推进，实现课程游戏化项目新突破［J］. 早期教育（教育教学），2020（4）：4 - 9.

③ 虞永平. 课程游戏化的意义和实施路径［J］. 早期教育（教育教学），2015（3）：4 - 7.

上课，主张基于幼儿在游戏活动和生活活动中的兴趣与问题，确定教学活动的内容。课程游戏化致力于解放幼儿，支持幼儿自由、自主、愉悦和创造性地通过各类活动获得发展。

三、幼儿园课程游戏化项目的建设过程和经验

（一）成立江苏省学前教育研学中心，深化校地合作，为项目开展提供专业支撑

为有效推进幼儿园课程游戏化项目，江苏省教育厅以创造性的方式引领课程游戏化项目，专门成立了江苏省学前教育研学中心，主要负责组织和协调专家团队，为课程游戏化项目推进提供专业支撑。该中心设在南京师范大学，由南京师范大学教科院学前教育研究所所长虞永平教授任主任。该中心已组建了由高校教师、教科研人员、教研员、特级教师、名园长、资深教师及专业水平较高的幼教干部等组成的以江苏为主、遍及全国的专家团队，承担了课程游戏化项目评审、培训、指导和视导等各项工作，为项目建设提供了坚实的专业支撑。

（二）建立"三级联动"和"三位一体"的合力机制，为项目开展提供良好生态

课程游戏化项目在江苏省教育厅的有力领导下，形成了省、市、县三级联动和行政、教科研及师培三位一体的合力推进机制[1]。主要表现在以下三方面：（1）行政部门三级联动。分别设立省级、市级和县级课程游戏化项目园，形成了以省级项目为示范，以县级项目为基础，逐级培育的发展模式，各级政府均给予数额不等的经费支持。（2）教科研部门三级联动。省研学中心对各级教科研人员进行专业培训，对省级项目园进行指导；市级教科研部门每学期组织专家对项目园进行专业化现场诊断和指导；县级教科研部门经常深入项目园针对课程游戏化建设中的问题进行参与式研究。（3）行政、教科研和师培三位一体，为课程游戏化项目顺利推进保驾护航。三部门既有明确的职责分工，又有共同的工作目标。行政部门着力通过制度建设，为省、市、县级项目顺利开展提供人、财、物等方面的保障；教科研部门组织基于问题和现场的教科研工作，及时解决实践中出现的各种实践问题；师资培训部门则着力帮助教师实现从理念到行为的转变，快速推广实践中积累的有效经验。"三级联动"和"三位一体"的合力机制为江苏全

---

[1] 江苏省教育厅. 江苏省幼儿园课程游戏化项目（2016年立项）视导报告和等级评定结果［EB/OL］.（2018 - 06 - 05）［2019 - 02 - 15］. http://jyt. jiangsu. gov. cn/art/2018/6/5/art _ 58 320 _ 7 661857. html.

省幼教领域集中精力进行课程游戏化探索提供了良好生态。

（三）利用现代化媒介，建立扁平化管理机制，为项目开展提供高效的专业对话平台

为提高管理效率，江苏省教育厅利用现代化媒介，成立了江苏省幼儿园课程游戏化线上群，邀请学前教育专家、特殊儿童教育专家、行业专家（如建筑设计专家、生物学家、儿童文学作家、技术专家等）、省级项目园代表、各级幼教干部和教研员等共同参与①，及时发布信息、分享资源、开展讨论，确保课程游戏化相关政策、专业资讯、专家指导等可第一时间到达项目园，同时项目园的建设经验和问题也可及时反馈到专家和行政管理者。在课程游戏化建设过程中，利用线上平台，建立扁平化管理机制，规避了信息层层传递的低效性和易失真性等问题，为项目开展提供了及时高效的专业对话平台。

（四）提供阶段性实施支架，为幼儿园开展课程游戏化提供策略

截至目前，根据课程游戏化建设进程，已发布两步支架。第一步支架发布于项目初始阶段的课程游戏化建设茫然期。这一时期，幼儿园对如何理解课程游戏化理念及如何着手课程游戏化建设感到十分困惑。为及时指导幼儿园启动课程游戏化实践探索，基于对课程游戏化项目建设规律的认识，江苏省教育厅在江苏省学前教育研学中心的支持下，提出并发布了《幼儿园课程改革的第一步支架：改造我们的儿童观和教育观》。第一步支架包含六个支架，分别从儿童行为观察、指南目标领会、空间管理、时间管理、资源管理、自主生活管理六个方面为幼儿园开展课程游戏化探索提供了具体指导和提示，以期教师在放手和观察的过程中，遇见"哇时刻"，发现儿童是有能力的、有差别的个体，发现放手后孩子的成长变化，进而改造儿童观和教育观。

第二步支架发布于课程游戏化项目的建构期。在解构和破除了教师原有的根深蒂固的陈旧儿童观和教育观后，建构符合课程游戏化理念的新课程便成为这一阶段的主要任务。为此，江苏省教育厅发布了《幼儿园课程改革的第二步支架：改造我们的专业知识和能力结构》。第二步支架包含五个支架，分别从儿童观察与行为分析能力提升、课程资源深度开发利用、符合游戏化精神的集体活动探索研究、生活活动的教育价值实现，以及引导家长和小学教师掌握科学育儿观念等五个方面给出了具体指导建议，以期改造教师的专业知识和能力结构，为建构符合课程游戏化精神的幼儿园课程提供直接指导。

---

① 殷雅竹. 推进幼儿园课程游戏化建设，探索幼儿园课程改革新路径 [J]. 早期教育（教育教学），2016（4）：13-15.

（五）建立发展性视导制度，为课程游戏化项目建设把脉、问诊、开处方

课程游戏化项目还建立了一年一度的发展性视导制度。受江苏省教育厅委托，江苏省学前教育研学中心每年均会组织专家奔赴各地市，进入省级课程游戏化项目园进行现场观摩、焦点访谈、听取汇报、查阅材料等，全面考察项目园建设情况、共建园帮扶和自建情况、教研员专业支持情况及政府保障情况等，诊断问题，并评定课程游戏化建设等级和课程游戏化条件保障等级。课程游戏化视导作为对课程游戏化建设效果的评估，不仅是一次检查，更是一次现场的指导，其是指向发展的，最终目的不在于确定等级，而在于邀请多名专家现场会诊，发现问题，分析原因，并给出有针对性的改进和发展建议。因此，视导还包含反馈环节。专家们需要对政府、教研部门、共建园和建设园四方反馈其对课程游戏化建设及保障情况的评价和发展建议。

（六）扩大培训对象覆盖面，探索系统化深度培训，为项目开展提供专业化队伍保障

园长、教师、教研员、幼教干部等是幼儿园课程游戏化项目建设的主要力量，其对幼儿学习与发展规律、幼儿园教育规律及国家发展学前教育政策的理解和把握，决定着其工作质量的高低及课程游戏化项目建设成效的大小。江苏省教育厅在项目申报时，要求建设园园长、共建园园长、所在县教研员、教育局分管局长四人组成申报团队，汇报各自拟开展课程游戏化建设的举措，并进行答辩。在项目视导时，也要求四方分别汇报各自课程游戏化的建设情况和成效，并接受专家指导。

为了提高课程游戏化建设团队的专业性，扩大培训对象覆盖面、进行系统深入的培训是江苏省推进课程游戏化项目建设的重要举措之一。其具体培训方式见表 15-1。

表 15-1　江苏省幼儿园课程游戏化建设相关人员培训方式

培训对象	培训方式
园长、教师	集中专题培训、经常性现场指导、日常性线上指导、海外研修、领衔人长期深度培养
教研员	集中专题培训、海外研修、领衔人长期深度培养
幼教干部	集中专题培训、领衔人长期深度培养

其中，海外研修是江苏省教育厅定期组织省级课程游戏化项目园园长、教师、教研员和幼教干部等赴美国、澳大利亚等发达国家进行幼儿教育实地考察和

学习。领衔人长期深度培养培训方式是指由各地市推荐具有一定课程建设能力、课程研究能力和领导能力的一线教师、园长、教科研人员和幼教干部共 25 人，江苏省学前教育研学中心定期集中或分组对其进行专题培训，或开展园本课程研讨、现场观摩活动的培训模式。此外，江苏省学前教育研学中心还为每位领衔人配备一名导师，根据其发展需要提供个别化持续深度指导。总之，通过持续系统的全面专业化培训，为江苏省幼儿园课程游戏化项目顺利开展提供了更高专业化水平的幼教干部，更具引领能力的教研科研人员和更具课程建设能力的园长和教师，也为江苏省幼儿园教育改革的可持续发展奠定了重要基础。

四、幼儿园课程游戏化项目的建设成效

（一）幼儿园环境发生显著改善，为幼儿发生有意义的游戏和游戏化活动提供丰富适宜的条件

经过课程游戏化建设，幼儿园普遍认识到环境规划是幼儿园课程建设的重要组成部分，要重视从课程规划的角度创设室内外环境。环境创设不仅应达到安全、绿化、美化的标准，而且要丰富多样、充满变化。江苏省幼儿园户外场地中塑胶地、人工草坪、水泥地的面积大大减少，草地、泥地、种植地、沙水区的面积大大增加，基本可达到春有花、夏有荫、秋有果和冬有绿，幼儿园地形地貌具有多样性和本地性。班级内部空间调整采用去教学活动中心化，为幼儿多样化、个别化学习提供了丰富的区域。区域材料中包含很多当地的自然资源和人文资源，为幼儿通过直接感知、实际操作、亲身体验获得经验提供了条件。总的来说，幼儿园更接近幼儿的乐园，处处是可发生游戏的地方。

（二）初步确立以幼儿、游戏和经验为中心的儿童观、教育观和课程观，激发了幼教实践的活力

课程游戏化项目建设破除了以教师、教学和教材为中心的固有观念，撼动了集体教学在实践中的中心地位，落实了游戏是幼儿园基本活动的理念。在行政和专业的双重推动下，在艰难的尝试放手中，教师从"隐隐约约"到"眼前一亮"，逐渐发现、承认并认同了儿童是有能力的学习者，认识到儿童与丰富的材料、开放的环境互动会发生持久的、富有创造性的、迷人的探索和发展。

（三）明显提高教师的课程意识和课程建设能力，幼儿园课程更加完善

经过课程游戏化建设，教师们对课程的理解更加深刻、全面、系统，不仅在

教学活动中而且在游戏活动和生活活动中均能渗透教育，能够从课程理念、目标、内容、实施和评价等全方面进行课程建设，能够超越教材和预设方案，基于幼儿的生活经验、兴趣和问题，修订或生成活动方案；教师们对自身角色的认知也发生了变化，由直接指导转变为以通过开发资源、创设环境等进行间接指导为主；教师们不再将知识掌握程度作为评价幼儿的主要标准，而是能有意识地依据《3-6岁儿童学习与发展指南》从情感态度、行为习惯、问题解决能力等多方面评价幼儿，关注幼儿的全面发展和终身发展；与此同时，幼儿园课程审议过程也更具问题意识和儿童立场。目前，课程游戏化项目园多已形成较为完整、清晰的课程实践体系。

（四）提升了农村幼儿园的教育质量，促进了江苏省学前教育均衡优质发展

经过课程游戏化建设，在江苏省内涵发展优质园的版图上农村幼儿园异军突起。一项针对江苏省城市幼儿园、县城幼儿园和农村幼儿园共计20所幼儿园的教育质量评估结果显示，在幼儿园课程质量得分排名中，5所农村幼儿园分别位列第5名、第6名、第11名、第15名和第17名，在环境质量得分方面，农村幼儿园平均得分4.55分，略高于城市幼儿园的平均得分4.50分。可见，幼儿园课程游戏化项目有效提升了农村幼儿园的教育质量，促进了江苏省学前教育均衡优质发展。这些幼儿园的课程游戏化建设成果在江苏省内乃至全国诸多学前教育会议上进行分享，两项农村幼儿园课程建设成果获得国家基础教育成果奖二等奖，且多名园长获得正高级教师和江苏省特级教师荣誉称号。

五、幼儿园课程游戏化项目建设的反思

总的来说，幼儿园课程游戏化改革是在江苏省教育厅大力领导、支持和参与下，江苏幼教人在新时代针对学前教育发展新问题和新目标的一次集体再探索。这根植于20世纪二三十年代陈鹤琴先生在南京鼓楼幼儿园进行的中国化、科学化幼儿园课程探索，根植于20世纪80年代以赵寄石先生为代表的南京师范大学学前教育教研室与南京市实验幼儿园合作开展的幼儿园综合教育课程探索，以及21世纪初在南京师范大学学前教育专家指导下南京市太平巷幼儿园进行的以田野课程探索为代表的江苏省高质量园本课程遍地开花的可喜成果，这些都为本次全省大规模幼儿园课程改革积淀了丰富的探索经验、厚实的实践基础和开创进取的改革精神。

目前，江苏省课程游戏化改革在一定程度上改变了农村幼儿园和城市薄弱幼儿园的弱势地位，使一些幼儿园的质量显著提升，脱颖而出，进入内涵发展优质

园的行列，但不可否认的是，幼儿园发展不均衡的现象依然存在，一些农村幼儿园和城市薄弱园的质量仍有较大提升空间。

此外，师资质量仍是制约课程游戏化建设成效的关键。2019 年一项对幼儿园教育质量的评估结果显示，农村幼儿园师资保障得分为 3.20 分，明显低于城市幼儿园的 4.04 分；此外，课程质量排名第 11 名、第 15 名和第 17 名的农村幼儿园与排名第 5 名、第 6 名的农村幼儿园相比，在教师资质和结构（含学历、教龄、职称、持幼儿教师资格证）项上的得分差异显著，前者均得 1 分，而后者却得 4 分，可见，师资质量是制约幼儿园课程游戏化建设和教育质量提升的关键因素。

因此，江苏省在继续推进课程游戏化建设、促进学前教育优质均衡发展过程中，必须将加强师资队伍建设、提高师资质量作为重中之重。各级政府应持续改善教师的工资待遇和工作环境，吸引优秀人才从教，稳定教师队伍，促进教师专业成长，为幼儿园教育质量提升提供优良的师资保障。

第十六章　当代幼儿园教育质量评估的政策与实践

　　只有有质量的学前教育才是有价值的，这一点已经逐渐成为中国政府和大众的共识。中国政府历来关注学前教育质量的建设。在《幼儿园管理条例》《幼儿园工作规程》《幼儿园教育指导纲要（试行）》等文件中，都对幼儿园保育教育工作的任务和内容、形式与方法进行了规定，代表了国家对幼儿园教育质量的核心要求。国务院2010年印发的《国务院关于当前发展学前教育的若干意见》明确提出要举办"有质量"的学前教育，重申了"遵循幼儿身心发展规律，面向全体幼儿，关注个体差异，坚持以游戏为基本活动，保教结合，寓教于乐，促进幼儿健康成长"等原则。2018年印发的《中共中央 国务院关于学前教育深化改革规范发展的若干意见》把"优质"列入了"八字目标"（普及、普惠、安全、优质）之中，并提出了提高保育教育质量的一系列措施。

　　保障学前教育质量有多种途径和方式，其中，对幼儿园教育质量开展评估，并基于评估结果采取一系列的激励或扶持措施，是世界各国普遍采取的做法，例如以欧洲各国为代表的教育督导体系，美国各州实施的"学前教育质量评级与提升系统"以及澳大利亚、新加坡等国对幼教机构实施的评级办法等。中国政府对幼儿园教育质量的评估与这些国家有近似之处，都包含如下几个核心要素：第一，采用一定的评估标准，由专业人员对幼儿园的保育教育质量进行定期的全面评估；第二，向社会大众尤其是幼儿家长发布评估结果；第三，基于评估结果对幼儿园采取一定的后续措施，比如，对表现优良者给予一定的资金或其他形式的激励，对表现不佳者施以惩罚或采取一定形式的跟进措施。与其他国家相比，我国的幼儿园质量评估的历史缘起、目标定位都有差异，评估内容、评估方式等具体的制度设计也表现出独特的特点。

一、历史沿革与发展趋势

（一）历史沿革

　　我国对幼儿园教育质量的评估主要包含在由各地教育行政部门实施的两项工

作中，即示范（优质）幼儿园评定和幼儿园级类评估。二者都源于一定的历史背景，承担着特定的功能。

示范幼儿园的提法最早出现在中华人民共和国成立初期。1956 年 2 月，当时的内务部、教育部、卫生部在《关于托儿所、幼儿园几个问题的联合通知》中要求"卫生、教育部门办好几个托儿所幼儿园使它们起示范作用"。改革开放后，1987 年的《国务院办公厅转发国家教委等部门关于明确幼儿教育事业领导管理职责分工的请示的通知》、1989 年的《国家教委关于实施〈幼儿园管理条例〉〈幼儿园工作规程（试行）〉的意见》重申了教育部门开办示范园的责任。此时的示范园主要是由教育部门根据一定的标准开办、建设，而不是从已经建成的幼儿园当中评选出来的。直到 20 世纪 90 年代中后期，随着公办园数量的增加（既包括教育部门办园，也包括公办性质的企业和事业单位办园），示范园开始从这些幼儿园当中通过评估遴选产生，这成为了我国政府对幼儿园开展质量评估工作之肇始。

同一时期，在幼儿园类型越来越多样、办园水平差异逐步加大的形势下，一些地方政府为了更好地进行分类管理，开始了对幼儿园级类的评定，即通过评估将幼儿园划分为若干个等级。评估的结果往往作为确定幼儿园收费标准、经费划拨（主要是针对教育部门办园）的依据，同时也面向社会和家长发布，以从侧面激发幼儿园进行质量建设的动力。

（二）近年来的发展与呈现的趋势

2010 年《国务院关于当前发展学前教育的若干意见》发布后，先后有十几个省（区、市）新制定或更新了示范幼儿园或级类评估的标准，并对评估工作办法进行了或多或少的改革。这些改革体现出以下几点趋势：

1. 在评估工作的目的定位上，重视以评估促进质量提升

如前文所言，我国各地的幼儿园评估早期主要服务于分类管理的目的。随着我国学前教育事业的快速发展，幼儿园举办主体更加多元，学前教育发展的重点从数量转向质量，不同性质幼儿园之间的教育质量差距扩大，这些变化都决定了幼儿园评估工作要与时俱进，承担起与以往不同的功能，即通过评估引导和激励幼儿园保持和提升质量。

从各地近些年颁布的有关幼儿园评估的文件中可以看出，各地都强调了"以评促建"的原则，力图通过制定评估标准引导幼儿园的办园方向，并通过评估来激励和指导幼儿园不断提升质量。可以说，评估已经成为新时期各地保障和提升幼儿园教育质量的重要手段。

2. 在评估工作的管理上，从分散走向统整

无论是示范园评定还是级类评估，在中国都是以地方政府为主体实施的，中

央政府迄今为止尚未出台过相关的文件和标准，因此各地的具体措施、级类的名称、评估标准都各不相同，有些地方在地级市一级甚至区县一级也制定了当地的市级（县级）示范幼儿园标准。不过，近些年来呈现出级类层级数量压缩、评估工作归由高级别教育部门统一管理的趋势。在有些地方，示范园评估和级类评估两项工作也逐渐合并，形成统一的标准。例如贵州省于 2014 年把之前幼儿园评估的 9 个层级压缩到 6 个，并把省级、市级示范园和从前的"三类"幼儿园评定合并为同一个序列；北京市于 2019 年实行了"多标合一、一标多用"的做法，将示范园评估、级类评估、幼儿园教育督导统整为一套体系。教育部也于近几年在组织研制幼儿园保教质量评估指南，意图从中央层面对各地的评估工作进行统一的规范和引导。2022 年 2 月 10 日，教育部印发《幼儿园保育教育质量评估指南》，并附《幼儿园保育教育质量评估指标》。

另外一个值得注意的趋势是，一些地方的幼儿园评估工作职责从教育行政部门转向了教育督导部门，开始与综合督导工作相整合，以更好地厘清部门职责、整合评估资源。

3. 在评估的对象上，从单一走向全面

我国各地早期的质量评估对象主要集中于公办幼儿园，包括教育部门办园以及公办性质的企事业单位办园。近些年来，各地开始将民办幼儿园也纳入评估的范围。尤其是随着普惠性幼儿园政策的逐步落地，很多地方制定了民办普惠性幼儿园的分级评估办法，把评估结果作为奖惩扶持的依据。

把多种性质的幼儿园纳入统一的评估体系中，是幼儿园教育质量均衡发展的必然要求。但是从现实的角度看，由于民办幼儿园相比公办幼儿园历史上获取的政府支持力度相对较小，起点较低，并且办园形式多样，教育理念和模式差异较大，因此，如何在评估标准中体现出这些幼儿园的现实状况和发展需要，是各地评估制度改革所面临的一个重要挑战。

4. 在评估结果的使用上，从低利害走向高利害

随着各地对幼儿园补贴力度的加大，很多地方基于评估结果实施分级补助，这使得评估结果对很多幼儿园来说不仅意味着"挂牌"的声誉资源，而且关系到实实在在的资金补贴。例如天津根据普惠性民办幼儿园实际在园幼儿数，对四级园、三级园、二级园、一级园、示范园分别给予每年 2 800～4 400 元不等的生均经费补助；北京根据对公办园和民办园的评估结果，决定是否发放生均每月 1 000 元的补贴。

高利害的评估能激发幼儿园的迎评动力，从而更有力地发挥激励和引导作用，但是这种评估不可避免地带有浓厚的鉴定性、终结性色彩。很多国外的经验表明，这可能给幼儿园带来过大的压力，造成办园思想和教育模式受到评估标准限制的"隧道视觉"现象，甚至导致幼儿园为了通过评估而粉饰、掩盖缺点和不足。如何避免这些现象，在终结性评价和形成性评价之间寻求平衡，从而更好地达成"以评促建"的最终目的，是我国各地幼儿园评估工作中需要思考的重要问题。

二、评估指标和内容

（一）评估指标涉及的内容

我国各地对幼儿园评估涉及的内容较为全面，涵盖幼儿园工作的方方面面，一般包括如下几大方面：

园所管理。包括规章制度、办园理念、文化建设、园务管理、保教管理、财务和收费管理等。

人员配备。包含师生比、班级规模、各类人员（包括园长、教师、保育员、卫生保健人员、后勤人员、安保人员）的数量配备要求。

人员资质与专业发展。主要涉及对教师及其他人员资质的要求、队伍建设举措、教研科研工作、教师培训等与教师专业发展相关的要求。少数地方的标准中还涉及了教师员工的工作条件与待遇，如办公用房、生活设施、工资社保等。这方面内容与人员资质与专业发展性质不同，在后文的分析中将予以单列。

物质环境。包括有关场地设施、玩教具配备的内容，以及环境创设中有关物质环境的内容。

卫生与保健。包括卫生保健设施与设备、卫生保健管理制度、膳食营养、疾病防治等。

安全管理。包括安全设施与设备、安全制度、安全教育等。

课程设置与实施。主要是课程设置、课程管理、各类教育活动实施、幼儿评价等。

家园与社区工作。包括家园共育、社区合作。

上述内容在各地评估指标中有着不同的比重，体现出各地重视程度的不同。笔者选取了北京、上海、浙江、山东、江苏、福建、湖北、河北、安徽、吉林、黑龙江、河南、山西、云南、甘肃、广西、重庆、贵州等18个省（区、市）颁布的23个评估标准，其中包括优质（示范）幼儿园评价标准10份，普通幼儿园标准13份。我们采用分值量化的方式对这些标准的内容比重进行了分析，具体方法是：将各个方面下辖指标的分值相加，除以该标准的总分，得到各自的占比，以百分数呈现，然后对这些百分数的集中趋势和离散趋势进行统计，计算平均数、中位数、标准差、差异系数。结果如表16-1所示。

表 16-1 我国 23 个省级评估标准中各方面内容的分值占比

指标	园所管理	人员配备	人员资质与专业发展	安全管理	课程设置与实施	物质环境	家园与社区工作	卫生与保健	工作条件与待遇
均值	16.13%	5.22%	16.63%	6.98%	19.08%	18.09%	3.75%	18.29%	1.39%
中位数	11.50%	5.00%	13.80%	5.20%	18.00%	16.80%	3.00%	15.50%	0.00%
标准差	16.86%	3.77%	13.99%	6.40%	10.62%	8.94%	3.17%	15.42%	2.01%
最大值	93.00%	20.00%	78.00%	31.00%	62.00%	53.00%	17.00%	88.00%	6.67%
最小值	6.90%	1.00%	5.00%	1.50%	8.00%	6.00%	1.00%	7.80%	0.00%
差异系数	1.05	0.72	0.84	0.92	0.56	0.49	0.85	0.84	1.44

可以看出，受到最多重视的是"课程设置与实施"，均值为 19.08%，其余按照从高到低的顺序依次为"卫生与保健"、"物质环境"、"人员资质与专业发展"和"园所管理"。分值占比相对较低的有"安全与管理"、"人员配备"、"家园与社区工作"和"工作条件与待遇"。如果以中位数为指标加以观察，那么各方面的排序与上述几乎完全相同，最高的依然是"课程设置与实施"，而"物质环境"则超过了"卫生与保健"，排在了第二位。

（二）评估指标和内容的特点

1. 指标覆盖全面

第一，既有条件性质量也有过程性质量。各地评估内容中既包含办园条件，如物质环境、人员配备等，也包含教育过程，如课程设置与实施等。

第二，既重物也重人。各地的指标不仅关注物质条件，而且十分重视教职工队伍建设，所有省份的标准都对人员资质和专业发展提出了细致的要求。教师是教育质量的核心因素，可以说我国各地的幼儿园评估指标很好地体现了这一理念。

第三，既重教也重保。各地指标中，保育保健方面的要求与教育教学方面的要求是大体均衡的，分值比重相当，体现出了我国幼儿教育中保教并重的传统。

2. 评估重心在幼儿园整体层面，而非班级层面

比如，我国各地的指标对园所管理给予了非常高的重视。在课程方面的指标中，放在首要位置的也通常是课程规划、一日活动制度这些幼儿园整体层面实施课程管理的内容，而非"一杆子"直接插到班级实施层面。这反映出了我国的评估重心放在幼儿园整体层面，这与西方国家的评估中采用学术性工具观察个别班级的做法具有显著的不同。我国幼儿园多采用"令从上出"的自上而下式的管理，在很大程度上，幼儿园内部保障教育水准的主要途径，是依靠各班教师认真遵守和执行园所的统一要求，而不是通过鼓励教师各自发挥自主性和创造性，"八仙过海，各显其能"地做事。因此，我国的评估指标多从幼儿园整体层面着眼，有其制度和文化层面的合理性。

但是各地的评估指标也存在诸多问题，包括：对过程性教育质量的重视仍显不足，例如有关课程实施的比重相对较低，物质环境的比重过高；有关教师的评估内容中，多重在对教师发展提出要求，对其精神需求和物质需求的关注不足，例如对教师的工作条件与待遇等保障性措施的规定较少，对教师工作的软性环境如管理的人文性、民主性等也关注不够。此外，表述过于抽象模糊，流于原则性，缺乏具体性和可操作性，也是各地指标近些年来遭到广泛批评的问题。

三、评估程序与方法

（一）评估程序

我国的幼儿园评估一般采取如下流程：幼儿园自评—提交评估资料—评估人员现场考察—评估人员评议—进行反馈—评估结果确定和发布。在评估结果发布过程中或发布之后，大多数地方会给幼儿园留出申请复议的时间。

在评估时，评估人员大多以集体方式开展现场考察，每人负责重点考察若干指标，然后集中商议形成最终结果。现场考察通常持续半天至一天时间，有的地方可能持续一天半。现场考察结束后，通常会进行现场的口头反馈，并在事后提供书面的正式反馈。反馈中列举出幼儿园的优势、存在的问题，并向幼儿园提出下一步的改进建议。

（二）信息采集方法

在前文所分析的各省份的评估标准中，有 17 个省份在评估细则中明确提出了各条指标所采用的信息采集方法。笔者对其所包含的 1 651 个指标的信息采集方法进行了分析，结果显示出如下的特点：

1. 采用了多种信息采集方法

各地采用的信息采集方法包括观察法、访谈法、文献查阅法、问卷法、测查法。此外，"听取汇报"作为一种特殊的访谈形式，也得到了普遍的应用。具体如表 16 - 2 所示。

表 16 - 2　信息采集方法分布

听取汇报	观察法	访谈法	文献查阅法	问卷法	测查法	总计
153	1 085	446	1 260	132	18	3 094
4.95%	35.07%	14.41%	40.72%	4.27%	0.58%	100%

2. 各种信息采集方法结合运用，注重从多个角度收集证据

在 1 651 个指标中，有 47.37% 的指标采用了单一的信息采集方法，同时采用 2~5 种方法的指标分别占 34.10%、15.14%、1.76%、1.64%。使用最多的

两种方法——文献查阅法和观察法，大多时候都与其他的方法同时使用：在1 240个采用了文献查阅法的指标中，有827个同时也采用了至少一种其他方法，占66.69%；在961个使用了观察法的指标中，有622个同时采用了其他方法，占64.72%。

3. 采用的信息收集方式与评估内容之间具有一定的适切性

如果我们把观察法、访谈法归为直接方法，把听取汇报、文献查阅法归为间接方法，则可以发现各地指标在不同评估内容上所侧重的信息收集方式存在差异。大体而言，在物质环境、课程设置与实施这些能够在现场获取较多信息的方面，较为重视直接信息的获得；对于人员资质与专业发展、园所管理等在现场无法深入了解的情况，则更多地倚重间接信息；在安全管理、卫生与保健、人员配备方面，两类方法相对均衡。由此可见，我国各地的评估标准对于信息采集方法的规定是较为适宜的。

但是，各地指标在评估方式上也存在着一些问题，对各种信息采集方法本身的运用的规范性和有效性不足，主要表现为：观察过程尤其是对保育教育活动的观察不够持续和深入，存在走马观花"看热闹"或仅凭零散的片段就武断地下结论的现象；访谈注重形式而非实效，对于访谈内容和方式缺乏严谨的设计，忽视了对访谈对象心理的调适；问卷发放程序不够严谨，问卷结果分析简单粗放；对于文字资料准备的要求过多、过全、过细、过死，重形式大于重内容，一定程度上加剧了幼儿园工作中事事"留痕"、重工作形式轻工作内容、重工作过程轻工作成效的不良倾向。这些都是在未来的改革中需要着力修正的问题。

四、幼儿园教育质量评估的未来展望：多元复合的质量评估体系

在办园主体单一、质量标准尚未普遍建立的历史阶段，我国的评估制度发挥了树立示范性标准、为政府实施分类管理提供依据的作用。随着幼儿园数量的急剧增加、办园主体的多元化，以及质量水平差异化程度的提高，现有的制度已经不能满足新形势的需要。在质量保障的问题和任务更加复杂的形势下，需要建立多元复合的质量评估体系。所谓多元复合，至少有三个层面的内涵。

（一）功能的复合化

质量评估在理论上具有两种主要功能：鉴定功能和指导功能。我国目前的质量评估更多承担的是鉴定功能，具有较浓厚的"鉴别优劣""论定等次"的色彩，评估结果大多作为监管、奖惩、实施分类管理的依据。而评估过程对幼儿园发挥的指导功能较为有限，具体表现为难以具体、精确地揭示幼儿园存在的质量问题，并且无法持续地提供相应的专业咨询和辅导，帮助其不断改进和提升。一个

完善的质量评估体系，应当在两种功能上取得平衡：既通过鉴定功能施加自上而下的"压力"，又通过指导功能形成自下而上的"推力"，并使二者形成合力。

谈到评估的功能时，必须要明确的一点是，旨在鉴定的评估和旨在指导的评估在评估主体、评估内容、评估方式等方面都存在不同，比如前者要求外部人员实施，重点考察关键的评估内容，以非参与式的方式进行，后者则强调幼儿园内部人员参与到评估中，以自我诊断的视角对各方面工作进行审视，在多轮次的评估和反馈中持续改进。所以，功能的复合化绝不意味着把两种功能不加区分地杂糅在一起，企图在一项工作中同时实现。实际上，要同时发挥两项功能，需要一个由多个子系统组合而成的复合体系，这就要求评估主体也应从单一走向多元。

（二）评估主体的多元化

功能的复合化要求评估主体的多元化。我国现有的质量评估工作的主体主要是各级政府。由于政府在我国社会中具有较高的公信力，且掌握大量的资源，具有天然的权威性，因此由政府承担鉴定性质的评估，可以有效地激励、鞭策幼儿园提升质量。当然，政府内部的各个部门，如教育行政管理部门和教育督导部门之间必须进行明确的分工，避免职能交叉所带来的问题。

除政府之外，评估体系中还可以发挥社会力量的优势，将非政府的专业机构作为评估实施的主体，包括高等院校、专业协会等。它们能够更多地承担起指导的职能，利用其人员、资源等优势，通过制定适宜的评估指标，指导幼儿园进行自我诊断和自我提升，帮助其提升质量建设的内在能力。

另外，广大幼儿园也应成为重要的评估主体，也就是说，要重视幼儿园内部自评体系的建立。如果脱离了幼儿园内部的质量评估和管理，那么再完善的外部评价也是难以独自发挥作用的。持续地进行自我审视、自我诊断、自我改进，是一所幼儿园质量持续提升的最根本保障。建立内部的自我评估体系，意味着管理的思维方式、工作模式的革新。如何在幼儿园建构自评体系、提升自评能力，如何让自评与外部评估相互适应、形成互为助力的关系，都亟待我国理论界和实践界进行重点探索。

（三）评估对象、评估内容、评估方式的差异化

功能的复合化和主体的多元化同时也意味着评估对象、评估内容、评估方式的差异化施策。在评估对象上，政府的评估应涵盖所有幼儿园，将其纳入统一的质量评估监控制度下。当然，在不同的发展阶段应有所侧重，例如，在现阶段幼儿园质量参差不齐的情况下，要克服以往过于关注优质幼儿园的倾向，而应以质量薄弱的幼儿园，如民办园、集体办园及农村地区的幼儿园为评估重点，突出"保基本"的政策导向。对于这些幼儿园的评估内容，可先从条件性质量开始，

通过评估督促其配足配齐必要的设施和人员，加强管理的规范化，然后逐步追求过程性质量。而对于基础较好的幼儿园，则应把评估重点放到过程性质量而非条件性质量上，避免硬件设施过度投入等现象。当评估功能定位和评估主体不同时，所采取的评估方式也应有所不同，这一点在前文讨论功能复合性的问题时已经有所涉及，在此不再赘述。

总之，幼儿园教育质量评估已经成为我国保障学前教育质量的重要手段。2018年印发的《中共中央 国务院关于学前教育深化改革规范发展的若干意见》提出要"健全学前教育质量评估监测体系"，并对幼儿园质量评估工作提出了总的要求。随着学前教育事业的迅速发展，此项工作的历史使命、目标定位、政策路径发生着变化，由此引发了评估对象范围、评估内容和方式、评估结果使用等一系列具体制度设计的改革。这些改革必将使其更加适应新的需要，在学前教育现代化治理体系中发挥越来越关键的作用。

第十七章　当代学前教育教研工作的实践探索与变革转向

学前教育教研工作作为学前教育理论与实践体系中的重要内容之一，始终以儿童良好发展为终极目的，在推进幼儿园课程改革、指导幼儿园教育教学实践、促进幼儿园教师专业发展等方面，一直发挥着积极作用，是学前教育质量得以提升的重要保障。随着我国教育事业改革与发展进程的加快，学前教育事业实现了跨越式发展。自 2006 年全国推进"以园为本教研制度建设"项目后，幼儿园更是成为学前教育教研工作开展与推进的基本单位和重要力量，学前教育教研工作的理论研究和实践探索，也在这十余年里得到了极大的推进和发展。但目前学前教育仍是我国教育体系的薄弱环节，面对学前教育质量亟待全面提升的新形势、新任务、新要求，新时代的学前教育教研工作需要完成变革转向，进一步实现深化改革和规范发展。

一、从"教育教学研讨"到"制度体系构建"：学前教育教研工作的历史寻绎

中华人民共和国成立至 20 世纪 90 年代末，"教育教学研讨"是学前教育教研工作关注的主要内容。20 世纪五六十年代，由于受苏联教育模式的影响，我国学前教育理论与实践领域明显借鉴吸收了具有苏联教育特色的教学话语，如"教学大纲""作业""分科教学""系统化知识"。尤其是"以系统化知识及相关技能的传授为主要目的，以适合儿童思维的可能性为基本前提的一种教育组织方案，其主要形式是'作业'，核心是知识系统化，意即深入评定每种知识，弄清知识间的联系，组织有明确的系统"①，很鲜明地反映了苏联教育模式的学科课程特色。尽管苏联教育模式也同样强调以游戏、作业等多种形式来促进儿童的全面发展，但是在对苏联学前教育教学理论和实践经验的模仿和借鉴下，1952 年 3 月《幼儿园暂行规程（草案）》和 1952 年 7 月《幼儿园暂行教学纲要（草案）》的颁布实施，使得学科课程和分科教学成为当时我国学前教育模式发展的重要体

---

① 虞永平．学前教育学 [M]．苏州：苏州大学出版社，2001：209．

现，强调教师教学、系统知识等。当然，中华人民共和国成立后，从 20 世纪 50 年代开始，国家还是很重视学前教育学术研究的。如 1953 年教育部幼儿教育研究室明确了当时的工作任务是"提高幼儿教育、教学工作质量，更好地贯彻幼儿教育发展方针"，"对家长进行宣传教育"等，其工作方式是"收集、总结、推广幼儿园教育、教学工作的优良经验，有计划地对各科教育进行专题研究；编写、翻译出版有关指导性业务书籍等"①。1978 年 7 月，中央教育科学研究所幼儿教育研究室得以设立，成为我国第一个国家级的幼儿教育研究机构。在此之后，各省（区、市）先后在教育科学研究所中设幼教研究机构，甚至设专职的幼教教研员。可以说，从中华人民共和国成立初期到 1977 年，学前教育教研工作的相关科学研究呈现出"继承与改造、借鉴与发展"② 的特点，教研人员积极在幼儿园开展相关实验研究，借鉴国外相关理论，并重视教学观摩研讨和教育活动分析。

20 世纪八九十年代以后，儿童观、教育观和课程观也迎来新的变革，如被称为"中国第一部幼儿教育工作指南"③ 的《幼儿园教育纲要（试行草案）》于 1981 年颁布，其旨在立足于中国国情和幼儿园实际，为幼儿园教育工作提供依据。从这份文件的名称变化来看，从 20 世纪 50 年代的"教学纲要"改为"教育纲要"，它实际上是强调要"防止幼儿园教育小学化、成人化"，引导当时幼儿园教育从普遍存在的"教学模式"或"上课模式"转向更加关注儿童的游戏，但是仍然注重发挥教师的主导作用，强调"教给幼儿……知识和技能"。尽管国家教委在 1989 年制定并颁布了《幼儿园工作规程（试行）》并在 1996 年正式颁布了《幼儿园工作规程》，但是其属于部门性法规，而非专门指向幼儿园教育工作的文件，只是把教育工作作为一个部分来阐述，如不再提及"教给幼儿粗浅知识和技能"，强调"幼儿主动活动"、"遵循幼儿身心发展的规律"和"注重个体差异"等，尤其是将课程权力下放至幼儿园，凸显了教研工作的重要性。但是，"20 世纪八九十年代，学前教育的教研主要是对幼儿园教学活动的研究，以教师的教学活动设计和组织实施为主要研究内容，重点关注教师教育实践行为的问题与改进，研课较多。教研的主要负责人和组织者是市区级以上教研员，通过省（市）、区（县）不同层次、不同形式的教研活动，提高广大教师的教学能力和水平，'以评代研、以赛促研'的规模大小不同的评课、赛课活动也成为常见的教研活动形式"④。长久以来，幼儿园教育工作仍然未摆脱集体教学模式和教师的教学逻辑，比起关注儿童游戏活动和主动学习，始终更注重"教什么"和"怎么教"的问题。

---

① 中国学前教育研究会. 百年中国幼教 [M]. 北京：教育科学出版社，2003：216.
② 刘占兰. 新中国成立 70 周年学前教育科学研究的发展历程 [J]. 幼儿教育，2019（9）：4 - 8.
③ 魏振高. 幼儿园教育工作的指南 [J]. 课程·教材·教法，1984（3）：59 - 61.
④ 刘占兰. 学前教育教研工作面临转型升级 [N]. 中国教育报，2019 - 01 - 20.

　　21 世纪初期至今，学前教育教研工作关注的重点从"教育教学研讨"转向更加注重"制度体系构建"，即在不断进行学前教育教研理论建构和实践探索的过程中，探索、建立、丰富和深化学前教育教研制度，努力完善学前教育教研体系，进而发挥教研工作在推进课程改革、指导教学实践、促进教师发展与儿童发展、服务教育决策等方面的积极作用。

　　首先，作为国家课程标准的《幼儿园教育指导纲要（试行）》于 2001 年颁布，在借鉴国际先进的学前教育理念和结合我国 20 世纪幼儿园教育实践经验的基础上，确定了以儿童发展为本的教育基本立场，对幼儿园课程与教学、教师专业发展与教研实践、儿童学习与发展等具有极大的积极指导意义，推动着我国学前教育理论与实践的新变革。这意味着，学前教育教研工作面临着新世纪背景下的教研转型。教研价值取向从"工具性价值取向"逐渐转为"人文性价值取向"。"教学""上课""管理""评价"等不再是主要关键词，而是更关注教研与"儿童学习与发展""儿童游戏活动""儿童生活经验""教师支持""教师专业发展"等之间的意义关系，关注教研背后关于儿童发展和教师发展的意义。教研内容不再仅限于跟"课题申报与研究""科研成果产出""集体备课""教育教学"等相关，而是更多元，与儿童观、学习观、教育观和课程观等的联系日益密切。

　　其次，教研重心逐渐下移，重视以园为本的教研工作模式，积极扩展和充分发挥教研工作的研究、引领、指导、服务等职能，为构建省、地（市）、县、校（园）多级教研体系而不断地积极探索实践。朱慕菊曾在 2002 年全国《幼儿园教育指导纲要（试行）》培训班上的讲话中强调了以园为本的教研工作的重要性和实践进路[①]，即："在工作方法上，我们要建立以园为本、自下而上的教研工作模式，借助科研、教研推动教育改革，提高教育质量，帮助教师队伍不断发展。有的教师在组织教学过程中产生了很多问题和困惑，但没有被教研人员关注，积极性得不到调动。主要原因是教研人员不深入，不能适应一线改革的实际。我们应在幼儿园建立一种自下而上的教研制度，请幼儿园一线教师提出在改革以及贯彻《幼儿园教育指导纲要（试行）》时碰到的具体问题，这些问题完全由教师自己来解决是不现实的。幼儿园应有教研小组，梳理实践中碰到的问题，分析这些问题的核心是什么，然后集体攻关，在每个层次上组织经验交流、研讨，不断将研究推向深入"，并且"要关注对教师个案的研究"，"教师反思性成长必须要有一个好的集体，而这种工作方式恰恰能造就一个好的集体"。2006 年教育部基础教育司委托基础教育课程教材发展中心下发《关于开展"以园为本教研制度建设"项目的函》，在汲取 2004 年"创建以校为本教研制度建设基地"项目工作成

　　① 朱慕菊. 齐心协力，做好新时期幼儿教育改革工作：在全国《幼儿园教育指导纲要（试行）》培训班上的讲话 [J]. 幼儿教育，2002（4）：4-5.

果经验的基础上，全国范围内积极推进"以园为本教研制度建设"项目的实践探索。教研工作重心明确下移至幼儿园，旨在建立和完善以园为本教研制度，解决幼儿园教育教学实际问题，促进教师专业发展，提升保教质量，促进儿童发展。这意味着学前教育教研工作开始以幼儿园为基本单位，重视校（园）级教研体系的建构，且"自我反思"、"同伴互助"和"专业引领"构成了园本教研的基本要素①，是开展教研和促进教师专业成长的基本力量，进而强调了教师要成为教研的主体。

再次，伴随着"中国特色学前教育理论与实践体系的丰富与深化（2001—2010 年）"②，在《幼儿园教育指导纲要（试行）》理念的引领下，在"以园为本教研制度建设"项目的推进中，园本教研的本土化实践探索也在这段时期积极推进着，有力地支持了学前教育教研工作的整体发展。尤其是 2012 年颁布的《幼儿园教师专业标准（试行）》推动了教师向"学习者"、"反思性实践者"和"研究者"的角色转型，同年颁布的《3-6 岁儿童学习与发展指南》带来了幼儿园课程改革的新契机，更加关注教研中教师的"为什么教""教什么""先后教什么""怎么教"和儿童的"学什么""如何学"等问题。而后 2015 年颁布的《幼儿园园长专业标准》和 2016 年新修订的《幼儿园工作规程》明确提到了有关学前教育教研工作的发展动向和实践要求，如《幼儿园园长专业标准》中提到了"领导和保障保育教育研究活动的开展""建立教师专业发展共同体的意识""掌握园本教研合作学习等学习型组织建设的方法""构建教研训一体的机制"等有关园长专业化的要求，并指出园长应具备做好学前教育教研工作管理与指导的能力，重视教研管理团队的建设。特别是 2016 年修订的《幼儿园工作规程》明确提出："幼儿园应当建立教研制度，研究解决保教工作中的实际问题。"从部门法规中提出有关园级教研制度的建设问题，足以说明其重要意义。当然，在三期学前教育三年行动计划的支持引领下，学前教育教研工作也得到了继续发展。如 2014 年《教育部 国家发展改革委 财政部关于实施第二期学前教育三年行动计划的意见》提出要"完善区域教研和园本教研制度"，2017 年《教育部等四部门关于实施第三期学前教育行动计划的意见》中提出应"加强学前教育教研力量，健全教研指导网络"。

结合上述学前教育政策对教研工作所提出的要求和所进行的部署，以及我国学前教育事业发展的意义，中华人民共和国成立以来第一次以中共中央和国务院的名义于 2018 年颁布了《中共中央 国务院关于学前教育深化改革规范发展的若干意见》，明确提及要"完善学前教育教研体系"，进一步强调应"健全各级学前

---

① 刘占兰. 园本教研的基本特征［J］. 学前教育，2005（5）：10-11.
② 刘占兰. 新中国成立 70 周年学前教育科学研究的发展历程［J］. 幼儿教育，2019（9）：4-8.

教育教研机构，充实教研队伍，落实教研指导责任区制度，加强园本教研、区域教研，及时解决幼儿园教师在教育实践过程中的困惑和问题"。而后又在 2019 年《国务院关于学前教育事业改革和发展情况的报告》中，提出要"健全教研体系，推动各地将各类幼儿园全部纳入教研指导范围，提高幼儿园教师科学保教水平"。这反映出了国家对学前教育工作给出了其发展的新指向，学前教育教研工作实践探索仍需继续深化，所以学前教育教研工作必须面对新的变革转向，注重学前教育教研体系的构建和完善。

我国 2010 年出台了《国家中长期教育改革和发展规划纲要（2010—2020年)》和《国务院关于当前发展学前教育的若干意见》，自此之后，学前教育迎来了改革发展的新时期和新契机。2011—2019 年成为"中国特色学前教育政策体系探索与构建"的时期，"近 10 年来的教育科学研究有力地推动了学前教育政策的形成和体系的建立……以实践为主体，以理论和政策为两翼的学前教育科学研究内容体系已经基本建立"①。如今，我国正在形成和逐步完善国家、省、地(市)、县、校（园）等多层次学前教育科学研究体系。

二、从"定点一元"到"焦点多元"：学前教育教研的研究进展

除了从学前教研工作的历史发展背景和政策文件进行分析，从而反映学前教研工作的实践探索和变革转向之外，还应该从学前教研已有的理论与实践研究进行分析，以呈现我国学前教研的研究进展背后的意义。区域教研和园本教研是学前教育教研工作的主要实践形式或实践样态，都强调以园为本的教研，只是前者更强调园际和区域间的教研实践，但"园本教研是教研活动的基本方式，也是未来教研工作的重点所在，对幼儿园教育质量的提升具有重要的作用"②。因此，有必要聚焦于自 2006 年全国推进"以园为本教研制度建设"项目后，我国园本教研的研究进展，厘清这十余年我国园本教研工作在理论和实践上的研究动态和变革逻辑，以反映学前教育教研工作的实践探索路向。

（一）回归主体性的内涵界定与价值彰显

1. 关于园本教研的基本界定

"园本教研"一词最早出现在文献中可追溯到 2003 年有关参与式园本教研的实践探索③，但只是提出了这一概念并未做进一步界定。之后的研究者开始尝试

---

① 刘占兰. 新中国成立 70 周年学前教育科学研究的发展历程 [J]. 幼儿教育，2019 (9)：4 - 8.
② 虞永平. 努力发展以质量为导向的学前教育：学习《中共中央 国务院关于学前教育深化改革规范发展的若干意见》的体会 [J]. 幼儿教育，2019 (Z1)：4 - 7.
③ 史红卫. 参与式园本教研活动三步曲 [J]. 山东教育，2003 (36)：15 - 16.

立足于幼儿园这个场域并从理论角度对其进行界定和论述，认为园本教研是一种"以园为本""基于问题"的学习与教学研究的组织形式①；应是一种以《幼儿园教育指导纲要（试行）》为导向，以教师为教学研究的主体，立足于本园教育教学实践中出现的实际问题，为寻求问题的解决而进行，最终促进幼儿和教师发展的行动研究，同时"自我反思、同伴互助、专业引领"成为构成园本教研的三个基本要素②。从文献梳理来看，逐渐从教研形式本身回归到基于主体性视角对园本教研进行内涵界定，既始终强调要研究教师在实践中所遇到的问题，又强调要立足教师专业发展与儿童发展。也有研究者表示要跳出方法论范畴界定园本教研内涵，认为园本教研"是一种在新的理念下的教师学习和成长的新范式"，要从学习和文化的两种转型去认识其本质③；强调"园本"既是一个空间概念，也是一种理念，兼具文化性、人本性和规范性等特性④。

2. 关于园本教研主体的探讨

首先，幼儿园教师是园本教研的主体已成为当下共识⑤。"一线教师"是第一教研主体，且在实践中形成了以一线幼儿园教师、教研管理者、教研专家和其他相关主体参与的文化现象⑥。其次，除认同教师是园本教研主体之外，园长、教研员、专业研究人员、家长都应该参与教研。所以，研究者们提出要构建园本教研共同体⑦或构建一种基于园本教研的教师共同体文化⑧。

3. 关于园本教研价值的判定

园本教研的价值主要是立足于解决本园教育教学实践问题⑨，提升幼儿园保教质量⑩，促进幼儿园教师专业发展⑪，而儿童发展⑫永远是终极目的。总之，园

① 程方生. 幼儿园开展以园为本教研活动的策略分析 [J]. 教育评论，2004 (2)：71-73.

② 刘占兰. 园本教研的基本特征 [J]. 学前教育，2005 (5)：10-11.

③ 李季湄. 园本教研发展之我见 [J]. 幼儿教育，2011 (Z1)：20-24.

④ 黄豪. "园本"之义的批判与复归：兼论我国幼儿园教研变革发展的逻辑回归 [J]. 上海教育科研，2019 (7)：67-71.

⑤ 刘占兰. 园本教研的基本特征 [J]. 学前教育，2005 (5)：10-11.

⑥ 黄豪. 园本教研中教师共同体文化的发展现状与构建路径 [J]. 学前教育研究，2019 (11)：35-50.

⑦ 张婕、朱家雄. 研究共同体的构建是园本教研的关键 [J]. 幼儿教育，2005 (9)：32-33.

⑧ 黄豪. "园本"之义的批判与复归：兼论我国幼儿园教研变革发展的逻辑回归 [J]. 上海教育科研，2019 (7)：67-71.

⑨ 刘占兰. 园本教研的基本特征 [J]. 学前教育，2005 (5)：10-11.

⑩ 申毅，王纬虹. 幼儿教师专业发展 [M]. 重庆：西南师范大学出版社，2009：144-145.

⑪ 朱家雄，张婕. 走向基于行动的园本教研：论教师专业发展范式的转向 [J]. 幼儿教育，2005 (9)：30-31.

⑫ 杨晓萍，黄豪. 学习共同体：园本教研"异化"与"回归" [J]. 教育导刊（下半月），2016 (5)：8-12.

本教研价值取向要从工具性向人文性转变①。

综上所述，研究者围绕"内涵""主体""价值""文化"等方面就"园本教研内涵与价值"开展了相关理论研究。园本教研已被公认为是一种以幼儿园教师、教研管理者、教研专家和其他相关主体等为教研共同体，积极关注幼儿园保教过程和解决本园教育教学实际问题，以提升保教质量、促进教师专业发展，最终促进儿童发展为目的而展开的研究与实践并行的活动②。

（二）实现从研究"教学"到研究"儿童"的范式转变

前文梳理和呈现的有关学前教育教研政策工具的演变，表明了 20 世纪八九十年代，学前教育教研主要是对教学活动的研究。在过去，受历史背景因素的影响，也鉴于学前教育科学研究自身所存在的薄弱性，学前教育教研工作唯"教学逻辑"至上，重视对"教学"的研究，重视教研与工具取向下教师专业发展的关系。这意味着这样的教研着重研究幼儿园教材和教师的教学方法，强调对教材的选择、挖掘和理解，强调对教师集体教学活动的研讨，强调教师对教学的设计、组织和评价，强调教师的知识传授，等等。正是由于一直以来对学前教育教研内涵的理解存在着偏差，因此导致教研实践仍存在诸多问题。我国学者李季湄教授曾在在全国"以园为本教研制度建设"项目教研员研修会上做报告时指出过当时学前教育教研中所存在的问题，即：重视"作业课"，轻研一日生活的其他环节；重"展示"轻"反思"，重"研教"轻"研学"；重"教学型"教研，轻"研究型""学习型"教研；重教研内容、形式、结果，轻教研文化、制度建设③。

而现在，尽管学前教育教研实践探索仍需进一步发展，所存在的问题仍需得到进一步发现与解决，但是学前教育教研理论与实践领域都能就"教研本质"达成一个基本共识。之所以在这里再提及这一点，是因为"我们一定要认识到园本教研的本质是文化转型，而文化转型是结构性的变化，是非常缓慢、艰难的。如果认识不到这种本质，我们就不可能认识到园本教研的艰巨性、长期性，也就谈不上实效性了"④。然而，这种来自教研观念与价值的变革尽管确实是缓慢且艰难的，但如今看来已在慢慢实现，是难得且有意义的。其中一个最大的转变是，实现了从研究"教学"到研究"儿童"的范式转变。具体体现在理论研究与实践研究两个方面。

① 杨晓萍，邵小佩. 从工具性到人文性：园本教研价值取向的转换 [J]. 学前教育研究，2009（12）：34 37.
② 黄豪."园本"之义的批判与复归：兼论我国幼儿园教研变革发展的逻辑回归 [J]. 上海教育科研，2019（7）：67 71.
③ 李季湄. 对新时期幼教教研有关问题的思考：在全国"以园为本教研制度建设"项目教研员研修会上的报告 [J]. 幼儿教育，2007（9）：7 11.
④ 李季湄. 园本教研发展之我见 [J]. 幼儿教育，2011（Z1）：20 24.

其一，研究"儿童"在学前教育教研理论研究中得到了呼吁与阐述。"幼儿园教研的核心目的是解决教师在日常保教过程中遇到的问题和困难，进而提高教育质量。"① 教研所关注的是保教过程和保教质量，其最终目的是促进儿童良好发展。刘占兰研究员曾指出，"随着学前教育的改革发展，特别是 2001 年《幼儿园教育指导纲要（试行）》颁布以后，'上课'不再是幼儿园教育教学的主要形式，环境成为幼儿园重要的教育资源，师幼互动被视为幼儿发展的重要因素，游戏成为幼儿的主要活动，重视幼儿生活的教育价值，关注教育的随机渗透；幼儿被认为是主动的学习者，教师要成为幼儿学习的支持者、引导者和合作者等一系列新的教育理念、学习观和教育观的确立，对教研工作提出了全新的要求。教研内容扩展了，教研的重心也变化了，对幼儿的观察与研究、对幼儿游戏和幼儿园一日生活的研究等也成为教研的主要内容，教研员的研究工作既要研究教师的教，更要研究幼儿的学"②。

之所以呼吁并强调教研要研究"儿童"，是因为两方面的原因：一方面，中国已经确立了科学的儿童观，并且在科学的儿童观的指引下确立与发展了新的教育观、课程观和游戏观。有研究者曾梳理并研究了中国改革开放 40 年学前教育政策中儿童观的变迁，总结出了改革开放 40 年学前教育政策中儿童观发展的巨大成就：从"发现儿童"，到以儿童为本，再到贯彻"儿童优先"原则，重视儿童权利③。也有研究者总结了 1949 年至 2019 年中国儿童观的发展历程——从"社会需要的儿童"到"政治的儿童"，再到"重新认识儿童"，21 世纪以来的儿童观念是对改革开放以后"儿童本位论"的进一步深化与研究，表现为"解放儿童"和"向儿童学习"④。科学的儿童观的确立与不断发展，也反映在与教研密切联系的"幼儿园课程"研究上，比如，中华人民共和国成立 70 年幼儿园课程建设和发展的事实表明：生活化、游戏化和整体性在幼儿园课程中或远离或趋近，但一直是幼儿园课程研究绕不开的基本课题⑤。而这些都需要回归到儿童的生活，回归到儿童的游戏，回归到儿童生活、经验、学习与发展的整体性上。另一方面，教研实践需要变革。"我们很多园本教研就是研究集体备课、教学观摩，我们需要反思的是：教学方法合适吗？我们看到的幼儿的学习是有意义的吗？不研究幼儿，就会导致教学不是以幼儿的'学'为中心，而是以'教'为中心，效果并不好"。这就意味着，"园本教研应当把教师引向深入地研究幼儿"，教师应

① 虞永平. 幼儿园教研需要革命性转身 [N]. 中国教育报，2017-11-05.
② 刘占兰. 学前教育教研工作面临转型升级 [N]. 中国教育报，2019-01-20.
③ 蒋雅俊. 改革开放 40 年学前教育政策中的儿童观变迁 [J]. 学前教育研究，2019（3）：12-20.
④ 陈乐乐. 新中国 70 年儿童观的历史考察与反思 [J]. 南京师大学报（社会科学版），2019（3）：41-49.
⑤ 虞永平，张帅. 从模仿借鉴到规范创新：新中国成立 70 年来幼儿园课程的发展 [J]. 南京师大学报（社会科学版），2019（6）：34-48.

"理解幼儿行为的意义、经验的意义","仔细、深入地去观察、研究幼儿"①。所以，从研究"教学"到研究"儿童"的范式转变，意味着"幼儿园教研不只关心上课或集体教学活动，不只关心教师的教，尤其要关注幼儿园的保教过程，重点关注幼儿获得经验的适宜性和有效性。幼儿园的'保'和'教'不等于单纯的教师讲授和传递，而是引发幼儿积极地与周围的环境和材料相互作用。因此，幼儿园教研的重点不是研究书面材料及教师的讲授策略，而是研究儿童的兴趣、需要和发展可能及其与环境和材料的关系，研究教师的观察、分析和引导的合理性和有效性。幼儿园教研必须在具体的活动过程中进行或者必须关注现实的活动过程，必须关注儿童、教师及环境、材料和规则等要素之间的相互关系"②。

其二，研究"儿童"在学前教育教研实践研究中也得到了认可与体现。有学者梳理并总结了中华人民共和国成立 70 年学前教育科学研究的发展历程，特别是2001—2019 年近 20 年学前教育科学研究所涉及的宏观、中观和微观层面；2001—2010 年期间，"研究会立项的课题涉及从宏观到微观的各个层面……微观的实践研究占绝大多数，涉及幼儿园课程、幼儿游戏与生活、儿童发展、师幼互动等各个方面，研究的广泛性和深入细致程度前所未有"；2011—2019 年期间，"十三五"课题在传统选题的基础上，仍有一些政策方面的研究……有很多研究聚焦幼儿园课程建设，特别是园本课程开发，如文化资源融入幼儿园课程、本土课程资源的开发利用；对课程模式的探索也十分活跃，如游戏化课程、生态教育课程、生命教育课程、生活实践课程等；幼儿的学习与个性化的支持、区域活动与游戏、幼儿园文化创建等也成为关注点③。幼儿园也发出了来自一线的声音，并进行着相应的教研实践探索，如通过解决问题和研读幼儿实现教研的有效性④，实现从研"教"到研"学"的幼儿园教研活动转型⑤，重建了一种从以教为中心转变到以儿童发展为中心的新的教研模式⑥，等等。

成尚荣研究员指出，"教学改革必须进行儿童研究，儿童研究应是教学改革、教学研究的前提。教学即儿童研究的基本内涵是，教学的过程就是儿童研究的过程，将儿童研究落实在教学过程中，成为教学实践、教学研究第一任务"⑦。儿童研究正呈现新走向，即"坚守儿童立场与国家核心价值观培育、践行的统一，从儿童研究走向与儿童一起研究，从教学研究走向教学即儿童研究"。

① 李季湄. 园本教研发展之我见 [J]. 幼儿教育，2011 (Z1)：20-24.
② 虞永平. 幼儿园教研需要革命性转身 [N]. 中国教育报，2017-11-05.
③ 刘占兰. 新中国成立 70 周年学前教育科学研究的发展历程 [J]. 幼儿教育，2019 (9)：4-8.
④ 张晓兰. 基于问题，研读幼儿，有效教研 [J]. 中国农村教育，2017 (6)：27-28.
⑤ 宋菲燕，苏静. 研"教"到研"学"的幼儿园教研活动转型 [J]. 幼儿教育研究，2019 (2)：5-8.
⑥ 罗虹，陈洁. 以儿童发展为本的园本教研新实践 [J]. 中国教师，2020 (4)：83-86.
⑦ 成尚荣. 儿童研究视角的坚守、调整与发展走向 [J]. 教育研究，2017 (12)：14-21.

综上所述，这些都意味着学前教育教研理论与实践研究应该实现、正在实现且仍会继续朝着从研究"教学"到研究"儿童"的范式转变，进而以"儿童的经验""儿童的生活""儿童的学习与发展"来决定教研中的"教"与"研"。

（三）迈向多层次、多向度的教研内容架构与教研模式探索

研究者基于"教研制度""教研队伍建设""教研运作""教研文化""教研模式"等问题进行了有关"园本教研内容与模式"的理论研究与实践反思。

首先，"完善的管理制度是园本研究的保障"①。关于具体的园本教研制度，需从研讨活动制度、教师培训制度、听评课与交流制度、教研成果展示与奖励制度等方面建立园本教研制度体系；还要加强教育叙事研究制度和园本研究奖励制度的建设，尤其是要重视制度文化建设②。园本教研制度的建立能"促进教师专业发展"，"提升教研主体开展教研工作的积极性和主动性"，"提高园本教研有效性和幼儿园教育教学质量"③，并且 2016 年新修订版《幼儿园工作规程》明确提出"幼儿园应当建立教研制度，研究解决保教工作中的实际问题"。这些都表明园本教研制度建设有来自理论与实践的重要性和合理性。但这"绝对不是一个幼儿园能完成的，也不是光靠教研的力量能完成的，而是要依靠行政、教研、基层等各方面力量的共同努力"④。

其次，园本教研制度由相关教研主体建立并践行于教研实践中，教研工作的开展由教研队伍来完成，"注重教研队伍建设已经成为一项必须切实加强的重要工作"⑤。所以园本教研队伍建设成为了关注的重点。基于关于"园本教研主体"的文献分析，可以发现园本教研队伍建设呈现出教研队伍内部与外部两条建设路径：其一是重点关注幼儿园内部，认为幼儿园教师和教研管理者应成为核心教研队伍；其二是呼吁幼儿园外部教研力量介入，重视高校专家、教研员等在园本教研中的专业引领作用。但就园本教研队伍整体建设而言，研究者们更倾向于提倡让教研内外部队伍形成一种共同体，即重视教研共同体的团队建设。

最后，教研制度和教研队伍的建设在一定程度上反映着教研管理实践与运作

---

① 任瑛. 构建以园为本的教学研究制度 [J]. 学前教育研究，2005 (2)：24 - 26.

② 郑琼. 完善制度，加强学习，提高园本教研的有效性 [J]. 学前教育研究，2009 (4)：69 - 72；王红芳. 加强制度建设，保障教研主体作用的发挥 [J]. 学前教育研究，2010 (3)：64 - 66；黄豪. 园本教研中教师共同体文化的发展现状与构建路径 [J]. 学前教育研究，2019 (11)：35 - 50.

③ 盖秀霞. 以园为本教研制度建设促进教师专业发展研究：以东营市河口区实验幼儿园为个案的研究 [D]. 济南：山东师范大学，2009：5；王红芳. 加强制度建设，保障教研主体作用的发挥 [J]. 学前教育研究，2010 (3)：64 - 66；郑琼. 完善制度，加强学习，提高园本教研的有效性 [J]. 学前教育研究，2009 (4)：69 - 72.

④ 李季湄. 对新时期幼教教研有关问题的思考：在全国"以园为本教研制度建设"项目教研员研修会上的报告 [J]. 幼儿教育，2007 (9)：7 - 11.

⑤ 虞永平. 幼儿园教研需要革命性转身 [N]. 中国教育报，2017 - 11 - 05.

实践。重视园本教研管理，对于提高教研工作成效、保教工作质量和保教队伍素质具有重要的理论意义和实践意义①。在一些研究者看来，园本教研作为一种自下而上的新型教研机制，要实现一种促进教师专业成长的教研管理②。也有研究者从生命的视角探讨园本教研管理的理论与实践探索之路③，或者强调从人的管理、制度的管理、文化的管理三方面实现有效的园本教研管理④。在具体的教研管理实践中，还需要形成一定的运行机制，它是园本教研各要素之间相互作用的过程和方式⑤。

当研究关注视角从解构转变为整合时，园本教研文化的建设就成为了关注热点。如，从价值范畴看，幼儿园和人的发展目标的实现，最终是要落实在以教研文化建设为重点的幼儿园文化建设上⑥；幼儿园长期形成的园本文化，是影响园本教研效果最为深刻、最隐蔽、最持久的因素⑦。因此，要营造良好的教研文化氛围⑧，应基于学习型组织理论促进幼儿园民主、平等、合作、创新的新型教研文化的形成⑨，应凸显自主、开放与互动的教研文化特质，等等⑩。

对园本教研内容的研究已迈向一个多层次且多向度的阶段，但园本教研始终是要直面实践，要在具体实践中达成理论研究和实践探索的耦合。所以参与式教研模式、课题研究模式、案例学习模式、同侪互助模式、"轮值制"模式等成为了在园本教研实践中广受关注和探索的模式⑪。总体来说，从园本教研内涵与价值的阐释过渡到园本教研内容与模式的研究，是一个从理论到实践、从宏观到微观的迈进过程。

───────────────

① 申毅. 幼儿园教研管理现状调查报告 [J]. 教育探索, 2002 (4): 107 - 109.

② 石艳, 潘虹岚, 于玲. 促进教师专业成长的园本教研管理 [J]. 学前教育研究, 2010 (4): 63 - 66.

③ 程英. 从生命的视角观照教师的和谐成长: 园本教研管理的理念与实践探索 [J]. 学前教育研究, 2005 (11): 52 - 53.

④ 田萍萍, 秦旭芳. 园本教研管理的三个层次 [C]. 第十三届沈阳科学学术年会论文集 (经管社科). 2016: 569 - 572.

⑤ 龙莺英. 幼儿园园本教研活动的运行机制研究: 以长沙市 A 园为例 [D]. 长沙: 湖南师范大学, 2013: 2 - 5.

⑥ 彭兵. 开展园本教研, 推动幼儿园文化建设: 武汉市 "以园为本教研制度建设" 项目推进策略 [J]. 学前教育研究, 2008 (08): 40 - 43, 48.

⑦ 向海英. 从 "蛋篓文化" 走向 "合作文化" [N]. 中国教育报, 2016 - 07 - 03.

⑧ 周慧静. 营造良好教研组文化氛围, 促进幼儿园老教师专业成长 [J]. 上海教育科研, 2007 (7): 71, 75.

⑨ 卢筱红. 学习型组织理论对幼儿园教研文化重建的启示 [J]. 学前教育研究, 2008 (6): 11 - 14.

⑩ 吴秀英. 自主、开放、互动: 幼儿园教研文化特质 [J]. 中国农村教育, 2016 (6): 21 - 22.

⑪ 史红卫. 参与式园本教研活动三步曲 [J]. 山东教育, 2003 (36): 15 - 16; 束从敏, 李芳, 杨斌. 以课题研究为主线的园本教研模式研究 [J]. 学前教育研究, 2006 (9): 41 - 44; 朱家雄. 基于案例学习的幼儿园园本教研 [J]. 幼儿教育, 2005 (17): 34 - 35; 陈红梅, 刘畅. 同侪互助式园本教研的运行机制 [J]. 中国培训, 2015 (18): 44; 祝晓燕. 园本教研 "轮值制" 的实践探索 [J]. 学前教育研究, 2013 (12): 67 - 69.

（四）构筑具有可操作性的实践项目与评价体系

首先，各省（区、市）也在积极推进基于本地区的"以园为本教研制度建设"项目。例如，湖北省武汉市围绕教研与幼儿园文化建设的关系，推进教研制度建设，提高幼儿园办园水平①；江西省开展的"以园为本教研制度建设"项目，尽管仍有园本教研开展效果不明显和地域差异较大等问题，但促使一部分幼儿园逐步形成了适合本园实际、教师乐于接受的教研活动体系②。

其次，从区域内经验到幼儿园实际经验，一些幼儿园立足本园实际，开展教研工作，取得了一定成效。如，实践中创造了一种以"教师研究工作坊"为特色的园本教研组织形式，促进了本园教师的专业成长③；从"一课三研"到创建以"一课多上""课程日""范本研究""聊课""非正式教研组织"等多元模式开展的园本教研，取得了较好成效④。虽然是立足于本园具体实际，且多为个案式探索，但还是较好地反映出相当一部分具有可操作性的园本教研实践项目在积极推进着。

除了"以园为本教研制度建设"项目之外，随着我国学前教育本土化实践探索的不断深入，还产生了具有中国特色学前教育经验的实践项目，如江苏省"幼儿园课程游戏化建设项目"⑤ 和浙江省"安吉游戏"模式⑥，开展了有关"课程游戏化"和"游戏课程化"的理论与实践研究，并围绕其进行了关于具体实践的教研工作，不断构建、丰富与深化中国特色学前教育理论与实践体系。

关于园本教研评价，已有研究基本围绕着"谁来评""评什么""怎么评"等三个方面来探讨教研评价的主体、内容和方式。如，幼儿教师是被评价者同时也是评价者，要强调对实际教学工作及教师专业发展的关注，实行指标考核和现场展示相结合、建立发展性评价机制、教师和管理者共同参与评价等多元化方式⑦；采取"自评"和"互评"相结合的"平行式"评价手段，注重终结性评价

---

① 彭兵．开展园本教研，推动幼儿园文化建设：武汉市"以园为本教研制度建设"项目推进策略 [J]．学前教育研究，2008（8）：40-43，48．

② 卢筱红．江西省园本教研活动中专业引领的现状与发展对策 [J]．学前教育研究，2011（9）：55-57．

③ 闵艳莉，周燕．教师研究工作坊：一种新的园本教研组织形式 [J]．学前教育研究，2009（2）：65-67．

④ 黄凯．为了每一个教师的成长：莺莺艺术幼儿园的园本教研之路 [J]．上海教育科研，2010（5）：31-33．

⑤ 虞永平．幼儿园课程游戏化项目的基本要求 [J]．早期教育（教育教学），2018（4）：4-7．

⑥ 王振宇．"安吉游戏"的价值在于回归与引领 [N]．中国教育报，2016-11-13．

⑦ 赖映红．幼儿园园本教研的特点及存在问题研究 [D]．长春：东北师范大学，2007：38-39．

和过程性评价相结合①；在教研实践中，实行自评、他评、园评等多方评价，把教学研究、课题实验、师生关系、教研精神状态、工作满意率等作为综合评价内容，坚持动态评价和过程评价②。由此可见，国内已经在逐步尝试建立园本教研评价体系。从评价主体来看，积极倡导和推进多元评价主体，使得教研评价更具客观性和全面性，尤其重视和支持教研中的教师评价，强调了教师专业反思的实践自觉性。从评价内容和方式来看，在实践中探索多元评价方式，关注教研物质支持性条件、制度管理、教师教研合作与参与、精神文化等内容。

（五）立足多元化的理论支撑与视角转向

有的研究者基于多学科理论研究园本教研：结合教育学、心理学和管理学等理论，研究园本教研的运行机制③；运用学习型组织理论和"学习型学校"理念以及建构主义学习理论等研究园本教研共同体建构的相关内容④；借鉴教师同伴互助理论、哈贝马斯的"交往理论"、社会依赖理论，剖析园本教研中教师同伴互助现状⑤；基于文化视角与教师共同体相关理论，分析园本教研实践现状和教师专业发展问题⑥；基于情境学习理论、反思性实践理论和学习型组织理论等，进行关于园本教研活动开展的个案研究⑦。

而另一些研究者则基于某一理论或视角展开分析：从"社会资本理论"层面提出园本教研的支持策略⑧；从文化哲学视角阐释园本教研的价值取向和实现路径⑨；从生态体验的视角研究园本教研⑩；以"学习共同体"作为理论视角，审视园本教研现状，提出一种走向"对话、共享与同构"的教研理念⑪。

综上所述，哲学、教育学、心理学、管理学、社会学、生态学、文化学等已

---

① 严英. 幼儿园园本教研现状及提升策略：以苏州市吴中区东山中心小学附属幼儿园为例 [D]. 大连：辽宁师范大学，2015：41-42.

② 肖莉. 园本研究，阳光绿色和谐：江西省赣州市章贡区"园本研究"的实践与探索 [J]. 上海教育科研，2010（2）：81-82.

③ 龙莺英. 幼儿园园本教研活动的运行机制研究：以长沙市 A 园为例 [D]. 长沙：湖南师范大学，2013：2-5.

④ 潘红红. 幼儿园园本教研共同体建构研究 [D]. 重庆：西南大学，2013：1-20.

⑤ 马富成. 园本教研中教师同伴互助研究 [D]. 西安：陕西师范大学，2012：10-12.

⑥ 黄豪. 园本教研中教师共同体文化的发展现状与构建路径 [J]. 学前教育研究，2019（11）：35-50.

⑦ 张扬. 对话与合作：幼儿园园本教研活动开展的个案研究 [D]. 西安：陕西师范大学，2018：14-17.

⑧ 吴立保. 社会资本视野中的园本教研支持策略 [J]. 学前教育研究，2005（12）：41-43.

⑨ 杨晓萍，邵小佩. 从工具性到人文性：园本教研价值取向的转换 [J]. 学前教育研究，2009（12）：34-37.

⑩ 黄静. 生态体验下的园本教研 [J]. 中小学德育，2015（7）：15-17.

⑪ 杨晓萍，黄豪. 学习共同体：园本教研"异化"与"回归"[J]. 教育导刊（下半月），2016（5）：8-12.

成为有关园本教研理论与实践研究的理论基础与分析视角。研究者们不仅基于教育学理论去研究园本教研，而且积极地、适宜地借鉴多学科理论观点或分析视角，使得园本教研理论研究与实践探索更具多元性与层次性，进而拓展了该领域研究的广度与深度。

三、质量与文化：学前教育教研工作的变革转向

（一）深入探索教研实践模式，建立教研质量评价长效机制

学前教育是基础教育的重要组成部分。虞永平强调，《中共中央 国务院关于学前教育深化改革规范发展的若干意见》要求努力发展以质量为导向的学前教育，而"教研组织及其活动是我国管理幼儿园保教过程和提升教育质量的传统及特色举措"①。那么，学前教育教研工作也需要实现以质量为导向的变革发展。

具体而言，未来应继续深入探索教研实践模式，建立教研质量评价的长效机制。首先，要跳出对教研模式单一地进行理论探讨的窠臼，总结并介绍基于本园实际教研模式的实践经验，进而探究教研模式得以落实的动力原理、关键环节以及外部条件等。其次，基于本园实际对所借鉴的教研模式进行再优化，秉持"为了幼儿园"、"在幼儿园中"和"基于幼儿园"的园本理念②，实现教研模式的多元化与园本化，以更好地适应本园实际，提升保教质量，促进教师专业发展，促进儿童发展。再次，构建以儿童发展为中心的教研模式，继续实现从研究"教学"到研究"儿童"的范式转变。

还应建立和完善教研质量评价机制，包括"在教研中"的评价和"对于教研"的评价，前者关注教研是否重视保教过程、是否关注儿童学习与发展，后者则关注教研工作本身的质量。具体而言，教研评价的价值取向不再是工具主义至上，而应更加兼具人文性，实现"从'判断'转向'激励'"③，关注重心由"教研形式本身"转向"教师与儿童的发展"；更加遵循教研评价的客观性、整体性、发展性等基本原则；保证教研评价主体与评价内容的多元化，重视内外部评价和综合评价；确立多样化且系统的教研评价范式，由基于经验总结的教研评价向基于证据的教研评价转变，适宜地关注"指标体系评价"和"档案袋评价"，重视量化分析与质性分析相结合的教研评价方式；教研评价要关注结果，更要关注过程；还应

---

① 虞永平．努力发展以质量为导向的学前教育：学习《中共中央 国务院关于学前教育深化改革规范发展的若干意见》的体会［J］．幼儿教育，2019（Z1）：4-7.

② 黄豪．"园本"之义的批判与复归：兼论我国幼儿园教研变革发展的逻辑回归［J］．上海教育科研，2019（7）：67-71.

③ 黄豪．园本教研中教师共同体文化的发展现状与构建路径［J］．学前教育研究，2019（11）：35-50.

将其置于教研共同体与教研文化中去探究教研实践的有效性。

（二）提升教研员专业水平，实现教研指导全覆盖

"自我反思"、"同伴互助"和"专业引领"是园本教研的三个基本要素。其实学前教育教研工作在具体实践中同样会涉及这三方面内容，尤其是在新时期学前教育教研工作转型过程中，面对教研队伍建设和教研质量提升的迫切需求，教研员要发挥在学前教育教研中的引领作用。"教研员应成为幼儿园教育教学的研究者，教师专业发展的支持者、合作者、引领者"[1]，"从根本上说，教研员在园本教研中的角色是通过提升幼儿园园本教研的质量，来帮助幼儿园解决实际问题"[2]。但是，"当前我国的学前教育教研组织还不够健全，有些地区教研人员严重缺乏，教研人员中专业人员比例还有待提高，部分教研人员缺乏专业意识和能力，用简单的行政化方式开展教研工作的现象依然存在"[3]，这意味着学前教育教研工作未来转型过程中要尤其注重教研员专业队伍建设，与幼儿园教师、园长、高校专家、其他教研主体等共同推进学前教育教研发展。基于此，刘占兰研究员提出要全面提升教研员的专业水平，实现教研员的角色转换；而教研员自身角色必须从以往以组织管理为主向以专业指导为主转变，教研员必须成为学前教育专业的行家里手，能引领教师发展、指导幼儿园实践，有效促进教师专业水平提升、幼儿园内涵发展和质量提高[4]。

发展以质量为导向的学前教育教研工作，意味着还应通过"抓两端，带中间"的方式，实现教研指导全覆盖。刘占兰强调，"教研员要改变以往重点抓优质园、研究前沿问题的做法，通过划分责任区、认定责任园，实现对各级各类幼儿园教研指导全覆盖。特别是要在继续抓好优质幼儿园进行引领性教研活动的同时，重点抓好城乡基础薄弱的幼儿园教研工作，包括村办园、普惠性民办园，利用辖区内优质资源，通过依托教研活动的拉手互助、对口帮扶、教师学习共同体建设等多种形式，使每一所基础薄弱的幼儿园都能开展有效的教研活动，使每一位在薄弱园从教的教师都能接受有质量的日常教研指导，快速提升这些幼儿园的保教质量和教师的专业水平"[5]。

---

① 李季湄. 对新时期幼教教研有关问题的思考：在全国"以园为本教研制度建设"项目教研员研修会上的报告 [J]. 幼儿教育，2007（9）：7-11.

② 华爱华. 谈教研员在园本教研中的引领作用：在全国"以园为本教研制度建设"项目教研员研修会上的总结 [J]. 幼儿教育，2007（9）：12-13.

③ 虞永平. 努力发展以质量为导向的学前教育：学习《中共中央 国务院关于学前教育深化改革规范发展的若干意见》的体会 [J]. 幼儿教育，2019（Z1）：4-7.

④ 刘占兰. 学前教育教研工作面临转型升级 [N]. 中国教育报，2019-01-20.

⑤ 刘占兰. 学前教育教研工作面临转型升级 [N]. 中国教育报，2019-01-20.

（三）积极构建教研共同体，重视并生成教研文化

园本教研不是"标签"，"园本"也不应是贴在幼儿园教研上的"标签"，实现教研回归"园本"，意味着直面一个物理的、心理的、文化的教研场域。园本教研要走出一直以来所处的困境，幼儿园不能仅仅停留在从方法论上探究教研，而应将其置于整个教研生态环境中去实践探索，构建教研共同体，重视教研文化生成及其所带来的积极影响。

其一，幼儿园教师作为园本教研的关键主体，兼具"学习者""反思性实践者""研究者"等角色，而"自我反思"、"同伴互助"和"专业引领"是园本教研的基本要素，这意味着"需要创设并维持基于质量取向、人文取向和意义取向的教研生态环境"[①]，为构建教研共同体提供支持性条件。这种教研共同体，既是指向幼儿园教研团队的一种园本教研共同体，也是园际、城乡间的一种区域教研共同体。尤其是应在不断提升园本教研质量的基础上，积极发挥城镇优质幼儿园和农村乡镇中心园的教研辐射带动作用，与薄弱园形成教研共同体，以儿童发展为根本目的，共同提升保教质量和促进教师专业发展。当然，这种教研共同体的构建也应是一种超越时空意义上的存在，重视"互联网＋教研"的模式，重视网络教研的发展，通过实现信息技术与教研间的积极融合，进而打破时空环境的限制，实现园际和区域之间的教研在合作互助、资源共享、教师专业发展支持、管理运作等层面上的新推进与新发展。

其二，由技术取向向文化取向转变，实现教研文化生成，是学前教研未来应迈向的路径之一。我们要充分认识到教研的本质其实就是一场缓慢的、艰难的、发生结构性变化的文化转型[②]。这种文化转型始终基于"以人为本"的基本立场，体现在价值观念、制度体系、队伍建设、保障机制、保教过程等方面。而这关键在于实现教研主体的价值变革，在实践中既要重视教研文化在物质、制度、行为和精神等层面上的建设，也要关注教研文化内外部的调适与融合，构建兼具共性和个性的教研文化，从文化角度去构建教研共同体。

① 黄豪. 园本教研中教师共同体文化的发展现状与构建路径 [J]. 学前教育研究，2019 (11)：35-50.
② 李季湄. 园本教研发展之我见 [J]. 幼儿教育，2011 (Z1)：20-24.

第十八章　当代中国学前教育建筑、空间与环境设计评述

中国学前教育经过改革开放 40 余年的发展，取得了巨大的成就。尤其是 21 世纪以来，民办教育机构的大量涌现以及对来自欧美、日本等地区的教育新理念的大胆借鉴，使得学前教育呈现出百花齐放的景象。与此同时，随着城乡建设的大力推进和社会的快速发展，公众对学前教育的重要性的认识不断深入，作为承载学前教育的主要物质载体——教育建筑及其空间环境——也得到了前所未有的重视，甚至在某种程度上成为"教育者"和"被教育者"之外的第三大"教育要素"。

对于学前教育来说，其当前无疑处于一个重要的历史转型时期，需要面对西方的舶来理论与中国国情的碰撞和融合、标准化与个性化的矛盾、商业利益与教育理想的冲突、虚拟世界与物质世界的共存、城市与乡村的差异、传统与未来的抉择……我们发现，不仅教育需要面对这些问题与挑战，而且建筑与空间环境设计也同样如此。一方面，教育理念会决定物质空间的形貌和气质；另一方面，建筑、空间和环境也会反过来影响教育本身。即使是对环境决定论抱有怀疑态度的人也不得不承认，一个安全、健康、开放、自由的环境对儿童的成长是有百利而无一害的。

本章尝试以建筑师的视角，从发展脉络、问题反思、理论框架及设计策略四个方面对我国近几十年学前教育建筑、空间与环境设计的理论与实践做一个梳理和综合评述。

一、发展脉络

中华人民共和国成立后，幼儿园教育被列入国民教育体系，但幼儿园的建筑设计因限于经济条件且受到苏联建筑设计观念的影响，长期将满足基本功能和经济性作为最重要的设计原则[①]，始终未在教育和建筑行业建立系统的环境教育理

---

① 我国在 1949 年以后长期贯彻"适用、经济、在可能的条件下注意美观"的建筑方针。

念。改革开放后，对于幼儿园建筑设计来说，1987 年由城乡建设环境保护部和国家教委颁布的《托儿所、幼儿园建筑设计规范（试行）》则是一个重要的里程碑，标志着学前教育领域的建筑、环境与空间设计开始受到政府、社会、建筑学界和教育界的广泛重视，并开始得到快速发展。

笔者尝试将 1980 年至 2020 年学前教育建筑、环境与空间设计的发展脉络按照年代顺序大致分为四个时期，即 1980—1989 年、1990—1999 年、2000—2009 年、2010—2020 年，并分别论述其发展特征。需要指明的是，这种分期并不严格，主要是为了问题探讨的方便，但依然可以看出一个整体的发展脉络。

（一）1980—1989 年

改革开放成为我国教育发展的新起点，尤其是 1983 年邓小平同志提出教育要面向现代化、面向世界、面向未来，为中国教育发展指明了方向，学前教育也迎来了寒冬之后的春天。但是，这一时期，由于单位制还未完全取消，城市中公立幼儿园多数隶属于某一个单位，并位于中国城市特有的单位大院之中。很多幼儿园是基于老旧的单位用房改造而成的，但也有很多单位开始建设新的幼儿园园所。由于缺少统一的幼儿园建设规范，新建和改造的幼儿园的设计缺乏明确的标准，教育工作者对幼儿园建筑与环境的重要性还普遍不具备深入的认识，建筑师也往往根据个人对幼儿生活和教育的粗浅理解进行设计，环境和景观设计的意识比较淡薄。这些因素导致这一阶段中国的幼儿园设计还未走上专业化的道路，建筑设计本身也缺少具有个性和想象力的作品，更谈不上设计与环境教育的深刻关联。

然而，大院里的幼儿园往往具有得天独厚的环境优势：大院里往往绿树成荫，且远离城市喧闹，具有大量的相对安全和开放的公共空间，幼儿园则会充分利用大院的天然环境资源，提供给孩子们足够和丰富的户外活动体验。笔者就是于 20 世纪 80 年代的早期在父母所在中学的附属幼儿园度过了难忘的童年时光。尽管对简陋的幼儿园建筑早已没有印象，但在学校操场和墙外树林中游玩的体验却成为儿时最美好的记忆。现在回想起来，那一片树林应该是儿童最好的环境教育场所了。单位大院幼儿园目前依然存在于某些政府机构、企业事业单位、部队以及高校的围墙内，并会继续延续一段时期，成为极具中国特色的幼儿园类型。

（二）1990—1999 年

经过十年高速的经济和社会发展，学前教育也进入了快速发展的轨道。随着 1987 年城乡建设环境保护部和国家教委《托儿所、幼儿园建筑设计规范（试行）》的颁布和 1990 年"全国幼儿园建筑设计方案竞赛"的举办，教育界开始高度重视幼儿园的建筑、环境与空间品质，建筑学界也开始将幼儿园的建筑设计作为教育建筑的重要组成部分，中国幼儿园建筑发展进入了一个全新的阶段。由于西方现代建筑和后现代建筑设计理念的大量引入，同时由于幼儿园建筑功能相对简单，规模较小，且其对建筑形象与空间趣味性具有独特的美学要求，因此很多有创造力的年轻建筑师开始在幼儿园设计上投入精力，很多高等院校的建筑系也将"幼儿园建筑设计"纳入大学二年级专业设计课程。

这个时期开始出现具有高度原创性和思想性的幼儿园设计作品。比较有代表性的幼儿园如清华大学建筑设计院设计的清华大学洁华幼儿园（1997 年）。洁华幼儿园的建筑设计突破了以往幼儿园的功能主义窠臼，强调建筑与环境之间的"对话"，从用地周边的人文与自然环境出发，协调新旧建筑之间的空间关系，内外空间通透融合，建筑尺度亲切平易，充分尊重儿童的特征和学前教育的特点，并将童趣与清华园的建筑巧妙结合①。从这个案例可以看出，建筑师将幼儿园空间与环境放在了设计的首位，超出了对建筑本身的重视。对于学前教育建筑设计来说，这是一个重要的转变。

（三）2000—2009 年

2000 年无论对学前教育行业而言还是对建筑设计行业而言都是一个重要的分水岭，笔者将之称为现代意识的觉醒。新世纪第一年的年末，中国成功加入WTO，成为世界经济俱乐部的一员。同年，北京具有标杆性的地产项目 SOHO现代城完工。而在这个规模巨大的城市综合体中，有一个小小的建筑很容易被忽略，这就是现代城幼儿园，其设计者是中国著名建筑师崔愷。在这个小幼儿园的设计中，建筑师首次采用了抽象的构成式的现代建筑语汇，并将色彩、空间和造型统一起来，而不是将色彩作为建筑表面的装饰性元素。这种设计手法在其他现代公共建筑设计中比较常见，但用在幼儿园的建筑中，还是首创。更值得称道的是建筑师对儿童尺度的控制、拿捏和灵活运用，其将儿童尺度作为对整个社区环境和周围城市空间进行"人性化"尺度调节的关键要素。难得的是，建筑师在项目竣工并投入使用之后对使用者的反馈和对建筑尺度控制的效果及时地进行了讨论和反思，而这些思考和这个项目本身对当时中国的幼儿园建筑设计均具有重要启发价值②。

在之后的十年中，中国很多优秀建筑师将幼儿园设计作为探索现代建筑语言和设计思想的试金石，并因此涌现出了诸多佳作。比较有代表性的如建筑师罗四维的厦门海新幼儿园和松岳幼儿园、王昀的北京百子湾幼儿园、大舍建筑的上海夏雨幼儿园和嘉定新城幼儿园等。这些幼儿园均具有较高的空间品质和

① 祁斌，胡绍学. 与环境的对话：清华大学洁华幼儿园设计随想 [J]. 建筑学报，2000（1）：39-42.

② 崔愷，柴培根. 关于幼儿园的一段对话 [J]. 建筑学报，2001（1）：8-11.

建筑学意义上的探索价值，并为中国幼儿园建筑设计提供了新的范本。

需要特别指出的是，尽管以上述幼儿园为代表的一批优秀的幼儿园建筑作品在建筑设计上具有较高水准，也为中国幼儿园的建筑与空间设计探索了一条新路，然而，我们需要深入思考的问题是：在建筑、空间与环境设计中，"教育"的角色是如何呈现的？那些层次丰富的空间、曲折的路径和妙不可言的天光，那些纯净的体块和跳跃的色彩，那些光滑的材料和精巧的细节……所有这些建筑师的匠心设计与"教育"的关联如何？孩子们如何体验和使用这些空间和场所，他们因此受益了吗？建筑在多大程度上体现了"教育"的目标和对儿童成长的价值？甚至，教育是否因建筑、空间与环境的创新而发生了改变？

（四）2010—2020 年

2010 年之后，准确地说是 2008 年之后，中国迎来了"后奥运时代"。民办幼儿园的蓬勃兴起和资本的介入令学前教育呈现出百花齐放的景象。各种教育理论和观念被引入、借鉴和改造。舶来的与本土的、拿来主义和中国式创新，一时间令人眼花缭乱，但有一点是共同的：在这个时期，无论是对于教育机构的经营者和管理者、教育研究者和实践者而言，还是对于家长来说，幼儿园的建筑、空间与环境对儿童的成长具有越来越重要的价值，教育与物质空间环境的关系也愈加密切，而在这方面，显然西方发达国家走在我们的前面。

于是，近年来我们看到很多欧洲和日本的著名建筑师被邀请来到中国，大量的书籍、杂志和网络媒体开始介绍西方优秀的幼儿园建筑作品和建筑师。我们看到这些以儿童建筑和环境为设计专长的建筑师对儿童教育大多具有比较深刻的理解，这使得他们的设计背后能够蕴含现代教育思想和人文精神。他们也将自己的经验复制、移植或者改造后用到中国的幼儿园设计中，有一些取得了很好的效果，也有一些因设计理念或技术的"水土不服"而不尽如人意，甚至半途而废。与此同时，一些致力于儿童建筑与环境设计领域的中国建筑师，尤其是具有海外留学背景的建筑师回到国内，不断将国外的新理念运用到本土的实践之中，并基于他们对本土文化的谙熟和对学前教育的理解，设计出具有建筑学（或景观学）与教育学双重意义的优秀作品，如具有国际背景的 Crossboundaries 建筑事务所在儿童建筑与空间设计上的大量成功实践，张唐景观设计事务所广受好评的儿童游戏景观系列设计等。

由于差异化市场竞争的需要，这一时期的幼儿园和各种学前教育机构也普遍具有强烈的品牌意识，将特色化办园理念作为立园之本和可持续发展之道，如对中国传统文化的推崇、对英美贵族精英式教育的模仿、源自北欧的"自然教育"，以及意大利北部瑞吉欧教育的盛行等。无论哪种教育方式，均需要与之相应的建筑、空间与环境作为彰显其理念和品牌的个性化形象和物质载体。

值得关注的是，一些具有独特办园理念和人文教育理想的民办教育机构，如北京的日日新学校和小橡树幼儿园等，因资金紧张和政策条件所限，只能利用旧建筑甚至将临时建筑改造作为园舍，且大多只能因陋就简，满足最基本的硬件需要。但从另一个角度看，这些幼儿园（学校）却能充分发挥现有空间与环境的特色，跳出程式化的窠臼，通过有效环境再利用和创新性的改造，使孩子拥有在常规幼儿园和校园中体验不到的独具魅力的成长环境，它们甚至将环境的改造纳入实践性的课程之中，让孩子们在用自己的双手改造建设自己的家园过程中体验成长的快乐与收获。在这些幼儿园中，家庭往往与幼儿园之间具有更多良性的互动和更深层次的交流，家长更积极主动地参与幼儿园的发展并形成某种形式的家庭共同体。笔者认为，这是未来学校社会结构和教育生态系统的萌芽。

二、问题反思

经过几十年的发展，我国学前教育的物质空间环境设计领域实现了较大发展，但仍然面临一些典型问题。这些问题不特指某个时期，而是笔者对所观察到的现实问题所存在的共性的一种归纳和对问题背后机制的一种分析。

（一）环境教育的认知误区

一种观点认为物质环境仅仅是教育的背景，其对儿童行为心理的影响是难以觉察的，更无法衡量和评估。这种看法虽然没有完全否定环境的作用，但认为环境对教育的价值并不是不可或缺的，至少不是关键要素。另一种观点认为环境教育只是教育的一种类别，同体育教育、艺术教育、语言教育等类似。在这种认识下，以环境教育为名的各种课程也应运而生。这种看法将环境看作一种独立的外在因素，是儿童内在发展的有益补充。

笔者认为，以上两种观点均有其道理，但也都在一定程度上失之片面。之所以产生以上对环境教育价值的认知偏差，其实还是因为对"教育"本身认识模糊。"教育"的英文 education 的词源是拉丁文动词"educere"，意思是启发、引导或唤起。从这个意义上来说，教育是一个唤起每个人全部内在潜能的过程，是把人灵魂中早已存在的东西引导出来的过程[①]。基于这样的认识，我们就可以理解儿童成长环境的价值。对于儿童来说，环境既不是背景，也不是外在的因素，它内化于成长的全过程，如同鱼与水的关系，无法人为地割裂和抽离。

一方面，教育环境价值体现为对儿童行为心理的有目的的引导，对有助于促进儿童学习、交往和发挥创造力的环境氛围的营造；另一方面，更为本质的认识

---

① 玛丽亚·蒙台梭利. 有吸收力的心灵［M］. 北京：中国妇女出版社，2012.

应该是，环境具有一种诱导、启发乃至唤起的功能，儿童只有在合适的环境中才能将他藏在灵魂深处的东西释放出来，并在与环境的互动之中健康成长。如果环境不适合甚至起到束缚和抑制的反作用，那么就会减缓和阻碍儿童完整人格的形成。

（二）空间设计的教育缺席

今天中国普遍存在的幼儿园建筑大多延续着近两百年前德国教育家福禄培尔创立幼儿园时所建立的设计范式和空间模式。这种范式和模式和后来创始于德国包豪斯学校的现代功能主义原则如出一辙。包豪斯对西方 20 世纪现代建筑发展产生了深刻影响，其革命性体现在对工业化时代的产品与建筑美学的开创上，但其消极和负面的影响也同样深远，并随着人类社会的发展而逐渐显现。功能主义原则在 1949 年后通过苏联的引入和倡导并结合中国国情逐渐发展成"适用、经济、在可能的条件下注意美观"的建筑方针，这一方针成为很长时期中国建筑设计的指导原则。幼儿园的建筑也正是在这种指导原则之下形成了"千园一面"的格局。

功能主义强调效率优先，所以现代建筑旗手勒·柯布西耶说"住宅是住人的机器"，那么同理，幼儿园也就成了"培育儿童的机器"。工业化社会将儿童和学生视为有待机械加工的"原材料"，将人的行为进行分类，并将其以"功能化"空间加以组织，以提高"工厂化"生产的效率，而人也成为一种可以批量化生产的产品。这里看不到空间与教育的关系，而只能看到生产空间与产品的关系。孩子们以一个群体而出现，个性化和人性化的考量当然是缺席的。

由于空间并不是基于儿童的行为心理需求和成长的规律设计的，因此儿童的天性必然会受到空间的束缚，空间本该具有的教育价值更无从体验。儿童对环境的天生敏感性在千篇一律的走廊和教室中被忽视乃至漠视，从而在宝贵的成长阶段丧失了丰富的感官体验、社会体验和心灵体验，这对人的一生将会造成无法估量的损失和伤害。

（三）渐行渐远的真实世界

记得海伦·凯勒的故事吗？她人生第一次认识"water"这个单词和它所代表的事物就是通过触摸和感受真实的"水"来实现的。儿童通过各种感官来认识他们所处的环境，通过触摸到、闻到、看到、听到和尝到的东西来实现对世界的最初认知和第一步的学习。环境的"真实性"对于他们来说无比重要，因为他们会将环境中接触的一切都烙印在记忆中。

然而原始的自然早已经在我们周围绝迹，我们生活的当代城市是一个人工和虚拟共存的世界，"自然"——当然是已经人工化的自然——只是城市的点缀。在这样的大环境里，儿童成长的环境也不可避免地走向"逆自然"。塑胶操场、PVC地板胶、乳胶漆墙面、石膏板吊顶，还有可触摸的电子屏幕等已经占据了儿童绝大部分的感官接触。儿童暴露于自然而真实环境的时间太少了。

因此，采用朴素、简洁、自然和多样化的材料是首要的设计原则。我们应该让木材和粗布回到教室，让微风和溪流回到校园，接触和观察花草、树木、昆虫、鸟类，共同建构一个有助于激发儿童好奇天性、鼓励他们独自探索的小小世界。孩子们应该随时触摸真实的世界，体验真实的生活，并在"真"的基础上建立"善"和"美"的世界观。

（四）过度设计与"美"的偏差

设计绝不是把一切填满，而是谨慎、克制和恰到好处的空间经营，如同中国画的构图，需要"留白"。"留白"是需要精心设计的，而且需要比安排具体的功能空间更为高明的智慧和创造力。密斯·凡·德·罗（Ludwig Mies Van der Rohe）说，"少就是多"（less is more）。这是经典的美学原则，也是一条伦理准则。当代社会处于物质极大丰富的顶点，物极必反，简约的风尚已经开始被更多人所接受。大多数人对过多的装饰物都会有一定的排斥，但对过多的"设计"或者说"过度设计"却经常视而不见，甚至认为设计的痕迹越多越鲜明就越显示出设计的价值。殊不知设计的至高境界却是"不着痕迹"，是"空山不见人，但闻人语响"，是"不着一字，尽得风流"。过于强烈的形式感、过于突兀的色彩以及各种强调自我形象的做法都会造成与环境的隔离和冲突，成为压倒周围一切的"噪声"。对于儿童成长环境的设计，设计师和教育者更需要做的是"克制"，而不是尽情挥洒，要留出空间给孩子。所以，除了需要给人留下深刻印象的空间之外，相对中性化而不是强烈表现自身个性的空间会令儿童无拘无束地展示自我，让儿童成为空间的主角。

过度设计还包括过度"安全"的设计。适度的危险对于培养儿童的独立意识具有促进作用，而过度的保护会抑制这种促进作用。我们需要在环境中精心设计各种"危险"和"挑战"，有意识地让孩子独立面对并克服恐惧心理，在这个过程中获得某种程度的身体和精神上的独立。

关于"美"，还需要多说两句。我们在中国古典园林中会心动于毫无装饰的空白粉墙上婆娑的树影，或者墙角猛然冒出的一丛杂草，抑或是平静的湖面上鱼儿偶然泛起的浪花。这样的"美"在今日的幼儿园中已经很难见到。建筑大师贝聿铭的童年是在苏州狮子林中度过的，他在多年后描述自己和童年玩伴在狮子林假山捉迷藏的情景时依然显得充满"孩子气"。虽然我们今天难以评估园林的美在他幼小心灵中留下了什么深刻印记，但从他作品的设计手法、气质和多年后的回忆中能强烈感受到那种深入骨髓的影响。鲁迅的百草园则是另一种"美"，是传统桎梏之外的自由和野性，是一种现代人最缺少的"乡愁"，是我们每个人灵魂深处的渴望。我们是否能从鲁迅的人格中窥到百草园的影子呢？我们的孩子在将来成年以后回忆自己的童年之时，脑海中会浮现什么样的画面呢？

（五）灵性与精神的淡化

在我国，对于儿童而言，"灵感""魔法""着迷""梦幻""奇妙"等本来专属于儿童的词汇仅仅存在于绘本或者动画片里，在他们的成长环境中却难以寻到；而像"神秘感""寂静""沉默""神圣"等具有情感和精神意味的词汇就更不可能出现了。

儿童拥有某种成人不具备的未知的力量，蒙台梭利称之为"有吸收力的心灵"。他们用简单和自然的方式学习，用感官和直觉感受世界，本能地从环境中吸收他们所需要的任何东西，并将这些事物转化为心灵的一部分。我们所能做的就是设置一种特殊的环境，为他们的心理和人格的建构提供营养。我们必须区分什么是有益的、什么是有害的，而不是根据自身对儿童的肤浅认识用点缀商场橱窗的某些亮晶晶和五颜六色的东西来"装饰"他们的日常生活环境。

灵性通往创造力和未来，精神指向人格与世界观。充斥着塑料玩具和卡通形象的物质环境会将灵性与精神扼杀得一干二净。儿童需要经过仔细过滤和精心净化的环境，以避开消费社会的不良影响。尽管他们总有一天会走进外面嘈杂且充斥着视觉和精神污染的世界，但在童年最关键的时期，内心中所植入的灵性与精神之光会成为他们终生的"护身符"。这是为孩子创建成长环境的大人们——无论是教育工作者、建筑师，还是家长们——最为重要的职责。

三、理论框架

笔者尝试在对问题进行分析之后建立一个粗略的单层级理论框架以启发未来可能的实践。这个框架基于笔者关于儿童成长环境设计的基本立场和观念，并在大量的设计实践之中得到了某种程度的验证。这个框架是开放而弹性的，当然也处于未完成的初级阶段，有待之后不断地修正和补充完善。

（一）整体环境观

人对环境的认知是综合的，而我们往往只关注视觉而忽略其他要素，如听觉、触觉、嗅觉，甚至味觉等。只有将所有的感官所体验到的感觉综合起来，才可能形成对真实世界的完整认知。

然而这也只是整体环境观的一个方面。对于儿童来说，他们的精神可以自由游走于想象世界和现实世界，这说明儿童的心理环境和物质环境之间的边界是模糊的，对于更小的孩子甚至可以说是一体的。我们知道，儿童可以轻易进入一种预先设定的情境之中，而情境的营造则必须综合物质环境和心理环境，并将心理环境的塑造作为最终目标。所谓整体性，即环境与教育应该是一个统一的整体，儿童的成长是人与环境相互影响和共同塑造的结果。儿童在与环境进行交流的过程中，建立了自己的精神世界。

进一步来说，我们需要问一个问题：儿童自我成长的内在动力是什么？儿童从刚出生时的恐惧到逐渐被动适应环境，他们在环境中成长，与环境对话，并从环境经验中不断学习。正是在与环境的这种互动之中，儿童发现自我并建立自己与环境之间的和谐关系。这是一个与环境博弈并融合的过程。同时，儿童在这个过程中也发现了自身的力量，开始塑造环境。这种对环境的塑造是人性的本能反应，只是在儿童期间表现得最为明显。这种创造"和谐"世界的力量展现，是与生俱来的创造力的发挥，超越了"自我"，是"善"的自然呈现。

因此，我们可以说"环境即教育"，甚至"环境即生命"。建立一种整体环境观是儿童成长环境设计的基石。这种整体环境观强调综合感官体验，统一物质环境与心理环境，并将儿童与环境之间的互动、融合和创造作为理论支点。环境不再是外在事物，而是内化于身心的物质和精神的存在，是生命成长的种子，更是儿童劳动和创造力的果实。

（二）原型与尺度

儿童画总是呈现出大量的圆形图案。鲁道夫·阿恩海姆（Rudolf Arnheim）认为：对于儿童而言，圆圈并不代表圆形性，而是代表事物更为普遍的性质，即"事物性"，也就是说圆圈可以通过最简单的方式表达事物集中和致密的特征，并使之与其周围环境脱离[①]。心理学家也从另一个角度解释了原始圆圈现象，他们认为圆圈代表一种"保护性的容器"，是人类对庇护情感需求的自然和原始的表达。

建筑人类学家约瑟夫·里克沃特曾说："建造围合物的激情，或者'采用'、占用椅子或者桌子下的围合空间作为建造'家'的一个'舒适场所'的激情，是所有儿童游戏中最普遍的现象之一"[②]。儿童的这种无意识的本能行为被认为源自对母亲子宫的空间记忆，是人类对空间的最为原始和本能的意象。这是最初的

---

① 鲁道夫·阿恩海姆. 艺术与视知觉［M］. 滕守尧，等译. 北京：中国社会科学出版社，1984.

② 约瑟夫·里克沃特. 亚当之家：建筑史中关于原始棚屋的思考［M］. 李保，译. 北京：中国建筑工业出版社，2006.

空间启蒙，在人还是胎中婴儿，处于意识混沌的状态之下时，它开启了人对空间和世界的原初意识。我们经常会发现儿童对小尺度的角落空间，或者洞穴状、缝隙和孔洞以及任何凹陷式的具有围蔽感的空间着迷，这也印证了"子宫意象"的心理作用。从封闭的圆圈到母亲的子宫，再到围合的庇护所，人类的"集体无意识"就这样毫无保留地暴露出来。

人在不同的情境下会本能地表现出对"原型"空间的依赖和迷恋。如果说具有安全感的围蔽空间是一种"原型"，那么相对地，对聚会和交往的社会性需要和可以自由放任的开放空间则是另外两种原型。"封闭""半开放""开放"不仅仅是尺度的变化，更具有一个心理的层级，即人只有在感到绝对安全和环境可控的前提下才会尝试逐步走向较为开放的空间。人之所以可以放心地处于半开放和完全开放的空间，更多地是因为一种社会性的信任感，即相信周围的环境是友好的。对于儿童来说，营造具有适度安全感的、友好的、心理可控的空间环境是他们可以自在成长的关键。建筑师往往将以上三种空间原型以具有层次的方式组织起来，从而满足儿童对环境敏感性的心理和精神需求，并激发他们改变环境的创造性意识和与人交往的社会性意识。

（三）游戏的环境

对于儿童来说，游戏是他们的天性，游戏以及通过游戏学习几乎是他们生活的全部内容。无论是在住区还是在幼儿园或学校，游戏场所和游戏设施伴随着儿童的整个童年，尤其是户外的游戏，对于儿童具有特殊的意义，因为户外游戏不仅仅是他们释放精力的过程，更是重要的学习过程，即通过视觉、触觉、嗅觉等去感知周围环境的过程。"游戏是个人早期学习和发育的主要载体，身体发育与跑、跳、攀爬等大幅度或大运动量活动关系最为密切，通过这些活动，儿童们逐渐了解自己的身体，意识到它的能力和局限性，通过学习特定技能还会产生优势感和自尊感"[①]。

心理分析学家和教育家埃里克·H. 埃里克森在讨论作用和相互作用时说："作用需要严格的界限，然后是在这个界限内的自由的运动，没有严格的界限也就不存在作用。"埃里克森提出了"禁忌的环境"和"适应的环境"的平衡概念，认为这种平衡会影响一个人对环境的反应，从而加强或抑制他的潜在能力的完全实现[②]。儿童由于智力不成熟，受环境的这种影响非常大，同时儿童又具有"原动"的特征，当教师和家长告诉孩子不要乱跑时，孩子就会对周围环境产生禁忌

---

① 克莱尔·库帕·马库斯，卡罗琳·弗朗西斯. 人性场所：城市开放空间设计导则 [M]. 俞孔坚、孙鹏、王志芳，等译. 北京：中国建筑工业出版社，2001.

② 埃里克·H. 埃里克森. 童年与社会 [M]. 高丹尼，李妮，译. 北京：世界图书出版有限公司，2018.

的心理，这往往与孩子的好奇和冒险的天性相违背，从而打击他的信心和创造力。而游戏这种行为以孩子在空间中的活动为主要特征，提供给孩子全身心地投入冒险和创造历程的机会。游戏可调动孩子的所有感官，以及头脑和身体的潜力，并与周围环境时刻发生互动。

心理学家使用"环境压力"这个词语来描述人在某种环境下所体验到的心理力量，认为"这种力量可以塑造人们在这个环境下的行为"①。实体环境的性质能够对儿童产生直接的刺激性影响，能够激发他们的想象力，并发展他们的感知和认知能力。所以，我们为儿童所创造的空间和环境，应该能为儿童提供多样化的行为活动机会，以促进儿童身体和认知的发展，并尽可能丰富他们童年时期的人生经历，为他们的成长和童年生活做出重要贡献。

（四）从空间到场所

关于环境的另一种提法是场所，但场所表达的含义更为丰富和微妙，且具有情感和人文性。场所包括了空间，但远远超越空间的范畴。场所具有一种"环境的特质"。这种认识更接近"现象学"的思考方式，即反对抽象化和心智的建构，而是"重返于物"（return to things，海德格尔语）。场所与空间和环境相比更强调"氛围"、"气质"和整体的生活情境，并指向人对物质的心灵投射②。

孩子的心理构造和成长规律要求他们的成长环境从物理空间和物质环境的构建走向场所的营造。场所感可以是强烈的，也可以是微妙的。而儿童对场所的敏感性则远远超过成人，他们会天然地将整体的自然环境或场景氛围带入生命之中。场所不需要由特殊的事物组成，而完全是日常生活的特殊呈现。这有点像戏剧，只是舞台在身边随处可见。它可以是庭院、花园、树林，也可以是窗前、檐下和某个角落；它可以是有温暖氛围的"家"，也可以是寂寥无声的沉思之地，还可以是在一天的某个时刻呈现神秘之感的小路。场所包含了情感、时间和记忆，让每一种事物都具有了"意义"。路易斯·巴拉甘说，"花园应将诗意、神秘、宁静与欢乐融于一体"，这就是一个场所的特征。

场所营造的目的就是生成"认同性"和"归属感"，即情感上自然和主动的接纳。儿童只有完全认同所在的环境才能彻底放松和自由地成长，也才能产生"归属感"。一个幼儿园内部由很多个小的"场所"组成，它们构成完整的体验，而幼儿园也需要具有整体的场所感，进入孩子的内心深处，让他觉得自己属于这里，这里也属于他。

---

① 约翰逊，等. 游戏与儿童早期发展［M］. 华爱华，郭力平，译. 上海：华东师范大学出版社，2006.

② 诺伯舒茨. 场所精神：迈向建筑现象学［M］. 施植明，译. 武汉：华中科技大学出版社，2010.

（五）人文的绿洲

安徒生说他的童话并非仅仅是写给孩子们的，也是写给大人看的，这是因为每一篇童话故事都蕴含着"意义"。但实际上我们往往高估了大人的理解力，而低估了孩子的领悟力。大人们习惯于在给孩子讲故事的时候，让他们了解故事后面的"道理"。尽管"讲道理"属于成人最擅长的"说教"层面，然而殊不知这样做却将童话中暗含的人文精神遗漏了，而人文精神才是安徒生童话的精髓。你怎么知道孩子们无法进入安徒生童话里的人文世界呢？

儿童成长的环境和童话的文学情境类似，我们为孩子设计环境的行为和为他们精心挑选童话并选择以某种方式讲述童话的行为类似。波士顿公园中的雕塑《让路给小鸭子》就是最好的范例，环境设计以逼真的场景设定真实地再现了童话里最让人难忘的情景。儿童在进入环境的那一刹那，如同进入童话之中，人与自然和谐共处的主题也不再是抽象的"道理"，而转化为一种在儿童内心被唤起的情感的共鸣。

我们可以用环境来"讲故事"，这样孩子们就可以沉浸于故事之中，物质空间与幻想空间交融在一起，人文精神在不知不觉中渗透于心灵。人文价值观和人格教育的目标是第一位的，美学品味和设计智慧是达成目标的关键要素。我们应该在幼儿园和任何儿童教育机构的环境中倡导人文价值理念，在当代消费社会和城市的荒漠中为孩子营造一个个"人文的绿洲"。

四、设计策略

设计策略对于建筑设计（包括景观设计和室内设计）至关重要。策略不仅要体现具体的设计步骤和方法，更重要的是传达设计立场和态度，以及实现目标的技术"路径"。策略是工具，也是连接使用者和设计者的纽带和桥梁。

（一）观察与倾听

对于准备为儿童设计成长环境的建筑师来说，儿童是他们最好的老师。建筑师首先应将自己想象成孩子，让自己蹲下来，不仅在身体上而且在心理上蹲下来，从孩子的尺度和心理角度考虑问题，透过孩子的眼睛观察世界，挖掘童年记忆中最深刻的空间和场所体验并以之为设计的灵感源泉。但更为重要的是，仔细观察和发现儿童的行为规律以及心理状态，并寻找机会和孩子交流，认真倾听他们的声音。

同从事儿童教育的一线教育工作者交流也是十分重要的。他们长期与儿童相处，对儿童的行为、心理有长时间的观察思考和丰富的经验，会提供给建筑师宝贵的信息。同时，作为教育机构建筑的日常使用者，一线教育工作者也能在建筑师的设计过程中提出具体的建议和意见。

观察和倾听是设计的基础，是建筑师构想空间结构和形式语汇之前必须经历的过程，而且这个过程应该贯穿设计的整个阶段，直到工程结束。当孩子们使用建成的建筑与环境一段时间后，建筑师的回访也不容忽视，使用者——孩子、教师以及家长——的反馈和系统的使用后评估工作是十分重要的工作，其有助于建筑师了解环境的真实使用状况并对暴露出来的问题进行及时的修正。

（二）系统化设计

幼儿园的设计需要建立系统化设计思维。系统化设计需要打破常规的设计模式，采用一种更为贴近儿童成长环境需求、更能有效管理的方式来重新梳理设计的重点和流程。我们可以将幼儿园的设计视为一个大系统，它包含以下子系统：安全系统、卫生系统、空间尺度系统、材料与色彩系统、照明系统、感官体验系统、故事系统、植物系统、科学发现系统以及灾难应急系统等。如走廊的视觉安全性、墙身转角的防撞、卫生间的防滑、教室门的防夹手等均属于安全系统。需要特别强调的是，系统设计是将教育的内容融入其中，既是"物"的设计，也是"人"的设计，如将冒险性体验作为安全系统的一部分，将垃圾收集作为卫生系统和科学发现系统的一部分，将艺术教育作为材料和色彩系统的一部分。

总之，环境设计绝不是进行教育活动的背景，而是教育本身；它的作用不是间接的，而是直接的。

（三）包容性结构

传统幼儿园的功能空间组织结构往往是固定的永久性结构，具有不可更改性；如果进行改造，则需要耗费巨大的经济成本、管理成本和时间成本。包容性结构也可以称为弹性结构或者开放式结构，其以功能的灵活性和易变性为主要特征。包容性结构可以大致分为三种类型：一是通用空间，即均匀柱网或者无柱和少柱的大空间，可以根据使用者的需要进行灵活的空间划分。此类空间常见于厂房等大空间建筑的改造项目。二是支撑与填充体系，即将结构与空间分为固定的基本体和灵活的可变体两种，在设计之前需要对这两种空间的功能需求进行预测和分类。第三种是模块化和装配式体系，建筑的空间单元和构件具有标准化特征，特殊的空间可以通过定制化来解决。

（四）翻转式空间（非功能化空间）

常规幼儿园的空间系统主要由教室（包括寝室和卫生间）、功能活动室、管理用房、服务用房、交通空间以及户外活动空间组成。然而，这种沿用了百年的模式早已无法跟上教育理念的快速变革。我们倡导翻转式空间，即将常规空间模式中处于从属地位的空间转化为幼儿园最重要的空间和场所，同时弱化功能空间的主导性，通过包容性的空间结构设计，彻底改造传统幼儿园的空间结构，从而实现我们的教育革新。

非功能性空间不被特定的功能所限定，其往往是心理空间和社会空间。例如作为交通空间的走廊，本应成为幼儿园最重要的活动空间之一，这就要求不仅仅增加走廊的宽度和面积，更本质的是赋予其除了交通之外的其他功能，从而使其成为一个真正的社会性的具有多重价值的公共性空间。走廊与教室之间的边界变得模糊，难以区分彼此，甚至走廊成为教室、剧场、游戏场，成为具有公共性的"街道"，和一系列小型的"广场"相连。空间呈现出一种"暧昧"的、层次丰富的"灰"色，如同一个微型的小城市或者村庄，从而激发出最大的功能和行为的"可能性"。

多样化的、可洄游的路径，具有交叉小径的花园，半开放的回廊，屋顶的露台，楼梯间的平台和楼梯下方的空间、可以坐下来向外眺望的窗台以及各种看似不经意的小尺度角落空间都是适合儿童探索和游戏、交往和独处以及学习的好"地方"。

除了"灰"空间之外，我们还需要在幼儿园中营造给予儿童完全自主构建权力的"白空间"，这里是自由与想象力的天堂。我们需要给予他们行动的自由、思考的自由，以及通过自己的创造力和劳动参与环境改造和建设的机会和自由。

（五）社会性资源

幼儿园肩负着为社会培育未来主人的重要任务，理应得到全社会无条件的支持。大量的公共文化设施，如博物馆、科技馆、艺术馆、天文馆、图书馆、音乐厅、剧院、动物园、植物园等，应与幼儿教育机构开展广泛的合作，将这些机构的教育功能最大化。幼儿园不仅应该在课程设置上充分调动和利用好社会公共设施的资源，而且应该在物质环境空间的建设上为引入这些公共资源提供便利条件。

以博物馆为例，每个幼儿园都可以拥有自己的微型博物馆，类似城市博物馆的"幼儿园分馆"的概念。其展品可以来自真正的博物馆，也可以是复制品，并根据课程的设置经常更换，定期邀请博物馆专家来给孩子们讲解，同时与假期的博物馆体验活动相结合。如幼儿园的微型植物园，应将其纳入城市植物园的范畴，使其成为进行植物学科普的重要场所。这样做的目的是让孩子每天直接接触到科学、艺术、人文等人类文明成果，让这种体验成为他们日常生活的一部分，而不是"卡通版"的简化。我们应该足够慷慨，给孩子们真正货真价实的东西。

在建筑和空间设计上，需要在整个空间结构层面考虑这些微型公共文化设施的进驻，并与幼儿园的日常教育空间有机地结合在一起。

五、结语：建立一个全新的范式

今天的教育正面临一场变革，学前教育建筑、空间与环境也同样需要在理论和实践上产生创新性的突破。尽管中国的学前教育建筑、空间与环境设计还远远没有形成一个"学科"，更谈不上"科学共同体"，但源自西方的现代建筑理念结合中国学前教育和社会发展的历史与现状而产生的具有中国特色的幼儿园和学前教育机构的物质空间"模式"，已经影响了几代人，并且这种影响将会持续下去。如果把这种"模式"称为一种"范式"，一种根深蒂固的、被多数人所接受的、广泛的社会共识和专业共识，那么，我们现在需要的正是一种"范式的转换"，用具有竞争性和创新性的理论和模式取代原有的僵化的理论和模式，打破原有的共识，然后逐渐建立全新的范式。

2020 年年初暴发并席卷全球的新型冠状病毒肺炎疫情对我国经济社会的发展产生了前所未有的冲击，也必将对学前教育的建筑、空间与环境的未来发展产生难以估量的影响。后疫情时代的儿童成长环境将会加速变革的脚步，更加趋近以安全、卫生、健康、生态为目标的"自然"理念，迈上更具有普适性和人性化的道路，走向追求人与自然和谐共处、物质家园与心灵家园共同成长的新时代。孩子们所需要的不是，也不应该是昂贵的设施和所谓"精英"的标志，而是朴素的环境和真实的生活。他们不应该像行道树般被整齐划一地修剪，而应该如大地上野草野花般自然生长，在我们提供给他们的环境中尽情释放自己的天性。

第十九章 传统文化融入学前教育的实践与思考

一、传统文化教育的内涵及学前阶段实施传统文化的意义

（一）文化及优秀传统文化教育

文化是人类为适应与改善生活，经学习与创造而产生的所有成就或表现，是"人类生活的整体体现"①，它有三个表现层次：物质文化、制度文化和精神文化。中华优秀传统文化是中华民族历史上人民生产生活的智慧。有研究者根据教育内容的表现方式的不同，将优秀传统文化教育的内容划分为四类："以文字为载体的传统经典""以知识为形式的传统生活与社会常识""与人类创作有关的传统技艺""以个人行为为载体的传统道德"②。传统经典保存较为完整，发展较为完善，常常被作为传统文化教育的核心并为人们所重视。但中华优秀传统文化因其内容浩瀚庞杂，从而在教育领域内的应用方面，在条理性、系统性上存在不足，并且我国的传统文化教育多侧重于知识、技能的获得和行为习惯的养成，而对情感目标的重视程度有待提升③。

（二）学前阶段实施传统文化教育的意义

"人生百年，立于幼学"，完整意义上的学前教育必然注重本民族优秀文化的传承④。学前教育阶段是幼儿了解和认同中华优秀传统文化的关键时期，此时的文化环境和文化熏染能够影响幼儿一生的精神血脉和精神家园⑤。在这一阶段进行中华优秀传统文化教育，能够促使幼儿形成良好的民族精神和思想品德、行为

---

① 周淑惠.中华文化融入幼儿园生活之道［J］.人大复印资料·幼儿教育导读（教师教学），2020（3）.
② 王立刚.论传统文化教育的内容体系［J］.当代教育与文化，2017（1）：10-16.
③ 凌云.基于中国神话传说的幼儿园传统文化教育研究［D］.济南：山东师范大学，2019.
④ 朱家雄.学前教育的文化适宜性问题［J］.幼儿教育，2015（5）.
⑤ 高宏钰，霍力岩，谷虹.幼儿园教育传承传统文化的内容与方式：基于政策文本的研究［J］.基础教育课程，2019（10）.

品质。具体而言，在学前教育阶段实施传统文化教育首先有助于人格养成，让儿童在幼儿期就养成好的行为习惯和品格、品性，即"学会做人"。其次，是能帮助幼儿产生文化认同。《3－6岁儿童学习与发展指南》指出，要让幼儿"在良好的社会环境及文化的熏陶中学会遵守规则，形成基本的认同感和归属感"，要让幼儿喜欢并接纳民族文化，进而了解民族文化的历史渊源。最后，文化传承和发展。优秀的传统文化是通过当下的教育、转化而获得新生的，当代的文化既是对过去文化的继承，也是一种文化创新和发展。

二、多元视域的理解、探索

（一）政策期待

2001年，随着国家新一轮课程改革的推行，教育部调整并加大了传统文化教育的比重。《幼儿园教育指导纲要（试行）》指出要"充分利用社会资源，引导幼儿实际感受祖国文化的丰富与优秀，感受家乡的变化与发展，激发幼儿爱家乡、爱祖国的情感"。2012年《3－6岁儿童学习与发展指南》指出要"利用民间游戏、传统节日等，适当向幼儿介绍我国主要民族和世界其它国家和民族的文化，帮助幼儿感知文化的多样性和差异性，理解人们之间是平等的，应该互相尊重，友好相处"。这就要求幼儿园为孩子创设丰富的学习场景、形式和内容，促进幼儿对传统文化的理解和感悟。

2017年，随着《关于实施中华优秀传统文化传承发展工程的意见》的印发和实施，国务院提出把中华优秀传统文化"贯穿于启蒙教育、基础教育、职业教育、高等教育、继续教育各领域"。在学前阶段开展中华优秀传统文化的启蒙教育对幼儿未来养成良好的生活习惯，提高审美能力、道德品质、文化素养等具有重要作用。

（二）学术研究

伴随着"传统文化热"，幼儿园开展传统文化教育越来越被人们认可和重视，研究者逐渐开始关注学前教育阶段如何开展、实施传统文化教育，相关的研究涉及幼儿园传统文化教育的内容、方式及存在的问题等。

首先，在幼儿园传统文化教育的内容方面，有研究者将幼儿园传统文化教育划分为11种类型，包括传统饮食、服饰、地理、科技、文学作品、艺术、武术、节日、历史名人、民间游戏、棋艺[①]。有研究者将其分为9个类型，即传统节日类、传统游戏类、传统文学类、传统艺术类、传统建筑类、传统服饰类、传统科

---

① 严仲连. 幼儿园传统文化教育［M］. 上海：上海交通大学出版社，2013.

技类、茶文化、传统面食文化类①。还有研究者认为中华传统文化教育主要包括中国传统蒙学经典诵读、传统民间艺术、民俗文化和民间游戏这四部分内容②。中华优秀传统文化内容广博，可以融入幼儿园课程内容的主要有传统伦理道德、传统文学、传统工艺、传统戏曲与武术、传统节日文化、传统服饰文化、传统饮食文化和传统建筑文化等。其内容如此广博庞杂，使得幼儿园在甄别、选择中华优秀传统文化教育内容以及设计相关活动方面存在困难。

其次，在幼儿园传统文化教育的方式方面，有研究者梳理了中华优秀传统文化融入幼儿园的几种主要方式③：一是在主题课程中探究。主题课程具有探究性与整合特性，组织主题的架构可以是"食、衣、住、行、育、乐、其他"，也可以是文化内涵三层面"物质文化、制度文化、精神文化"，让幼儿探究与体验。二是在日常生活中镶嵌。幼儿在幼儿园中与所有人、事、物的互动经验都可以是课程的范畴，即课程应该是生活的写照，三种层次的文化内涵皆可镶嵌于幼儿园日常生活之中。三是在绘本活动中涵濡。绘本是很好的幼教资源，可以传递优秀的传统文化精神，让幼儿自然而然地感受到优秀传统文化的魅力。四是善用家长资源进行家园共育。教师可以运用亲子主题活动的方式，让家长与幼儿一起查询中华文化相关资料，或是一起进行某种传统技艺活动，或是利用假日一起参观文化遗址或博物馆。

最后，目前幼儿园传统文化教育存在如下问题：（1）传统文化教育活动普遍开展，但缺乏系统性。目前幼儿园的传统文化教育主要有两大类，一是以传统节日为载体开展的教育，二是以传统读物为载体开展的教育，多数幼儿园采用《弟子规》《论语》等书籍，但是仅仅侧重于诵读，很少能学习其中的精神和文化内涵。（2）传统文化教育生搬硬套，缺乏创新④。这主要体现在两个方面：一是缺乏专业的传统文化教育教师，园与园之间相互模仿，照搬照抄现象严重，教师不能结合幼儿的身心发展特点和时代特征加以变通；二是教育过于被动，不注重创新意识的培养，使得容易扼杀幼儿的学习兴趣和探究意识。另外，幼儿园传统文化教育还存在重知识技能传授轻感受体验、活动组织方法不当、存在"小学化"倾向等问题。

（三）实践探索

近年来幼儿园主要是以在健康、社会、语言、科学、艺术五大领域中融合传

---

① 邱艳娟. 幼儿园传统文化教育活动研究 [D]. 青岛：青岛大学，2019.

② 廖庭婷. 幼儿园优秀传统文化教育课程的个案研究 [D]. 福州：福建师范大学，2018.

③ 周淑惠. 中华文化融入幼儿园生活之道 [J]. 人大复印资料·幼儿教育导读（教师教学），2020
(3).

④ 蒋煜. 浅议幼儿园传统文化教育 [J]. 课程教学，2015 (1)：122 - 123.

统文化的方式开展传统文化教育，而园外机构实施传统文化教育则主要是采取
"传统文化教育＋"的形式，即以传统文化教育融合其他领域。

1. 幼儿园开展传统文化教育的实践探索

幼儿园在选择优秀传统文化教育内容时一般会从社会、儿童和教育目标三个
方面考虑，即社会发展需要、儿童发展需要和教育发展需要。幼儿园传统文化启
蒙教育主要涵盖以下方面：中华节日（春节、元宵节、清明节、端午节、中秋
节、重阳节等）与饮食文化，中华艺术（音乐——歌曲、舞蹈、器乐、戏剧、曲
艺等，美术——绘画艺术、雕塑艺术、工艺美术、建筑艺术、美术欣赏等，文
学——神话、传说、童话、故事、寓言、谚语、歇后语等）与游戏（助兴、竞
技、斗赛、杂艺）文化，中华礼仪与民俗文化，中华人物与发展文化，中华儒家
文化。

幼儿园在选择传统文化教育内容时，主要有五方面的来源：蒙学经典、民俗
文化活动与传统节日文化活动、相关教材、园本课程、教师个人传统文化学识。
陕西省某些幼儿园开展的传统文化教育内容见表 19 - 1。

表 19 - 1　陕西省某些幼儿园开展的传统文化教育内容

类别	传统文化教育内容
传统饮食文化教育	做陕西花馍、肉夹馍、凉皮、包饺子、粽子、煮汤圆、做月饼等
传统服饰文化教育	了解服饰的变迁，了解旗袍、汉服、丝绸等服饰的相关内容
名胜古迹教育	参观大雁塔、兵马俑、大风阁、钟楼等，并尝试用积木搭建
传统科技教育	了解篆刻、四大发明等
传统文学作品教育	诵读《三字经》《弟子规》《百家姓》和古诗词，品书法、写对联、猜灯谜，了解神话故事、成语故事、汉字的演变，学习绕口令等
传统艺术教育	打腰鼓、剪窗花、扎染、捏泥人、编制中国结、绘马勺、制作京剧脸谱、做风筝、做灯笼，开展皮影戏、木偶剧、扭秧歌等活动
传统武术教育	开展太极拳、太极扇等武术活动
历史名人教育	了解屈原、孔子、孟子、司马光、曹冲、毛泽东等人的生平故事
传统节日教育	开展庆祝端午节、元宵节、中秋节、清明节、风筝节、重阳节、冬至、春节等节日的活动
传统民间游戏活动	竹箭投壶、舞龙、跳房子、套圈、老鹰抓小鸡、拔河比赛、丢手绢、推手、碰棋、踩高跷、跳皮筋、打陀螺、滚铁环、翻绳、踢毽子等
传统棋文化教育	开展五子棋、象棋、围棋、跳棋等活动

资料来源：屈晶晶. 幼儿园优秀传统文化教育教学的实践研究 [D]. 西安：陕西师范大学，
2016：23.

幼儿园的传统文化教育活动主要通过经典诵读、主题活动设计、环境创设、
游戏活动渗透、一日生活渗透、传统节日渗透、家园共育保障等方式进行。

（1）经典诵读。伴随国学教育的持续升温，一些幼儿园逐步将经典诵读作为

重要的教育方式。幼儿园在进行启蒙教育时最常用的方式是诵读。《三字经》《百家姓》《千字文》《弟子规》《增广贤文》等，往往被作为幼儿教育专门的启蒙读物，因为它们易读易诵，便于识记。但是幼儿园的经典诵读往往只是诵读而不涉及其他。

（2）通过主题活动进行传统文化教育。目前幼儿园开展的传统文化主题活动多数是与节日活动相结合进行的，如春节、端午节、中秋节、腊八节等。传统节日与天文、历法、民间信仰、文化心理等密不可分，蕴含着丰富的历史文化内涵。

（3）通过环境创设渗透中华传统文化教育。一是创设公共环境。配备传统文学书籍，如国学经典、古诗词、成语故事、民间传说、神话故事等；创设传统艺术教育环境，如戏曲、音乐、舞蹈、书法、绘画、建筑、雕塑、工艺等；二是创设班级环境。创设主题墙环境，以时间为线索，按月进行，其中穿插节庆主题；创设区域活动环境，如棋区、茶区、表演区、展示区等。

（4）在游戏活动之中进行中华传统文化教育。游戏活动是幼儿园的主要活动之一。幼儿园的自主性游戏、语言游戏、体育游戏等各类游戏都是幼儿最喜欢的活动。将中华传统文化教育与幼儿喜欢的各类游戏活动相结合，可以使幼儿在愉快的游戏活动中感悟中华传统文化精神，同时还能丰富各类游戏活动的内涵，使各类游戏活动最大限度地发挥传统文化的教育功能。

（5）在一日生活之中进行中华传统文化教育，如在晨间运动时加入传统游戏扔沙包、踩高跷等，在晨读环节分年龄段吟诵民间童谣、唐诗、《三字经》、成语故事等，在午睡前和起床后教师给幼儿分享民间故事、神话传说等。

（6）利用传统节日进行传统文化教育。"中国传统节日的设置，体现了中国传统的人与自然相和谐的理念"[①]。传统节日是中国传统文化的重要载体，凝聚着中国优秀传统文化的价值观和精髓，是表达和传承中国优秀传统文化的重要方式。幼儿园应精选贴近幼儿生活经验的、带有中国优秀民族文化精髓的传统文化内容，在教育的目的性与儿童发展的可能性之间寻找平衡点，创设适宜的生活、学习环境，促使幼儿主动地观察、探究、模仿和表达。

（7）家园共育保障。幼儿教师会充分开发家长资源，加强家园合作，邀请一些对传统文化比较有研究的家长来园开展主题教育活动。幼儿园也会开展与传统文化有关的主题活动或亲子活动，请家长们来园与孩子一起参与体验，比如共度中秋节。

2. 园外机构开展传统文化教育的实践探索

（1）私塾读经。

幼儿传统文化教育的兴起以经典读诵为先导，最早由王财贵教授发起。早

---

① 费正清. 美国与中国［M］. 北京：商务印书馆，1989：321.

在 1994 年，王财贵教授就在台湾倡导读经运动，为全国范围内掀起少儿读经运动奠定了基础。少儿读经运动首先在民间兴起。受王财贵教授少儿读经理念的影响，无论是公益的读经班还是全日制私塾，多数以经典读诵和背诵为主，有的机构会辅以一些国艺的课程。目前园外机构使用的教材基本以经典原典为主，都有大字排版、配注拼音、方便读诵的特点。目前幼儿传统文化教育教材主要包括绍南文化读经教育推广中心的《儿童中国文化导读》、四海孔子书院推出的《中华经典诵读工程丛书》、育灵童推出的儿童版《儿童经典诵读：中西文化经典套装》、汇贤雅国学堂自己编订的教材、问学堂推出的《国学启蒙宝典》等。

除了以经典诵读为主的国学教育机构之外，还有以力行为主的传统文化教育机构，它们主要是以《弟子规》的力行为主，认为行为道德的改善是根本。主张将其逐一落实在日常生活中。一是敬长，家长与教师相互配合、树立威信，使孩子在敬仰的心态下接受教师、家长的教诲；二是扬善，反躬自省，多看到别人的优点，形成良好的人际关系；三是力行，养成动手能力，培养责任感。这些机构将古代教育中所强调的"重德行""从做人开始""成人才能成才"等核心理念和现代教育注重知识传授、智能发展的教学理念有机地结合在一起，侧重规矩和品性。在当前体制下，这些机构是否真的能提供有效的教育，还没有具体的评判标准。

（2）传统蒙学的活化。

目前，除少数私塾机构仍坚持纯粹读经外，大部分幼儿传统文化教育机构在读经课程的基础之上增设了幼儿园五大领域的相关课程，内容涉及武术、舞蹈、围棋、书法、国画、戏剧等。

三、存在的问题及反思

（一）教育内容不够明确和清晰

目前幼儿园传统文化启蒙教育多局限于传统戏剧表演、刻板的诵读、学习传统绘画技巧等。有的教师还片面地将传统文化教育理解为"复古""读古诗""看古书""学古礼"，盲目崇拜、跟风"读经"等。幼儿园传统文化启蒙教育的目标应以情感目标为重，体验其情感内涵，分享乐趣，而非单纯地以培养技能和传授知识为目标，了解浅显的传统文化知识，掌握简单的传统文化技能与方法。幼儿园传统文化启蒙教育需要在以幼儿的直接经验为基础的前提下，把传统文化启蒙教育的目标渗透在幼儿的一日生活中；还需要教师遵循幼儿年龄特点有计划地进行引导，遵循幼儿本位的原则，选择幼儿感兴趣的、贴近幼儿实际生活的教育内容，从而改变当前传统文化启蒙教育过程中目标单一的现象①。

（二）课程体系构建亟待完善

当前幼儿园传统文化教育课程还未形成系统的课程体系，这方面的构建少有幼儿园探索。究其原因在于，这一课题牵涉中华文化多元共生的复杂文化系统及其重要典籍的取舍②。管晶晶以山东省省编教材为例，对中华传统文化在幼儿园课程中的应用状况进行研究后发现，中华传统文化在幼儿园课程中存在两方面的问题：第一，在总量和各年龄段上，中华传统文化在课程内容中占比很小；第二，中华传统文化内容分布不平衡，主要集中在艺术领域和语言领域③。

（三）师资力量比较薄弱

无论是幼儿教师的职前培养还是职后关于传统文化教育的培训都十分缺乏。即便是有好的蒙学课程资源，也需要幼儿教师的科学转化，这就十分考验幼儿教师的传统文化素养。对于园外机构而言，教师的来源比较多元，多靠机构自主培养或行业性培训，但出于不同的教育理念与认识，从业者的素养也是良莠不齐。

由于教师在甄别、选择中华优秀传统文化教育内容以及设计相关活动方面还存在困难，因此开发的传统文化课程内容相对单一和片面，开展的传统文化教育活动仍主要以借鉴和模仿为主。在活动实际开展中，以教师的组织和预设居多，幼儿以参与和接受为主，主动探索和个别化学习体现得并不充分。

四、建议

（一）明确教育内容，加强活化转化

一是坚持"以幼儿为本"，遵循幼儿认知规律和教育教学规律，研制适宜幼儿学习的中华优秀传统文化的具体内容。二是坚持道器统一，既要关注中华经典、传统节日、音乐、舞蹈、戏剧、曲艺、民间美术和传统手工技艺等"器"层面的内容，也要活化"核心思想理念、中华传统美德和中华人文精神"等"道"层面的传承。三是坚持现代性转化，赋予传统文化内容新时代的诠释、解读与转换，让传统文化与幼儿的现实生活相联系，充分借助现代多媒体技术，拓展幼儿学习传统文化教育的载体和方法，让幼儿在实践中体会传统文化的精髓。

---

① 许婷婷．基于原创绘本的幼儿园传统文化启蒙教育研究 [D]．济南：山东师范大学，2019：1-2．
② 张有根．中国优秀传统文化观照下的"生命树"幼儿园课程的思考与探索 [J]．江苏幼儿教育，2016（4）：8．
③ 管晶晶．中华传统文化在幼儿园课程中的应用状况研究 [D]．济南：山东师范大学，2017．

（二）完善教育方式，拓宽教育途径

一是将传统文化教育资源课程化，即对家、园、社区现有的零散的传统文化教育资源加以搜集、分类、筛选、加工和改造，发掘其课程价值，并逐步转化为课程。二是将传统文化课程系统化，即将系统的传统文化内容融入幼儿学习领域，整体设计传统文化教育。三是构建和完善中华优秀传统文化资源，开发中华优秀传统文化读物、绘本、童谣、儿歌等多元化资源；充分发挥现代信息技术的优势，构建中华优秀传统文化教育网络资源平台，支持幼儿园开展传统文化教育。四是逐步探索幼儿中华传统文化教育的教学方法，重点以引导幼儿走进、亲近、感受传统文化为目标，以观赏、故事、游戏、诵读、探究为主要形式，开展符合幼儿生活经验的实践探索。五是坚持学校教育、家庭教育与社会教育相结合，探索家园共育新机制，充分利用文化馆、图书馆、美术馆、名胜古迹、文化遗产等社会公共教育资源，与社会形成推进中华传统文化教育的合力[①]。

（三）提高教师传统文化素养

需要对幼儿教师教育体系重新加以梳理、建构。职前教育需要增设中华优秀传统文化课程，并明确考核要求，大力提高师范生的中华文化素养；职后传统文化教育培训需要系列化、专业化[②]，持续提升幼儿教师传统文化教育水平。园外的传统文化教育机构也要加强与行业和相关科研机构的交流，加强对幼儿教师的培养，提高其传统文化素养。

---

① 高宏钰，霍力岩，谷虹. 幼儿园教育传承传统文化的内容与方式：基于政策文本的研究 [J]. 基础教育课程，2019（10）.

② 有研究者提出要"结合综合主题活动、区域游戏、生活活动、阅读活动以及户外活动这五种幼儿园基本活动，也就是教师日常工作要胜任的关键岗位任务，认真分析这五种关键岗位任务对幼儿园教师的能力要求，在此基础上设置由理论型课程（如中华优秀传统文化知识）、实践型课程（如中华优秀传统文化融入的综合主题活动设计与指导）与反思型课程（如文化观、教育观、儿童观等）构成的三位一体课程体系"。详见高宏钰，霍力岩，谷虹. 幼儿园教育传承传统文化的内容与方式：基于政策文本的研究 [J]. 基础教育课程，2019（10）：35.

第三部分
"重塑学校"
——当代幼儿园管理和办园形态变革与创新

第二十章　当代幼儿园管理制度变革和创新展望

过去的十余年是中国学前教育发展空前活跃的时期。伴随着社会和经济的变革与发展，我国学前教育得到了快速的补偿性发展，学前教育资源不断丰富，学前教育制度建设逐渐完善，不断出现发展模式创新和制度创新，同时也面临着来自现实的挑战。

与学前教育整体的发展相伴随，幼儿园作为学前教育的机构主体，也处在一个管理和发展的转型期。"重塑学校"是当下全球教育改革的核心议题，中国学前教育的发展也应该更加重视幼儿园管理与形态创新。而随着中国经济与社会的变革与发展，义务教育化管理与幼儿园的特性的矛盾、公办园和民办园的分立、标准化与非标准化的冲突、小微幼儿园的大量存在等所构成的张力将长期伴随幼儿园管理改革。

一、伴随着我国学前教育快速发展，学前教育制度建设逐渐完善

2010 年以来学前教育的快速发展，证明了我国学前教育体制机制对于构建学前儿童公共服务体系的价值。基于学前教育公益普惠性的定位，中央和地方政府通过科学制定幼儿园规划，基本形成了多主体办园的格局，在资源严重不足的地区新建、改扩建幼儿园，利用中小学布局调整的富余资源和其他公共资源改扩建幼儿园，通过引导社会力量举办普惠性民办幼儿园等，大幅度增加了普惠性学前教育资源，满足了学前儿童接受公共服务的基本需求，初步缓解了"入园难、入园贵"问题。

（一）学前教育法治建设逐渐完善，现代化治理水平提升

各级政府关于幼儿园管理的发文数量之多、发文级别之高是空前的。例如，2010 年国务院发布《关于当前发展学前教育的若干意见》，教育部、卫生部发布《托儿所幼儿园卫生保健管理办法》；2012 年教育部、卫生部发布《托儿所幼儿园卫生保健工作规范》，教育部发布《幼儿园教师专业标准（试行）》；2013 年教

育部发布《幼儿园教职工配备标准（暂行）》；2015 年教育部发布《幼儿园园长专业标准》；2016 年教育部发布《幼儿园工作规程》、《民办教育促进法》（修订版），住房和城乡建设部、国家发展和改革委员会发布《幼儿园建设标准》；2017 年教育部发布《幼儿园办园行为督导评估办法》；2018 中共中央、国务院发布《中共中央 国务院关于学前教育深化改革规范发展的若干意见》；2019 年教师资格考试变成"国考"，2019 年 2 月发布《中国教育现代化 2035》。在政府职能方面，从以监管为主的单向领导体制转变为以指导和服务为主的双向互动机制，在加强法治建设的同时，为幼儿园提供更多的资源与服务。

（二）多种举措推进区域幼儿园规范均衡发展

伴随着全国幼儿园数量的增加，园长数也增加了许多。2011 年园长数为 180 357 人，2020 年增加到 308 380 人，增长了 70.98%，其中多为年轻的新园长。年轻的新园长给幼儿园管理注入了新的活力，但也存在成长期短、专业和行政经验不足的问题；其中部分从小学行政转岗，虽然有行政经验但对幼儿园不熟悉。新建的乡镇中心幼儿园的新园长在管理中遇到的挑战最为突出，由于幼儿园教师编制不足，新建的乡镇中心幼儿园普遍存在一名有编制的年轻园长和几名合同工教职工开园的现象。这些幼儿园生存困难、质量不高等问题突出。为解决快速扩容的学前教育体系的基本质量保障问题，各地政府纷纷进行管理制度创新，通过城乡联动，发挥优质学前教育资源的辐射带动作用，加大城乡学前教育资源对接和整合的力度，通过环境输出、制度输出、统一教育教学集体备课、集体教研等方式，提升薄弱幼儿园办园水平，保障其办园质量，促进区域幼儿园规范均衡发展。目前已经涌现出省域、地域、县域等不同管理模式。

模式一："名园（公办幼儿园）＋民园（民办幼儿园）＋新园（乡镇中心幼儿园）"的"常规管理工作统一部署、保教管理统一规范、教育教研统一开展、考核评估统一标准"的集团化办园模式。具体而言，采取集团总园重点指导乡镇中心幼儿园、乡镇中心幼儿园具体指导村级幼儿园的方式，进一步完善覆盖市、乡镇、村三级的集团化办园管理网络。

模式二："名园（公办幼儿园）＋民园（民办幼儿园）"的"四一体"管理模式。(1) 城乡法人一体——农村幼儿园成为纯公办的县直总园分园，法人代表同为县直总园园长，由县直总园实行一体化管理，县直总园向农村分园派出执行园长负责日常运转，明确了管理职责。(2) 资金投入一体——农村分园所收费用纳入县直总园大账，集中交由县国库统一管理，实行收支两条线，确保了规模小、条件差的农村分园正常运转。(3) 人员调配一体——幼儿园教师入编实现了常态化。全县每个农村公办园都有几名公办教师。(4) 保教管理一体——县直总园和农村分园实行人员统一管理调配，城区教师和农村本土教师"师徒结对"，农村分园教师可以到县直总园"跟岗学习"。

模式三：教研统一管理模式。集团将"同样的品质，不一样的精彩"作为发展宗旨，将园长管理、制度档案、教师发展、方案教学、信息技术、创意美工、音乐艺术、快乐运动、保育研究等作为业务抓手，以"探索集团办学模式，制定个性发展规划，提升各园办学品质"为主要目标，带动集团内各园实现优质发展。

二、挑战与展望

当前，我国学前教育正在进入发展关键期和重要转型期。未来，中国学前教育将实现从短缺供给到优质供给的战略转变，从"幼有所育"发展到"幼有善育"，进入系统治理、体系改革、规范发展、普惠多元、质量为王的阶段。

（一）国家战略目标的变化对学前教育战略目标提出了新要求

新时期国家发展战略目标发生了变化，对人力资源发展也提出了新的要求，在国家连续实施了三期三年行动计划后，学前教育得到了长足的发展，但是学前教育的普惠普及水平既不充分也不平衡，存在教师队伍建设滞后、保教质量有待提高、部分民办园过度逐利、政策保障体系不完善、尚未形成可持续发展的政策保障环境等深层次、亟待突破的问题。要解决学前教育改革的深水区问题，需要深入分析深层次体制机制障碍，系统规划、统筹兼顾。为此，2018 年 11 月，《中共中央 国务院关于学前教育深化改革规范发展的若干意见》发布，这是我国学前教育发展战略重点转移的一个纲领性文件，明确了未来几年学前教育发展的两个战略重点：一是深化改革；二是规范发展。同时，中共中央、国务院颁布的《中国教育现代化 2035》中，再次明确了学前教育的目标——普及有质量的学前教育，并指出要全面普及学前三年教育，建成覆盖城乡、布局合理的学前教育公共服务体系，形成完善的学前教育管理体制、办园体制和政策保障体系，为幼儿提供更加充足、更加普惠、更加优质的学前教育。

（二）根据目标人口生育意愿和城镇化发展需要对学前教育进行智慧管理

随着人口政策边际效应的递减以及目标人群生育意愿的减弱，适龄学前儿童数量渐趋回落。中国出生人口自 2018 年开始剧烈下降。2019 年 1 月国家统计局公布 2018 年新出生人口为 1 523 万人，比上年减少了 200 万人，此后每年下降，至 2021 年下降至 1 062 万人，学前教育可能比预期更早迎来总供需逆转的拐点。

城镇化是国家"十四五"发展的重要支柱，现阶段是城市进一步深入发展的阶段，我国城镇化发展迈入中后期转型提升阶段，预计 2030 年中国城镇化率将达到 65%，2050 年可能超过 70%①。受城镇化快速发展的影响，城乡受教育人口规模变动趋势不同，城镇学前人口规模先增后降，农村学前人口呈现单边下降趋势。相比 2009 年，2017 年我国一半省份农村在园儿童数量下降，县镇和城市幼儿园在园儿童数整体上各省份均有增长。2020—2035 年，各级学龄人口起伏很大，2035 年之后转入各级学龄人口全面负增长时期②。城镇化进程中，学前教育发展更加健康、平稳、均衡，是下一阶段发展的重点。

学前教育管理部门将根据生育人口生育意愿和城镇化进程中人口波动对学前教育进行智慧管理、动态管理，管理制度设计应考虑每一个阶段入园儿童的数量、事业发展的主要矛盾与任务。当出生高峰造成入园高峰时，各级政府必须强化职能，管理机构与协调机构的统筹职能应运而生；当幼儿教育事业得到稳步发展时，人民群众对教育的需求相对多样，规范管理、提升内涵就成为管理机构的主要职能。例如，2019 年度教育部工作计划中，明确提出了城市幼儿园管理的工作任务：同有关部门推动各地完善小区配套园管理，将开展小区配套园作为三大专项治理工作之首。对于处于人口出生低谷时期以及人口空心化的农村，乡镇、村幼儿园未来管理的重点在于提升幼儿园质量内涵，通过进行园舍标准化建设，优化办学条件，对保教人员进行岗位培训等。

（三）落实幼儿园管理体制机制的改革创新

幼儿园管理体制机制创新，是我国学前教育发展的必然选择，符合时代特征和中国改革发展的大势，回应的是人民群众在不同阶段对学前教育的不同需求。要促进学前教育日益追求公平、均衡、优质，满足公共服务需求，就需要相关的专业管理部门、机构或组织实施有效的规范、控制、激励和治理。

根据 2017 年 5 月由中央全面深化改革领导小组审议通过的《关于深化教育体制机制改革的意见》，2018 年教育部年度工作计划提出，要理顺学前教育管理体制和办园体制，建立健全"国务院领导、省市统筹、以县为主"的学前教育管理体制。省市两级政府要加强统筹，加大对贫困地区的支持力度。落实县级政府的主体责任，充分发挥乡镇政府的作用。以县域为单位制定幼儿园总体布局规划，新建、改扩建一批普惠性幼儿园。通过托幼联席会议制度，相关职能部门履行职能，形成合力，在推进幼儿园管理发展中发挥了促进作用。《中共中央 国务院关于学前教育深化改革规范发展的若干意见》多处提及学前教育管理体制机制改革落实的问题。例如在开篇就明确指出，党的十八大以来，我国学前教育发展

---

① 我国城镇化发展迈入中后期转型提升阶段 [EB/OL].（2017-11-18）[2020-10-15]. http://www.xinhuanet.com/fortune/2017%2D11/18/C%5F1121976769.htm.

② 吴瑞君. 中国学龄人口增长变化趋势的区域差异与教育资源优化配置 [EB/OL].（2019-05-20）[2020-10-15]. http://www.niepr.ecnu.edu.cn/7e/84/c10576a228996/page.htm.

不平衡不充分的突出主要表现之一就是监管体制机制不健全。在第一部分"总体要求"的"基本原则"中，提出"坚持改革创新，突出问题导向，统筹兼顾、综合施策，破解制约学前教育发展的体制机制障碍，补齐制度短板，激发办园活力，鼓励引导规范社会力量办园，充分调动各方面积极性"，"落实各级政府在学前教育规划、投入、教师队伍建设、监管等方面的责任，完善各有关部门分工负责、齐抓共管的工作机制"，"坚持规范管理。遵循幼儿身心发展规律，实施科学保教，健全治理体系，堵住监管漏洞，完善学前教育法律法规，实现依法依规办园治园"。在第一部分"总体要求"的"主要目标"中提出，到 2020 年，学前教育管理体制、办园体制和政策保障体系基本完善，到 2035 年形成功能完善的学前教育管理体制、办园体制和政策保障体系。第六部分专门论述"完善监管体系"，包括落实监管责任、加强源头监管、完善过程监管、强化安全监管、严格依法监管。第九部分"加强组织领导"中，包含了加强党的领导、健全管理体制、完善部门协调机制等。

和以往的政策文件相比，《中共中央 国务院关于学前教育深化改革规范发展的若干意见》关于管理体制机制的部分突出问题导向，尤其强调落实，具有历史性突破。该文件是中华人民共和国成立以来首个以中共中央、国务院名义颁布的学前教育专门文件，对于落实央地政府管理职责，贯彻各部门分工负责、齐抓共管的协调工作机制等管理体制机制落实的难点，是强有力的保障。通过管理体制机制创新，推进学前教育部门和其他部门相协调。各级政府应主动发挥引领、统筹、调控、监察等功能，科学管理各级各类幼儿园，调动幼儿园自主办学积极性，保障学前教育事业健康发展。同时，要通过学前教育领域的财政事权调整、财政投入和项目建设对地方政府做出可信承诺，推动地方政府履行自身对学前教育服务提供的监管与调控职责、承担相应的财政责任，并积极响应中央政府提出的发展政策。这有利于形成各级政府管理通畅、同级职能部门携手合作的管理体制机制。以中央和地方政府在学前教育的财权事权责任的落实为例，2019 年《教育领域中央和地方财政事权和支出责任划分改革方案》提出对学前教育、普通高中教育、职业教育、高等教育等其他教育，实行以政府投入为主、受教育者合理分担、其他多种渠道筹措经费的投入机制，总体为中央与地方共同分担财政事权，所需要财政补助经费主要按照隶属关系等由中央与地方财政分别承担，中央财政通过转移支付对地方统筹给予支持。这意味着中央政府将学前教育的部分事权纳入了自己的管辖范围，并承担了相应的责任。财政事权与支出责任划分的法制化实践是建立各级政府问责制的基础。学前教育领域财政事权与支出责任划分带来的制度环境变化改变了地方政府的行为约束，奠定了地方各级政府问责机制的基础。

（四）幼儿园办园模式的管理创新

国家统计局数据表明，中国正在走向一个橄榄形的分层社会，全社会贫困人口和低收入人口的比例大幅度减少，人均国内生产总值达到 1 万美元，城镇化率超过 60%，中等收入人口超过 4 亿人，人民对美好生活的要求不断提高。未来，我国学前三年毛入园率将在 85% 的基础上进一步提升，幼儿园将继续朝着优质均衡、多样化的方向发展。化解人民日益增长的美好生活需要和不平衡不充分的发展之间的矛盾，需要根据社会形态、家庭需要等进行政策工具和办园模式的创新。

幼儿园办园模式首先需要保障公益普惠的托底目标，重要手段在于增加学前教育财政投入，阻断贫困的代际传递。中国仍是一个低收入人口占主体的社会，没有摆脱一个发展中大国具有的发展不平衡的基本特征，相对贫困的状况没有得到改善且有不断恶化的趋势，很大一部分人群有返贫风险，国家扶贫战略将由扶贫转向"防贫"和"助贫"，即防止贫困的发生和综合救助。2017 年农业普查数据显示，59 万个行政村中仍然有 40 万个是没有幼儿园的。关注贫困儿童的早期发展，促进他们各种能力的发展，有助于阻断贫困代际传递、促进社会公平。随着城镇化的进一步发展，农村适龄入园人口逐渐减少，受人口下降对教育生态的影响，在农村可能会涌现出一些以幼儿园为纽带、辐射乡镇的整合型学前教育机构。它们将承担乡镇文化中心的角色，例如农村幼儿园和老人院整合模式、河南川中幼儿园-社区大学模式。农村幼儿园办园模式可能出现小型化、非正规化的样态。

在居民收入水平显著提高、收入差距拉大、工作时间非标准化、家长再学习的需要日益增强等社会背景下，接受更好的学前教育、追求教育选择自由将成为更多家庭的重要公共政策诉求。学前教育供给新业态要满足家庭对高质量、个性化、服务灵活的教育的需求，需要正视当前将教育选择作为政策目标的现实合理性基础。城市土地资源的稀缺化，使城市小规模幼儿园成为可能。例如，广州市天河区、成都市、北京市等近两年都在探索制定小微幼儿园的设置标准，以满足对学前教育的多元化需求。

完善幼儿园集团化管理的制度，发挥这一管理制度在有效实现学前教育优质均衡化发展中的作用，满足人民对美好生活的要求不断提高的需要。完善这一制度需要解决好如下问题：总园向分园到底要输出什么？是环境输出、统一制度、统一流程、教育教学集体备课、集体教研，还是其他内容？优质公办园如何保证帮扶质量？如何在帮扶过程中建立自身造血机制，解决自身质量被"稀释"、集而不团、重量轻质等问题？诸如此类的问题都需要进行系统性思考和相应的政策设计。

随着多元办学格局的进一步成熟，需要采用一种生态系统的观点来看待公办幼儿园、民办幼儿园并设计相应的管理政策。针对每类主体的管理政策需要考虑其对其他主体和整个生态系统的影响。在对公办幼儿园的管理中应进一步去行政化，赋予公办幼儿园更大的自主权，推动公办幼儿园进行办园制度创新，为家长提供更多的托育服务。目前义务教育阶段已经出现的放学延时服务制度创新值得关注。例如，重庆 2020 年开始推行小学放学后延时 2 小时服务制度，切实减轻了家长负担，增加了家长再学习的时间，更有利于提高劳动力产出。要落实对民办幼儿园的分类管理制度，针对普惠性民办幼儿园的管理制度设计要体现层次性，为公办民办幼儿园结对、建立互助关系搭建平台，鼓励民办幼儿园承担更多的社会责任。

（五）人类处于新技术革命的门槛上——互联网将从根本上重构人类的学习形态、学校形态、教育形态，幼儿园管理面临新的机遇

互联网深刻改变着人类的交往方式，影响着学校教育格局，迅速改变着幼儿园的管理。2010 年前，我国主要围绕数字校园的酝酿、规划、建设和应用展开教育信息化管理工作，推动幼儿园普及应用了基本覆盖幼儿园工作的办公自动化系统与业务管理系统，聚焦于信息门户平台与部门管理系统的业务整合和数据集成，促进了教育管理的数据化、透明化和理性化。例如，对于幼儿园财务管理包括收入支出、预算决策和财务监督等工作，信息化技术能够大大减轻管理人员的工作量，提高工作效率，降低学校的财务管理成本。通过利用智能化设施，幼儿园的总务管理流程变得更加清晰，并且节省了大量人力、物力，大大提高了工作效率。

2010 年以来，人工智能作为一种新兴技术对幼儿园中谁来管、如何管、管得怎样提出了新的要求。就幼儿园保教管理活动而言，规划是指保教工作（如课程管理、财务管理、膳食管理、校园文化、对外交流、公共安全等）的提前安排与部署。优良的管理规划应是动态的、滚动的，即在计划制定和实施过程中，通过对信息的监测和反馈，及时发现现有计划不当之处，从而在实施过程中校正、优化计划本身。人工智能技术有助于重构教育管理监督与纠偏体系，使教育管理数据化、透明化与理性化，最大限度地规避盲目决策等感性处理、随机决策的管理方式。以数据为核心、提高保教质量将成为未来智慧幼儿园的应用中心和基本点。双师课堂、虚拟现实等技术已经进入课堂。智慧课堂倡导共享、融合、交互的教学信息化环境，鼓励教师、幼儿在课堂内使用移动设备接入校园网和互联网，便捷地获取幼儿园资源。

2018 年教育部颁布的《教育信息化 2.0 行动计划》中指出，要"以人工智能、大数据、物联网等新兴技术为基础，依托各类智能设备及网络，积极开展智

慧教育创新研究和示范，推动新技术支持下教育的模式变革和生态重构"，"到2022年，基本实现'三全两高一大'的发展目标"。这对幼儿园信息化教学、幼儿的数字化学习、数字幼儿园建设提出了具体要求。教育部2018年启动了"人工智能助推教师队伍建设试点工作"，在宁夏和北京率先试点，在教师队伍领域，探索人工智能技术与教师队伍建设融合的新路径。试点工作在宁夏开展了教师大数据建设与应用行动，收集教师课堂教学行为与教师学习发展数据，探索建设和应用教师大数据，支持教师工作决策，优化教师管理流程，未来还将通过建构技术赋能的智能化、个性化管理与教学环境，形成智能化教学新模式，优化和重构学校教学流程，开展教学过程监测、学情分析和学业水平诊断，实施多维度、综合性的素质评价，精准评估教与学的绩效，助力推进因材施教。联合国教科文组织2019年正式发布《北京共识——人工智能与教育》，其中提到了应制定全面的数据保护法规以及监管框架，注意教师和学生学习中的数据隐私保护并确保数据安全等内容。

目前，关于使用人工智能对幼儿园进行管理过程中产生的数据的归属权还尚未有明确的界定。清晰的归属权是使用人工智能进行分析总结的一个重要基础。同时，要厘清人与人工智能在教育管理活动中的工作边界，时刻警惕陷入对人工智能过分依赖的误区，构建切实可行的应用驱动和机制创新策略。在国家层面，要健全法律法规体系，为人工智能技术在幼儿园管理领域中的发展提供制度保障，幼儿园需要做好人工智能发展和应用方面的教育管理人才培养工作。此外，还应注重依托产业界、社会各界的力量推动幼儿园管理人工智能化变革的顺利实现。

人工智能时代是一个大变革时代，三四十年以后世界是什么样子，没有人能够准确给出答案。教育者一直在思考要培养幼儿哪些品质，才能让他们能够勇敢地面对多变的未来。教育者更要提醒自己，要让儿童具备这些品质，自己首先得努力具备这些品质，一个人永远无法教给别人自己没有的东西。在未来的幼儿园里，知识和技能的传授将越来越居于次要地位，幼儿的精神、心理、个性的成长将成为教育者关注的焦点。幼儿园教育具有独特的价值，不能被信息技术所取代。儿童是有生命的个体，不是机器，儿童需要在有文化底蕴、有情感、有个性的人文环境中成长。

（六）构建现代学校治理体系，提高幼儿园现代化治理水平

人工智能时代需要技术，更需要以现代化的教育治理打造自由的、动态的、有序的、高质量的、互联互通的、更具智慧的幼儿园环境，建立共建共治共享的管理机制。构建现代幼儿园治理体系，从教育管理向教育治理转变，是我国社会转型与基础教育改革的内在诉求，是幼儿园管理改革的重要方向。

当前，我国幼儿园正处于从传统的科层制管理向现代治理转变的阶段。科层制模式通常是单向性的，它导致了幼儿园管理的僵化与民主性的缺失。我国幼儿园管理虽然渗透着以人为本、尊重特色和差异等教育理念，但是在具体实践中仍表现为以管理者为主体的权力取向的组织管理，缺乏对教师和儿童个体发展的教育关怀，束缚了幼儿园的进一步发展。要实现幼儿园有序、良性发展，仅凭管理、约束和控制是肯定不够的，还需要采用具有弹性的柔性治理机制和措施，治理强调的是互动性。从管理走向治理，更有利于调动集体智慧，应对瞬息万变的社会所带来的挑战。

从教育管理向教育治理转变，构建现代幼儿园治理体系，提高幼儿园现代化治理水平，对幼儿园管理提出了四个新要求：第一，观念、文化、制度的改变。观念、文化、制度的滞后和缺失是妨碍教育改革的关键因素，提高幼儿园现代化治理水平，需要从更高层次的观念、文化、制度出发，顺应、引导、规划教育改革，打造自有的、动态的、有序的、高质量的、互联互通的、更具智慧的幼儿园环境。第二，参与力量将更加多元化。行政化、科层化、单一化是当代幼儿园管理常见的特征。在这个急速变化的世界中，仅靠园长一己之力，无法做到深谋远虑。在幼儿园这个覆盖面较小的组织中，应该尽可能做到全员参与幼儿园建设，共建共治共享。例如，共同协商的幼儿园规章制度才具有合法性和可操作性，才真正属于他们，才能真正被认同和执行。要建立覆盖园长、教师、家长三方的合作伙伴关系，推动治理主体多元化、治理过程民主化，采用合作对话的方式，使幼儿园的规章制度能够在行动上落实，切实发挥规范、约束、激励、保障等作用。第三，主体权责更加明晰。构建园长负责、全园教职工协同、家长参与、法治保障的学校治理机制。为了避免产生园长的权力缺乏监督的现象，应该建立权责合理分配制度以及相应的监督机制，例如集团管理制度、园长轮岗制度、幼儿园教职工代表大会监督机制等，使监督成为优化学校治理体系和提高幼儿园治理能力的动力与保障。第四，不断提高幼儿园治理的法制化、智能化、专业化水平。利用新一代信息技术组织教学、调整教育内容、评价儿童、组建团队。优化资源配置，实现价值引领与激励创新。在崇尚个性的时代，构建学习共同体，推动去中心化、去行政化。满足儿童心灵陪伴的需求，关心组织，促进群体智慧发展。

未来幼儿园管理绝不是教育与科技的简单相加，而应该以文化治理为核心路径。文化治理是一种以人为本、以组织文化为核心思想，以组织文化建设为管理工作中心的现代管理模式。其强调应该始终把人的因素放在首位，尊重人的价值、人性，充分调动人的主动性、积极性和创造性，以组织目标的实现和人的价值的实现为最终管理目的。组织文化是未来幼儿园治理的核心资源。未来幼儿园文化治理的核心资源在于躬行文化、个性文化、理念文化和制度文化四个方面。未来幼儿园管理不能以结果为中心，而要以人的发展为中心，突出教育性。幼儿园管理性、制度性价值都是根植于和服务于教育性价值的。随着未来幼儿园与家庭、社区的深度融合，师生自主管理意识、能力和水平的提升，未来幼儿园的文化治理将面临新的挑战，组织文化建设将不再仅仅是幼儿园内部的事情，还将是一个全社会参与的系统工程。

（七）加强园长队伍建设，建立一支高素质专业化的幼儿园园长队伍

我国幼儿园实行园长法人制度，园长全面主持幼儿园工作。幼儿园现代治理制度的建立，至关重要的一点就是建立一支高素质专业化的幼儿园园长队伍。

作为幼儿园的领导者，园长对幼儿园的管理、发展具有关键影响力。种种研究揭示，当前园长除了组织管理素养不错以外，在其他素养方面均存在不容忽视的薄弱问题，不同地区的园长间、城乡园长间差异极大。资深园长有较丰富的园所管理经验，对管理的认识大多来自自身的管理实践，多属于经验型、事务型管理，能够保障幼儿园规范、安全运转，但管理理论薄弱，大多未系统学习过管理理论，思考与处理问题时往往局限于实践层面上的经验策略、操作层面的程序方案，难以在顶层设计上引领幼儿园的改革与发展，对科学规划园所发展、优化内部管理、有效引领教师专业发展等机制建设方面缺乏理论认识、能力支撑和行动创新。园长领导力的提升，应该将重点放在园长专业素养中的关键问题上。

对员工素质的评价、提升将成为幼儿园领导者的重要职责，其中包括协调课程安排和教学计划、监督和评价保教活动、编制员工专业发展规划、制定激励措施、观察和评价员工、提出改进保教质量的建议、帮助处理教育现场情况或解决保教人员之间的问题、营造相互协作的组织文化。《教学2030：我们必须为学生和公立学校做些什么？——现在与未来》指出：2030年的教师应具备创造力、教学变革能力和领导力。教师将是最大的资产，他们正准备、愿意并能够接受挑战，引领面向2030年的教学变革。

园长领导力的重心在于营造充满活力又拥有良好秩序的幼儿园生态，构建学习共同体，让教职工在这个平台上共同成长，使员工拥有不同的技能和职业轨道并最大化各自的优势；加强教师专业团体建设，通过形成团队，以多元的方式呈现课程，最大限度地促进幼儿学习与发展。园长领导力更聚焦于对员工的关心支持、理解劝说等非权力性领导方式上，通过赋能，让每一个教职员工有幸福感，这种幸福感来自关联感、能力感与自主感，即使最平凡的岗位，也能自我实现，将时代的使命和个人人生意义相连接；挖掘女性领导者的优势，用情感感化教职工是园长发挥非权力性领导力的有效途径；构建个人与园所共同发展的愿景，给教职工安全感、自尊感、存在感，让他们看到前途。园长领导力的提升，是幼儿园提高现代化治理水平的关键。

第二十一章 从"教育过程"到"教育文化"

——花草园教育变革之路

中华女子学院附属实验幼儿园位于北京市朝阳区小营路，成立于 2004 年，历史并不长。如今，这所被称为花草园的幼儿园，经过近 20 年的积淀与蜕变，渐渐成为很多幼教人心目中的教育高地。

这近 20 年来，在儿童与成人之间、在儿童立场和国家（文化）立场之间，花草园一直在寻找一种平衡。这个象征着教育理想的平衡点并不是固定不变的。随着教师的专业化成长、园本课程的成熟，这种既尊重儿童又尊重文化的动态平衡在这里被微妙地保持着。相比最后形成的具有花草园标签的独特园本课程成果"生活化课程"，这一追求教育理想、实现幼儿园课程改革的真实过程更动人心弦[①]。

一、实践总有历史

近几年，关于幼儿园课程改革的呼声越来越高。目前，幼儿园课程改革主要集中在以下两个方面：第一，改变儿童在人们心中的形象。在传统的儿童研究中，儿童总是被当作消极的研究对象，成人用自己的视角去理解、解释儿童的思想与行为。但今天的教育需要我们将视角转向儿童，不仅要以儿童的视角看待发展，还要以更加深邃的眼光审视儿童在人类社会发展中的特殊地位。第二，重新审视什么是适宜儿童发展的课程。课程改革中，很多人选择从关注儿童开始设计课程，但还应思考，如何让儿童在文化的引领下完成学习。

我们深知，影响一所教育机构办学水平的关键因素是其秉承的教育观与课程观。花草园经过近 20 年探索，创建了一套以儿童为核心、以自然主义和中国传统文化为线索编织的课程体系。我们希望建立一套以儿童为目的而非以课程目标为目的的课程模式。

德国思想家迈克因泰说："'我'的人生经历总是根植于相关事实的实际情

---

① 胡华. 生活化课程的探索与思考 [J]. 学前教育，2020 (3)：30.

况，从中'我'才能推知'我'的身份。"作为教育工作者，这份确认是非常宝贵的。因为"我是谁"，决定了"我"在专业上的判断，决定了"我"和工作场域中每个人的关系，决定了"我"在教育探索中如何赋予情感、思想，也决定了"我"在面临困境时如何完成自洽。从某种意义上说，花草园近 20 年发展的历史，也是"我"和我们从"教育过程"走向"教育文化"的过程。

这段时间，我们也在整理花草园近 20 年思考的轨迹，试图将这些真实的过往再现出来，以便喜欢花草园和"生活化课程"的同行们能够更加完整地了解我们是如何理解教育，如何认识教师发展，又是如何从倾听儿童走向关注儿童与文化的适切性的。我们确信，这些思考是宝贵的，因为任何有意义的教育探索都不可能一蹴而就，时间的沉积是思想的积淀，也是文化的沉淀。

课程探索初期，即使面临"内忧外患"，我们也始终坚信，幼儿园里"人"才是教育中最宝贵的财富。我们选择了持续信任教师，相信"相信的力量"。在这个过程中，教师们对教育的思考与实践也使他们的专业生活逐步走向了一种较为理想的状态。我们也渐渐认识到，幼儿教师的专业生活，本质上是个体自我完善、自我生成、自我发展的生命活动。

从某种意义上说，花草园近 20 年发展的历史，也是"生活化课程"逐步形成的历史。如果说思想形成要经历四个阶段，即整体模糊、感性局部、理性局部以及理性与感性整合阶段，那么从 2009 年开始，在度过最初的生存期后，我们对教育有了一些较为理性的思考。2010 年，对"自然主义教育"的追寻拉开了我们课程探索的序幕。那一年，课程里出现了"生命力"的关键意向。2013 年于我们而言是非常重要的一年，期间，"生活化课程"形成了基本体系与框架。当时，我们称其为"新课程"。在那一年撰写的《幼儿园的新课程：回归与还原儿童的本真生活》一文中，我描绘着对儿童学习的全新认识，表达着对建立"以儿童发展为核心，回归与还原儿童的本真生活，引导儿童按照自己的节奏学习"的一套全新幼儿园课程模式的渴望。

德国诗人荷尔德林说："人，诗意地栖居在大地上"。我们认为，课程探索的过程也是一个不断创造教育诗意的过程。近几年来，我们坚持不懈地努力，不仅让花草园在业内享有了一定声誉，而且引来了《三联生活周刊》《中国教育报》等主流媒体的关注。2017 年，《三联生活周刊》对我们的专访文章《重建爱的庇护所——我们需要什么样的幼儿园》引发了社会对"什么才是一所好幼儿园？"这一问题的深度思考；2018 年，《中国教育报》在开年的人物专栏中整版刊登了专访文章《胡华：建造儿童理想国》[①]。2019 年，凝结着花草园人共同创造成果的《幼儿园生活化课程——回归传统、自然与本真》由北京师范大学出版社出

---

① 常晶. 建造儿童理想国［N］. 中国教育报，2018 - 02 - 23.

版，一年内多次再版印刷。有人这样评价："花草园的'生活化课程'既反映出了目前国内自然主义教育主张下幼儿园生活化课程实践方面的最新研究成果，也是联系中国学前教育课程改革的实际，体现儿童认知结构和哲学结构相累加的一套全新课程。"中国学前教育研究会理事长虞永平教授这样评价："这套课程植根于中华文化沃土，以'儿童发展'为核心，强调课程与自然、文化的深度契合，在一定程度上填补了国内在幼儿园自主品牌课程探索上的空白，也展现出了有生命力和创造力的幼儿园课程新样态。"① 有人这样描述花草园的教育改革："自然的、朴素的，深植于中国文化土壤，回归与还原儿童本真的生活，这个透着中国哲思的幼儿园，正试着回答，我们要培养什么样的中国儿童！"②

二、"自下而上"的变革之路

花草园"生活化课程"的产生与出现，是一场"自下而上"引发的教育变革的产物。

"自下而上"的探索，不仅意味着课程要完成一个本土化的文化历程，而且展现了一种尊重、倾听与理解儿童的姿态。我们认为，"生活化课程"不仅满足着儿童学习与发展的需要，还促进着其完整生命的成长。在课程中，生命早期所需的安全感、归属感、认同感都得到重视并被展现出来，孩子与生俱来的潜能也通过课程的学习不断地得以表现；"自下而上"还意味着，这是一个异常艰苦但却充满了创造的过程。

这些年，参与课程开发的每个教师与儿童都是这场课程变革的亲历者与参与者。在课程实施过程中，教师的个人经历、知识水准、哲学观等，都直接或间接地影响着课程的质量。无疑，这样的课程对教师也提出了更高的要求。这几年，我们在对教师专业化成长的研究中也发现，相对于教师专业技能的发展，教师个人心灵的丰富与人格完整才是其专业化成长的核心。

回溯过往，这场"自下而上"的课程改革有三个重要节点。

（一）回归儿童：从"神秘园"到"花草园"

我们的课程改革，是从倡导倾听儿童的声音、观察儿童的游戏开始的。那时候，孩子们把他们喜欢的幼儿园称为"神秘园"。他们认为，幼儿园很神秘，总是能够发现、探索出很多未知的秘密。这个无意中的改变给我们的思想划开了一道口子，原来幼儿园的名字也可以给儿童带来很大的学习与想象空间。

---

① 胡华. 幼儿园生活化课程：回归传统、自然与本真 [M]. 北京：北京师范大学出版社，2019：11.

② 纪秀君. 一所幼儿园用中国哲思回答：我们要培养什么样的中国儿童 [N]. 中国教育报（学前周刊），2017 - 01 - 15.

2016 年，孩子们为幼儿园取了一个新的名字，"花花草草幼儿园"（简称花草园）。他们说，花草植根于大地，可以仰望星空，也能汲取天地之精华，简单而又快乐地生长着；幼儿园是个花草茂盛的地方，所以，我们的幼儿园就叫花花草草幼儿园吧……花草与孩子都是充满灵性的生命。这个名字不仅体现着人与自然的和谐关系，还体现出了教育者与被教育者之间的信任与平等关系。

我们意识到，幼儿园的教育从来都不是围绕着一个建筑或一个场所而开展的，而是要时刻关注里面的人，这不是静态的观望，而是一个动态的"可游过程"。在中国，大部分幼儿园的建筑是封闭的，但对内的开敞以及能够乐在其中的格局，却能弱化这种封闭的感觉，让孩子们更加亲近自然、接近真我。当儿童的真我出现的时候，我们也得以倾听到他们"诗意栖居"在大地上时的美妙姿态与天籁之声。

（二）回归自然：从"创设"环境到"天人同构"

儿童是自然之子，自然也是孩子们成长的起点。对于儿童来说，自然不仅是构成教育的元素，更是他们未来获得幸福感的源泉。在大自然的怀抱中，孩子们感受着"天地之气"的变化，也因此拥有了灵性的翅膀。

花草园的环境样态经历了一个动态的、发展的、生成的过程。我们用了近20 年的时间，让环境变得越来越丰富，孩子们在不同的季节，从不同的角度，都会看到环境所表达出的不同意蕴。

2004 年，幼儿园刚刚开园时，院子里只有几棵小树，空旷、单调。从 2009 年开始，我们每年都会和孩子们讨论"你们想要一个什么样的幼儿园?"这样一个问题。2009 年，集休憩、游戏、学习等功能于一体的葡萄长廊建成。秋季，廊架上会结满葡萄。开学不久，孩子们就会迎来采摘葡萄的日子，每个孩子都会找到一粒专属自己的葡萄。2010 年，小池塘正式落成。小池塘紧挨着葡萄长廊，里面住着小鱼和乌龟。池塘里有个小小的喷泉，喷泉的水声让园子一下子灵动起来。2014 年，我们改造完成了屋顶花园。冬天，这里的阳光最充足，孩子们可以在上面追逐、游戏；春天，孩子们可以在"一米菜园"中播撒种子；夏天，这里凉风习习，孩子们扎好稻草人，给庄稼浇水、施肥，期待着收获；秋天，这里是晾晒柿子干、萝卜干的好地方。

2016 年，在园子东边的角落，建成了一个倚着大树的树屋。站在树屋里，会看到蜿蜒在几棵大树之间的绳索长廊，它连接着三个形态各异的小树屋。2017 年，位于主楼边的雨水花园竣工。孩子们可以行走在雨水花园里，感受石头与脚底触碰的亲密感；可以透过溅起的水花在太阳底下看到彩虹；还能研究雨水花园的水系循环系统……这个雨水花园，是孩子们拥抱自然的好地方。

花草园现在的环境是自然的、充满生机的、有野趣的。充满野趣的地方虽在很多人看来有点"乱糟糟"的样子，但对儿童来说却是一个很有学习意义的地方。在那里，他们敢于"破坏"，敢于创造。我们在对环境进行改造的时候，除了体现自然本来的面目外，还考虑了人类在生命的早期是如何和自然相处的。这些自然要素也促进了生活化课程的建构。

在户外环境不断变化的过程中，我们意识到自然环境向室内的延伸同样是幼儿园环境创设中非常重要的主题线索，但这一线索往往会被忽略。认识到这一点后，我们用自然物建立起了自然和儿童之间的联结。

幼儿园班级的教室没有被区域材料或家具分割成若干个空间，所有的材料都放在墙的两侧，等待着孩子们用自己的方式打开；窗台上摆放着孩子们种植的花草，还有花生、核桃、石头、干花瓣等自然物品；班级里用来装物品的筐子和花篮、孩子们用来搬挪物品使用的盘子都是自然材料；教师工作区摆放着藤条编制的椅子和麻布靠垫；教室里，每个孩子都有一个自己的木质"百宝盒"，这里隐藏着他们的秘密，也是他们和自然联结、和自己联结的重要方式……

每个儿童都是历史的、文化的。从时间上来看，他们有自己的过去、现在和未来；从空间上来看，他们有平视、俯视、仰视三个视角，并且会用自己的方式把这三个空间填满。所以，我们力求为儿童提供一个开放的、可理解的、可互动的、可自由表现的象限空间。平视的部分可以展示其学习过程；俯视的部分可以展示、表达潜意识与自我的联结；仰视，是儿童在学习之后对经验的总结与提升，也是儿童对自己学习的一种回顾。这种对学习过程的再回顾、再思考，通常是儿童对其自身学习的再批判、再提取，随之转化成"元认知"能力。

在创设环境的实践探索过程中，我们一直在思考如下问题："我们到底想给儿童带来一种什么样的经验和体验？""环境创设的出发点到底在哪里？""环境创设背后的文化价值取向是什么？"

童年有其独特的文化价值，儿童本身就是对人类生活的巨大贡献，但他们的文化价值却常常被成人忽略。我们不仅要能够站在儿童的视角，理解他们的想法，还需要给儿童真实地表达、真实地创建的机会，帮助他们将想象变成现实。建构一个真正意义上适合儿童发展的幼儿园，一定要有儿童自己的创造，这才是有儿童的、有意义的、有生命力的幼儿园环境。

好的教育环境也是人和环境相互作用的结果。幼儿园的环境创设应从儿童出发，通过对话的方式来完成，其本质是文化的再现，它是动态的、发展的、生成的过程，也是一种人与环境和谐共生与创造的过程。而儿童和环境的关系，最终体现为在文化穹顶下所能够展示出的一种共生、共建、连续、共享的和谐关系。

（三）回归传统、回归自然、回归生活、回归儿童

1. "生活化课程"探索的三个阶段

花草园"生活化课程"的探索经历了近 20 年。这近 20 年，也是我们在不断

深入的探索中逐渐找回本源的过程。

(1) 第一阶段，探索起步阶段：生成课程与"畅游日"活动 (2007—2012 年)。

课程改革之初，我们倡导教师倾听儿童的声音、观察儿童的游戏。对于儿童来说，游戏是其存在的一种形式，也是其生存的一种自然状态，更是其真实生活的重要组成部分。在观察中，我们发现，当儿童拥有自由的心灵时，其思想的疆域非常开阔。

在这一阶段，我们每天都在倾听孩子们的表达与交谈，试图通过其表达出的信息生成一些适合他们的主题教育活动。这些活动带给我们的冲击是非常大的。那时，每个周五孩子们都可以在自己选择的主题活动里畅快地游戏，这一天被我们命名为"畅游日"，意思是可以自由自在畅快游戏的日子。"畅游日"探索的成功给了我们很大的信心。

这一探索形式也构成了日后"生活化课程"的基本路径，即倾听与还原、回应与记录、结构化、提取主题与生成课程。

(2) 第二阶段，理念形成阶段：回归与还原儿童本真的生活 (2013—2015 年)。

生成课程和"畅游日"课程模式的探索，使教师们渐渐熟悉了这样充满创造性的工作方式。之后我们商议，试着将"回归与还原儿童本真的生活"确定为"生活化课程"的基本理念。"回归"意味着我们将课程的关注点放到了儿童身上，而"还原"则不仅显现了儿童学习的独特轨迹，而且展示出了他们丰富的精神世界。

但如果仅仅是满足儿童的需要，那么还不能被称为课程，课程应该有更高的立意。"人类必须从自己深厚的文化积淀中挑选出最优秀的部分，同时也是与个体早期接受能力相一致的部分构成一个文本（在不同的群体、民族中，甚至在不同的儿童与成人中具有可理喻性的一套开放的文化体系），这便是我们的课程。"① 这一观点给了我们很大的启发。对儿童来说，文化既是他们内部先验的构成部分，也是他们精神世界中内在的渴求与需要。"生活化课程"绝不是简单地回归生活，还需要一个更高阶的文化与哲学体系编织出一条清晰的课程线索，才能将生活、儿童与教育紧密地结合起来。

在这一时期的课程探索中，我们尝试用传统探触文化，试图从人类文化的长河中寻找出凸显人的内在精神需求的元素，进而将这"精神"作为课程的内核。

(3) 第三阶段，体系形成阶段：回归自然、回归传统、回归生活、回归儿童 (2016 年至今)。

我们希望，"生活化课程"是一个儿童与自然、社会、家庭紧密联结的、具有宽阔视角的课程体系。课程的内容设置基于儿童当下的生活，这符合他们对世

① 虞永平. 学前课程价值论 [M]. 南京：江苏教育出版社，2002：23.

界的好奇心理，课程因为有很强的操作性，从而也呼应了孩子探究世界的小步伐生活的特性。课程主题与传统文化有机结合，形成了以"春生、夏长、秋收、冬藏"为基本脉络的课程形态。

春天，是儿童的耕读月，也是他们与万物连接的成长月；夏天，是儿童发现、探索自然，完成"丛林学习"与探索的季节；秋天，万物萧条，但孩子们依然满怀憧憬，将大自然的馈赠请进室内，完成艺术创造；冬天，北方大地封冻，归于沉寂，儿童却可以在室内热火朝天地开启美食文化之旅，感受中国人生活的智慧。

"生活化课程"要用儿童的生活构建出一个平台，让儿童在生活化、游戏化的学习过程中，用自己的方式完成学习，建构出属于自己的知识体系，让课程真正回归儿童。至此，"生活化课程"开始显现出回归自然、回归传统、回归生活、回归儿童的鲜明特性。

2. 在探索中寻找儿童与文化之间的适切性

儿童和成人最大的区别是其思想有丰沛的灵性，他们的学习不仅呈现出一种独特的灵性，还饱含着一种精神的力量。为寻找儿童与文化之间的适切性，在课程探索的实践中，我们进行了如下几个方面的思考：

第一，课程的立意和主题要体现出历史感。我们希望，课程背后不仅有深厚的文化脉络，而且能够展现出强大的生命力。在以传统文化为核心的基础上，我们围绕着科学、艺术、哲学，选择了适合儿童的视角，这些视角与元素和儿童本性中的精神追求高度契合。他们学习的过程，也是运用游戏方式追寻精神家园的过程。

第二，课程的主题既要有儿童性，也要有文化性。文化与教育看似有很多外显形态，容易被人随意拼搭，但内里却有文化选择性的价值区分。真正的教育要把握住文化内里的那条线。儿童教育就是要在历史文化和儿童文化之间寻找到那把钥匙。

第三，课程表现方式要有联结感。"生活化课程"强调儿童与他人、与自然、与自我建立联结感，这一学习方式本身就是儿童个人文化与社会文化之间的一种主动适应与选择。

第四，课程的实施要有可操作性。"生活化课程"目标的最终实现是使表现为外在文本的理想课程变为儿童内在的经验课程，通过具有可操作性的实施策略，让儿童在学习中实现身、心、灵的共舞。

从前期的"新课程"到现在的"生活化课程"，随着思考和探索的不断深入，我们的课程探索也从外在的追随儿童慢慢开始走向了内里的文化。课程内容虽源于儿童当下的生活体验，但借助文化的张力，课程的结构与内涵不断得到扩展，之后，课程又选择了再度回归儿童。正如有学者所指出的，唯有将个体知识的建

构过程放到与社会文化体系的互动系统中去对照时，才能称其为以儿童为中心的
课程。

三、用文化编织课程

"生活化课程"的探索是一个从教育过程走向教育文化的过程。教育文化一
方面赋予教育实践一种历史的延续性，另一方面也赋予教育实践一种文化上的创
造性。因此，教育文化虽发生于教育的原点，但却是与教育活动共始终的。

"生活化课程"在本质上具有回归自然、回归传统、回归生活和回归儿童的
特性。回归自然是指"生活化课程"的大主题均取材于四季流转的自然环境；
"回归传统"是指"生活化课程"是立足于文化传统的课程；"回归生活"是指保
持儿童生活的流畅性、自然性与完整性。儿童要用生活完成"学习"，而不是用
"学习"替代生活；"回归自然"、"回归传统"和"回归生活"的目的又指向"回
归儿童"。

但"生活化课程"又不完全等同于儿童的生活。一方面，它是指课程具有生
活的特征；另一方面，它又不同于生活，它来源于生活，却又高于生活。"化"
表示某种性质或状态的转变，但转变不表示等价。我们试图用人类美好的文化形
塑儿童的生活，最终又回到儿童的生活之中，帮助他们实现生活经验的重塑与
再造。

对于当下的课程改革，很多人选择从关注儿童开始。但我们认为，还应该思
考如何让儿童在文化的引领下完成学习。我们的"生活化课程"是如何用文化来
编织课程体系的？下面，我们将从五个方面进行阐述。

（一）文化构成了课程的"经纬线"

"课程不是一个一个等待执行的线性的学程，而是一个复杂的动态的相互作
用的网络，它不断向各种不同的相互联系的形式分化"①。由于儿童经验的获得
具有情境性，因此儿童已有的经验是一个有机的、协调的整体。相应地，课程
之间也应是一种非线性的关系。非线性的关系意味着课程经验之间有着复杂的联
系。课程经验是复杂的系统，是"丰富的、开放的经验的多层次组合"②，是一
张未定型的、变化的开放的网③。

---

① 杰罗姆·布鲁纳. 教育的文化：文化心理学的观点［M］. 宋文里，译. 台北：远流出版公司，
2011：154.

② 李传英. 幼儿园课程的文化哲学基础［D］. 成都：西南大学，2011.

③ 杰罗姆·布鲁纳. 教育的文化：文化心理学的观点［M］. 宋文里，译. 台北：远流出版公司，
2011：154.

"生活化课程"的内容也呈现出了一种非线性的关系,它是一个开放的、变化的、符合儿童学习特征的内容体系。我们认为,它的经线是社会文化,课程用社会文化来构建学习主题;纬线是儿童文化,用儿童文化构建学习过程。课程的主题与内容回归儿童当下本真的生活,主题活动形式不仅体现出了儿童与自然、文化的适切性,而且体现出了某种动态性与开放性。

(二)用社会文化建构学习主题

我们力求从个体经验中最朴素的一些好奇开始,用文化作为解读生活与生命的钥匙。"生活化课程"按照四季变化(春生、夏长、秋收、冬藏)与中国文化的主线展开,一共设置了 8 个主题:"耕读三月"、"生长四月"、"五月,一起去探索"、"六月,儿童月"、"憧憬的九月"、"十月,我生活的地方"、"十一月,艺术就在身边"和"十二月,美食月"。可以看出,这些主题线索与中华民族悠久的历史中形成的生活轨迹基本一致。

我们试图在课程中看到儿童、看到游戏、看到文化。文化既是教育的氛围、土壤和环境,也是教育活动的精神、依据和内容;而教育是文化的存在和传承形式,即教育是文化传递、继承、发展的有效途径和外在方式。

(三)用儿童文化构建学习过程

课程改革,必须从倡导倾听儿童的声音、观察儿童的游戏开始,因为儿童的游戏精神是保持其童年的真正力量。"无论儿童是游戏着、工作着,还是进行着其他活动,其往往都会以一种游戏的态度和心境来行事,以游戏的精神来观照外物和自己的活动。"[1] 只有在充分观察儿童游戏的基础上,才能够形成真正适合儿童发展的课程。

在课程的探索起步阶段,我们观察孩子们的游戏,记录他们的语言,倾听他们的需要,借此寻找他们学习的兴趣所在,生成一些适合他们的主题教育活动。追问和寻找儿童喜欢的事情的意义,能让我们更清楚地发现儿童的现实处境,觉察成年人的权力,并试着探索一点点放松手中的缰绳,给孩子们更大的精神上的自由。

这一过程体现了教育者对儿童天性的尊重,也正是这一过程帮助我们认识了儿童是如何开启自主学习大门的。我们意识到,远离儿童生活的知识很难激发他们的学习兴趣,也难以帮助他们获得真正意义上的发展,只有回归儿童的生活,才能让课程真正回归儿童。

---

① 边霞. 论儿童文化的基本特征 [J]. 学前教育研究,2001 (5):14-16.

（四）用"对话"完成文化的共融

在"社会文化的经线"和"儿童文化的纬线"交织的课程体系中，"对话"是重要的"连接点"。保罗·弗莱雷说："没有了对话，就没有了交流；没有了交流，也就没有真正的教育。"在幼儿园里，每个人每天都要说很多话，教师与儿童有无数次对话的可能。可以说，教师的大部分教育行为都是通过言语进行的。所以，教师和儿童用什么样的方式展开对话，是教育中一个非常关键的问题。

教学过程本身就是师幼间的一种对话形式。在"生活化课程"中，所有的对话都是在生活之中自然进行的。对话过程中，教师的作用非常重要。儿童的经验是零散的，这需要教师抛出一个有价值的问题，这是展开对话的基础。

在对话中，如何提出一个有价值的问题？教师需思考：我想和孩子交流什么样的问题？这些问题是否能引发新的讨论？这些问题能否帮助孩子厘清想法与观念？这些问题是否能够帮助孩子们获得积极的情感体验？这些问题能不能让孩子超越当下的存在，获得更高阶的意义？之后，教师要引导课程沿着对话中儿童思考的线索继续深入。

（五）从"你的经验""我的经验"到"我们的经验"

在"生活化课程"中，儿童从当下的经验切入，在共同学习的过程中，"我的经验""你的经验"整合成为"我们的经验"，课程也因此而有了内蕴。"我的经验"和"你的经验"都是相对有限的，我们共同的经验才会产生强烈的文化内生力。

这也传达出一个重要的信息——教师的经验未必比儿童的经验更好。当教师和儿童共同学习、共同分享，然后用共同的经验来建构课程时，也就回到了当下。儿童在当下，教师也在当下，在"当下"这个时空中，会有很多有价值的碰撞。

四、对"生活化课程"中关系的文化解读

承载文化内容的课程本身具有特定的文化视域，但课程内容是无法直接创生出文化的原生样态的，它只能不断地培育出更适宜的教育文化，从而整体地影响人的文化心理世界。对文化的深刻理解是我们课程探索中重要的一步。

文化是人类学领域最基本的概念。美国教育学家布鲁纳更是突破了对文化的理论研究的局限，将文化直接运用于指导学校教育和课堂实践。在课程探索的过程中，我们借鉴了布鲁纳对文化的理解，不断将对文化的理解具体化到花草园"生活化课程"的各个元素之中，环境、课程、教师与儿童都是文化的具体表征

形式。

　　教育的文化或者说教育与文化的关系，是教育研究中极具理论价值和现实意义的问题。而幼儿园各种关系是文化的一种集中体现，文化的碰撞、文化的创新都在关系中发生。花草园强调每个人都能"成为我自己，我们在一起，按自己的节奏呼吸与思考"，这是文化的核心内涵，也是一种回归人性的文化表述方式。因为所有的文化都是由人创造的，只有回归到人性最美好的本质中去，文化才有可能淬炼出美好的品相。

　　幼儿园的环境文化与课程之间存在着一种相辅相成的关系。一方面，环境是课程生成的土壤，即幼儿在与环境的互动中不断生成新的学习；另一方面，课程也会生成新的环境，课程实施需要获得某种特定环境的支持，而课程开展的过程与成果也会促进环境的改变。即，幼儿园中任何一个环境、任何一个角落都可以变成课程，而课程及其创造出的学习结果也会成为环境持续丰富的源泉。

　　"生活化课程"属于师生共同建构的一种过程模式，是一个向教师、家庭、社区和儿童开放的教育系统。"生活化课程"的主题是预设的，但过程却是一个动态的师生共同学习、共同建构对世界看法的生成过程。在"生活化课程"的实施过程中，我们鼓励儿童勇于质疑，和老师互动。他们的表达不仅构成了课程的内涵，而且是成人了解儿童内心世界的一把钥匙。

　　在和儿童共同学习与生活的过程中，教师的专业性体现在以下三个方面：第一，和儿童一起学习，这样才能逐渐走进孩子的精神世界，发现他们学习的秘密，给予他们适宜的支持。第二，保护儿童丰富的思想与情感、富有创造力的大脑，以及乐观积极的心态，要和他们一起发现与思考，共同记录生活的美好。第三，通过文化引领儿童的学习，通过对话和儿童共同构建学习的场域。

　　在教育过程中，师幼关系本质上是一场美妙的"相遇"。这种"相遇"是指具有完整人格的教师与具有丰沛精神的儿童的相遇，"相遇"的主题不仅以"知识"为目的，更在于情感、思想、智慧的碰撞和精神世界的交互成长。在教师与儿童共同生活的过程中，幼儿深深地进入了教师的精神世界，教师也在幼儿的开放接纳中走进了他们的精神世界。两者精神相遇的地方，教育的意义也悄然而生。

　　在幼儿园的文化构成中，教师是主要的文化载体，他们承载着教育使命，也用自己的文化影响着儿童的发展。多年来，我们一直关注教师的文化成长。因为制度与规范更多地是通过外力来约束一个人，而文化则能够让人自己主动寻求更大的进步与发展。

　　"生活化课程"要求实施课程的老师是一个有文化质感的人。在课程中，教师对文化的理解，并不能由他人传递，而是需要在实践中，通过行动，不断将自身敞开，去感知、体悟，成为课程的一部分，再以行动获得对课程文化的认识，在生活文化的河流里，同频共振。

让教育回归儿童是当下很多幼教工作者一直追寻的课程探索路径。"生活化课程"的核心是通过还原儿童本真的生活，帮助他们从不同的层面认识自己、理解他人。因此，在"生活化课程"中，儿童要完成三个联结：和自然联结、和家庭联结、和自己联结。

儿童只有通过与自然联结，才能用自己的节奏与方式自然地学习，他们内在的生命力才能绽放，这也是儿童获得幸福感的重要条件；"生活化课程"中，我们希望父母在孩子成长的过程中，能够耐心倾听、用心陪伴，用生命完成对另一个生命的陪伴，而这种用心陪伴的过程，既是儿童对周围人与事物进行判断的依据，也是儿童获得幸福的力量的源泉所在；儿童完全接纳自己，对于其获得幸福感至关重要，他们只有真正学会认同自己、接纳自己，并从中产生满足，才能建立起积极的内在感受，成为自己。

这三个联结的对象无不存在于特定的文化中。儿童在完成联结的过程中接受着文化的荫庇。在教育探索的过程中，我们也认识到，教师不仅要了解儿童，还应该了解儿童背后的文化与哲学，因为儿童的发展脱离不了文化；同时我们也意识到，儿童既是文化的传承者，也是文化的创造者，儿童的进步与发展也终将带来文化的进步与发展。

五、文化引领幼儿园课程的未来

在当今世界中，唯一不变的就是变化。文化处于不断更新变化之中，它更新的速度随着全球化的加速不断加快，但身处文化中的"千千万万的学童发现那个世界里竟然找不到他自己和他的朋友们可以涉足之处"[①]。布鲁纳认为应该将人置于文化情境中，在人与人的交互过程中加强人对自我和对他人的理解，而不至于在多元快速的文化进程中迷失自我，产生文化冲突。所以，我们必须在教育中以文化为工具，用文化引领幼儿园课程的未来。

未来的教育改革有如下三个特别需要关注的地方：

（一）幼儿园课程要将视角全方位地转向儿童

在传统的儿童研究中，儿童总是被当作消极的研究对象，成人也是以自己的视角去理解、解释儿童的思想与行为。今天，我们需要将视角全方位地转向儿童，不仅要以儿童的视角看待发展，而且要以更加深邃的眼光审视儿童在人类社会发展中的特殊地位。

---

① 杰罗姆·布鲁纳. 布鲁纳教育文化观 [M]. 宋文里，译. 北京：首都师范大学出版社，2011：223.

"在知识取向的课程中，儿童是'不在场'的，他们的需要、兴趣与意愿，他们的生活、文化与世界，在科学、客观的知识面前显得如此卑微和低下。""在这样的课程里，儿童与知识，儿童与课程是割裂的，知识与课程是外在于儿童，外在于儿童的生活，外在于儿童的世界的。"[①] 建构以儿童为目的课程观，是我们共同努力的方向。

（二）课程改革首先要翻越传统"知识观"的藩篱

布鲁纳关于"知识"的论述，突破了传统意义上对知识单向度的理解，为我们描述了一条文化与心灵视域下的知识建构路径。布鲁纳认为，知识一部分是对客观世界的反映。这些知识是既定的、不会改变的，是人们对客观世界真实的反映，但它却不是唯一的。大部分人对知识的认识都停留在这个层次上。知识也是可以改写的认识。在学习知识的过程中，我们的心灵也可以对客观世界有自己的认识，之后产生某种态度与观点，这也是一种知识。知识还可以是一种对信念与真理的追寻过程。这一认识深深地影响着"生活化课程"对"知识"的理解与表述。

"生活化课程"的知识观以"生成"作为基础，超越了单一的知识形态，走向丰富的儿童知识的生成，体现了人在生活及生命活动中的重要价值与意义。我们认为，那种只将知识中的符号与经验视为核心，并以此构建所谓的知识体系，无视个体生命与心灵在知识产生过程中的体验的"知识观"是偏狭的，也是不适合儿童的。

（三）重新审视教师"专业性"的概念

文化是比教育更宽泛、更大的概念。文化为教育提供资源和工具包，教育是促进文化的传播与传承的主要手段。对教师而言，学习和思考永远都是置身在文化情境里，并且永远都需要依赖文化资源。在这样的文化空间中，教师形成了一种比较稳定的"生存情态"。教师的"生存情态"是教师的生存方式、生活智慧、生活风格、行为准则及其策略的总根源。它一旦形成，就具有相对的稳定性。种种稳定叠加在一起，就构成了教师专业性的稳定。

文化是"生活化课程"的根。花草园的课程改革，是用儿童文化和社会文化"编织"课程，通过对教育中各种关系的解读以及对"回归""联结""对话"的重新定义，为儿童创建了一套能够较大限度满足他们发展需要的课程。在这套课程中，儿童置身于文化情境之中，利用文化工具和资源，实现个人生命的成长。在这样的文化情境中，我们才得以看到幼儿园教育最真实、最美好的课程未来。

---

① 蒋雅俊. 儿童、经验与课程［M］. 北京：人民教育出版社，2015.

今天，"文化"越来越成为一种决定性的力量。一所幼儿园的好坏、办园水平的高低表面上看是由课程等要素决定的，但实际上是背后的文化在起作用。这些年来，我们逐步形成了一种"花草园文化"，并最终将其凝聚成为了一种文化的定力，深深地影响着园所管理、课程探索、教师成长、幼儿发展等幼儿园教育的各个方面。

花草园近 20 年的教育探索，经历了从认知主义到文化主义的转向，并最终将教育的核心落在文化和心灵上。这种转变很大程度上受布鲁纳教育思想转轨后而引发的一系列反思的影响。教育的文化实践，不仅能够帮助我们把握现在的世界，而且还能在过去、现在与未来之间建构起意义的关联。经过近 20 年的探索，花草园教育已由原来的对"教育过程"的探索扩展至了心灵栖息的社会文化领域，开启了幼儿教育领域文化研究的新篇章。

第二十二章　探索当代"活教育"体系

——鹤琴幼儿园的思考与实践

南京市鹤琴幼儿园创立于 2016 年，以陈鹤琴先生的名字命名，以传承陈鹤琴先生的教育思想为己任。在办园模式上，鹤琴幼儿园采用大学、政府、幼儿园三方合作的模式——大学提供智力资源，政府提供行政保障，共同支持幼儿园发展；幼儿园高起点建设、高定位发展，在为周边社区提供高质量保教服务的同时，成为大学学前教育专业的全天候实践基地和在职教师的培训基地。在办园理念上，鹤琴幼儿园以促进幼儿身心和谐全面发展为宗旨，以传承和发扬陈鹤琴先生的教育思想及当今学前教育先进理念为导向，努力践行陈鹤琴先生的教育思想，全心全意陪伴幼儿成长。

但这所年轻的幼儿园在开园初期也面临着教师队伍年轻、办园经验不足等诸多现实问题。如何让"活教育"理念变成看得见的实践，怎样通过管理营造创造性工作氛围，让年轻的教师发挥创造力，让陈鹤琴的"活教育"思想在新时代重新焕发活力，是鹤琴幼儿园亟待解决的问题。开园以来，鹤琴幼儿园在思考与实践中，走出了一条具有园本特色的"活教育""活管理"探索之路。

一、建构当代"活教育"体系

"活教育"并非仅仅是某一个幼儿园的特色，它代表的是幼儿教育中一些本质的或核心的价值追求——活课程、活儿童、活教师、活管理。新时代"活教育"的实践，不仅要培养"活"的儿童，更要培养"活"的教师、"活"的家长。而活管理则是"活教育"实现的基本保障。

具体而言，幼儿园课程是"活"的，应回归生活，教育的内容应融于生活之中；儿童是"活"的，具有主动发展的力量，他们自己会想、会做，愿意去尝试；教师是"活"的，具有灵活应变能力，有自己的思考，充满活力，热爱生活；家长是"活"的，应该具有参与课程的主动性，愿意主动陪伴幼儿共同成长；管理是"活"的，需要给幼儿园教师松绑减压，支持幼儿园教师进行创造性的幼儿活动（见图 22-1）。

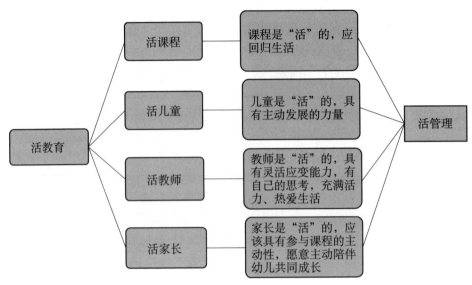

图 22 - 1　南京市鹤琴幼儿园"活教育"体系

二、实践当代"活教育"的路径

"回到儿童、回归生活"是鹤琴幼儿园在探索过程中对陈鹤琴思想的进一步阐释，也是新时代"活教育"的实践路径，其由相互联系的三方面组成：班本化课程决策是基础，从根本上保证教育源自儿童的生活；反思性课程实践是关键，在过程中凸显儿童是教育的原点；"活教育"文化建设是灵魂，让回到儿童、回归生活真正成为教育者的信念（见图 22 - 2）。

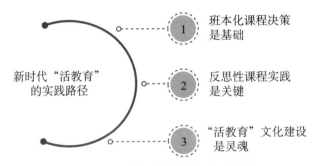

图 22 - 2　当代"活教育"实践路径

（一）班本化课程决策

以班为单位开展课程，才能使课程最大限度地符合班级幼儿的经验、兴趣和需要，才能使课程真正指向幼儿及他们真实的生活。为此，鹤琴幼儿园以班级为单位进行课程决策，主要经历了以下三个阶段：

1. 第一阶段：通过邀请名园骨干教师，引领尝试班本化课程实践

基于新时代幼教实践面临的两大普遍问题（幼儿园课程开展依赖教本，一统化教材脱离幼儿生活；抛开教本导致教师无所适从，幼儿园课程内容随意、质量难保证），鹤琴幼儿园在开园之初就坚持进行班本化课程实践探索。同时，针对新教师队伍年轻、课程建设能力及经验不足等问题，鹤琴幼儿园邀请南京市三大名园的骨干教师引导新教师在"活教育"理念引领下，基于班级幼儿兴趣重点对主题课程进行实践探索。班本化课程走向主要依据骨干教师已有经验而定，班级课程出现了较明显的带有"名园印记"的风格。

2. 第二阶段：通过全园性的班本化课程研讨，支持班本化课程实践

在名园骨干教师退出班本化课程实践之后，新教师开始尝试独立探索班本化课程。在在实践中进一步理解"活教育"理念的基础上，鹤琴幼儿园开展了每周一次的教研活动，通过全园性的班本化课程研讨，为新教师探索班本化课程提供理论与实践支持。同时，园部将课程故事会作为一种课程研讨形式定为每月开展一次，将"一日生活皆课程""看得见儿童，找得到课程"等理念融入日常教育教学实践中，鼓励新教师在生活中教育、在生活中找课程。教师对课程的理解与认识不再局限于主题课程、集体活动，开始关注一日生活，引导幼儿在生活中探究与学习，从生活活动、区域活动等活动中去发现课程。班级课程及走向、一日生活规划、家园联系等皆由班级自主决策。

3. 第三阶段：形成园部、年级组、班组立体式支撑的班本化课程实践体系

在已有实践的基础上，鹤琴幼儿园开始深入探索真正源于生活又回归儿童的班本化课程。根据班额，开展以年级组为单位的课程团体讨论；基于园部审议及年级组审议的结果，班级结合具体需求开展符合本班实际的课程实践。同时，每周一次的园本教研集中观摩一个班级的课程。在深入探讨班级主题、领域、生活课程的基础上，课程开展形式也更加多样化。园部从班本化课程的时间、空间、形式、需求等方面给予大力支持。在以儿童生活、经验、兴趣与需求为课程起点的课程探索之下，鹤琴幼儿园课程形式多样且扎实，幼儿在课程实践中生动且灵活，教师在课程实践中反思并成长，教师课程意识和课程能力逐步增强。

（二）反思性课程实践

鹤琴幼儿园将观察评估与实践反思作为教师专业能力的核心和高质量课程的保证。我们在建园伊始就明确了，新教师专业成长的第一步不是学会如何教，而是学会如何观察和理解儿童。将儿童作为课程的起点——"看得见儿童，找得到课程"，将儿童观察评估嵌入课程实践的全过程，让评估成为教学反思的依据和

课程质量的指标。我们的反思性课程实践体系的形成主要分为以下三个阶段：

第一阶段。在课程方面，园部鼓励教师进行教学反思，以"不问对错，只问思考"为原则鼓励老师大胆思考、大胆尝试，通过专家指导与评价帮助教师关注教学过程中存在的问题，以此帮助教师形成反思意识和反思习惯。在儿童评估方面，鹤琴幼儿园鼓励教师撰写有标准格式的观察记录，培养教师形成对儿童发展进行评估的习惯。

第二阶段。在课程方面，通过教研时鼓励老师"敢说""敢想"、研讨"真问题"营造反思氛围，教师们在做的过程中逐步形成反思的意识和能力。在这一阶段，反思能力常常体现为教师个体的反思能力，如在研讨后是否能就大家提出的问题进行思考，是否能发现课程实施中存在的不足等。在儿童评估方面，教师们除了观察和记录幼儿行为之外，还意识到分析解读儿童的行为对课程的意义。在此阶段，教师们尝试分析幼儿的行为，并思考相应的教育策略，通过儿童评估改进实践的方式初现端倪。

第三阶段。在课程方面，教师们已经具有独立的反思意识及能力，不再以"内省"作为反思的重要方式，而是借助教研、团讨等多种形式开展共同反思，如在教研时老师们会提前设计好与课程开展相关的问题，问题的范围也不局限于活动本身，而是广泛涉及由课程引发的覆盖家园共育、环境创设、师幼互动等多方面的问题。在教研的过程中，教师们在独立思考的同时做到选择性地接纳大家的意见，并借助反思调整课程、改进实践，真正实现"你做，你负责"。在评估方面，教师们已经不局限于针对幼儿的行为提出教育建议，而是深刻理解幼儿的兴趣与需要，并尝试将其作为课程的出发点及落脚点，做到真正将儿童评估纳入课程开展的始终。具体途径如下：

1. 以儿童评估促反思

（1）评估促理解儿童。

建园开始我们就明确了，新教师专业成长的第一步不是学会如何教，而是学会如何观察和理解儿童。教师将观察评估作为理解幼儿的抓手，摒弃了过去凭经验施教的方式，转而通过分析幼儿的兴趣和需要来理解儿童，让课程真正回归儿童，回到儿童的真实生活。如"田老师的草坪婚礼"主题活动，在活动中，教师关注到了儿童对婚礼的兴趣，也通过本活动了解到幼儿虽然年纪较小，但对于"爱""幸福"依然有自己的理解和体会。在评估中，教师看见了儿童，理解了儿童，这对于建设反思性课程是十分重要的。

（2）评估促生成课程。

当教师明确幼儿园课程应"回到儿童、回归生活"时，对儿童的评估就成为生成课程的重要途径。如大班老师在进行"中国娃"主题活动时，发现本班幼儿对中国城市及棋类游戏产生了浓厚兴趣，便创造性地将两者结合在一起，生成

"中国旅行棋"的游戏，并与幼儿不断讨论游戏规则，不断改版游戏玩法，让幼儿在游戏的过程中加深对中国多个城市特色的了解。

（3）评估促改进教学。

儿童评估不仅能够作为课程开展的出发点，而且能成为检验课程开展质量的试金石。儿童发展的程度是课程开展质量的重要体现。如在大班年级组开展毕业旅行活动的过程中，教师引导幼儿自己规划要带的物品、要去的地方、要开展的活动，同时鼓励幼儿与同伴合宿。活动结束后，幼儿的规划能力、解决问题的能力、克服困难的能力、合作能力等均有所提升。在活动之后对幼儿的行为表现进行评估，能够很好地检测课程开展的质量，并为下次活动开展提供经验与借鉴。

2. 以教研促反思

教研作为教师成长的重要方式，对于教师形成反思能力是非常重要的途径。鹤琴幼儿园通过园本教研、学科组教研及课程故事会等教研形式从主题活动、领域活动、生活活动多方面建立立体的教研体系，帮助教师形成反思的能力。无论何种形式的教研，鹤琴幼儿园都会聘请南京师范大学的专家进行指导，以帮助教师进行更有深度的反思。在这样共享、共研、共思考的氛围中，教师的反思能力得到快速提升。

（三）"活教育"文化建设

鹤琴幼儿园"活教育"文化建设以"活教育"理念为引领，以培养活教师、活家长、活儿童为目标，在经历了"尊重、平等"和"自主、互助"两个阶段后，在实践反思的基础上形成了"共同生活、共同成长"的活教育园所文化。

1. 第一阶段：尊重、平等

在建园之初，教师队伍是由一群年轻的新手老师、几位借调过来的有经验的老师和一群年长的后勤人员组成的。在老师们相互熟悉和磨合的过程中，每个人是独立的个体，老师、幼儿、家长、后勤人员和领导都是平等的且互相尊重的。老师愿意蹲下来用幼儿的视角看待这个世界，并认真倾听幼儿的想法；幼儿喜欢老师，会主动地说出自己的小秘密，也会在回家后分享幼儿园里面的开心事。年轻的教师不会因为自己是教师就会有优越感，反而会更主动吸收年长的后勤老师一些有益的生活经验；年长的后勤人员不会因为年长而傲慢，反而会积极学习有经验的老师们的教育理念和教育方法。刚工作的老师不会因为自己年龄小就讨好或者忽视家长，而是更倾向于把家长当作朋友；家长不会因为老师工作经验少而为难老师，而是更加信任和尊重他们，有问题会主动找他们沟通。

2. 第二阶段：自主、互助

经过一些时间的磨合，老师、后勤人员和家长之间的关系更加紧密，在尊重和平等的基础上形成了自主、互助的新局面。在这个阶段中，一方面，鹤琴幼儿园重在激发每一个人的内在活力，鼓励新老师从依赖师傅到逐渐自主带班，鼓励后勤人员和家长发挥自己的主动性参与到班级的课程中；另一方面，提倡教师走出自己的边界，到周围同事的领域中看一看，比如新手老师在专业成长路上可能会遇到一些类似的问题，彼此之间可以交流，相互解惑；后勤人员受到班级老师的"活教育"理念的影响，也开始在区域活动中尝试与幼儿进行互动。

3. 第三阶段：共生、共长

经过实践的沉淀，鹤琴幼儿园最终确定了以"共同生活、共同成长"为核心理念的园所文化。在这个阶段中，老师、幼儿和家长之间的关系从"你、我"变成了"我们"，师幼家园相互陪伴、共同成长。比如在"田老师的草坪婚礼"的活动中，田老师和孩子们已经形成了生活共同体，所以他们才会有共同的关注，幼儿关注教师的生活并想参与到教师的生活中去，而教师也愿意将自己的生活与幼儿共享。回顾我们的文化建设的历程，共同生活是"活教育"文化的根基。基于共同生活的背景，相关各方形成了紧密的关系，并最终形成了一个成长共同体。

三、探索当代"活管理"方法

我们都知道，教师的劳动具有创造性，因为教师劳动的对象是活生生的人，教师劳动的成果是人的学习与发展。幼儿园教师的劳动，则更是一种创造性的劳动，这是由幼儿的年龄特点所决定的。

第一，幼儿的学习是生活化、经验化的学习，而不是概念化的学习。这就意味着幼儿园教师的首要任务不是传授现成的知识，而是把握生活中的教育机会，让幼儿在生活中学习、在经验中学习。这无疑是一种高度创造性的工作。以数学学习为例，幼儿园教师不可能教幼儿在抽象的意义上学习加减，而要在生活中发现和利用各种机会，引导幼儿通过具体的事件和问题情境来理解加减的实际意义。在超市买卖游戏中计算钱数，在晨间点名的环节中统计人数，在做天气记录时比较每天气温的变化等，每一个学习机会的把握，都离不开教师的创造性劳动。

第二，幼儿的学习更多地是个别化的学习，而不是整齐划一的学习。这就使得因材施教的原则在幼儿阶段显得特别重要。幼儿发展具有明显的个体差异，表现在发展水平、发展的先后和快慢、学习风格、个性倾向性等方面。可以说，每一个幼儿都是一把特别的"锁"，都有一把特别的"钥匙"与之相配，而没有所谓的"万能钥匙"。对于发展水平高的幼儿，要给他们挑战；对于发展落后的幼儿，要静待花开；对于反应迅速的幼儿，要引导其学会反思；对于缺乏自信的幼儿，则要鼓励其大胆表达。要打开每个幼儿的"心锁"并促进其发展，同样离不开教师的创造性劳动。

由上可以看到，幼儿园教师的劳动是非常需要创造性的。他们要针对不同幼儿的不同需要，将平凡的生活变得意义非凡，从而铺就幼儿成长的道路。然而值得反思的是，当前整个社会，包括学前教育管理者乃至幼儿园教师自身，都对幼儿园教师工作的创造性认识不足。我们常常褒扬幼儿园教师对孩子的爱心和耐心，却往往忽视了幼儿园教师的智慧与创造。不可否认，爱心和耐心对于幼儿园教师来说是非常重要的。幼儿的心灵是稚嫩的、易受伤害的，需要教师用爱心去呵护。幼儿的保育和教育工作是琐碎的，需要教师耐心地对待，但是，仅有爱心和耐心是不够的。教师的创造性劳动，是开启幼儿成长空间、帮助其抵达最近发展区的重要条件。

那么，在实然层面，当前幼儿园教师的工作，是否充分体现了创造性呢？现实并不容乐观。调查显示，缺乏创造性的工作体验是幼儿园教师职业倦怠的一个重要成因。造成这一现象的原因是多方面的。从课程的角度看，幼儿园长期以来注重文本课程、轻视生活课程，注重集体教学、轻视个别需要的积弊，遮蔽了幼儿园教师工作中最生动、最丰富的部分。从管理的角度看，一些看似"规范化""标准化"的管理方式，使得教师工作的重心越来越远离实践创新，转而追逐文本与形式。这些问题的存在，不仅使得原本具有创造性的工作变成了简单的重复劳动，而且加重了教师的工作负担。

针对当前社会幼儿园教师职业地位低下的现实，我们迫切需要重塑幼儿园教师的专业形象，让幼儿园教师创造性地工作，让社会看到幼儿园教师工作的创造性。从幼儿教育自身的使命看，同样需要强调幼儿园教师的创造性工作。幼儿教育是为20年以后的社会培养公民，只有具有创造性的幼儿，才有可能积极主动地应对未来社会的变化与挑战。

创造性的幼儿需要创造性的教育，创造性的教育需要教师创造性的工作。只有先解放教师，才有可能解放幼儿。陈鹤琴先生的"活教育"理论，指引我们在新时代探索"活管理"，思考如何为教师营造创造性地工作的氛围。在南京市鹤琴幼儿园的实践中，我们构建了"活管理"体系（见图22-3），努力让教师创造性地工作，推进"活教育"的实现。

（一）课程上留白

当前幼儿园课程内容"超载"是普遍存在的问题，表现为教师很忙，幼儿也很忙。我们认识到，"匆忙"的教育是很难激发创造性的，而只有留白，才有可能为创造留下空间。为此，在课程安排上，鹤琴幼儿园在精简预定教育内容的同时，鼓励教师在和幼儿的共同生活中，努力生成教育内容，做到"看得见儿童，找得到课程"。

鹤琴幼儿园每个月举行课程故事会，各班教师轮流讲述他们认为最值得和同事分享的课程故事：一个调皮的孩子把池塘里的金鱼砸死了，由此引发了一场有

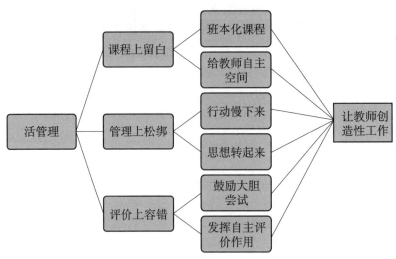

图 22-3 南京市鹤琴幼儿园"活管理"体系

关生命与死亡的讨论；阳光透过玻璃门，在活动室的地面上投射出影子，这一现象引发了对影子形状、影子运动的探究……从这一个个班本化的课程中，年轻的教师深切地感受到，课程是"活"的，教师的教学也必须是"活"的。他们也在跟随幼儿脚步的过程中，获得了创造性工作的体验。

（二）管理上松绑

当前幼儿园实践中，过多、过细的管理内容是造成教师工作负担重、压力大的一大原因。教师工作中的"规定动作"越多，形式主义的危险就越大。鹤琴幼儿园认识到，"高压"下的工作是很难有创造性的。教师需要有闲暇的时间去思考、去反思。所谓管理上松绑，就是尽量减少教师的简单劳动，让教师有更多的时间进行高质量的思考与实践，有更多的专业自主权。

凡是不能促进幼儿发展或教师自身发展的工作，一律从简。例如，我们不强迫教师自制玩教具，不要求教师做大量墙饰，不硬性规定教师文本材料的工作量。在简化管理内容的同时，鼓励教师将自己的观察与思考文本化。当教师所写的内容是他们真实所见所想时，他们也就不再将文字工作当成负担，而将其看成对自己的创造性工作的记录了。

鹤琴幼儿园不怕"慢"，容许教师像蜗牛一样成长，去发现教育最朴素的道理。我们告诉教师，写观察记录不要为了任务而写，而应在在跟幼儿的相处中真地被打动了，有所思考、有所触动时再写；推送的文章，哪怕晚了一周也没关系。我们要让教师看到做这件事是有意义的，他有一辈子的时间去探索专业发展。鹤琴幼儿园墙上更多的是幼儿的东西，而不是教师加工、装饰的痕迹。这就是减，减负的另一面是赋能。

落到实际,对于新手教师们来说,如何才能做到?活教师是怎么练出来的?鹤琴幼儿园的教师们回忆,工作之初,园长会问他们:"你认为什么是'好老师'?""好的幼儿教育是什么?"这些"大问题"倒逼着教师不断在实践中提炼总结,每一天的教育实践、每一次与幼儿的相处,都是实践良机,教师们渐渐有所体悟,理解也许不一,但基点一定是真实的儿童、真实的生活。鹤琴幼儿园流传着这样一句话:"教师思想要在孩子的前面,行动要在孩子的后面"。

(三)评价上容错

习惯是创造的敌人。很多时候,我们会把习惯看成是理所当然的,看成判断是非对错的标准。我们认识到,循规蹈矩是不可能有创造性的,而"犯错误"却可能成为学习和进步的机会。

因此我们鼓励年轻教师突破习惯的限制,回到儿童这一教育的原点来思考问题,并根据自己的思考做决定,在实践中勇于尝试,不断总结经验教训。在保证大方向正确的前提下,容许教师犯"小错误",鼓励教师独立、批判性地思考,即"无关乎对错,只关乎思考"。我们让教师相信教育实践中的问题是复杂的,没有绝对的对错,即使是专家的意见也未必都正确。

自主的思考和相互的交流非常重要。自主的思考可以提升自己的实践决策能力,而相互的交流则可以帮助自己从不同的角度进行思考和评价。幼儿园放弃评比这个"指挥棒",不举行各种教学工作评比,相反,却经常举办各种专题交流研讨,如关于班级管理、家长工作、行为观察等年轻教师经常感到困难的工作的研讨。通过对具体问题的研讨,培养了教师创造性解决问题的能力。

我们希望幼儿成为什么样的人,就应该用什么样的方式去教他们。让幼儿园教师创造性地工作,幼儿教育才会有创造性的未来。鹤琴幼儿园探索形成的"活教育"和"活管理"体系,旨在激发教师的创造性,释放儿童的活力,增强家长参与的积极性,即活课程、活儿童、活教师、活家长。好的教育不仅滋养孩子,而且滋养教师和家长,让每个人看见自己的未来,让每个人发现自己的力量,让每个人实现自己的成长。

鹤琴幼儿园第一届毕业典礼时,园长给即将离开鹤琴幼儿园的小朋友们致辞,一番绞尽脑汁后说:"从鹤琴幼儿园毕业的每个孩子都能得到一个魔法。这个魔法是什么呢?就是一个字——'活'。"小朋友晚上回家后,跟父母分享自己懵懂的理解:"有了'活',手也可以动,腿也可以动,大脑也可以动;有了'活',我们可以去做自己想做的事。"在鹤琴幼儿园,孩子们感到放松、自在,生命状态是舒展的。"活"的魔法让他们自由支配自己的身体,直接指向"创造"。童心纯粹,更能见到"活教育"的盎然生机。对于幼儿园和教师而言,孩子的理解帮助我们打破对教育的固有认知,创新教育和管理。

第二十三章　让幼儿园连接社区与公共生活

有谚云：一个孩子的成长需要一个村庄。儿童的成长离不开家庭、学校，更离不开社区和社会环境。好的幼儿教育不是隔绝孤立的，而是紧密联系当地社会生活和能够融入社区的。幼儿教育的发展不能就教育谈教育，而是应与当地人口、就业及社会生活联系起来。

而当下学前教育过度强调儿童的专业发展，强调功能化、标准化和机构化。这些导向事实上造成了"社会福利"和"家庭支持"功能的弱化，割裂了家园之间的联系。

对于儿童成长，我们需要重建家园关系，弥合教育与社区、与公共生活的裂痕。"重建教育与社会、教育与公共生活的联系，已经成为一个重大主题。它既是在关注教育的社会使命，也是在探讨全新的教育哲学。可以说教育与社会、与公共生活的联系是教育最本质、最核心的问题"①。

在城市社区里，有着大量的流动人口，四环游戏小组十几年扎根在北京城市社区，在艰难中成长，在流动儿童学前教育、城市社区融合教育和非正规学前教育领域走出了一条新路。

在当下的发展环境中，乡村教育如何与农村社区建设、文化复兴以及反贫困结合，是一个重大的时代课题，川中幼儿园和川中社区大学的实践提供了一个鲜活的案例。

在城市公共生活重建中，学前教育与家长、社区有更高的联结度，可以发挥独特的作用。小橡树的跨越年龄、超越幼儿园的"0～99岁成长社区"是当代家园共建的创新实践。

一、让社区成为孩子的家——四环游戏小组社区融合教育

四环游戏小组的成立源于2004年3月的一次社会调查。在北京西城区德胜门附近的一个超大的农贸市场，有六七百个摊位，几十个学龄前孩子在其间奔跑

---

① 杨东平. 重建教育与公共生活的联系 [J]. 生活教育，2009（12）：6-8.

嬉戏,他们是农民工摊商的孩子。大学生在调查的同时也在考察周边有没有什么场地,可以做点什么。

2004年4月7日开始了第一次活动。最初是在市场管理办的小院,活动材料是两大塑料袋图书、旧玩具和废旧材料,孩子们从家里带着小板凳来参加活动。两个月之后,一间闲置的库房被腾出来,西城区工商部门为我们配备了桌椅,这成了孩子们的活动室。

四环游戏小组意在探索适合流动儿童的不同于正规幼儿园的另一种教育的可能性,主要力量是大学生志愿者,希望通过外力推动,造血而不是输血,激发当事人的教育主体意识,开展社会互助,以社区非正规教育的方式解决问题。半年后,四环游戏小组尝试由家长轮流值班当辅助老师,并且从中物色适合的人选成为专职老师,但条件一直不具备。

2010年5月,市场管理办迫于压力不得不让我们搬离。那是个夏天,大学生带着孩子们每天在市场周边找街巷空地坚持活动,"打游击"持续了3个月。8月,家长发现有一处私房,于是我们租下来,在这个小院开展活动至今,已有十余年。2011年终于有了第一位专职的妈妈老师。数年间共有6位妈妈老师,其中几人因孩子回老家上学,不得不离开。

家长轮流值班当辅助老师成为制度,每家每周一个半天。专职的妈妈老师和大学生志愿者合作搭班,相互协作,边做边学,不断成长。2014年,大学生全部毕业离开,非正规教育管理运行成功转型。

现在四环游戏小组的3位妈妈老师差不多撑起了全部日常工作,包括与家长沟通、成立家长委员会、推举校长为大家义务服务、推动组织的管理运转等,内生力量得到增强,最初的愿望得以实现。一路走来,经历了无数艰难险阻,包括来自内部和外部的障碍,但"开弓没有回头箭",好在我们也得到了多方面的支持。

下面探讨四环游戏小组这一公益组织近20年来发展非正规教育的内在逻辑及一些思考。

(一)关注流动儿童,直面迫切需要解决的社会现实问题

转型期的中国,流动的农民工成为国家经济建设大军,他们为城市化、工业化做出了突出贡献,但由于长期的城乡二元经济制度的制约,以及城市社会管理服务的滞后,流动的农民工在医疗、住房、社会保障、子女教育等方面的权益被忽视,成为城市的"边缘人"[①]。

四环游戏小组秉持幼教前辈晏阳初、陶行知、张雪门等的平民教育精神,关

---

① 杜越,汪利兵,等. 城市流动人口子女的基础教育 [M]. 杭州:浙江大学出版社,2004:12.

注这些处于弱势地位的人，致力于探索解决流动儿童学前教育问题的民间道路，为构建和谐社会尽一己之力。

大学生志愿者走入并长期深入流动的农民工摊商工作和生活的现场，走近他们的孩子，发现了他们真实的生活状况和教养方式，以及对学前教育的真实需求：隔绝的生活圈子，放养的教育方式；粗放的生活环境，存在不安全因素；无规律、成人化的生活作息；贫乏的文化氛围，缺少沟通交流的亲子关系；城市过客的生存状态，双重文化背景下的生活方式，幼儿身份在流动和留守之间转换。四环游戏小组力图在此基础上探索适宜的解决途径。

（二）四环游戏小组以参与者为中心的非正规教育探索

四环游戏小组作为一个公益类托幼组织，通过近20年来的实践，探索出了一条面向流动儿童、具有文化适宜性的学前教育道路。

1. 四环游戏小组的宗旨定位及其命名

四环游戏小组，既是孩子们游戏的天地、家长育儿互助的场所，也是志愿者学以致用、进行教育研究的基地，体现出了教育的乡土化、平民化趋势。

取名"游戏小组"，意在强调游戏是幼儿的主要活动方式，同时意味着这是通过社会互助方式实施的一种非正规教育形式；以"四环"胡同即社区名称命名，有利于增强相关当事人及社区公众的认同感、归属感。

2. 以参与者为中心，探索适合流动儿童的非正规教育模式

四环游戏小组的师生数年来置身现场，开展持续的行动研究，致力于构建适合流动学前儿童的课程体系，同时注重引导家长，增强其第一任教师的责任意识：首先，根据幼儿特点及其生活状况，制定相对规范的作息计划；其次，在教育内容上注重针对性，将行为习惯养成教育和社会交往能力发展作为重中之重，并以多种方式突出语言教育和保证足够的户外活动；最后，安全和健康的生活方式是课程中反复强调及提醒家长的内容。

四环游戏小组开展三种形式的活动：面向儿童的活动、面向家长的活动、兼顾亲子的活动。

四环游戏小组非正规教育模式的关键就在于实施"以参与者为中心"的教育：教育儿童与引导家长同步一体，尤其注重后者。一方面，对流动儿童实施有针对性的教育，扬长补短呵护其自然天性；另一方面，激发家长的育儿信心，把教育渗透在日常生活之中。

3. 发挥家长的主体作用，回归学前教育的本质

学前教育最初的源头在家庭，父母是孩子的第一任老师，对孩子的影响比教育机构更大而且是不可替代的。

四环游戏小组把家长工作作为重中之重，创新了家长工作的方式和途径，以

多种方式拉动家长参与教育，如让家长轮流排班担当"爸爸老师、妈妈老师"辅助志愿者老师，进而成为专职老师，成立家长委员会，定期召开家长会，开展家长读书会和自制玩教具活动等。家长通过参与教育过程，以及分享育儿经验和交流讨论，逐步转变育儿观念和教养方式，增强教育主体意识和树立育儿信心，使学前教育回归本源，让儿童真正地健康成长。

家长们在参与中学习，同时也认识到自己的力量，通过育儿互助解决流动儿童的学前教育问题，即因育儿结成教育共同体，成为游戏小组的主人。

4. 四环游戏小组近20年的办学成效

（1）孩子、家长和志愿者老师共同成长。

家长增强了教育主体意识和教育自信，积极参与教育，承担起第一任教师的责任，把教育延伸到家庭之中：关注自己的孩子，花时间和孩子互动，增进亲子关系，调整和改变生活方式，体验亲情、感受家庭的温馨和睦。

四环游戏小组实行混龄教育，同时开展特殊儿童融合教育。其所收托的孩子中既有流动儿童，也有社区居民的孩子。近20年间，有近千名孩子走进四环游戏小组，超过2 000名家长参与活动；百余名来自北京师范大学、首都师范大学、中华女子学院以及多所中等师范学校的学生来这里实习，担任志愿者老师；周边社区的热心人士及部分幼儿园老师给予了这些孩子教育支援，或是其他形式的支持。四环游戏小组的非正规教育让所有参与其中的人都获得了成长。

（2）四环游戏小组创新了城市公共文化生活空间。

四环游戏小组成为农民工在城市里的新的公共文化生活空间。作为农民工家长的文化组织，其帮助他们分享育儿经验、探讨教育话题、共享娱乐休闲，并逐步融入城市生活，进而推动学习化社区的建设。

在四环游戏小组所有参与者的共同坚守下，四环游戏小组截至目前已走过近20年历程。其间，"四环人"形成了自己的理念，摸索出了一套比较成熟的适宜于流动儿童及其家庭的非正规学前教育，即社区教育模式。

（3）四环游戏小组激发了内生力量，扩大了社会影响。

四环游戏小组组织或参与了数十场教师培训活动，如面向流动儿童的种子项目、"西部阳光项目行动"等，传播并推广基于社区的学前教育模式，让更多流动儿童受益。自2010年以来，四环游戏小组举办了三届全国流动儿童学前教育论坛，其理念得到了认同并被广泛传播。

2014年至今，四环游戏小组经历了种种困境。面对挑战，其主动适应外部环境与现实需求的变化，注重从当事人群体中培养专职妈妈老师作为主要力量，进行非正规教育管理运行转型，内生力量得到增强。2016年，四环游戏小组的公益组织身份终于获得北京市民政局认可。

四环人始终秉持"爱心、自立、分享、共建"的信念，不忽视每一个孩子，不拒绝做每一件小事，凝聚每一分力量，抓住发展的机会，协力让四环游戏小组这一点星星之火变成燎原之势。

（三）幼儿教育迫切需要回归本位：福利性和托幼服务功能

1. 从四环游戏小组的经验看非正规教育的特点

"非正规教育"一词最早出现于 20 世纪六七十年代，它的提出与人们对正规教育的局限性的认识和批判直接相关，并且受到世界范围内兴起的终身教育理论的影响。

20 世纪六七十年代，人们有感于传统的学校教育不足以满足多样化的教育需求，特别是有相当一部分儿童由于各种因素无法获得学习机会，未能被现行的学校教育制度所接纳，而社会无疑存在着潜在的教育资源。因此，有必要充分利用这方面的资源，为这部分人群提供教育服务。非正规教育扩展了教育的时间和空间，使教育成为广义的过程[①]。

1973 年科恩斯提出了非正规教育的定义："在现行的正规教育系统之外的任何有组织的旨在为明确的服务对象和学习目的服务的教育活动。"四环游戏小组是没有围墙的幼儿园。四环游戏小组的经验可以概括为如下三点：

第一，一方水土养一方人。非正规教育作为社区教育具有地域性，供与需紧密联系，能够灵活而有针对性地满足特定的教育需求。

第二，就地取材、能者为师。非正规教育是根据当地环境和条件因地制宜兴办的，成本低而效益高。它可以充分挖掘和运用现有社区条件和资源，如周边环境场地、闲置房舍设施、社区物质材料（包括废旧物品、自然材料）、民间文化等，再如家长、热心人士、退休教师等人力资源，以能者为师。

第三，守望相助、共生共建。非正规教育具有开放性、共同参与性等特点，并且与社会融合程度高。非正规教育就在街巷邻里之中，与社区有着天然联系，因而具有广泛参与性。社区内的幼教机构可以作为社区文化中心发挥辐射作用，并将集中的教育资源用于服务社区公众，实现社区共有、共享。

四环游戏小组近 20 年来逐步成长为一家致力于为家庭育儿提供支持的社区服务机构，通过培养妈妈老师和实行家长自治，唤醒家长的教育主体意识，挖掘其教育潜力，促进社区居民交流与社区融合，让社区成为孩子的家（见图 23-1）。

2. 幼儿教育应回归福利性和家庭支持这一核心功能

幼儿园是干什么的？四环游戏小组一直以来没有停止思考这一问题。幼儿教育应当回归本位——以非正规教育的方式发展，提供托幼服务和家庭支持，因而福利性是幼儿园的核心功能。非正规教育属于大教育范畴，是社区教育的一种形

---

① 肖丽萍. 中国非正规初等教育模式研究 [M]. 南宁：广西教育出版社，1998.

图 23-1 四环游戏小组的家长参加活动

式。国内外有大量家庭托儿所、日托中心等，它们均依托于社区或与社区紧密融合，提供就近便利的托幼服务。

这里的福利性是指提供最基本、最必要或是最低限度的托幼服务，这种服务是每个个体都可以得到的。事实上，世界幼教百余年的发展历程表明，提供托幼服务是幼教机构的根本社会职能，幼儿教育迫切需要强调其本分——看护、照顾孩子。尽管第二次世界大战之后，幼教的教育性功能有所增强，但是托幼机构仍然具有不同于学校的独特性质。对孩子和母亲而言，机构的福利性功能无疑是第一位的，家庭式托育正好符合这一特征。"在过去十年左右的时间，家托已经被认为是这个国家儿童看护系统中的一个重要组成部分"[1]。依托于社区的非正规教育机构往往规模较小，但与社区融合程度较高且非常便利。幼儿教育要扎根于真实生活的土壤。

以非正规教育方式发展幼儿教育符合教育改革新趋势，是对传统正规教育的制度化、标准化、封闭性和单一性的突破。首先，非正规幼儿教育为社区内处境不利儿童提供了受教育机会，扩大了幼儿教育的受益范围，保障了每一个儿童的教育权益。

其次，非正规幼儿教育提供了灵活多样甚至是不拘一格的教育形式，使家长能有多种选择，有利于满足社会对教育的多样化需求。遗憾的是，全日制幼托服务这种单一类型和标准，已然成为国人占主流的思维定式。这种状况必须打破。幼儿教育不仅有正规幼儿园，还可以有家庭式托育等非正规形式。幼儿教育发展应多样化、多元化，其可以有不同的类型和服务形式。有什么的条件和需求，就

① 菲利斯·M. 科里克，等 . 托幼机构管理：第 9 版 [M]. 北京：北京师范大学出版社，2018.

可以办什么样的园。

最后，幼儿教育本身具有民间性，国内外家庭育儿中心大多是民间自发兴办的，是需求导向的。非正规教育的兴办主体多元，有益于调动各方面的积极性，一方面可以吸纳专业教师和社区人员就业，将潜在的社区力量和资源转换为现实的资源，另一方面也可以吸引社会公众关注、支持和参与幼儿教育，在全社会树立"儿童优先"的意识，普及科学育儿观念和方式。非正规幼儿教育在动员家长参与、普及科学育儿知识、唤起家长的教育意识并促使其扮演好第一任教师的角色等方面有重要意义。这也是终身教育的应有之义。

3. 好的幼儿教育是自然、质朴、有温度的，是与社区生活高度融合的

好的幼儿教育能紧密联系当地社会生活，并能够融入社区。幼儿教育的发展不能就教育谈教育，而是应与当地的人口、就业及社会生活联系起来。

非正规幼儿教育把发展教育的条件、形式与目的效果统一起来考虑，因而符合教育的可持续发展原则，有利于发挥各地的资源优势，因地制宜地发展适合当地环境同时满足实际需要的教育，实现低费用、低投入、高效益，使教育与当地经济社会协调发展。随着市场经济的建立，社区正成为社会生活的基本单元。依托于社区的非正规学前教育的发展有利于实现教育与社区生活的互动和双向促进。

在这一意义上，非正规教育对广大中小城镇和农村学前教育发展具有重要的启示：学前教育没有统一的标准化模式，因地制宜，适合儿童的教育就是好的教育。国内外幼儿教育的大量案例表明，好的教育一定是自然质朴而有温度的。当下过分追求物质技术，鼓吹教育精致化、无菌化，以及过度育儿和追捧所谓的"专业化"儿童教育机构的做法，已然远离了日常生活，背离了幼儿教育的本意，使教育发生了异化。

四环游戏小组近20年的历程表明，非正规教育模式是有生命力的，幼儿教育具有多重可能性，不同的幼儿教育是不一样的风景。

儿童权利保障任重而道远。截至2022年，《儿童权利公约》颁布已33年，中国政府签署这一国际公约决定履行责任也已经30年，然而儿童权益，特别是处于弱势地位的儿童如流动儿童或是农村儿童的权益常常被漠视。例如，近几年北京、上海等一线城市由于要控制人口，流动儿童不得不返回老家，成为留守儿童①；儿童受到伤害的事件不断见诸报端；等等。迄今为止，中国还没有一部儿童福利法，这不能不说是很大的遗憾。

应当认识到，中国的城市化是一个长期的过程，在城乡二元格局不变的情况下，流动人口很难真正融入城市社区，流动儿童学前教育问题的解决任重而

---

① 北京最大打工子弟校关停，孩子们怎么办？[N]. 南方都市报，2018 - 08 - 20；放牛班等待春天：人类学者十年追踪六十外来工子女求学路 [N]. 南方周末，2018 - 05 - 24.

道远。

大道至简。幼儿教育迫切需要回到人,回归常识和朴素生活,回归多姿多彩的真实世界。"教育是立于行的智慧",好的教育是一场修行。希望社会各界持续努力,从而汇聚经验和力量,推动改革深入开展,加快问题的解决进程。

二、从学前教育到成人教育——川中幼儿园·社区大学创新实践

(一) 乡村教育的问题——村落的凋敝和漂亮的教学楼形成鲜明的对比和落差

川中幼儿园(全称为"辉县市西平罗乡中心幼儿园")创办于 2012 年 9 月,坐落在太行山南麓海拔一千多米深山区侯兆川中部的河南省辉县市西平罗乡东沙岗村,是典型的比较偏僻的、位于山区的乡镇公办中心幼儿园,是侯兆川教育文化中心的一角,占地面积共 5 550 平方米,共有教学班 7 个、教职工 29 人、幼儿 206 人。

川中幼儿园教学楼的外观很漂亮,而且硬件设施也很不错,幼儿园以及整个侯兆川教育文化中心是辉县市政府、辉县市教育局为促进城乡教育均衡发展而建设的重要工程之一。但是,当人们走进村子时,最大的感受是整个村庄人烟稀少,留守儿童、留守老人、留守妇女居多,扑面而来的是清冷感和落寞感。

村落的凋敝和漂亮的教学楼形成了鲜明的对比和落差,而老百姓思想的落后、精神世界的匮乏、对教育缺乏认知更是乡村教育面临的重要问题。

(二) 探索建设适合乡村的幼儿园

川中幼儿园在办园之日起就在思考一个问题:乡村的幼儿园是否要与城市的幼儿园一样?经过几年探索,我们认为川中幼儿园没有好的条件去变成"高大上"的幼儿园,但是可以立足于本土资源来办适合山村的幼儿园。

乡村自然资源非常丰富,比如山川河流、花草树木、鸟兽虫鱼、风霜雨雪、四季变化等都可以成为我们的课程资源。川中幼儿园开辟了占地面积 60 多亩的生态种植园,践行陈鹤琴先生的"大自然、大社会都是活教材"的课程观,让孩子们在观察、体验、采摘中和大自然进行亲密的接触。

在教育教学方面,川中幼儿园坚持参与式、实践式、体验式教学方法,让孩子们在玩中学、在生活中学、在快乐中学、在游戏中学,坚持靠成就教师来发展园所,靠成就家长来成就孩子。例如,我们面向全体家长开放了阅览室,让他们进行自我学习、自我提高;每天放学时间,进行爱的 10 分钟亲子共读活动。此活动的开展,不仅有助于家长了解自己的孩子在幼儿园的实际情况,还让他们把这个活动延伸到自己的家庭,增进亲子情感,提高孩子们的阅读能力。通过一系列活动,家长们从思想上到行动上发生了很大的变化。只要幼儿园需要,家长中

都会有大批的志愿者前来帮忙，因为他们已融入幼儿园教育生态系统中。

（三）从学前教育到成人教育——以幼儿园为依托的川中社区大学

2013 年 6 月 25 日，中国农业大学的孙庆忠教授到川中调研，看到家长志愿者在种植园帮助幼儿园插秧，了解到家长对知识的渴望、对美好生活的追求，便建议幼儿园在山区创办社区大学。2014 年 5 月 30 日，在川中幼儿园张青娥园长的积极筹措下，川中社区大学正式揭牌成立（见图 23-2）。这是让教育回归乡土的一种努力，更是一条通过推动成人学习重建乡土社会的变革之路。孙庆忠教授是这样定义川中社区大学的：它既不是家长学校，也不是农民技术学校，它是成人终身学习的公民学校。

图 23-2　川中社区大学挂牌仪式

1. 川中社区大学是乡民终身学习的公民学校

川中社区大学以服务周边村民为宗旨。它没有门槛，只要村民愿意来学习，社区大学就接受。因此，川中社区大学的学员年龄差别很大。学员中有"90 后"的年轻妈妈，也有年过六旬目不识丁的爷爷奶奶。在人们心目中，学校是乡村的希望，其独有的功能无法代替。这种对学校的信仰就是人们对教育、对文化的迷恋。学员们通过学习，不仅提高了自身的素质，丰富了自己的精神文化生活，而且无形中也影响了自己的孩子和家庭。截至 2020 年，6 年间，先后有 400 余名学员在川中社区大学学习，辐射了周边 15 个村落。

川中社区大学的独特性决定了它既不是美国历史上社区大学的概念，也不是城市中以政治和文化传播为主的成人教育和继续教育性质的社区大学，而是服务于特殊人群和特殊地区，即处在凋敝和乡土文化流逝状态的封闭乡村的文化事业。社区大学创办之初主要是基于幼儿园家园合作的现实考虑的，即如何帮助孩子的家长过一种有意义的文化生活，同时引导其他村民参与进来。在发展过程中，川中社区大学性质发生了改变，已经从家园合作层次上升至乡村文化重建和大教育的视野与任务关照下的社区文化教育中心这一层次。

2. 川中社区大学的讲师以川中幼儿园老师为主力军

除了像孙庆忠教授以及河南师范大学学前教育系的刘晓红教授等专家之外，川中幼儿园的28名老师是社区大学讲师队伍的主力。大家轮流给学员们上课。社区大学的学员也可以进行角色转变，成为社区大学的老师。例如，有些老人对农村比较了解，他们可以给其他学员们讲他们年轻时候发生的一些故事，还有一些在专业方面有特长的学员，如在卫生室上班的一些学员，他们可以给其他学员讲一些关于卫生保健方面的知识。

3. 川中社区大学以乡土为主题，设置课程

社区大学的学员虽几代都是农民，但对自己生活的乡村并没有多深的了解，尤其是年轻一代。他们闲暇时间充裕却消耗在麻将桌和家长里短中。为帮助乡民传承家乡文化，提升自身基本的人文素养，丰富自身精神文化生活，社区大学确立了四个培养目标：(1)了解生活健康和卫生保健知识、安全防范和自我保护知识，懂得基本的育儿常识和法律常识；(2)了解家乡的名胜古迹、风土人情，以及基本的传统文化，懂得保护环境；(3)具有社群意识、乡土情怀，对乡土心怀感恩，并具有家乡归属感；(4)学习基本的绘画、手工和舞蹈等技巧，能利用身边的材料进行简单创作，美化自己的居家生活，具有一定的审美情趣。

基于上述培养目标，社区大学课程分为五大类别：国学与人文，生活与健康，舞蹈、音乐与美工，朗诵、识字与文学，以及农业技术与其他。其中，国学与人文、生活与健康为通识课，是每位学员的必修课；舞蹈、音乐与美工，朗诵、识字与文学，农业技术与其他为选修课，学员根据自己的兴趣爱好和个人所需选择。课程共计24门，分别由幼儿园教师以及来自不同高校的老师义务授课（见图23-3）。

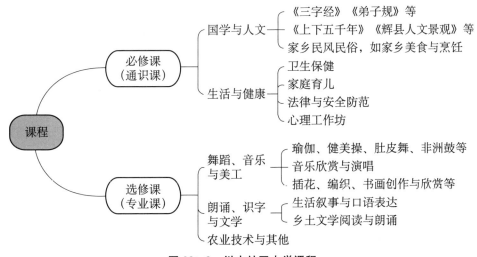

图23-3 川中社区大学课程

与普通高校四年八学期课程安排不同，社区大学的课程周期较短，三年学完所有课程。每门课程内容没有严格的课时和大纲，而是依据学员接受程度和需求情况循环上课。同时也会根据学员反馈和集体教研情况，调整课程设置。上课时间通常安排在每周二、周四下午幼儿园放学前一个小时。每节课时长为一个小时到一个半小时。除了以上课程外，参与支援社区大学的多位教授，作为义工每年为学员授课 2～4 次。授课内容根据自己专业所长，结合乡村现实、学员需求而定。

社区大学学员多数为幼儿家长，因此，学制通常和幼儿在园时间保持一致。幼儿在园三年，学员在此期间可以选修 24 门课，每门课 4 学分，加上实践类课程（如周年校庆文艺活动、各种社团活动等），毕业答辩 4 学分，共计 120 学分，修满即可和孩子一起毕业。如果还想继续学习，则可以延期一年，申请作为社区大学讲师团义工参与社区大学工作。

社区大学的各项规章制度由学员参与制定，每一届学员自荐或推荐班长和小组长，各小组长有自己的队名和队呼，并成立川中社区大学微信群，班长和组长积极负责社区大学的管理和各项活动。目前社区大学已初具规模，有较稳定的学员 60 余人，"让社区大学学员拥有体面而又有尊严的幸福人生"是社区大学办学的终极目标，培养"做学习型家长，实施科学育儿；做智慧型成员，营造和谐家庭；做建设性村民，打造和谐社区；做有梦想的新人，带头创业致富"是社区大学的办学愿景。

4. 川中社区大学丰富的文化活动

川中社区大学开放了书画室、美工坊、阅览室、体艺馆、纪念馆、成教室等6 个功能室，把人们从麻将桌旁拉到教室书桌边，开展了各种有益的文化活动（见图 23-4）。

图 23-4　川中社区大学学员学习绘画

每年"六一"儿童节前夕，川中社区大学都会举办周年庆典晚会，让学员们走上大舞台，集中展示一年来的学习成果和各种才艺。从"90后"的妈妈级学员到65岁的爷爷奶奶级学员（见图23-5），大家都登上了舞台，把自己最美好的一面展示出来，并因此收获了自信和快乐。大家精彩的表演为宁静的小山村增添了光辉。而这些却不仅仅只是表演，而是他们的精神世界的外在呈现。

图23-5　60多岁学员在川中社区大学周年庆典时，登台写毛笔字

2019年6月，川中社区大学组织了主题为"为爱奔跑，为幸福加油"的全民健身活动。奔跑活动以川中教育文化中心为起点，在中坪村、东沙岗村火热地开展起来，村里男女老少近500人参加。浩浩荡荡的队伍成为深山中侯兆川一道靓丽风景。

川中社区大学每年还会编辑一本年刊，每期约30万字，从2016年至2022年已经编辑印制了7期。年刊由教师和学员独立撰稿、编写，以学员在社区大学学习的感悟，创作的散文、诗歌和书画，以及教师们的教学反思为主要内容，真实记录了社区大学的发展和学员、教师的成长历程。编辑年刊让不会写字的老人开始学写字，让会写字的人尝试成文成篇。这对他们来说是一种无法想象的超越。

川中社区大学让终年面朝黄土背朝天的农民在柴米油盐酱醋茶中感受到了生活的意义，让他们在平淡的生活中触摸到了"诗与远方"。学员郎晓云说："一提到社区大学，除了感动还是感动。我们这些人都是普通的老百姓，伸开手，每个人都有老茧，我们除了种地就是在家里围着锅台转，社区大学真的把我改变了。以前心情不好时就去麻将桌发泄，每天打麻将、种地、做饭，就是没有智慧。社大正好弥补了这一欠缺，社大把我们一个个变好了。家庭变好了，教育孩子的态度也跟着转变了，一个普通人也和艺术挂钩了，这是一个多么完美的生活链接啊！"

在川中社区大学，每一位"大学生"都是收获者、享受者。他们从握锄头、打麻将转向拿起画笔、编织作品，从心里没底的自卑到登台表演的自信，他们感受到的是一种有意义、有品质的生活。社区大学不仅丰富了学员们的生活，而且促进了教师的成长。教师们要给这些学员上课，还要在幼教专业等方面给予他们引领，这无疑促进了教师的专业成长。"教学相长"在这里得到了最好的诠释（见图23-6）。

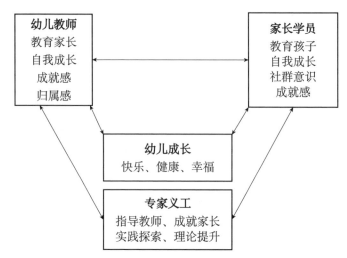

图 23-6　川中社区大学教学相长良性循环示意图

（四）从学前教育到成人教育的三层含义

从学前教育到成人教育包含三层含义：从教育对象来看，川中幼儿园·社区大学是从教育蒙童走向教育成人；从教育的内容来看，是从服务家长走向引领家长；从教育的功能来看，是从发展个体到服务社会（见图23-7）。

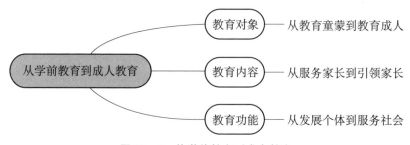

图 23-7　从学前教育到成人教育

依托川中幼儿园建立社区大学这种不为多见的教育模式，从学前教育的角度来看，它通过"上游干预"为儿童创设和谐的家庭环境；从成人学习的角度视之，其宗旨是"系统干预"，一方面，作为义工团队的幼儿园教师，在这种特殊的乡土教育中挖掘自身的潜能，重新发现自我的存在和生活的意义，另一方面，作为学员的农民，也在自身发展中唤醒乡民社会中的团结互助意识。教学实践表明，教师教育意识的觉醒，唤起了他们心中的职业神圣感和在乡村工作的成就感；农民社群意识的萌生，同样激发了他们改变自我进而改变周遭的愿望。

梁漱溟说："一所理想的乡村学校，不仅要成为一个好的育人场所，还要成为改造乡村的社会中心。"依托川中幼儿园建立的川中社区大学是乡村教育和乡村社会融合的一种探索，是实现教育"复育"乡村生活的一种尝试。乡村的重建不仅仅是社区建筑的集中与改造，更重要的是新型乡村文化的培育与精神文明的传播，是农村融入现代化问题的考量，社区大学正是从教育的角度推动着这个进程。由于乡村的文化环境氛围与之前的文化生态断裂，人口代际传承的连续性瓦解，乡村经济形态的变化带来的是文化的凋敝，所以文化重建显得尤为重要，也更加艰难。川中社区大学希望川中幼教人做传播乡村文明的使者，通过自己的努力让更多人走进社区大学课堂，让乡民找到自己身心的栖息之地，回归乡土，重建乡村。

也许这种带有实验性质的探索，仅仅是乡村教育的个案，但却可以点燃我们重建乡土的希望，因为这样的教育没有抛弃乡村，乡村也有了与之共生的教育。事实将会证明，这种基于乡土的教育实践不是乌托邦式的构想，而是乡村教育突破困局的题中应有之义。

三、打造 0~99 岁成长社区——小橡树幼儿园家园社群实践

2001 年 3 月，小橡树幼儿园在北京开业，当时有 3 位老师 6 个小朋友。经过20 余年的发展，今天的小橡树已发展成一个 0~99 岁的成长社区（见图 23-8），包括：

·小橡树亲子园，在这里，0~3 岁儿童与看护人共同参与艺术综合课程活动；

·小橡树幼儿园，为北京 200 多个家庭提供 3~6 岁创新幼儿教育；

·小橡树家长校友会，带动小橡树毕业生家庭开展各种公益活动；

·小橡树艺术社区和学习共同体，具体有小校友艺术团、小校友戏剧社、家长合唱团、家长非洲鼓队、家长舞蹈队、家长戏剧社、家长摄影社、健走群等；

·小橡树儿童发展中心，是校友和家长创办公益项目、开展公益活动的平台。

20 世纪 90 年代末，我[①]从美国耶鲁大学人类学系获得博士学位后回国。回国后，我为给自己的孩子寻找理想的托幼机构，走访了多家幼儿园，却发现大多

---

① 指小橡树幼儿园创始人王甘。——编者注

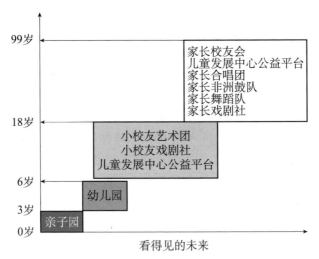

图 23-8 0~99岁成长社区

存在以下问题：太多的纪律管束，太少的选择机会；过于强调认知训练，而忽视幼儿的均衡发展；家长参与非常有限。由此，我萌生了自己办幼儿园的想法，并开始参加新型教育理念与实践的专业培训。

2001年3月，小橡树幼儿园诞生于北京亚运村一套四居室公寓里。因为是海归创业，所以最初主要服务于海归家庭，小橡树得到了北京市和朝阳区教委的支持和批准。刚开办时只有6个孩子。渐渐地，小橡树吸引了越来越多有着相同教育理念的家庭加入，园所逐渐扩大。为保持独立性，小橡树拒绝了大资本投入。

2003年4月，当时的十几位家长入股小橡树幼儿园，还有人进入管理层，我们成立了公司，作为举办方，确立了幼儿园的非营利性质。大家共同的愿望就是为孩子们办一所高质量的幼儿园。2004年3月，小橡树与北京市政一公司合作，迁入西坝河园址。

现在小橡树幼儿园有11个班，其中3个大班，8个混龄班。小橡树采用保教合一的方式，一个班有18~20名幼儿，配备3~4名老师。

（一）与家庭共同构建信任、成长社区

小橡树是一家家长创办、管理的幼儿园，秉持以儿童为中心的新型教育理念，我们在全园开展蒙台梭利教育、奥尔夫音乐教育、情商教育等多种实践。而在贯彻这些教育理念时，有一个重要前提就是与家庭共建相互信任、共同成长的社区。

创业之初我们就意识到，在当时的社会环境下，幼儿园和家长之间有着微妙的不信任关系。家长批评老师不关心孩子，缺乏服务意识，对新教育理念不了解、不关注，而老师觉得家长过度要求个别关注、过度保护，维权意识强，难以沟通。

　　这种家园关系产生的背景是：随着改革开放后新理念的引入，家长们对早期教育的重视程度普遍提升；独生子女政策和学前教育市场化带来的焦虑感上升；父母愿意投入时间精力参与子女教育，却不了解业内结构化限制因素（如师幼比、工作时长、工作状态等）；而幼儿园管理者和教师精力有限，普遍缺乏沟通能力培训和有效途径。

　　对此，小橡树做了以下几项工作：改变和创新幼儿园工作方法，重视家长参与，共建信任社区。这些都是幼儿园发展的重要前提。

　　首先，强调家园信任对贯彻教育理念的重要意义，工作中时刻考虑家长的感受和需要，花费时间、精力完成建立信任的工作任务，组织专门培训提高教师的沟通能力。其次，以服务为引领，通过为儿童家庭提供优质服务来贯彻教育理念，同时帮助家长理解幼儿园的处境。再次，创造多种途径提高在园儿童家长和家长校友的参与度，共建信任社区与成长社区。

　　建立家园信任需要结构化支持。我们努力提高师幼比，保证教师有充分的时间和精力与家长沟通，并且通过大量培训，让教师掌握沟通方法。比如，我们正确地确立了教师和家长的角色定位，家长不是教育的挑剔者和批评者，而是教育的合作者，使教师不惧怕与家长沟通，而是通过主动与家长沟通，推动家园双方多方面地深入了解儿童，促进儿童更好地发展。

　　家园共育方面，也需要不断尝试和创新。如新生入园是双方建立信任的第一步，小橡树有自己独特的新生入园制度，让家长和儿童都提前对幼儿园有所了解。新生入园前有三次家长会，让家长深入了解幼儿园，介绍如何陪新生入园以及幼儿园的各项制度；与各班家长代表见面，组建本班微信群；同时，各类家长社团也会邀请新家长加入，老家长们会"以过来人的经验回头看当初的焦虑，传承小橡树校友会教育的智慧"。孩子们会提前观看班级老师的视频，熟悉老师。老师也会讨论新生入园登记表和新生访谈内容，熟悉即将进班的孩子。新生入园时，小橡树给予孩子充足的缓冲时间，鼓励家长陪伴适应。这一入园制度使孩子在家长陪伴下初步了解新环境，也使家长与幼儿园开始建立最初的信任。

　　园务方面的一些决策，有时会出现两难选择：在给儿童带来发展机会的同时，也可能带来危害，如环境整修、雾霾天外出活动等。如果家园双方没有建立信任，不能达成共识，幼儿园就可能陷入举步维艰、动辄得咎的困境。

　　通过多年实践，小橡树在重大决策方面，形成了积极吸纳家长共同参与决策的方法。首先，幼儿园充分调研形成初步备选方案，然后与家长代表开会共同协商。事实证明，吸纳家长有序参与，在协商中双方换位思考坦诚交流，往往能得出比最初双方自己单独设想更优的方案。例如，在雾霾多发的情况下，什么时候必须取消户外活动，是家长非常关心的一个问题。户外活动有利于儿童健康发展，但是如果雾霾严重，则可能损害儿童健康。判断雾霾是否严重，需要有共同认可的客观标准。通过与家长代表讨论，大家达成共识：当大家共同认可的信息源发布的 PM2.5 数值达到一定数值时，幼儿园便取消户外活动。讨论中家长发现幼儿园在这方面进行了大量学习、做了大量准备工作，非常专业，便提出，在一定数值范围内，由幼儿园自主决定能否开展户外活动。幼儿园在得到家长的信任后，可能获得更大的决策空间。

家长参与决策，有一个重要前提，就是需要参与者有公民素养，不是只为个人或者小集团谋取利益，而是从所有儿童的共同利益出发，理性交流。小橡树这方面工作开展得比较顺利，固然得益于家长文化素养、公民素养比较高，但更重要的是，小橡树注重社区建设和积极风气的养成。

在吸纳家长参与决策的过程中，一些善于理性思考、有奉献精神、有担当的家长代表脱颖而出，他们参与的活动越来越多，逐步成为家长社区的带头人。这些家长社区的带头人与小橡树一起，共同打造了小橡树的 0～99 岁成长社区。

小橡树的家长合唱团、家长非洲鼓队、家长舞蹈队、家长戏剧社等艺术社团，都是由这样的家长领袖和义工来组织安排的。家长们付出了大量的时间和心血，把艺术社团活动办得红红火火。在家长艺术社团里，成员们学习合唱、非洲鼓、舞蹈、戏剧，提升了音乐和表演能力。有的家长甚至学会了读谱和视唱，与孩子共同成长，非常有成就感（见图 23-9）。

图 23-9　家长非洲鼓队

家长艺术社团提供了日常生活中难得的机会，把来自不同班级、不同年龄孩子的家长聚集到了一起，拓宽了家长之间的接触面，提供了家长之间宝贵的同伴教育机会。大家的孩子年龄不同，从幼儿到大学生都有。尽管小橡树校友会的各种活动和沙龙也提供了不少机会，使得不同年龄孩子的家长有机会一起交流，但艺术社团的长期性和稳定性，帮助成员发展了更多的友谊，提供了宝贵的同伴教育经验。很多儿童共性问题，从情绪问题到幼升小，从择校到出国，新手家长都可以跟资深家长讨论（见图 23-10）。

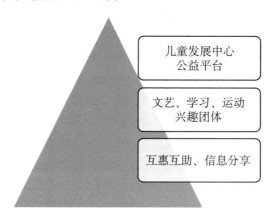

图 23-10 小橡树家长社团的类型分层

家长社团活动也增进了家长与园所之间的信任关系。家园双方有了更多的接触和相互了解的机会。例如在演出活动中，艺术团的家长不仅从台下走到了台上，还走到了台后，了解到更多工作细节，发现了更多幕后工作人员的付出，对管理流程也有了更多了解，看到了以前疑惑或者担心的问题哪些被考虑、被解决了，哪些受环境条件限制无法解决，对园所开展活动的能力有了更多的信心。而家长团员们的积极参与，使得园所对家长们的了解也更深入，家长的努力带来很多感动，使得园所与家长们的沟通更顺畅。

（二）与孩子、家长共建儿童发展中心公益平台

从成立之初起，小橡树就重视参与公益活动。多年来，小橡树开展了帮助流动子弟幼儿园的员工志愿服务项目，参与创办了助力乡村幼儿教师的公益机构，并在国内首开亲子慈善活动风气之先河。

从创办的第一年起，小橡树每年都举办岁末慈善义演，孩子们做饰品、饼干义卖，捐款帮助福利院的孤儿做康复手术，已经成为传统。后来，家长们成立了校友会，组织小校友们（幼儿在毕业之后，作为校友可以回到幼儿园参加一些活动）去特殊教育学校做义工，到博物馆做小讲解员，在社区为流动子弟开办免费的英语阅读课。

以此作为基础，小橡树成立了公益平台——儿童发展中心，支持家长和长大的小校友们创办自己的公益项目，如社区英文图书馆项目、社区羽毛球培训项目、公益咖啡馆项目、流动子弟夏令营等。儿童发展中心也带领校友家庭赴偏远乡村支持基层幼儿园建立图书室，开展阅读活动和艺术活动（见图 23-11）；多次开展公益行走活动，为助力乡村教育项目筹款（见图 23-12）；联合小橡树校友家长主动发起募捐，为湖北省定点收治新冠肺炎患者的医院捐赠医疗物资等。

图 23 - 11　小校友赴偏远乡村幼儿园建图书室，开展阅读活动

在这些活动中，我们提倡不同身份、不同阶层、不同群体和谐共处，相互关心和理解支持。有的家长说，这是自己离开大学后，第一次有机会参与文艺活动和公益活动，有强烈的满足感。自我完善与社区的改善融为一体，弘扬了向善向上的正气。

图 23 - 12　家长参与公益行走，募集善款，助力乡村教育

（三）关于打造 0～99 岁成长社区的思考

小橡树的家长社区给成员们带来很强的归属感和荣誉感。不少家长说，感觉在幼儿园里，不光孩子玩得开心，而且自己也玩得非常开心。小橡树公众号曾发表过一篇文章，题为《有一种家长，叫小橡树家长》。大量的小橡树家长，没有把自己仅仅当成园所的服务对象，而是把自己当成社区的一分子，努力为社区做贡献，给园所提出建设性意见，及时沟通交流。家长与园所之间，结成了真正的合作伙伴关系，为所有人的共同成长而努力。还有不少家长，把这种为社区奉献的精神和做法带到了孩子们的小学、中学甚至大学，把以服务为引领的风气传播得更远。

打造 0~99 岁的成长社区不是一朝一夕能够完成的，打造的过程更不可能一帆风顺。但如果我们不把社区营建作为锦上添花的点缀，而是将其视为教育理想、社会理想和生活理想的重要组成部分，幼儿园管理者、教师、家长、社区共同"花精力、建规则、建文化"，那么理想是有可能实现的。

第二十四章　标准之外的"小而美"

"小的是美好的"是英国经济学家舒马赫（E. F. Schumacher）在其写于1970年的同名经典著作中提出的概念。这个概念是对无节制的大规模工业生产和过度消费的反对，认为资源密集型的大规模生产会导致经济效益降低、贫国与富国的差距拉大、资源枯竭和环境污染，人们应当超越对"大"的盲目追求，所以他主张小规模生产、适当规模的机构、中间技术、适用技术等，强调构建一种以人的需求为度的经济形态和社会形态。这一思潮对全球组织管理实践有着巨大的影响。

中国的当代幼儿园，尤其是公办园，规模普遍偏大，教育管理也更多地强调"专业""标准""规范"。这种幼儿园样态和西方发达国家幼儿园以小微园为主，管理上以非正规学校教育模式为主的样态是有很大差异的。

近年来，越来越多的小微幼儿园进入学前教育的公共视野。小微幼儿园的教育实践有着与众不同的一面，形态纷呈、生态丰富，是体制外学前教育创新的重镇。本章选取的几个案例是小微幼儿园中"小而美"的典型，是几位教育创新者多年来草根实践的田野报告。

我们力图呈现幼儿园教育的多样化生态，展现幼儿园教育的另一种可能，希望能对学前教育的管理工作者有所启迪。我们也呼吁推进公共政策的制度创新，给小微幼儿园以合法的生存空间。这既是扩大供给的有效举措，也是让学前教育回归本质的重要课题。

一、自然而然的教育——日日新学堂的创新实践

（一）起源自"在家上学"

2006年，女儿小石头5岁了，正是家长焦虑的时候，因为孩子即将上小学。上小学，在中国，特别是在北京这样的大城市，对于家长来说是一件天大的事情。

"你们去哪上学？"小妍的妈妈这样问。小妍和小石头在同一个幼儿园同一个班。

"我们不想去学校上学了，在家上学。"张冬青（我①的爱人，小石头的妈妈）对小妍妈妈说。

张冬青把自己的想法详细地向小妍妈妈做了介绍。小妍妈妈听后想了想，什么都没有说。次日到幼儿园接孩子回家的时候，两位妈妈又碰到了一起。小妍妈妈和张冬青说："你的想法不错，我觉得可行。咱们一起办吧。"张冬青听了也很高兴："好啊！这样孩子还能有个伴。"

小妍妈妈是一位行动派，说干就干，第二天就开始和班里的其他家长沟通办学的事。班里 20 多位小朋友，只有四五家感兴趣。我、张冬青和小妍妈妈一起和这几位小朋友的家长商量了很多办学的细节，确定了可行性。

人还是不够多，怎样找到更多志同道合的人？小妍妈妈在北京邮电大学教授新媒体课程，利用网络几乎就是本能的反应。他们居住的社区是北京著名的回龙观社区，这里的居民大多在中关村、上地上班，从事 IT 行业，具有非常高的现代意识和网络素养。回龙观有自己的社区网站，其中的"亲子小屋"是非常活跃的网络论坛，因为回龙观的居民以年轻人为主，爸爸妈妈及未来的爸爸妈妈聚集，孩子自然是社区的热点话题，"亲子小屋"也成为家长，尤其是妈妈们的"议事厅"了。

为了上网，我特意注册了一个网名——无将大车，这个名字来源于《诗经》。谁知从此以后，"无将大车"这个名字越来越响，我本来的名字倒无人记得了。

我和小妍妈妈在"亲子小屋"连续发表了自己的想法，在"亲子小屋"引发了强烈反响。之所以能得到强烈的反馈，是因为当时"在家上学"还是一件很新鲜的事，虽然有郑渊洁的先例，但那毕竟是个例，而且是名人，对于普通人而言，不去正规的学校上学，还是一件不可思议的事情。

从网友发表的意见看，大致有三类：其一，支持者。这样的网友大多看到了应试教育对孩子的负面影响，尤其会现身说法，痛斥应试教育的弊端。其二，反对派。比较典型的说法是，现在已经是现代社会，搞私塾不是开历史倒车吗？还有人担心难以保证孩子在家上学一定比在学校好。其三，也是大多数的人，持怀疑、观望的态度。他们觉得想法还不错，但能真的落到实处吗？有什么措施保证一定成功呢？

我、张冬青和小妍妈妈在网上和家长们不断讨论，越来越引起家长们的兴趣。终于有一天大伙说："别光在网上说，见面聊吧！"于是趁"五一"假期，感兴趣的家庭带着孩子们一起聚集到北京怀柔雁栖湖，召开了一次"雁栖湖'在家上学'可行性研讨会"，参加会议的有 20 多个家庭。在会上，各位家长坦诚发言，直抒胸臆，既抒发了对未来的美好设想，又表达了对未来的深切担忧，更多

---

① 指日日新学堂校长王晓峰。——编者注

的是各种质疑。会议虽然增进了彼此间的了解和情感，对"在家上学"有了更深入的思考，但也没有达成共识，大多数人表示"再想想"。

雁栖湖会议后，我们又不断与有兴趣的家长开各种小会，做深入沟通。开会的同时，实际的准备工作也在切实推动。例如，孩子们在哪儿上学？有人建议既然叫"在家上学"，那就在家里上，这样还可以降低点成本。张冬青对这种意见坚决反对，她说："孩子一定要到学校求学，这样才有敬畏，才会专心。我们虽然是在家上学，但也是在办学，不能显得很随意。"她的看法得到了家长们的赞同。于是，我们到处物色合适的办学地点。其实，当时我觉得，既然办学，就得有点破釜沉舟的样子，否则很容易就退缩了。

可以说，教师是办好学校的关键因素，很多家长之所以犹豫不决很大程度上是因为没有确定的"优秀师资"。寻找优秀教师，也是一项极其重要的工作。但是，无论是落实办学地点，还是寻找优秀教师，都缺不了一个重要的条件——钱。

筹钱的唯一方法就是家长出资。就是在这个时候，我们确立了"家庭互助式学堂"的办学体制。会开了无数个，话说了无数遍，人见了无数次，该动真格的了。我们通知了所有联系过的家长，请他们在一个周末把钱交到一位在回龙观颇有信誉的家长手中，作为正式启动资金。到了晚上，我给那位家长打了个电话，询问交钱的情况，结果一个都没有。

（二）"家长互助学校"日日新学堂的诞生

时间到了 8 月 30 日，面临 9 月 1 日新学期开学，做还是不做？必须做出选择。当时的情况是，除石头和小妍外，还有一个小姑娘苗苗，她是石头原来幼儿园的同学。苗苗妈妈表示，只要你们做，我就参加。

三个家庭看起来显得有点单薄，这时旦旦的父母表示愿意参加，以壮声威。"看你们三缺一，就支持你们一下吧。"旦旦的父亲李利诙谐地表示。于是，人有了，钱有了，马上与房东签协议，立即通知等候消息的老师……这一切在 8 月 31 日全部完成。9 月 1 日，4 位学前儿童开始了他们全新的学习生活。

我为学堂取名"日日新"，典出《大学》："汤之《盘铭》曰：苟日新，日日新，又日新。"这个名字既有深厚的文化意涵，又明白晓畅。日日新学堂（以下简称"日日新"）采取"家庭互助式"模式，家长即校董，有事大家商量，有责共同承担，费用平均分摊，根据专长分工。

学堂办得比预想的要顺利。2006 年 10 月 6 日，孩子们从一个托管场所正式搬到自己的学堂——位于回龙观田园风光小区的一套三居室。此后，不断有家长前来咨询，也有家长把孩子送过来学习，到 2006 年年底已经有 9 个学生了。这个时候学堂请了一位全职老师负责孩子们的日常管理和教学，一位生活老师负责孩子们的生活起居，又根据需要聘请了不同的专业老师，比如语文、美术、音乐、武术等。

学堂刚刚开办便引来社会的关注，很多报纸、电台、电视台纷纷报道，在社会上引起了不小的争论，争论的焦点集中在孩子是不是可以不去体制内的学校上学。我们只能办好，用事实去证明。任何言论都不如事实有说服力。

2006年，石头、小妍、苗苗三位小姑娘5岁，小伙子旦旦4岁半，都没有到上小学的年龄，之所以这个时候开办，是因为考虑到要给犹豫的家长留出一段考察期：如果做得满意就继续，如果不满意，则还可以选择进入体制内的学校，不会耽误孩子的前程。所以，当初的想法是做小学，并没有考虑做幼儿园。那怎么又开办了幼儿园呢？这源于一位名叫希希的小朋友。

希希小朋友从小身体不太好，很容易生病。希希妈妈对希希百般呵护，照顾得无微不至。希希3岁多了，希希妈妈找遍了回龙观的幼儿园，都感觉不放心，但是来到日日新后，马上被日日新温馨的氛围所吸引，希希在这里也非常放松、开心，喜欢这里的哥哥姐姐，追着他们玩。希希妈妈便想把希希也送过来。由于日日新的初衷是办小学，没有打算做幼儿园，因此婉拒了希希妈妈的请求。但孩子非常喜欢日日新，希希妈妈还会经常带希希来找哥哥姐姐们玩耍。时间久了，大家了解得也越来越多，深为希希妈妈感到不容易，动了接受希希的心思。但这里的孩子比希希大好几岁，他们每天有不少的功课要做，希希一个人肯定会很孤单。恰在此时，一个小朋友的表妹听说姐姐在一个学堂快乐地上学，也愿意过来上学，而她的年龄刚刚4岁，比希希大一点儿，两个小朋友可以做伴，就这样，日日新开始有幼儿园了。

到2008年年初，日日新学堂已经有小学、学前（5~6岁）和幼儿（3~4岁）三个年龄段的孩子26人，分为3个班，租了3套三居室。人多了，问题也显现出来了。最大的问题是，学堂设在小区里，车来车往，安全隐患成为悬在大家头上的一把剑，心里总是有惴惴不安的感觉。找到一个新校址，让孩子们可以尽情奔跑，成为所有人的心愿。经过艰辛的努力，2009年4月19日，日日新学堂搬到了新校址——位于美丽的小沙河水库南岸的天趣园。家长们在这个占地5亩的新园里，自己设计建造了美丽的校舍。

2012年，日日新已经发展到160多名学生，天趣园园址已经"人满为患"，日日新再次乔迁，搬到了拥有10万平方米的果园渥丘园内，成为"果园中的幼儿园"（见图24-1）。现在日日新已经具备了从幼儿园到初中的完备学制，提出了自己的教育理念，构建了自己的教学体系，成为一所风格独特、颇具影响的典型的创新教育机构，为社会所瞩目。

（三）自然而然的教育

之所以日日新能够坚持办学并得到家长的认可、社会的赞誉，是因为我们有

图 24 - 1　北京日日新学堂天趣园

明确的办学理念和方向。自 2006 年办园以来，尽管日日新发生了很大的变化，但日日新的理念始终如一，正是坚守初心，才得以健康发展。

张冬青提出了日日新的教育理念——自然而然的教育。这个理念有两个思想来源——中国传统"道法自然"的思想和西方以人为本的思想。如果用一句话概括，就是"创造一个好环境，让每一个孩子自然而然地成长为最好的自己"。张冬青进一步阐释到，要落实自然而然的教育理念，需要尊重孩子的自然性、自主性和隐秘性/模糊性。

日日新的教育以培养全人为目标，从美的情感、人的尊严、生命的整体性和孩子的自主成长出发，使孩子浸润于博大精深的中国传统文化中，获得优秀的文化基因，了解世界，拥有开阔的胸怀和视野，成为独立、有文化、有情怀、自信以及有高尚审美趣味的人。

课程是实现理念的载体，好的理念需要通过优秀的课程落实。日日新幼儿园根据自己的教育理念和对孩子成长的理解，开设了别具一格的园本课程。

自然是日日新的一大特色，由于坐落于天然大果园，因此拥有无尽的自然资源。春天观察小草出土、树枝抽芽、百花渐次开放；从初夏到深秋，都有果实成熟，杏、桑葚、樱桃、桃、海棠、苹果、枣、柿子、核桃、山楂……孩子们不仅可以品尝水果的美味，还可以观察水果从开花到成熟的过程。他们不仅把水果当作食物，还用它们作为学习的资源，开发出多种玩法，进行深入探究。孩子们利用园中的桑叶养蚕，体验生命轮回的神奇。到了冬季，幼儿园里巨大的天然冰场成为承载孩子们欢声笑语的盛大乐园。

除了园中的自然环境，日日新的孩子隔周还会举行天趣童游，到更大的自然中放飞自我。日日新孩子们的足迹遍布北京郊区的众多名山大川。在天趣童游中,孩子们扩展了视野,强健了体魄,提高了自主能力,学会了与人合作。天趣童游不是旅游活动,孩子们在整个过程中需要带着眼睛、耳朵、嘴巴、鼻子,带着双手双脚,带着身体,用心观察,用心体验,完成自己的探究任务。

孩子是自然的一部分,在自然中成长的孩子,是最健康的孩子。日日新的教育没有照搬既有的教育理念或体系,而是来自我们对人生、对自然、对儿童的认知和思考。创办之初,经常被家长问到的就是:你们是什么教育体系?是蒙氏吗?是华德福吗?是瑞吉欧吗?是私塾吗?……我们的回答是:都不是,我们就是日日新。

那么,日日新是什么?除了提出理念之外,日日新会不停地探索、积累课程,不断自我迭代成长。幼儿园的"主题课"就是一个非常好的实例。日日新幼儿园最早建立的时候,没有和小学截然分开,很多时候是小学的教师在幼儿园组织活动,甚至带班,课程也有一些"小学化"。

随着幼儿园规模的扩大,幼儿园也越来越独立,构建幼儿园自己的课程系统被提上日程。而"主题课"成为最好的一个探索。我们知道,幼儿的学习模式不同于小学生,更不同于成人,他们的学习主要是通过全感官综合学习,主题课的学习方式正符合他们的特点。怎样开展主题课呢?摆在我们面前的有两个办法:一个是学习国内或国外其他幼儿园的成功方式,照搬过来,囫囵吞枣式地实践;另一个就是借鉴其他幼儿园的理论和实践,自己从头学习消化,形成日日新特色主题课程。

教师们选择了后者。首先,主题的选择必须来源于孩子,必须是孩子们感兴趣的。然后,所有教师一起头脑风暴,将自己与主题相关的想法全部罗列出来进行归类梳理。接下来由主持相关主题课的教师根据班里孩子的实际情况和限制条件删繁就简,设计出初步的教案,提交给所有教师审评。大家集思广益、出谋划策后,再由教师深入修改,做出具体教案并实施。实施过程中,教师不断就实践的经验、教训和遇到的难题与其他教师交流,随时进行调整,并在课程结束后进行全面复盘总结。一次主题课,教师从确立到实施再到总结,各需要一个多月。同样的主题,会实施多次,不断积累打磨,形成精品。几年主题课的探索做下来,不仅逐步积累形成了日日新自己的主题课程,而且培养了教师的思维能力、设计能力、解决问题的能力,极大地增强了教师的自信心,由原来的不知所措、缺少章法,发展到后来的教师们能够愉快胜任,甚至跃跃欲试、期盼挑战。

随着教师素养的提升,日日新的主题课已经进入新的阶段,教师不再设计面面俱到的教案,而是在把握大框架、大方向的基础上,让孩子们自主探究、自由发挥,教师只给予引导和支持。此外,一年一度的"戏剧节"是以问题驱动的方式举行的,从剧本的选择、改编到表演、导演、道具制作,孩子们全程参与。

日日新幼儿园从一个"家庭园"已逐步成长为一所性格鲜明的小微幼儿园,希望日日新幼儿园的故事和经历能给幼教从业者带来一点启发和信心。

二、让幼儿园教育回归正常——绿种子儿童发展中心的创新实践

（一）是什么让孩子们变成今天的模样？

2001 年我[①]赴美留学，而后获得了密歇根州立大学家庭与儿童生态系儿童发展专业的硕士学位，其中"儿童社会性发展"这门课的学习，对我后面从事的教育事业产生了非常重要的影响。

2006 年，我创立了蒲公英儿童图书馆，组织开展了教师终身学习等公益活动，旨在为中国贫困地区的小学生提供优质教育资源，为教师成长提供支持平台。2010 年夏天，我回到上海，除了继续公益事业之外，当年念完硕士后的理想——回国创立一所真正好的幼儿园——也开始启动。没想到，寻找场地与合伙人不甚顺利，但到 2014 年春天时，突然就"天时地利人和"三者俱备了，绿种子儿童发展中心（以下简称绿种子）在上海一栋美好的老洋房里正式成立，开启了我心中教育理想国的构建（见图 24 - 2）。

绿，是密歇根州立大学的代表色，纪念引导我进入早期教育的学府；种子，代表我对儿童教育基本原则的隐喻：每个孩子都是一颗种子，蕴含着自己的生命密码，拥有自己的生长节奏。如果教育能像尊重一颗未知的种子那样去尊重儿童，世间就会少许多悲伤的童年与人生。

图 24 - 2 绿种子儿童发展中心

（二）绿种子儿童发展中心的思考与实践

从 2014 年夏天到现在，绿种子在一次又一次的自省中逐步形成了今天的教

---

① 指绿种子儿童发展中心园长杜可名。——编者注

育模式——由儿童生发，为儿童定制。而每一次自省和螺旋式上升，都是因为我们看见儿童，能心悦诚服地让儿童在前面引导和带领我们探路。所以每次我谈起绿种子的创造者，尽管我是名义上的创始人，尽管我们拥有许多富有开拓精神的老师，然而我总认为这几年与我们相遇的每一位儿童才是真正的创造者。

那么，我们的儿童究竟将绿种子创造成什么样呢？下面是绿种子儿童发展中心创立以来我们的思考与实践。

1. 要解决哪些问题？

首先要厘清的是我们不能是什么样的，即绿种子看到了，从而要解决教育领域的哪些问题：

第一，不是"为儿童"办的幼儿园，不了解、不倾听、不相信、不尊重服务对象——儿童。

第二，师生彼此的心之间没有连接通道，没有真正的爱流动；成人往往没有认识到构建和谐的关系是一切教育最开始的一步。

第三，在"课堂"与"幼儿园"的"学习"设置方面，成人不顾儿童的差异，不同的儿童没有不同的选择；成人不顾生活的真相，没有意识到儿童不是为将来成为怎样的人而来到幼儿园，他们在每个当下都正在生活，需要在真实的生活中把日子过好。

绿种子看到这些问题扭曲了儿童的人格发展，损害了儿童对学习、对生活的内驱力，削弱了儿童了解生活、面对生活、享受生活的能力。

2. 一个好的儿童教育机构该持有哪些目标？

看到了问题之后，很自然地，我们就要去思考：一个好的儿童教育机构对它的服务对象的发展该持有哪些目标呢？只有对目标的思考在人的发展的正道上，我们的路子才能保证不偏。

绿种子最重视的目标是促进儿童的社会性发展。哈佛大学格兰特·格鲁特研究（The Grant & Glueck Study）持续75年跟踪了724人的一生，研究结果表明：只有良好的社会关系，才能让我们幸福。英国儿童心理发展领域著名学者唐纳德·温尼科特指出："孩子的聪明才智并不能弥补他在性格成熟过程中遭遇的发展停滞。如果情绪发展在某个点被耽搁了，孩子就会在之后特定情景重现时，不得不返回到被耽搁的那个点，重新表现得像一个婴儿或者小小孩。"绿种子的教师们在近十年中将大量的专业发展和工作放在与家庭一起探索孩子的社会性发展上。我们发现，一旦成年人的努力使得孩子对自我和关系的认知稍有进步，其他领域的成长便自然被带动。

另外两个育人目标分别是：让每一个不同的、具有独特生命密码的儿童此生都能有机会知道和发展自己的兴趣和潜质，能一直葆有对世界的好奇，即生命的内驱力要被保护好；让儿童具备能力去追求和实现自己的兴趣，包括感受力、学习力、生活力。

创立之初，我们将这三个育人目标总结为：让每个孩子成长为更好的自己。近年来，我觉得对这个大目标的表述还可以往前推进一步（成为更好的自己又是为了什么呢?），从而返璞归真，那就是：让每个孩子在当下可以生活得更自如、自在、自得。如果一个人知道自己是谁，也能处理好自己和他人的关系，能过自己想要的生活，那么他一定同时也是社会发展的积极贡献者。

3. 如何实现目标?

为了实现这些目标，绿种子在关于路径的思考与探索方面，有如下经验：

第一，成人需要重新认识儿童、倾听儿童、相信儿童。第二，关系是一切教育的基础。第三，让儿童过有选择的学校生活（见图 24 - 3）。

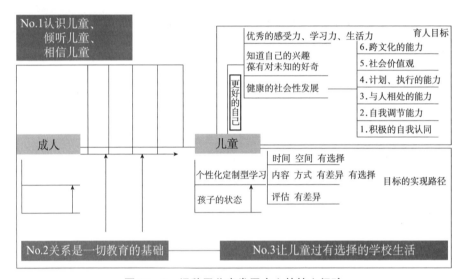

图 24 - 3　绿种子儿童发展中心的核心经验

在绿种子，儿童和成人一样。"一样"是指：儿童和成人一样作为人是独立的个体，不因为他们个子比成人矮小、走过的路少，以及他是你的孩子或者学生，就认为他们没有能力做某些事和拥有某些权利。绿种子的教师对儿童的相信与尊重，体现在一日生活方方面面的细节中。不控制儿童不用说，教师几乎"不具体帮助"儿童做什么。儿童遇到问题，自己解决。在绿种子，有"儿童议会"，对于与他人之间的冲突，孩子们可以拿到议会上来表达、倾听和协商，当发现行不通时再次协商。

儿童又和成人不一样。"不一样"是指：儿童时期是一段特殊的时期，他们看待外在世界的视线和成人不在一个水平上，他们的内在心理处在逐渐成熟的过程中，不同发展阶段有不同需求。如果成人不了解儿童的需求，或者自己缺乏能力去满足儿童的需求，就很有可能伤害儿童。所以，绿种子教师的工作有很大一部分是在帮助家庭中的重要成人——包括父母、直接参与养育的祖父母甚至保姆——改变和成长。这里面需要教师承担起类似心理咨询师的工作，因为成人的自省与学习并不是他有意愿就能做到的。除了家访之外，请父母来园面谈、请专业的游戏治疗师陪伴有需要的孩子做沙盘游戏、给父母提供关于依恋关系的在线课程，都是绿种子在建立健康的父母-孩子关系方面做过的尝试。此外，在教师-孩子关系上，我们在保证教师职业素质的前提下，允许教师对不同的孩子有不同的情感，允许教师有自省和成长的空间。一定程度上，绿种子的目标不仅仅是让孩子可以做更好的自己，还包括让父母和老师可以做更好的自己。好的关系从来都是在健康的互动中彼此滋养与成全的。

绿种子重视儿童自我认同、自我调节以及和他人相处的能力。还有非常重要的一点，就是我们要在安全的前提下允许"生活的真相"发生。也就是说，成人不在幼儿园里人为营造一种"友爱"与"永恒"。在一个集体中，个体被同伴不喜欢、孤立、欺骗、利用，和同伴打架、互相伤害，失去朋友、经历一段关系的改变……都是与他人相处中会真实发生的人生经历，它们也是社会关系中的一种；而"变化"则是人生最真实的特点，几乎所有人生中的痛苦都有一个共同点：不能接受变化。生活本身足够丰富，在老师评估过伤害的前提下，孩子亲身体验过个中滋味，才能在老师的协助下逐渐获得理解它、妥善处理它的能力。

另外，我们真正做到了儿童的差异被看见和尊重。时间上，他们每天可以拥有五六个小时的自由游戏时间，即便是集体活动，孩子们仍然有权利选择不参加。空间上，不像一般的幼儿园，孩子有自己固定的教室，绿种子的孩子的学习空间是整个校园，他们可以自由选择去哪个房间或者花园，只要附近有成人。

随着空间被打破，非常自然的就是，孩子可以根据自己的喜好、能力等选择和谁在一起。采取混龄班的形式是出于两方面的考量：一方面是社会里真实的人的聚合本身就是如此；另一方面仍然是对儿童的信任，孩子其实知道什么情境下选择同龄人，什么情境下选择比自己小或者大的孩子。

与时间、空间的自由相关联的学习材料、学习环境与机会、学习内容、学习方式也向儿童呈现了可选择性。绿种子在多年的实践中观察到儿童会选择自己能掌控的材料，不会"不自量力"地行事，而当他们持续选择了通常被认为不适合其年龄的学习材料时，他们就真的能给你"惊喜"。

在创立之初，除了自由游戏之外，绿种子也会基于对孩子兴趣的了解而选择一周开展一个主题活动，后来这个做法很快就被摒弃了，因为不同的孩子在一段时间内全部对同一个主题感兴趣在实践中是不真实的，孩子们的兴趣总会变化。所以，目前绿种子同一时间内肯定有好几个兴趣主题存在，孩子们可以自由选择参与什么探究。同样，教师也可以自由选择自己感兴趣的主题来做必要的准备。另外，一个兴趣主题什么时候诞生，什么时候结束，也不取决于老师的计划，而完全取决于孩子们的选择。迄今为止，时间最长的一个兴趣主题"电"整整持续了 16 周。

此外，在与生活相关的方面，上午的点心时间从开园一直持续到午餐前 45 分钟，饿了或馋了就可以去吃点心。事实上，没有孩子会像很多成人担心的那样一直吃几个小时。关于午餐，孩子们也可以自由选择吃什么不吃什么，甚至不吃饭。越给予自由的选择，吃饭就越不会成为所谓的问题。午睡也是如此。强制性午睡是很多成人的童年梦魇。在绿种子，我们相信孩子，孩子相信自己的身体感知，不需要就不午睡，有需要自然就会午睡。睡觉没有恐惧，睡醒会见到让自己心安的老师，才不辜负睡觉这件美好的事情（见图 24 - 4）。

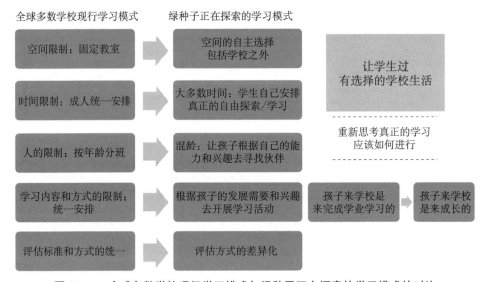

图 24 - 4　全球多数学校现行学习模式与绿种子正在探索的学习模式的对比

（三）结语

我常常羡慕绿种子的孩子。他们在这里真实而自由地生活着，不遮掩、不逢迎，自自然然，生机勃勃。无论绿种子发生什么变动，绝大部分父母都一直跟随。他们这样评价绿种子："我自己的真实想法是，我已经看到孩子的闪耀，就像我们一直在传统应试教育的笼罩下，像在一间封闭的小黑屋，然后现在照进来了一道光，这道光就是绿种子那种真正好的教育。感受到光的美好后，我不想再拉着我的孩子回到小黑屋！"这个比喻令人感动，又令人难过。也希望绿种子将来成为一个"基地"，可以让更多家庭和幼儿教师看到另一种可能性，让全国愿意成长的教师来绿种子基地学习，也将这道光带回他们所在的幼儿园，照亮更多孩子的童年和人生。

第二十五章　乡村幼儿园发展的"社会创新"

　　中国当代学前教育发展的第一主题是普及，而普及的重点是农村，普及最艰难的环节也在农村。除了地方政府的财政投入，一些显见的困难如下：第一，农村地区现有幼儿园无法完全覆盖偏远地区，偏远地区幼儿依旧存在无法接受正式学前教育的问题。自《国家中长期教育改革和发展规划纲要（2010—2020 年)》实施至今，西部农村地区乡镇中心幼儿园新建、改建已经基本完成，但因均位于乡镇之中，主要覆盖乡镇地区幼儿及乡镇周边地区幼儿，距离较远的幼儿无法从中受益；幼儿园硬件规模与师资力量有限，无法接收所有适龄幼儿入园，更无法向年龄小的幼儿提供教育服务。第二，偏远地区无法独立运营正规幼儿园。随着城镇化的发展，农村儿童数量逐渐减少，经济条件较好或有专人看护的部分家庭选择了让孩子去所在乡镇中心或县、市幼儿园，甚至其他城市幼儿园就读。交通不便、经济条件较差以及村落内儿童数量过少等因素，导致偏远地区幼儿保育费用不足以支撑一个正规幼儿园的运营。第三，偏远地区师资匮乏。由于地处偏远、交通和生活不便、城乡教师工资差异较大，年轻教师普遍不愿在偏远地区执教，留下执教的多由小学的老教师转岗而来，教育方式"小学化"，制约了农村学前教育质量的提升。建园难，运营管理更难，受规模、效率、效能限制，公共服务"最后一公里"难题一直困扰着农村偏远地区学前教育发展。

　　怎么办？在学前教育的"底部攻坚"过程中，存在如此明显的实际困难和"资源约束"，农村学前教育的发展更需要"创新解"——管理运营创新和相应的制度创新。

　　在"边缘"地带创新，需要兼顾低成本、有效、规模化、可持续多重目标。近年来，社会力量、公益组织在农村幼儿园发展过程中起到了很好的"杠杆"作用——提供创新模式，以此支持农村学前教育发展和公共政策优化，这对于学前教育发展和管理创新都有非常大的意义。

一、爱生幼儿园——基于儿童权利有质量的幼儿园教育

　　在 20 世纪 90 年代中期，为了推动各国义务教育发展以及解决基础教育阶段

的质量问题，联合国儿童基金会与其他一些国际组织继在健康领域通过创建婴医院（baby-friendly hospital）促进妇幼安全健康之后，提出了爱生学校这一概念。后来联合国儿童基金会驻华办事处在学前教育阶段继续沿用了爱生学校的概念和框架，提出了爱生幼儿园这一概念，其目的就是将儿童权利的精神落实到幼儿教育各方面的实践中，实现学前教育机会与质量的均等。

（一）什么是爱生幼儿园？

爱生幼儿园的工作可以概括为以下五个方面（见图25-1）。

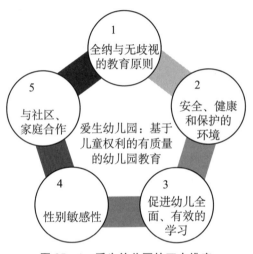

图 25-1　爱生幼儿园的五大维度

1. 全纳与无歧视的教育原则

联合国大会在1989年通过的《儿童权利公约》有四大原则，其中第一条就是无歧视原则，也就是说，每一个儿童都平等地享有公约所规定的全部权利，儿童不应因其本人及其父母的种族、肤色、性别、语言、宗教、政治观点、民族、财产状况和身体状况等受到任何歧视。爱生幼儿园首先强调所有的儿童都有接受教育的权利，因为他们是权利的拥有者。教育并不是社会赐予儿童的一种特权，社会有责任帮助儿童实现他们的权利。据此，对任何儿童，无论其出身、背景如何，都要平等地对待。所以爱生幼儿园的一个显著特征是全纳性。爱生幼儿园能够接纳来自各种不同背景的儿童，而且平等地对待他们，不论他们的家庭、民族、宗教、性别为何，以及是否残障。

阻碍幼儿入园的因素有很多，例如贫困、失怙丧母、性别、残障、环境中的不安全和不健康因素（例如室内空气污染、校园欺凌等）、幼儿园离家庭的距离等。未能入园的孩子往往都是社会上的一些弱势儿童，集中在农村偏远地区，往往家庭贫困，或者是留守儿童或者身有残障等，他们或者因为家门口没有合适的幼儿园，难以负担相关费用，或者因为家长的意识还没有到位，等等。爱生幼儿园一般会积极与所在地各级政府沟通，努力寻找他们中的每一位，采取救助措施使其获得受教育的机会。

爱生幼儿园的全纳性不仅体现为其主张每一个儿童都应该入园，还体现为其强调每一位幼儿都应充分参与到幼儿园的各项活动中，要求幼儿园的所有活动公平、透明、无歧视，要求无论儿童的背景、能力、表现如何，都有同等的成长机会。这也是《儿童权利公约》无歧视原则的体现。在项目实施过程中，我们看到了幼儿园全纳性的各种体现。例如，贫困地区教育部门利用社区的房屋开办幼儿教育；有的幼儿园想方设法让贫困儿童入园；有些幼儿园接收有轻度智力障碍的儿童，让他们有机会和正常儿童一起在游戏活动和交往中成长；等等。

2. 安全、健康和保护的环境

《儿童权利公约》要求缔约国政府必须确保儿童在健康的环境中学习的权利。健康是生存和有效学习的前提条件。安全、健康的饮用水和厕所是创建一个安全、对儿童友好的学习环境的第一步。卫生厕所和洗手设施是爱生幼儿园的必要条件。在西北地区许多农村幼儿园，由于当地缺水因此难以用上卫生厕所和流动自来水，幼儿园老师就制作水桶，打来水倒进去，让孩子可以养成饭前便后洗手的习惯。幼儿园提供的所有场所、设备、器械、材料、饮食等都要求安全和卫生，不会对幼儿造成伤害。良好的营养状况是幼儿成长和学习的重要保障。无论条件多么有限，爱生幼儿园都必须尽力给儿童提供有营养、安全卫生的饮食。

《儿童权利公约》还特别呼吁各国政府采取一切措施确保儿童免于各种形式的暴力、伤害、虐待和忽视，确保幼儿园在纪律实施过程中维护儿童的尊严。除了给儿童提供一个物理上安全的学习环境之外，爱生幼儿园特别关注幼儿的社会情感体验，保障儿童情绪、情感和心理健康，保护他们免受言语和情绪上的虐待、惩罚、责骂和其他各种形式的羞辱，以及来自老师和同伴的任何形式的歧视等。

爱生幼儿园应该能够识别、转介和评估有需要的儿童，包括那些曾经遭受过或者有可能遭受重大伤害的儿童，对于一些特殊的高风险儿童应该给予充分的重视，例如孤儿、留守儿童、残障儿童等。爱生幼儿园的园长和老师应该能够积极主动地发现儿童遭受虐待、忽视的线索，并且能够根据国家相关法律、法规做出正确的回应。对于特别严重的儿童保护事件，幼儿园的职责并不是去开展调查，而是去识别潜在的伤害，并汇报给相应的机构。

幼儿园教师需要接受相关方面的培训，能够通过儿童的一些行为变化或者身体伤害，识别、评估和应对各种不同形式的暴力。幼儿园还应该开设相应的课程和活动，帮助儿童学会如何保护自己。儿童保护和安全还应该拓展到家庭和社区，幼儿园必须引导父母与当地社区，与家长和社区一道共同预防暴力，彻底消除对儿童暴力的容忍。

3. 促进幼儿全面、有效的学习

《儿童权利公约》强调儿童受教育的权利不仅是指每一个儿童有接受教育的权利，还强调必须有教育质量，强调教育应尊重儿童并且促进儿童有尊严、最优化地发展。爱生幼儿园要求学习是有质量、有效、以儿童为中心的和适宜的。幼儿园所提供的学习条件和机会要有助于幼儿身体、语言、认知、社会情感诸方面的整体性发展。《幼儿园教育指导纲要（试行）》和《3-6岁儿童学习与发展指南》中五个学习领域的目标和教育要求是中国的爱生幼儿园发展课程、选择教育内容和制定教育计划的依据。

爱生幼儿园注重学习的有效性，要求幼儿园在教育和课程实施过程中尊重幼儿学习与发展的需要和特点，尊重幼儿的个体差异，并注重密切联系幼儿生活、发展需要和入学准备。幼儿的有效学习需要有一个有目的的，精心规划的，能满足幼儿身体、认知、语言、社会情感整体性发展需要的学习环境。在这个环境中，幼儿能够在成人的帮助和支持下，在自己原有经验的基础上，根据自己的兴趣、需要，选择适合自己的活动，运用多感官和动作进行探索和游戏。教师在幼儿的自主探索和游戏中，观察和了解幼儿真实的兴趣、需要和能力，在此基础上提供有效的支持和引导。

实现全面、有效学习的核心因素之一是教师。爱生幼儿园提倡爱护教师，提高教师的能力和增强其信心，为教师提供持续的专业支持，确保高质量的教学。爱生幼儿园项目开发了《课程计划指南》，提倡教师集体备课，帮助教师运用《3-6岁儿童学习与发展指南》和《幼儿园教育指导纲要（试行）》了解幼儿，制定教育计划，并经常反思和研究教育实践，为幼儿提供更适宜的教育，努力提升自身的专业水平。同时，爱生幼儿园在项目实施中会按照各级政府的相关规定切实保障幼儿教师的基本权益，使幼儿教师队伍健康发展。

4. 性别敏感性

在爱生幼儿园的教育中，女童和男童应平等地、没有任何歧视地参与到学习、生活和游戏活动中。同时，幼儿园应尊重性别差异，即在教育过程中要考虑到女孩和男孩在行为表现上的差异，提供适宜的活动，允许他们在自己的能力和经验的基础上探索和学习。教师不应刻板地根据"社会性别"分别安排、规定女孩或男孩的活动或角色，应允许他们自己选择愿意参与的活动和扮演的角色。

5. 与社区、家庭合作

爱生幼儿园要求成立有家长、社区参与的管理小组，积极吸纳家庭和社区的教育资源，接受家庭和社区的监督和支持。同时，爱生幼儿园通常会突破多种限制，与其他有关人员或者组织——包括医疗、福利、儿童健康、营养等方面的专业人员或者机构——建立合作伙伴关系，例如爱生幼儿园会邀请社区参与志愿者活动，招募有一些特殊知识和技能的村民作为幼儿园的学习资源。同时，爱生幼儿园通过举办家长培训，邀请家长参与幼儿园的活动、到幼儿园当助教，举办亲子活动等方式为家长提供学习幼儿教育的机会。

（二）爱生幼儿园在中国的实施

2007年，联合国儿童基金会与中国教育部正式开始合作爱生幼儿园项目。当时中国正面临学前教育机会缺乏、质量亟待提高等问题，项目始终把"爱生性"（Child-friendliness），即尊重儿童、保护儿童的价值观置于幼儿园工作的核心位置。刚开始时，爱生幼儿园项目选择了新疆疏附、青海同仁、云南玉龙等7个县为试验基地，后来扩展到22个县和100个试点幼儿园。2008年汶川地震后，四川绵竹、什邡、北川、青川和松潘成为"幼儿教育重建更美好"项目试点县（市）。2010—2015年主要在云南剑川县、重庆忠县、新疆疏勒县开展国家级培训试点工作。2016—2020年覆盖云南弥勒市、重庆忠县、新疆疏勒县、贵州纳雍县和广西三江县。

经过几轮的实践，项目针对农村幼儿园教师的实际需求开发了一套项目培训资料，包括《爱生幼儿园教育指南》《爱生幼儿园课程计划指南》《爱生幼儿园评估手册》及《爱生幼儿园入学准备活动》。另外，项目在改善幼儿园环境、提升幼儿教师的专业能力的同时，探索形成了一套"问题诊断-分级培训-跟进指导"持续提升教师能力的模式，并影响了学前教育政策与实践。

（三）展望

2015年联合国大会在第七十届会议上通过的可持续发展目标（sustainable development goals），是联合国继千年发展目标之后提出的继续指导2015—2030年全球发展的目标。全球可持续发展目标的第四个目标是优质的教育，即确保包容、公平的优质教育，促进全民享有终身学习机会。在"目标4"中，学前教育首次被正式纳入"目标4.2"，提出到2030年，确保所有儿童获得优质的幼儿发展、看护和学前教育，为接受初级教育做好准备。可持续发展目标强烈倡导各国为全球支持和实现有质量的学前教育的普及提供条件和机会。爱生幼儿园的理念和做法在学前教育走向普及的今天仍然具有现实意义。在爱生理念下，当前中国也出现了儿童友好社区、儿童友好城市等创新行动。

爱生幼儿园并不是一个抽象的概念，也并非仅仅是一幅理想蓝图，而是基于发展视角针对幼儿教育质量的一种价值导向。其指南和标准可以帮助幼儿教育的政策制定者和实践工作者找到与让儿童最大限度受益的目标的差距和努力的方向。爱生幼儿园的建设并不是依靠某个人或者某一方的力量就能实现的，需要充分调动各级政府、园长、教师、社区和家长的力量。作为普及有质量的学前教育的方式，爱生幼儿园项目的实施可以从儿童权利的任何一个影响因素出发，推动所有相关者参与学前教育的研究和活动，最终形成关于建设有质量的幼儿园的整体解决方案。爱生幼儿园是关爱儿童者对公平、有质量的幼儿教育的一次探索。

二、"一村一园"——通过学前教育入村促进贫困儿童教育起点公平

（一）为中国获得国际荣誉的儿童早期发展项目——"一村一园"项目

"一村一园"项目是中国发展研究基金会（以下简称"基金会"）2009年开始于青海乐都县①的试验，于2012年正式定名的一项反贫困与儿童发展项目。该项目旨在通过利用政府和社会资源向中西部农村地区3~6岁儿童提供早期教育，促进贫困地区及偏远地区的早期教育机会公平和质量提升，实现贫困家庭的人力资本积累，为从根源上阻断贫困代际传递奠定基础。

"一村一园"项目在村一级设立小规模园所，大多数为1~2个班，根据班级儿童年龄情况可采用混龄教学方式，与其他学前教育资源形成互补，起着保基本、兜底线的作用，一般设在公办园覆盖不到、民办园不去办的村寨，受益儿童多为偏远贫困地区处境不利儿童，具有"方式简便、成本合理、服务可及、质量保证"的特点。考虑到幼儿家庭负担，经费前期主要由基金会向社会筹集，后期地方政府接手保障项目运转，基金会继续筹资给予适当帮助，幼儿全免费或承担少部分费用。以"一村一园"的形式推动学前教育入村，可以确保贫困地区最底层的20%~30%的儿童能够接受学前教育。

2018年"一村一园"计划获得WISE世界教育创新项目奖。WISE世界教育创新项目奖由卡塔尔教育科学与社会发展基金会发起，是一项旨在鼓励和倡导世界范围内教育创新实践的国际性大奖，被英国广播公司等国际主流媒体誉为"教育界的诺贝尔奖"。

截至2020年8月，基金会与地方政府合作，共在青海、贵州、新疆、甘肃、湖南、云南、四川、重庆、江西、山西、河北11个省（区、市）的30个贫困县（市）设立山村幼儿园2 800余所，在园志愿者教师达3 500余人，在园幼儿92 000余人，累计受益儿童达到17万人，这些县（市）学前三年毛入园率均在90%左右。

（二）"一村一园"项目——以乐都县为例

乐都位于青海省东部湟水河中下游，海拔1 850米至4 480米之间，是一个汉族、藏族、蒙古族、回族、土家族等多民族聚居地区。项目实施前，乐都属于

---

① 2013年2月8日，国务院批复同意撤销海东地区和乐都县，设立地级海东市，海东市设立乐都区。为行文方便，下文统称乐都或乐都县。

国家扶贫开发工作重点县。所辖 19 个乡镇中，除 5 个处在交通相对便利的河谷地区之外，其他 14 个乡镇都在山大沟深、交通不便、人居分散、土地贫瘠的贫困山区。因为经济基础薄弱，所以乐都公共财政对学前教育的投入非常有限并主要集中在县城公办幼儿园，乡镇以下没有任何投入。

2009 年，乐都全县共有 3～6 岁学龄前适龄幼儿 8 481 名，能够在幼儿园接受学前三年教育的幼儿只有 2 861 名，并且这些幼儿全部集中在县城。政府无力在农村地区大规模举办公办幼儿园，5 620 名居住在偏远农村的幼儿只能在附设于小学的学前班接受学前一年非正规的幼儿教育。然而，贫困地区学前教育的需求非常迫切。因为年轻父母外出打工者居多，所以幼儿由家中祖父母隔代抚养的情况十分普遍。

同年，基金会委托北京大学心理学系对乐都农村地区幼儿进行了基线测试。结果显示，由于无法接受学前教育，这些孩子普遍怕见生人、缺少自信；认知、语言领域的发展水平与城市儿童差距显著，其中认知领域发展水平不足城市同龄幼儿的 60%，语言领域更是只有城市幼儿的 40% 左右。越是偏远山区，家长把子女送进幼儿园接受正规学前教育的愿望越是强烈。前期调研中，村民听到要举办幼儿园的消息，纷纷带着孩子找到调研组要现场报名，强烈希望被幼儿园接收。因为无法接受学前教育，所以乐都农村地区的辍学率远高于城镇。在少数民族村庄，幼儿从小生活在以民族语言为主的交流环境中，进入小学后突然面对普通话授课，很多人不能跟上课程进度，从而逐渐失去了信心和学习兴趣。我国集中连片贫困地区的 680 个县大多位于山区或高原地区，生活着我国 70% 的贫困人口，有大约 900 万名 4～6 岁的适龄儿童，他们是最需要学前教育方面的帮助的群体。靠传统的转移支付方式可以提高贫困人口的收入、改善贫困家庭的生活，却不能使他们彻底摆脱贫困。从儿童早期入手，不仅投入低，而且可持续解决学前教育普惠短板问题，是助力脱贫攻坚和乡村振兴的有效途径。

2009 年，基金会在青海省海东地委、行署的支持下，与乐都县合作开展了"'一村一园'：山村幼儿园计划"，以促进农村儿童的教育起点公平，阻断贫困代际传递。该项目利用已有场地资源设立村级幼儿园，在当地招募幼教志愿者经培训后就近提供学前教育服务（见图 25-2），填补了贫困农村地区学前教育空白，推动了教育扶贫，先后推广到 11 个省份 30 个县，累计超过 17 万贫困农村地区儿童受益。该项目提升了儿童的认知和非认知能力，缩小了城乡儿童发展水平的差距，为农村儿童健康发展奠定了良好基础，对贫困家庭从根本上脱贫影响深远。

1. 项目布点：幼儿达到 10 人或以上设点

"一村一园"中的"村"，不是传统意义上的行政村，而是所有适龄幼儿在 10 人以上的自然村寨。以儿童为中心，本着"分散设点，就近入园"的原则，

图 25 - 2 项目内容

山村幼儿园主要设置在村小学（教学点）、村委会等村级集体场所或租用的农村闲置的安全民房。乡镇中心幼儿园、村级公办幼儿园服务半径内不设点；一所村完小服务多个行政村的，处于服务半径内但距村完小超过 1.5 公里且学前幼儿多于 10 人的行政村设点；行政村大、人口较多（2 000～3 000 人）的，若所辖的自然寨距拟办山村幼儿园超过 1.5 公里且学前幼儿多于 10 人，则可考虑一个村设置两所山村幼儿园。根据上述原则，2009 年在乐都的 10 个偏远乡镇设立了山村幼儿园 81 所，在园幼儿 1 429 人；2012 年，山村幼儿园增加到 147 所，在园幼儿达 3 024 名。

2. 师资力量：当地招聘并培训幼教志愿者

山村幼儿园按照 1∶20 的师幼比配备志愿者老师。适龄幼儿超过 25 人的幼儿园，根据幼儿年龄分班并补充志愿者。幼教志愿者以项目县大中专毕业学生为主，采取自愿报名、笔试加专家考核的招募方式。

为保障项目质量，志愿者定期参加多种形式的培训活动。除了岗前培训之外，乐都教育局每两周组织一次保教活动基本组织能力培训；以乡镇为范围，所辖山村幼儿园每周五组织一次教研活动；全县不定期开展专家讲座、送教下乡、观摩学习、教学技能大赛和自制玩教具比赛等活动，并使之常态化、制度化。乐都由此建立了一支能扎根基层、甘于奉献、比较稳定的山村学前教师队伍和一批学前教育基地，为山区学前教育的可持续发展奠定了较为坚实的基础。十多年来，先后有 200 名志愿者获得教育局和政府的表彰奖励；80 名志愿者在教育局组织的教学技能大赛中获奖；136 名志愿者取得了幼儿教师资格证，占比达到 76.4%。

3. 项目管理：依托教育系统形成三级管理体系

为加强项目实施的组织领导和督促检查，教育局成立了县乡（镇）两级项目督察考核组和项目办公室，也分别叫（县）幼教中心和（乡镇）幼教站，并指定两名县级督察员。各乡镇中心学校主管教导主任（行政主任）担任行政专干，中心幼儿园业务园长（业务主任）担任业务专干（见图 25 - 3）。

幼教中心的主要职责为检查指导山村幼儿园常规教育教学活动，督促并考核评估乡镇中心学校幼教工作；协调相关事宜；总结项目成果、基本经验，统计分析相关数据等。幼教站将项目纳入学校常规工作，直接负责山村幼儿园的设置、

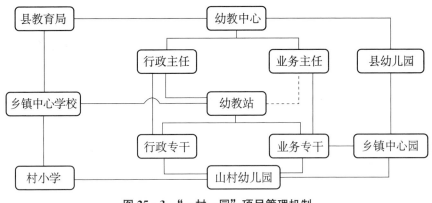

图 25 - 3 "一村一园"项目管理机制

维修维护以及志愿者和教学业务的常规管理工作。乡镇中心幼儿园配合县示范幼儿园做好业务指导和培训工作,指派专人负责对山村幼儿园日常教学活动进行督察和管理,确保教育教学活动正常开展。

4. 项目成本:20 名幼儿的园所年生均成本 2 500 元

项目支出包括运行经费和设施设备两部分。一所 20 名幼儿的山村幼儿园一年的运行经费为 30 000 元,其中购买公共服务的师资成本为 24 000 元,用于教师培训和采购必要玩教具等教学软性资源的经费为 6 000 元。2009—2011 年,基金会负责向社会筹资幼儿园运行经费,地方政府负责统筹利用现有场地资源,通过维修改建解决场地问题和提供基本的设施设备。

2012 年后,乐都的相应教育部门接手志愿者补贴保障项目运转,基金会继续筹资在志愿者培训方面给予适当帮助。乐都志愿者补贴根据当地经济水平为 1 800 元/月~2 500 元/月不等,教育局 2012 年起为志愿者缴纳"四险",即工伤保险、养老保险、生育保险、医疗保险,目前年人均 11 342.08 元;2015 年起,增加取暖补贴年人均 1 000 元;2016 年 9 月起,增加任教年限补贴(服务每满 1 年,补贴增加 30 元/月)和地区补贴(服务山区 150 元/月,服务川水地区 50 元/月)、绩效奖励(人均 100 元/月,根据考核结果分为三个等级)等项目。整体核算后,乐都一所 20 名幼儿的山村幼儿园,每年运行经费为 40 000 元,加上 10 000 元的设施设备经费,年生均成本为 2 500 元。2009 年 9 月至 2020 年 6 月,乐都"一村一园"项目各方累计投入经费 5 978.17 万元,其中:728.80 万元为财政公用经费,用于维持幼儿园基本运转;4 752.62 万元为人员工资,用于发放志愿者教师生活补助;496.75 万元用于改善办园条件。

(三)成效

项目实施十余年来,乐都山村幼儿园设置范围从起初的 9 个乡镇扩大到 13 个乡镇,覆盖了全部山区乡镇,覆盖人口占乡村总人口的 92%,行政村覆盖面达到 91%；志愿者教师从 46 名增加到 178 名，实现了"一园至少一教"或"一教一保"的保教人员基本配置；每年在园幼儿平均 2 700 人，累计 8 705 名幼儿从山村幼儿园毕业进入中小学，还有 1 267 名儿童在园学习。这近万名受益儿童中 50% 是留守儿童。乐都学前三年毛入园率自 2010 年以来都在 95% 以上，提前普及了学前教育。

1. 减贫

乐都山村幼儿园累计受益儿童超过 25 000 人次，5 400 多户农村家庭直接受益。据教育局测算，家长如果在镇上或县城租房上幼儿园，那么一年需要支出房租约 4 000 元、学费 2 000 元、生活费 4 000 元，即到乡镇或县城上幼儿园的年成本超过 1 万元/生。2009—2018 年，各级财政和社会力量共投入 5 800 余万元用于乐都的"一村一园"计划（其中基金会投入 1 500 万元）。5 800 余万元的公共支出，为贫困农村家庭节省了超过 2.5 亿元的潜在学前教育支出。

2. 教育效果

2010 年起，北京大学、华东师范大学等高校的研究团队先后五次独立开展的评估均显示，乐都山村幼儿园儿童在语言、认知、记忆和社会性等方面大幅缩小了与城市在园儿童的差距，显著好于未入园儿童。基金会追踪了最早开展试点的乐都县 2009 年以来的 8 500 名山村幼儿园项目儿童。他们中约 65% 进入小学后，学习成绩在全县同年级儿童中稳定排在前 40%，这一比例与县城幼儿园儿童相近，远好于没有上过幼儿园的村里的儿童（2 783 名儿童只有 17% 进入前 40%）。

3. 社会影响

项目改变了山区儿童的生活，也给农民家庭带来了希望，增强了群众的获得感。2017 年 9 月，刘延东副总理在《"一村一园"普及贫困地区学前教育》调研报告中批示：中国发展研究基金会为促进贫困地区教育事业积极探索、扎实努力，做出了重要贡献。"一村一园"试验在部分地区的成功，说明方法对头，普及贫困地区学前教育是可能的。教育部等有关部门应认真研究有关建议，多措并举，加大教育扶贫力度，努力提升贫困地区学前教育水平。

4. 项目推广

2012 年起，基金会将乐都的山村幼儿园模式相继推广到贵州松桃县、织金县、剑河县，湖南古丈县，新疆吉木乃县，山西兴县，甘肃华池县，云南南涧县、怒江州，四川雷波县等 11 个省份的 30 个地区，都取得了显著效果（见图 25-4）。

2012 年 3 月，基金会在松桃县设立了 100 所山村幼儿园。2014 年，铜仁市全市推广松桃县经验，将山村幼儿园扩展到 2 005 所，近 5 万儿童受益，铜仁市学前三年毛入园率达到了 91.7%。2012 年 11 月，基金会在新疆吉木乃县设立 26 所山村幼儿园。阿勒泰地区推广吉木乃县模式，2016 年实施"雏鹰工程"，全地区学前三年毛入园率由此提高到 95% 以上。2019 年 3 月，基金会与云南省教

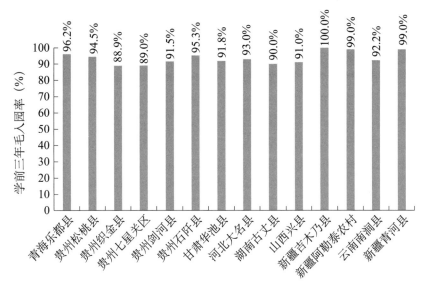

图 25-4 2020 年"一村一园"项目部分地区学前三年毛入园率

育厅签订战略协议,通过"一村一园"推动怒江州学前教育基本普及。同年 11 月,怒江州下辖四县已经启动 160 所山村幼儿园,4 187 名幼儿受益。

项目服务的对象是底层村一级处境不利儿童。项目网站 2018 年上报数据显示,在 51 781 名[①]山村幼儿园受益儿童中,40.4%为双留守儿童,20.5%来自精准扶贫家庭,9.1%来自单亲家庭。基金会 2015 年对山村幼儿园儿童主要抚养人的受教育水平调查显示,95%的主要抚养人受教育水平都在初中及以下,其中有 3.0%是文盲,小学及肄业水平的占 33.5%。

(四)经验与启示

1. 学前教育必须进村

目前普及村学前教育的过程中,采用的是"自上而下"的供给方式,农村贫困地区最底层的儿童依旧缺乏学前教育机会。对于贫困县,不能只靠在县城和乡镇集中建设幼儿园,等着贫困家庭送孩子入园。"一村一园"项目通过抓统筹规划,把幼儿园设到群众家门口,让每个农村孩子都能享受普惠学前教育。2012 年,贵州省铜仁市在总结山村幼儿园试点成功经验的基础上,组织专门调研组对全市农村学前教育现状、人口分布、现有教育资源等情况进行全面调查摸底,及时做出了建立覆盖全市城乡的学前教育体系的决策,对全市 2 302 个行政村山村幼儿园进行全面规划,出台了《铜仁市山村幼儿园建设两年行动计划(2014—

---

① 这是部分幼儿数据。当时有部分志愿者填报了幼儿数据,受网络条件方面的制约,一部分志愿者没有填报。

2015年)》，用两年建成山村幼儿园2 005所，实现了农村孩子在家门口就能接受较好的学前教育的目标。

2. 村级幼儿园建设要合理利用已有资源

为有效解决办园难、办园贵的问题，基金会和项目地合作创新举措，整合各方资源，调动各方积极性，推动形成了政府主导、社会参与办园的良好局面。在办园场地上，充分利用村级小学闲置校舍、村委会办公楼，租赁具备相应条件的民房等作为山村幼儿园园舍，并按照标准进行维修改造，有效解决了办园场地问题。在办园资金筹措上，突出办园公益性，前期以社会捐助为主，后期以政府投入为主，多渠道筹措经费。如铜仁市在两年行动计划实施期间，市级财政通过压缩5%的行政经费，采取"以奖代补"的方式，每年对每个山村幼儿园按1万元进行奖补。乐都县和松桃县均落实县级政府主体责任，分别按照每年每生600元和300元的标准，核定山村幼儿园生均公用经费，保障山村幼儿园的可持续发展。

3. 就地招聘幼教志愿者解决师资问题

学前教育发展的诸多制约因素中，教师队伍问题最为突出。幼儿园师资缺口大，质量整体不高。在这样的大背景下，对于贫困地区村级园的幼儿教师，如果一刀切地要求先取得幼儿教育专业资质才能应聘到岗，那么非常困难也很不现实。"一村一园"项目注重从本地资源抓起，本地中职幼师专业的毕业生和其他专业的大专毕业生，考试合格后即可聘为村级幼儿教师；入职后，再通过加强培训不断提升他们的专业能力。

近些年，随着我国高等教育规模持续扩大和中等职业教育快速发展，在农村有一大批大、中专毕业生，"一村一园"项目目前共招募幼教志愿者3 500人，不仅解决了一批热爱家乡、乐于投身农村学前教育事业的年轻人的就业问题，而且帮助贫困地区村一级幼儿园有效解决了师资问题。

4. 抓标准化管理提升项目质量

在贫困农村地区如也采取在县城和乡镇建正规幼儿园的办法实现标准化办园，那么不仅投入大而且普及慢。在有限的资金投入下，山村幼儿园统一办园模式抓标准化管理，实行"统一基础标准、统一教学模式、统一培训模式、统一营养干预"。园舍不新建，但要达到"五有"基础条件：至少有一间30～40平方米的安全教室，有安全卫生的厕所，有教学活动场所，有教学设施设备，有必要的生活用品。教学上，办园条件较好的山村幼儿园实行全天入园，不同年龄段幼儿混合编班；办园条件有限的山村幼儿园，实行4小时入园，不在园内统一就餐；在培训上，以区县优质幼儿园为龙头，乡镇中心幼儿园为中坚，山村幼儿园为基础组建幼教集团，开展双向交流互助共享。

"一村一园"项目实施以来，取得了显著的成效，在推动项目地学前教育发展的同时为全面推进农村学前教育积累了宝贵经验。

第四部分
走向未来
——展望学前教育 20 年代

第二十六章　20 年代，学前教育仍需攻坚前行

第二十六章　20 年代，学前教育仍需攻坚前行

一、回应社会变迁，提前规划布局"后普及时代"学前教育

（一）短缺与普及：40 余年来中国学前教育发展主线

改革开放 40 余年来，学前教育发展经历了 20 世纪 80 年代到 90 年代幼儿园附属于集体单位，20 世纪 90 年代末期经济体制改革导致单位园大量关停并转从而幼儿园以市场化、民营化为主导，2010 年以来重建政府主导的公共服务体系三个大的发展阶段。

40 余年的发展历程中，解决学前教育短缺问题和提高普及率是最核心的关键词，衡量学前教育发展最直观的指标即学前三年毛入园率（普及）和在园幼儿数（见图 26 - 1 和图 26 - 2）。

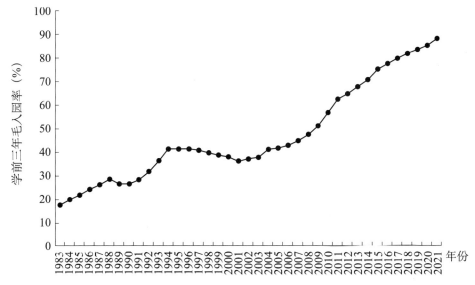

图 26 - 1　1983—2021 年全国学前三年毛入园率

资料来源：历年全国教育事业发展统计公报。

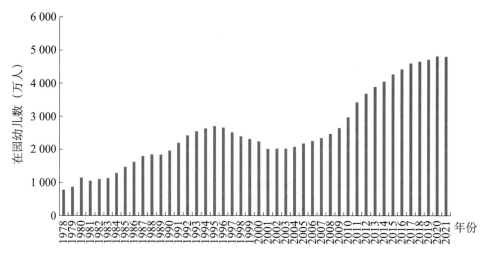

图 26 - 2　1978—2021 年全国在园幼儿数

资料来源：历年全国教育事业发展统计公报。

40 余年的发展虽然曲折反复，但是仍然取得了举世瞩目的成就。2021 年 12 月，教育部等九部门发布《"十四五"学前教育发展提升行动计划》提出，到 2025 年，全国学前三年毛入园率达到 90％以上，普惠性幼儿园覆盖率达到 85％以上。教育部 2022 年 3 月发布的全国教育事业统计主要结果显示，2021 年，学前三年毛入园率为 88.10％，普惠性幼儿园覆盖率达 87.78％。

（二）人口快速下降与持续向城市流动，学前教育即将迎来总供求关系平衡拐点和发展布局调整

1. 新生人口快速下降与学前教育总供求关系平衡拐点

中国的人口问题围绕着生育率和实际人口规模。易富贤、梁建章、黄文政等学者对生育率下降很早就提出了预警，也和计生部门、体制内的一些学者有长期的争论，中国政府也调整了计划生育政策，于 2016 年 1 月 1 日放开了二孩生育政策。然而在开放二孩生育政策的情况下，2016 年、2017 年的小高峰（新生儿数量分别为 1 786 万人、1 723 万人）也大大低于预期（原国家卫计委曾预测出生人口会有一定程度的增长，最高年份预计会超过 2 000 万人），而 2020 年新生儿数量则跌至 1 200 万人（见图 26 - 3），2021 年进一步跌至 1 062 万人。新生儿数量将步入阶梯形持续下降通道（见图 26 - 4）。

经过十余年学前教育加速发展和出生人口快速下降，在 21 世纪 20 年代之初，学前教育或许会到达一个历史拐点，即总供求关系平衡开始逆转，从总量扩张转变为结构均衡，因此 20 年代的学前教育发展和布局应充分考虑拐点之后的趋势。

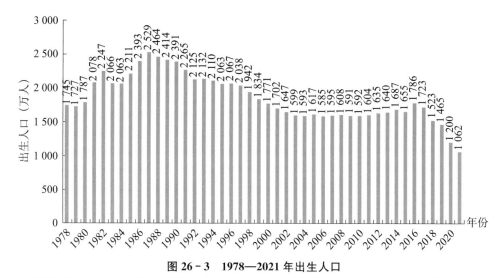

图 26-3　1978—2021 年出生人口

资料来源：1978—2010 年数据是由出生率×年中总人口计算而得。出生率和年末总人口数据来自国家统计局网站。年中人口为当年年末和上年年末总人口的平均数。2011—2021 年出生人口数据来自国家统计局网站。

图 26-4　出生人口即将大幅下滑

注：图中浅色部分为预测数据。

资料来源：任泽平，熊柴，周哲. 中国生育报告 2019 [J]. 教育发展，2019 (6)：20-40.

　　由于 2016 年和 2017 年两个因"二孩政策"新生儿增加的年份出生的幼儿已经在园，因此在园幼儿数 2020 年达到历史峰值（4 818.26 万人），而普及率（即学前三年毛入园率）在当年也达到了 85.20%。后面的几年，幼儿园在园幼儿数将逐步下降。2023 年以后，在园幼儿总量规模将进入一个剧烈收缩期。在 2023—2025 年，即使以 90% 的普及率估算，在园幼儿数也将下降至 3 000 万人；在 2025—2030 年，即使普及率为 100%，在园幼儿数也将可能下降至 2 500 万人。

2021 年幼儿园总数为 29.48 万所，以现在的园所规模，静态测算，21 世纪 20 年代的十年期间，在园幼儿数对应的园所总数量将缩减 30%～50%。

2. 人口流动趋势与学前教育的空间布局

影响学前教育发展的另一个因素是人口流动。农村人口持续向城市流动迁移，尤其是向大城市和城市群流动迁移，城区学前儿童逐年增加，乡村学前儿童则逐年减少。2011—2020 年间，城区幼儿园班级占比上升了 7.23 个百分点，乡村幼儿园班级占比则下降了 8.87 个百分点（见图 26-5）。

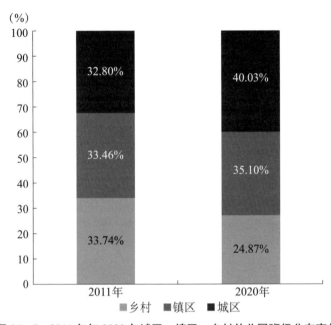

图 26-5 2011 年与 2020 年城区、镇区、乡村幼儿园班级分布变化

2019 年 12 月 25 日，中共中央办公厅、国务院办公厅印发《关于促进劳动力和人才社会性流动体制机制改革的意见》，其中明确指出要"全面取消城区常住人口 300 万以下的城市落户限制，全面放宽城区常住人口 300 万至 500 万的大城市落户条件，完善城区常住人口在 500 万人以上的超大特大城市积分落户政策"。

这些新举措将进一步促进人口流动迁移，也将进一步加速学前儿童从乡村向城市迁移的脚步。学前教育的发展和布局应充分考虑人口的空间结构变化。

（三）关于新趋势下学前教育发展规划、管理的一些讨论

在总供求关系逆转的情况下，学前教育普及率将继续上升，有望达到 95% 左右的高比例。学前教育发展应该从以解决短缺和普及问题为主线转向以解决结构性失衡和重点发展质量为主线。在 2010 年前后，义务教育已进入供求关系逆转阶段，这十余年的发展有不少经验和教训值得学前教育反思借鉴。

第一，各个省（区、市）的学前教育管理部门应加强与人口部门的联动，综合审视本地新生人口变化趋势，结合省际人口流入流出情况，本省（区、市）内人口流动情况、城乡结构等因素，科学测算供求平衡点，调整学前教育的规划与布局，建立与学前教育后普及时代相适应的管理体制。今后学位缺口将只存在于积极抢人、人口持续流入且学前教育公共服务能较好覆盖新增流入人口的地区。

第二，建立农村学前教育发展的弹性机制，在人口下降和农村人口持续流出的形势下，很多农村幼儿园面临着建完即"吃不饱"的矛盾。因此，既要保证农村学前教育的兜底和扫尾工作顺利进行，也应因地制宜地发展农村学前教育，如山村幼儿园和非正规学前教育，避免像义务教育那样过快地撤并幼儿园，让农村的孩子刚有入园机会又面临"入园远""入园贵"的问题，也应避免在农村建设标准幼儿园，甚至豪华、超标、超大幼儿园，造成资源错配。

第三，在供求关系逆转的形势下，更有条件也更应该注重提升质量，尤其要以"小园小班"、更适宜的师生比作为新的幼儿园标准和规范，作为改善质量的主要举措，避免像义务教育一样出现农村学校大班额、超级学校的局面。

第四，对于有余力的幼儿园，可考虑将学前教育向前延伸，纳入 0～3 岁早期教育，向托育一体化发展。

（四）学前教育发展必须回应社会变迁

中国义务教育的发展受非教育因素如户籍制度、城乡之间的身份分割等的制约，与大规模的社会流动趋势脱节，因而造成了留守儿童和流动儿童这样的规模巨大的教育弱势群体。当下影响中国教育公平的主要因素已经从自然地理因素逐渐转为社会政策滞后。

学前教育在政府主导下十余年来获得了飞速发展，在总结成就之余，面对新的形势，更应未雨绸缪，及时调整发展思路和理念，迎接学前教育的下一个十年，构建一个更加均衡、公平、有质量的学前教育体系。

二、深化学前教育改革需破除公民办"双轨制"

"双轨制"，是中国公众非常熟悉的一个词语，在渐进式改革框架下，很多时候都有原制度与新制度并存的状态，"双轨制"是渐进式改革的基本特征。它特指对同样一个问题，针对不同性质的人或者机构适用不同的制度。具体到当下的学前教育，"双轨制"是指公办、民办普惠两类学前教育机构适用不同的财政投入制度。

"双轨制"的背后有政府发展学前教育过程中强烈的所有制偏好和长期的学

前教育公共政策制定中的"所有制争论"历史。破除学前教育"双轨制"，需分析学前教育事业发展的历史，以及多样化的学前教育制度所需要的基础性制度，从而描述转型期间学前教育体制建设的难题和改革选择。

（一）"双轨制"背后学前教育所有制争论的历史回顾

1. 发展起点：单位分散投入与低覆盖的学前教育

在学前教育领域，很多人有一种印象，即改革开放初期直至国有企业剥离社会事业之前（1978—1992 年），学前教育财政投入是制度清晰而有保障的。国有企业改革导致学前教育财政投入体系中的一大组成部分萎缩，而政府又没有像对待中小学那样接管，因此导致公立幼儿园被承包、租赁、出售，学前教育事业出现发展停滞，民办力量则成为"承包者""购买者""新来者"，开始在资本的运作下疯狂发展，由此带来了"入园难""入园贵"问题。

暂时撇开对国有企业剥离学前教育事业的价值判断，以上所提及的对1978—1992 年间学前教育财政制度和事业格局的印象与事实也存在偏离。从政策文本看，尽管 1953 年政务院在《中华人民共和国劳动保险条例》中就已经界定了企业办幼儿园、托儿所的劳动保险和社会福利属性，但实际上，直到 1973 年 5 月财政部发布财企字 41 号文，才将列支在劳动保险基金项下的学前教育支出改为"营业外支付"，这才在制度上明确了幼儿园属于企业后勤服务支出的属性[1]。即使在制度上建立了由各个企业支付学前教育等后勤服务费用的支出渠道，但在实践中，并不是每个企业都有足够大的规模去建成一个幼儿园；建立在集体经济基础上的街道办园和集体办园，更多地是社群互助属性，依靠免交利润来维持园所运转。这种分散财政和以预算为基础的公共财政框架下的概念，存在根本的区别。由此可以判断，分散财政下，建立在国有经济、集体经济、财政拨款（机关、事业单位）后勤服务基础上的学前教育财政基础仍然薄弱，学前教育服务的覆盖率很低。1978—1992 年城市和县镇学前教育机构数量变化情况见图 26 - 6。

2. 转型阶段：难以为继的单位福利式学前教育

改革开放激发了中国社会的活力，学前教育也因此实现了平稳增发展，但是，这种趋势在 1987 年后中止了，学前教育的发展开始出现停滞，因为学前教育的重要经济基础——国有企业——出现了结构调整的需要。

在城市和县镇，国有企业的结构性调整也将学前教育拖入调整的轨道。在1993 年实行市场经济之前，国有企业改革一直朝着"下放"经营权的方向走，但是，站在今天的角度看，这种"扩权"式的改革没有带来实质性效果的主要原

---

① 财政部. 关于国营工业、交通企业若干费用开支办法（财政部财企字 41 号文）.(1973-05-15)[2019-12-11]. https://www.heduibu.com/article-52 530.html.

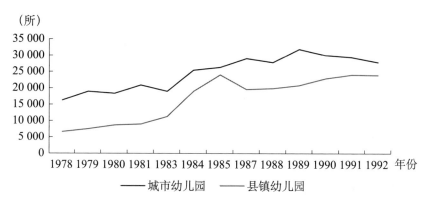

（所）

图 26-6 1978—1992 年城市与县镇学前教育机构数量变化

注：《中国教育统计年鉴 1986》未提供分城乡数据，因此图中未包括该年度。

资料来源：各年度《中国教育统计年鉴》。

因有两个：一是企业办社会事业，企业对职工承担无限责任，负担过于沉重[①]，这是外显和直接的原因；二是企业治理结构的问题，这在当时还没有清晰的认识，只是提及了政府、企业和社会的关系[②]。国有企业改革将学前教育也拖入"转轨"的日程上来。

国有企业改革带来的学前教育"转轨"很快就体现在结构上。1993 年真正意义上的国有企业改革后，企业的合并和破产开始导致城市和县镇由企业主办的幼儿园数量减少，城市幼儿园总量上的稳定主要是因为新增公办园的补充，表 26-1 提供了农村和街道集体办园、公办园、民办园与国有企业办园此消彼长的过程，在 1993 年至 2000 年间，学前教育的供给结构由于国有企业和集体经济的衰弱，开始发生重大的结构调整。

表 26-1 1993—2000 年不同性质幼儿园数量 （单位：所）

年份	集体办	民办	公办	国有企业办	合计
1993	119 437	—	17 861	27 899	165 197
1994	112 462	18 284	20 645	23 266	174 657
1995	114 863	20 780	21 561	23 234	180 438
1996	115 736	24 466	25 217	21 905	187 324
1997	106 738	24 643	30 694	20 410	182 485
1998	99 649	30 824	31 741	19 154	181 368
1999	90 979	37 020	35 710	17 427	181 136
2000	80 722	44 317	35 219	15 578	175 836

资料来源：历年《中国教育统计年鉴》。

[①] 杨守石. 国有企业的困境与出路 [J]. 河北金融, 1995 (10)：26-28.

[②] 忻文, 杜荷. 放权改革不断面临的挑战及其实证分析 [J]. 经济研究, 1989 (11)：60-67.

从数量上看，在这一期间，幼儿园的总量虽然没有什么明显变化，但是，内部组成却在发生根本性变化，国有企业办园、集体办园急剧萎缩，而民办园和公办园在快速增长，这种此消彼长的态势是结构性调整的典型反映。

对于国有企业办园的萎缩，学前教育政策研究一般来说都将其视为改变幼儿教育格局的力量，并未解释其在学前教育体系中的属性。国有企业要剥离它所承担的对其职工提供的无限社会福利责任，不仅是成本问题所致，而且是灵活的用工制度的必然选择，关于这一点是有社会共识的。近年来，尽管也有很多企业基于社会责任的需要，提供儿童照顾服务和托儿服务，但它们主要是提供保育服务，且大多是非正规的，这与国有企业办幼儿园的性质完全不同。

学前教育政策制定者和研究者所不满的是国有企业办中小学都移交给了当地政府，但是幼儿园却没有执行同样的政策。由村（居）民委员会、社区、学校和国有与集体企业及事业单位利用非国家财政性经费举办的学前教育机构，被认定为公办性质幼儿园，但却不具备财政性教育经费投入的通道，公办性质幼儿园"移交"地方政府的转轨任务只走了一半。国有企业办、集体办和事业单位办幼儿园的财政户头没有确立，是转型过程对历史轨迹依赖性的体现。

3. 市场阶段：资本狂欢下的学前教育

20 世纪 90 年代是国企改革的艰难时刻。改革开放 40 多年来学前教育机构数量唯一的下降发生在 21 世纪之初，这恰恰就是国有企业剥离社会事业的关键时期。

进入 21 世纪，中国加入 WTO，经济不断与世界接轨，人口流动和经济效率不断提高，社会对学前教育的需求的规模和水平都在不断提高，市场力量开始自动地弥补社会需求。2000 年后，直至 2010 年，虽然学前教育机构总量仍然未超过 2000 年的水平，但内部结构却发生了根本的变化，学前教育事业进入由市场主导的发展阶段，市场力量作为一股新的力量出现，推动了城乡学前教育结构的持续调整。在国有企业办、集体办幼儿园数量不断缩减的同时，公办园和民办园开始补充空缺，在总量上缓慢地拉动总规模向上攀升。表 26-2 中不同性质幼儿园数量很清晰地说明了这种变化。

表 26-2　2001—2012 年间不同性质学前教育机构数量的变化　　（单位：所）

年份	集体办	民办	政府办	其他部门办	合计
2001	55 682	44 526	—	11 498	111 706
2002	53 838	48 365	—	9 549	111 752
2003	51 774	55 536	—	9 080	116 390
2004	47 575	62 167	—	8 157	117 899
2005	24 054	68 835	25 688	5 825	124 402
2006	22 680	75 426	26 877	5 512	130 495

续表

年份	集体办	民办	政府办	其他部门办	合计
2007	10 710	77 616	26 697	5 063	120 086
2008	18 432	83 119	27 449	4 722	133 722
2009	17 542	89 304	26 958	4 405	138 209
2010	15 077	102 289	29 257	3 797	150 420
2011	13 162	115 404	31 044	1 805	161 415
2012	12 683	124 638	36 992	1 853	176 166

虽然民办学前教育机构的增加能够抵消集体办园、国有企业办园等的萎缩，但直到 2010 年，学前教育供给总量还是处于缓慢增长状态，这和此期间中国经济的"一飞冲天"形成了鲜明对比，和城市化进程中生产率迅速提高、社会生活节奏不断加快不相适应，于是，"入园难"在此期间成为社会热点。

当供给明显落后于需求时，特别在民办幼儿园占据供给"半壁江山"后，供给和需求之间的差距就会以更高价格的方式表现出来，于是保教价格不断上升，"入园贵"自然成为和"入园难"相伴随的现象，"入园难、入园贵"成为这个时期的主要矛盾。从以单位体制供给学前教育服务转型到以市场供给作为主导力量，学前教育服务的属性也由单位福利特征转向依靠价格调整供需。

2001—2000 年学前教育总量增长缓慢，但内部结构发生了巨大变化，这为后来相关资本政策的出台奠定了基础。这一时期总体规模虽然保持平稳，但是，学前教育的供需缺口却持续扩大，供给结构中，公办园和集体办园等公办性质的幼儿园占比不断下降，民办园占比不断上升。市场经济，在本质上是价格经济，对价格的管理水平体现了一个国家对经济活动和社会生活的治理水平。在这样的供给结构中，民间资本开始利用自己在定价上的优势，积累着发展的动力。2010年后，民办园每年以 1 万余所的增速发展，一时间，各种资本开始进入该领域，学前教育成为 2008 年金融危机后的"热门"领域，资本并购、上市、包装纷纷上演，热闹非凡。与此同时，政府也深感"入园难、入园贵"的压力，大力倡导各地方政府履行学前教育举办责任，政府办幼儿园也增长迅速，一改过去十年在2.5 万～2.7 万所之间徘徊的局面。2020 年政府办幼儿园达到 10.47 万所。

4. 十年飞跃：发展之后的结构特征

21 世纪的头十年，中国城市化进程迅速展开，人们的生活方式发生了巨大改变，女性的受教育程度、劳动参与率都达到新高，对学前教育的需求持续高涨。学前教育的供给水平显然无法满足迅速增长的需求，于是，"入园难、入园贵"成为 21 世纪第一个十年的突出问题。

短缺最有效的解决方案就是扩大供给，缩小供需之间的差距。于是，学前教育三年行动计划就应运而生，成为当时非常及时而有效的解决方案，它从根本上改变了学前教育的供给结构（见图 26 - 7）。

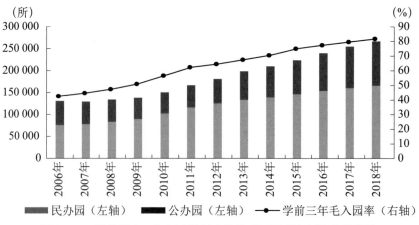

图 26 - 7　学前教育三年行动计划实施前后不同所有制幼儿园数量

2010 年以后，学前教育问题越来越突出，迫使中央政府不断强化行政压力，利用相应的行政动员机制，建立起惩罚和问责机制，以此倒逼地方政府提高学前教育供给水平。自 2010 年后，我国学前教育生均经费在短短 5 年内增长了 4 077 元，增长率近 70%，远超过 2010 年以前的增速。此外，生师比的下降速度也有大幅提高，公办园占比则一改之前的逐年下降趋势，公办园在园幼儿数的下降速度有所减缓。这表明，中央干预促进了地区学前教育供给水平的提升[①]。此外，地区间的学前教育供给水平和供给方式的差异也在不断减小，进入 2010 年以后，我国省际生均教育经费、生师比的差异的收敛速度进一步提高，而公办园占比和公办园在园幼儿数占比的差异则由之前的扩大趋势转变为差异收敛趋势，且原本公办园占比水平较低的地区表现出更高的增速，这有利于促进地区间学前教育服务供给的均衡发展。

学前教育三年行动计划的目的是解决"入园难、入园贵"的问题，其本质是供给和价格问题，而价格问题又是供给短缺造成的，因此，两个问题本质上是供给难以适应迅速城市化带来生活方式转变后的需求增长，是供需失衡带来的数量问题。供给数量问题转化为三年行动计划所强调的公办园占比的结构性问题，这一期间的制度问题转换过程反映了公办园在学前教育供给体系演进过程中的稳定性、规范性和质量保证，使得公众和决策者在考虑数量之余，将办园质量、办园行为等一并考虑进去，数量和质量成为学前教育事业发展的"双目标"。这样的发展目标的形成，既是作为学前教育事业发展起点的各种单位办园的福利特征所决定的，也有市场经济发展初期追逐利润所表现出来的行为失范的影响，还有单

---

① 根据 2005—2018 年间的教育统计年鉴数据得出。

位所属公办性质幼儿园改制不到位带来的制度补偿的推动。当然，公办园长期形成的稳定的办园行为和质量规范，也是学前教育三年行动计划实施后，学前教育事业发展呈现出强烈的公办园偏好的制度推动力。

（二）学前教育十年发展后的"双轨制"现实困境

所有制偏好和所有制争论是学前教育制度演进过程中，制度起点和市场缺陷同时决定的。单位福利制度的起源、公办园的稳定性和质量保证为社会和决策者提供了正向制度样板，而市场缺陷和市场管理经验的不足则树立了供给体系的反面样板，正反样板同时作用，自然会导致公众对公办园的强烈偏好。

按照 2018 年 11 月颁布的《中共中央　国务院关于学前教育深化改革规范发展的若干意见》，公办园和民办普惠园合并提供 80％的学前教育服务，民办普惠园至少会占据 30％的供给份额，而经过 2010 年以来的学前教育发展，公办园数量增加，越来越多的普通民众的子女能够进入公办园，与此同时，民办普惠园的成本约束加大，家庭入园成本得以控制。但是，对成本不敏感的家庭开始对民办普惠园的质量感到不满，一些家庭对公办园、民办园入园成本的差异感到困惑。于是，公办园、民办普惠园之间的制度性差异开始成为学前教育基本普及之后面临的根本性制度问题。

（三）从"双轨"到"并轨"的改革路径选择

从理论上推演，"并轨"存在三条可行道路，即公办园向民办普惠园靠、民办普惠园向公办园靠、相向而行。相应地，制度终点也存在三种可能性，即完全公办园、完全民办普惠园、中间状态，其中，中间状态具有非常丰富的制度想象空间，它可以允许财政投入与机构属性分离，实现不同类型的学前教育机构财政权利平等，这是大多数国家采用的制度安排。

第一，非营利性是下一步制度设计的焦点。

目前，财政资金进入民办普惠园的渠道和相应的支出管理，还受制于财政与企业之间资金往来管制制度。财政部门不断推动的政府和社会资本合作（PPP）项目确立了政府和企业之间资金往来的基本原则，但是，学前教育的质量和服务信息的缺乏也使得财政资金进入民办机构时，采取更加保守的态度，需要民办学前教育机构更进一步弱化其逐利属性。于是，非营利性机构逐渐成为制度设计的焦点。

非营利性特征有助于弱化资本的逐利属性，依靠理事会管理又有助于提升幼儿园管理的开放度和透明度。这两点合并起来，理论上是当今社会实现治理现代化的必然选择。对于学前教育供给体系的结构性调整来说，非营利性从幼儿园端打通了财政资金进入学前教育机构的渠道。相对于非营利性学前教育体系建设完成后的秩序畅想，目前面临的现实制度挑战是如何将采取股份制形式、存在逐利属性的民办普惠制学前教育机构转化为非营利性机构，虽然这种转化从制度上看，只是机构属性登记问题，但真正落实非营利性机构办园行为和管理规章，还需要不断积累转型案例。

第二，财政投入双轨制的并轨，既需要进一步改革与完善财政投入体制，也需要协调、弥合教育部门和财政部门之间的政策导向差异。

由于中国体制改革的渐进性，《预算法》的改革仍然是有限目标，还存在许多法律上的歧义空间，暗藏着法律瑕疵与风险。由此可见，关于财政支出的上位框架提供了关于预算管理、绩效评估和均等化等的一般性原则，虽然日益清晰，但远未完善，更不可能直接为学前教育财政支出提供具体的指导，因此需要根据学前教育的特征进一步改革完善相关细则。

在改革财政投入"双轨制"，努力实现"并轨"的过程中，存在教育部门和财政部门关于行业目标、发展方向的认识不一致的问题。教育部门采用过去的体制规划和安排未来学前教育事业的发展轨道；财政部门推行"一般财政管理框架"，强调预算约束、绩效、规范和指标化。另外，在财政支出管理制度方面，教育部门希望继续走分散预算、放松预算约束的道路，用质量督导替代财政支出绩效评估，主张不断提高公办园比例和增加教师编制；财政部门则希望强化预算约束，在业务部门严格质量监督的基础上，增加财政支出绩效考核，打通政府资金进入非公机构的通道。不同部门政策导向的差异和分歧需要在未来学前教育改革中予以协调。

第三，当前最迫切、最现实的举措是地方政府需要明确扶持民办幼儿园的操作办法。2020 年财政部发布《政府和社会资本合作（PPP）项目绩效管理操作指引》，虽然学前教育不在第一批 PPP 项目分类中，但是，其中关于公开、申请、规范和评估的原则和操作办法，还是值得借鉴的。

三、从"普及"到"普惠"，仍需改革攻坚

（一）普及基本实现，普惠仍然遥远

自 2010 年以来，随着政府对学前教育重视程度的提升，财政经费投入逐年增加，在"大力举办公办园"的政策实施十余年后，学前教育的主要矛盾已经不是数量不足，而是怎样使财政经费惠及每个入园儿童，促进学前教育公平发展。

1. 学前教育数量发展进入高原期

从学前三年毛入园率的变化看，2011 年比 2010 年提高了 5.7 个百分点，此后每年提高 2 个百分点左右，至 2021 年全国学前三年毛入园率达到了 88.1%。考虑到全国各地都不同程度地存在未获得主管部门认可的"黑园"，实际上完全未进入幼儿园的 3～6 岁的孩子占比不到 5%。这说明中国幼儿教育发展必须从数

量规模扩张转向质量提升和公平发展。

2. 普惠园补助标准低

2018 年《中共中央 国务院关于学前教育深化改革规范发展的若干意见》提出到 2020 年 "普惠性幼儿园覆盖率达到 80%" 后,截至 2020 年 6 月底,全国大部分省份未制定普惠幼儿园补助标准,在没有补助标准的地方对普惠园的补助事实上是一句空话。少数制定了补助标准的省份中,仅有北京确定的年生均 12 000 元的补助比较接近实际,安徽、河南、江西的标准过低,每个孩子每月补助不到 20 元(见表 26-3)。调查显示,当地幼儿园运行成本为每生每月 300~500 元。在补助不到成本 6% 的情况下,限制普惠园收费可能会影响其正常运转和教育质量。

表 26-3 部分省市普惠园年生均补助标准 (单位:元)

	山东	安徽	厦门	北京	中山	重庆	甘肃	海南	河南	江西
标准 (年生均)	710 (青岛: 2 400)	300 (市本级) 200 (县级)	7 200(一级) 4 800(二级) 3 600(三级) 2 400 (合格级)	12 000 (不分 等级)	500	900(一级) 800(二级) 700(三级) 区县补助 600~1 000	1 000	1 200	200	200

3. 强制普惠引发供给减少和短缺

显然,到 2020 年普惠性幼儿园覆盖率达到 80%,公办园全国原则上达到50% 是与各级政府的财政支付能力与意愿差距很大的目标。根据教育部公布的数据,2018 年,全国共有公办园(含企事业单位办园、军队办园、街道办园和村集体办园)10.09 万所,占 37.83%,公办园在园幼儿 2 016.64 万人,占43.31%;2018 年公立幼儿园在园幼儿占比较 2017 年的 44.08% 下降了 0.77 个百分点。各地在落实 80% 的普惠园覆盖率这一政策目标方面面临的最为关键的问题是财政性学前教育经费投入不足。2018 年,全国学前教育财政经费增长接近 9%,但学前教育财政经费投入仍仅占财政性教育经费的 4% 多一点,只有北京、上海等地达到 9%。考虑到这样的不均衡状况,全国大多数省份的学前教育经费投入低于财政性教育经费的 4%,一些地区仅有 2%。

在经费总量远远不足的情况下,一些地方还提出了实现普惠园达到 90% 的口号。曾经是民办幼儿园样板城市的深圳,学前教育财政投入占财政性教育经费的比例不到 5%,却计划在 2020 年将公办园的数量从 2018 年的约 70 所增加到1 000 所[①]。调查发现,为提高公办园、民办普惠园的比例,有地方强制民办幼儿园转为普惠园。受此影响,一些民办园不得不降低收费,导致经费入不敷出,甚至因难以维持基本的运营而停办;城镇小区配套幼儿园由于收费降低导致活动项

---

① 赵宁.深圳民办幼儿园退潮 [J].财新周刊,2019(34):72-77.

目减少，难以满足小区居民的幼儿教育需求；政府认定的普惠园财政经费不到位现象严重，使民办幼儿园在 2020 年疫情的挤压下，遇到了历史上未曾有过的困局，不得已以开"包子铺""烧烤铺"等方式花式自救。

部分地区由于一方面给民办普惠园的补贴较少，另一方面又限制其收费，因此导致民办普惠园运营困难，使民办幼儿园在考虑是否转普惠园时存在顾虑。当下公众除了关注孩子能不能上幼儿园外，还关注政府对不同性质的幼儿园和不同地域幼儿教育的发展是否平等对待。

（二）普惠制的方向与关键步骤

普惠是世界许多国家学前教育发展的共同目标。怎样沿着普惠这个方向前进？有哪些关键概念？应遵循怎样的步骤？这些问题都需要厘清。

1. 明确普惠概念与责任主体

当前所使用的普惠幼儿教育概念混乱，责任主体不明确，由此引发了各方之间的利益冲突，使普惠幼儿教育之路布满荆棘。只有明确了实现普惠的责任是政府，才能使普惠幼儿教育生根，才能明确普惠幼儿教育的概念。

一方面，2010 年、2011 年政府提出"普惠性民办园""普惠性幼儿园"的概念，但当时并没有明确提出实现幼儿教育普惠的责任主体是政府，没有强调公办园应该首先承担普惠幼儿教育的责任。这在一定程度上使得十余年来公办园在财政投入不断增加的同时，在整个幼儿园等级体系中向着更高等级发展，成为中上层家庭追逐的对象，没有承担普惠幼儿教育的责任。

另一方面，各地政府要求民办幼儿园承担普惠责任，并提出了限定时间的普惠幼儿园的比例目标。2020 年《县域学前教育普及普惠督导评估办法》对 80% 的普惠目标制定了问责督导办法。某些地方通过给予比较低的补助，让民办幼儿园转为普惠园。

同属普惠性幼儿园，公办幼儿园和普惠性民办幼儿园在教育质量和成本分担上存在巨大差距。公办幼儿园有稳定的政府资金投入，近年来软硬件方面都有较大的改善，教育质量不断提高，且收费低。普惠性民办幼儿园政府投入少且不稳定，虽然限价但收费仍比公办幼儿园高，家庭成本分担比例也较高。财政扶持力度上的差距，使得普惠性学前教育不公平问题凸显，加剧了"入公办幼儿园难"[①]。

正因为如此，中国学前教育普惠之路的第一步就是明确政府是普惠学前教育的责任主体，明确公办园应首先承担更大的普惠责任。同时，制定普惠性学前教育基本公共服务的供给标准，统筹协调公办幼儿园和普惠性民办幼儿园一体化发

---

① 普惠性学前教育面临困境，刘焱委员建议将其纳入基本公共服务 [N]. 新京报，2020 - 05 - 19.

展，让更多的幼儿与家庭享受公平而有质量的学前教育。

2. 纳入公共服务体系

2020 年在新冠肺炎疫情影响下，不少民办园因缺少相应资金扶持，经营发生困难，甚至出现了老师流失等现象。后疫情时代，应以是否承担责任为区分边界，对幼儿园进行身份管理，才能更好地激发各类办园主体积极参与，推动实现政府确立的幼儿教育普惠的目标。为此，实现普惠幼儿教育的第二步是将 3～6 岁儿童的教育列入公共服务体系。

将学前教育纳入公共服务体系的前提是建立健全财政投入机制，减少财政投入限制。经专业评估合格的幼儿园，无论规模大小、公办民办、城市乡村，都应符合履行普惠责任的条件。家长选择了这样的幼儿园，政府就应无区分、无条件地按照所确定的普惠资助标准拨付资助款项。在此前提下，普惠性幼儿园才有可能实现"同工同酬"，因所有制不同而导致的福利差距也能适当缩小。

将学前教育纳入基本公共服务体系需要公平发展公办园与民办园，建立各类幼儿园一体化财政投入制度。目前，根据各地实际经费使用额度，以补助额度最高的北京（每生每年 1.2 万元）为例计算，公办园服务一个幼儿所支出的经费仍是民办园的 3～4 倍。这显示出当前财政体系向一体化财政投入制度转变仍有很长的路要走，还需要突破思想观念和现有体制、政策等多方面的障碍。

学前教育一体化财政投入制度既是吸引民办幼儿园进入普惠性学前教育体系的激励机制，也是在普惠方向上确保公平与效率的重要保障。当前普惠性民办园和公办幼儿园在教育质量和成本分担上存在较大不同：公办幼儿园有稳定的政府资金投入、较完善的硬件设施、较稳定的师资队伍，教育质量不断提高。相比之下，各地对普惠性民办幼儿园的扶持和管理措施主要是限制收费，财政补助停留在以奖代补阶段，扶持力度过小且随意性大。这些做法会导致产生一些不公平问题，不利于学前教育整体发展。

学前教育一体化财政投入制度可以强化政府促进普惠性学前教育发展的责任，并为其提供制度和财政保障。同时，通过制定普惠性学前教育基本公共服务的供给标准，不仅可以强化公办园的普惠责任，统筹协调公办幼儿园和普惠性民办幼儿园一体化发展，而且可以将财政拨款制度与幼儿园教职工编制松绑脱钩，解决当前因缺乏编制导致的在编教师和非在编教师"同工不同酬"的问题，对稳定各类幼儿园的师资队伍也会产生重要作用。

3. 实现以法治市场为基础的体制兼容

幼儿教育普惠是政府的责任，又与幼儿、家长、各类办园主体的责任与权利相关。随着政府治理体制和治理能力的现代化，发展普惠性学前教育需要在法治市场的基础上，以协商的方式建立各方都能接受的学前教育兼容体制。

在兼容的体制里，无论何种幼儿园，只看其是否履行了普惠责任。包容履行责任的多元办园主体，才能形成多元的学前教育生态系统，满足不同家庭多样化的需求。

因此，普惠性学前教育服务体系既要建立民办普惠园的投入-价格机制，也要改革公办园的投入-价格机制，优化学前教育经费统筹和配置机制。

在以法治市场为基础的兼容体制里，学前教育成本分担和运行保障的长效机制并不是由某个单一主体决定的，而是需要多方合作确立，以保障家长选择合适的幼儿教育服务的权利。在这样的体制里，幼儿园运转与其品质相关，教师工资待遇与其工作质量相关。在这样的制度设计下，当下普遍存在的保教质量参差不齐、办学质量降低、限于成本而减少活动、师资不稳定等现象将会减少。

简而言之，给民办园以决定是否转变为普惠园的自主选择权，使其在探索满足多样化的需求的基础上发展自己的独特性。同时，建立包容多样性的幼儿教育管理与经费拨付体制，以提高普惠性学前教育质量。

四、以公平为主要标尺发展学前教育

学前教育是公益性、福利性的准公共产品。公平是世界幼儿教育发展的大趋势。中国学前教育已基本普及，但近些年由于财政经费投入以及相关政策、体制因素，学前教育不公平的现象有所凸显，公平问题已成为当下及未来一段时间学前教育发展面临的主要问题。

中国学前教育在 2002 年跌入低谷后，全社会都在关注它的发展。对于如何发展，人们却有不同的看法。一种看法主张，在公平已经成为基础教育基本特征的情况下，学前教育的发展也需要考虑公平，要实现公平前提下的发展。另一种看法则主张依据 1903 年后中国现代学前教育由外到内、从上到下、从中心到边缘的发展势态，在不改变现有体制和不触及现有利益格局的情况下，实施"大力举办公办园"政策。三期学前教育三年行动计划惠及的主要是公办园，财政经费难以惠及在园幼儿占半数以上的民办幼儿园。随着学前三年毛入园率 2021 年达到 88.1%，学前教育基本普及的目标已经实现，公平应成为 21 世纪 20 年代阶段发展应追求的主要目标。

（一）公平成为学前教育发展的主要问题

6 岁以前是儿童身心快速发展的阶段，在这个阶段获得公平的教育机会是社会公平与教育公平的关键。学前教育是国民教育体系的重要组成部分，是重要的公益事业。学前教育的基础性、补偿性以及整个社会对教育公平的诉求决定了学前教育必须公平。然而，当下中国学前教育仍然存在许多不公平现象。

1. 财政性学前教育经费可享受性差距增大，加剧不公平

截至 2020 年 9 月，许多地区没有制定生均公用经费标准，对普惠性民办园的补助标准和扶持政策也不明确，导致公办园与民办园之间、公办园之间财政投入经费存在较大差距。这种情况是导致学前教育不公平的重要原因之一。

公办幼儿园由于有财政经费支持，因此收费低，受到社会追捧。孩子能否进入公办园在很大程度上与其父母的身份、地位相关。这形成了学前教育公共资源背离公平的配置模式。表 26 - 4 列出了我们调查的几个案例（案例名称皆为化名），这些案例在一定程度上展现了学前教育不公平现象。

表 26 - 4   2019 年部分公立幼儿园生均经费情况

幼儿园（化名）	大七（北京非中心区）	大一（北京非中心区）	宋七（上海中心区）	北一（北京中心区）	北二（北京中心区）
年度总经费（元）	22 187 992.36	30 617 726.99	36 000 000	57 000 000	32 000 000
在园幼儿数（人）	617	788	563	691	283
生均经费总额（元）	35 961.09	38 854.98	63 943.16	82 489.15	113 074.20

上述案例还不包括北京和上海生均经费最高的幼儿园，不能充分、准确、完整地显示不公平的情况。按给民办园补助最高的北京标准计算，每年生均补助民办园 12 000 元，在非中心区仅相当于公办园所获财政经费的四分之一到三分之一，在中心城区仅相当于六分之一或更少。

从全国范围看，2011 年至 2020 年中央财政累计安排支持学前教育发展资金 1 520 亿元[①]，一线城市公办园生均经费在此期间从 3 000～5 000 元增加到 30 000～50 000 元；虽然全国各地公办园经费增长幅度不同，但是十年内增长的比例接近，财政投入公办园与民办园的经费数额之差逐年扩大的趋势相同。

学前教育不公平问题加剧的原因在于 2010 年以后学前教育重视发展，忽视公平。随着学前教育财政经费的增加，不同办园性质幼儿园的在园幼儿享受的财政教育经费的差距呈现扩大的趋势。在跷跷板的一边，财政经费给进入公办园的孩子的补助越来越多；在其另一边，民办园为了生存，要支付越来越高的成本，因财政经费补助太少，这些成本最终需要通过向进入民办园的孩子的家庭收费来弥补，从而加剧了不公平。

2. 学前教育部分政策与公平目标相违

学前教育不公平加剧与相关政策未能从规划、投入、机制等方面重视公平直接相关，在一些地方甚至实行将进入公办园与进入某所好的小学挂钩，或者要求在民办园就读的幼儿在进入小学时提供各种证明，这与学前教育公平相违。

不少地方在追求高普惠园比例的情况下，要求民办普惠园的收费不超过同类

① 曲哲涵. 中央财政支持地方扩大普惠性学前教育资源：下达转移支付资金 188.4 亿元 [N]. 人民日报，2020 - 07 - 16.

公办园的 1.5 倍。这一举措在收费环节自然受到家长的欢迎，实际上却加重了不公平。这里以我们实地调查的一个案例加以说明。在某个公办园占比已经达到 80％、普惠园占比达到 90％的地区，当地政府还在追求更高的比例，要求一所民办园转为普惠园，原来该园收费为每月每生 3 000 元，转为普惠园后政府每月每生补助 800 元，同时要求幼儿园只能向家长每月每生收 800 元，由于该园生均收入由此前的每月 3 000 元减少到每月 1 600 元，因此每个环节都要精打细算，比如要求每个孩子饮水定量。有一天一个孩子感冒了要喝水，但他的定量水已经喝完了，没有水喝了。家长知道此事后找幼儿园闹，园长正因为转为普惠园后各方面的压力达到临界点而一筹莫展，一气之下就说："你还就这事闹腾，我正不想办了。"于是该园真的停办了，接着 500 多个孩子的家长找当地政府，政府将该园的孩子分派到周边的三所公办园，每所幼儿园由于不能增班，因此出现了一个班 50 多个孩子的大班额。

类似的情况还有不少，其首先造成的是对孩子的不公平，在财政经费没有实现均等分配的情况下压低民办园收费标准，表面上为家长争得了小实惠，实际上却造成了孩子失去获得接受合适的幼儿教育的机会的大损失。其次，在向公办园增加财政投入的同时限制民办园收费，使得两类幼儿园越来越不在平等基础上和同一个良性生态体系中博弈，对民办园举办方及教职员工造成了不公平。再次，这种破坏良性生态的政策在加剧不公平的同时，也提高了幼儿园发展的不均衡程度，不利于幼儿教育可持续发展和品质提升，为此后的发展留下了新的深层次问题。

现行的普惠性幼儿园政策让民办普惠园走上了"低收费、低质量"的不可持续之路。民办普惠园由于无钱支付教师工资，只能通过减少人员配置、降低教师工资、不缴纳或者不足额缴纳养老保险、增加班额来降低运营成本，只能通过克扣幼儿饮食、举办各类兴趣班增加收入等来保证幼儿园的基本运转。举办者无法安心办教育、潜心提质量，因此保教质量难以提高，出现问题的风险增大。

构建可持续的普惠性学前教育体系，应依据公平准则，以收费合理为基准，制定符合实际的民办普惠园收费标准和补助标准，提高政府补助和规范收费标准并重，缩小公办园与民办园日益扩大的差距。只有这样，才能推动普惠性学前教育高质量发展。

3. 公平进程中的体制障碍

学前教育公平问题产生的根源在于现有的办园体制、投入体制、管理体制、用人制度等方面存在的深层次问题未得到有效解决。

三期学前教育三年行动计划的财政经费主要用于发展公办园，财政经费进入民办园存在许多体制和政策障碍。一些地方学前教育事实上存在的"双轨制"影响着公平——有限的财政投入主要集中于公办园，而容纳幼儿人数超过一半的民办园则很少或者没有获得公共财政经费。未来要实现学前教育公平就必须对现有体制加以改革。

政府让民办园承担普惠责任，却未对其投入与之相称的经费。当下，将公办园作为投入重点，进入公办园的家庭及幼儿所能享受的政府补贴远高于进入民办园的家庭及幼儿，这客观上构成了公办园对民办园的不公平竞争。在追求"公办园和普惠性民办园在园幼儿占比达 80％"和"公办园在园幼儿占比达到 50％"的普惠目标的同时未能对财政性学前教育经费投入这样更具刚性的指标提出明确要求。《县域学前教育普及普惠督导评估办法》对财政性资金、补助标准等涉及"普惠程度"的指标要求过低，于是导致了普惠率高、普惠程度低，超半数幼儿未能享受名副其实的普惠的结果，从而降低了整体公平性。

在公共财政不足以完全承担学前教育责任的情况下，关键是要扩大受益面，让所有的幼儿园、所有的孩子平等地享受政府公共财政的补贴。在公办园不够的情况下，实现公平的唯一路径就是政府补助民办园，从而降低其成本和收费标准，让公共财政平等地惠及所有入园幼儿。

（二）实现学前教育公平的关键在于共建共治

学前教育公平就是所有适龄儿童享有相同的机会进入质量相当的幼儿园；所有学前教育举办方平等享用公共财政资源。普惠要基于公平，保障家庭条件较差的孩子即便进不了公办园，也有权利并能够享受到他应享受的财政教育经费，接受公平而又有质量的学前教育。为此，需要打破幼教资源分享的障碍，扩大地域之间的交流，消除公办园与民办园在地位与待遇上的不平等，真正促进普惠性学前教育公平、有质量地发展。

1. 将公平列为发展的主要目标

公平是比公益性、普惠性、规范化更上位的目标。政府是实现学前教育公平的第一责任主体，应把民办学前教育纳入国民教育体系的整体规划中，政府在学前教育发展中的定位就是保底，即保障最缺乏入园条件的幼儿能够享受到公共幼儿教育。在政策上，应平等对待公办园和民办园；在资金投入上，应向幼儿教育薄弱方面倾斜，构建普惠、有质量的学前教育公共服务体系。

明确政府对保障学前教育公平的责任，就不应该将办重点幼儿园、高等级示范园作为工作重心，而是应首先保证最底层的家庭的孩子享受到最基本的公共学前教育服务，大办安全、合格、收费低廉、老百姓子女能就近入园的幼儿园。唯有政府对各类幼儿园的发展给予平等的政策支持，改变对不同幼儿园区别对待的政策，财政经费足额地补助合格的民办园，才能拓宽社会资源参与创办幼儿教育的渠道，家长才不会千方百计送孩子进公办园。只有尽可能缩小不同幼儿园之间财政投入经费的差距，才能保持幼儿园发展的多样化竞争态势，才有可能催生出更多价格相对低廉的优质学前教育资源，使更多家庭和幼儿从中受益。

2. 以共建共治共享实现学前教育公平

要实现学前教育的良治，就必须坚持和贯彻十九届四中全会提出的共建共治共享原则，如此才能提高效率，吸纳多主体共同参与。

幼儿教育的公平只有在多样性的基础上才有保障，公办与民办协同发展、适度竞争是教育领域40余年改革开放的经验总结，也是保持教育领域内部活力、提高教育效率的动力源泉。政府在公办园与民办园之间的博弈中要当公正的裁判，不能偏护一方。

必须将普惠性民办园纳入基本公共服务体系，使学前教育经费投入政策建立在公平合理、家长与社会认可的基础上，不能一刀切，也不宜政府单独决定，而应在第三方专业评估的基础上，由政府主管部门、家长委员会、幼儿园和当地社区协商确定。政府要坚持公平、公正，用好有限的幼儿教育财政经费，对公办园和民办园一视同仁，对于普惠性民办园要在规划、投入、资源配置、师资建设和监管等方面视同公办园给予同等支持。对接受普通家庭子女的幼儿园在政策上要有所倾斜，对家庭有困难的入园幼儿要落实补助，真正做到"保底""普惠"。

从长远看，政府提高承担学前教育责任的力度是必然的，但政府承担更多责任并不代表一味提高公办园比例，而应落实2019年政府工作报告的精神："多渠道扩大学前教育供给，无论是公办还是民办幼儿园，只要符合安全标准、收费合理、家长放心，政府都要支持。"21世纪20年代，应继续维持已有的多种办园格局，既支持普惠园，又给予民办非普惠园一定的发展空间，满足社会多元化需求。

政府有责任保障所有3~6岁适龄儿童公平地接受学前教育，应推动财政经费依据义务与权利一致的原则进行配置。同时，还要优化公办园管理，缩小公办园之间生均经费差距，将公办园年度预决算列入财务公开范围，公开其年度预决算。

3. 立私立学校法，为学前教育长久公平提供法律保障

当前，学前教育事业还未建立起健全的法律法规体系，亟须通过立法消除歧视、遏制乱象、实现公平。《民办教育促进法》对学前教育的独特性未能充分考虑，当下应在法治理念的基础上立私立学校法，或许能为学前教育实现长久公平提供法律保障。

依法保障民办学校办学主体的权利，淡化公办、民办概念，突出公益、普惠性质，支持民办园发展，提高民办园的抗风险能力。

从长远看，需要立私立学校法，明确公立学校和私立学校相关管理原则，切

实将学校管理思路从强化行政管理转向依据法律管理学校，促进私立学校健康
发展。

五、提升教育质量是学前教育发展的基本方向

2018 年发布的《中共中央 国务院关于学前教育深化改革规范发展的若干意
见》对于学前教育 21 世纪 20 年代的发展方向具有重大指导意义。该文件紧紧围
绕两条主线，一是坚持公益普惠的方向，二是提高学前教育的质量。坚持公益普
惠是学前教育健康持续发展的基础，也是学前教育质量的有力保障。提高学前教
育质量是实施公益普惠的目的，也是学前教育的根本追求。学前教育质量的核心
是对幼儿成长的支持和促进，本质是让幼儿得到更好的发展。没有质量的教育就
是浪费国家和人民的资源，浪费儿童的美好童年。提升学前教育质量，是当前和
今后学前教育必须努力的方向。

（一）以幼儿为中心，确立正确的质量观

总体上看，教育质量还不高，这是我国学前教育存在的重要问题之一。《中
共中央 国务院关于学前教育深化改革规范发展的若干意见》指出："由于底子
薄、欠账多，目前学前教育仍是整个教育体系的短板，发展不平衡不充分问题十
分突出"。具体表现包括"政策保障体系不完善，教师队伍建设滞后，监管体制
机制不健全，保教质量有待提高，存在'小学化'倾向"等。这些都指向学前教
育质量，必须切实有效地加以解决。

一般来讲，衡量幼儿教育的质量主要有结构维度、过程维度、结果维度三
个方面。结构维度包括房舍结构、场院结构、设施和材料结构、教师结构、课
程与活动结构、管理结构等，这些都是影响教育质量的重要因素。衡量学前教
育质量的过程维度，主要包括如何教和如何学、在哪里教和在哪里学、谁来教
和谁来学、用什么教和用什么学、为什么教和为什么学等。衡量学前教育质量
的结果维度，就是学前教育要能够促进儿童身心和谐发展，既要避免仅仅以知
识作为衡量标准，也要避免以特长发展作为衡量标准。在当前的社会背景下，
尤其要关注儿童的身体素质、社会性素质以及自由想象和表达能力等方面的
发展。

普及学前教育是数量和质量的统一。优质教育是学前教育的根本追求，有质
量的教育才能真正促进幼儿健康成长。聚焦幼儿，着眼发展，关注整体，注重差
异，是推进以幼儿为中心的学前教育质量提升的根本原则。举办和扶持有质量的
幼儿园是各级政府的基本职责。

学前教育质量是指与儿童相关的各种因素对儿童成长和发展的支持和促进作

用。这些因素包括结构、过程等方面，其中核心的是教师队伍的质量。长期以来，人们衡量学前教育的发展时关注得更多的是幼儿园数量、房舍条件、教师数量及入园率等外显指标，而对众多因素如何支持和促进幼儿的学习关注得不够，还没有确立科学的学前教育质量观，以致很多学前教育质量问题长期存在并日趋严重。因此，必须确立科学的学前教育质量观，把握影响教育质量的核心因素，形成提升教育质量的路线图和行动方略。

2010 年以来，我国学前教育质量得到了明显改善，出现了一些重要变化：幼儿从被忽视到被尊重；教师从单一的实施者转化为课程建设者；教研从例行活动变成解决问题的过程；教案从讲稿转化为行动方案；资源从购置转化为多途径获取；评价从关注教育结果转向关注教育过程；等等。然而，保教工作中还存在很多问题，制约教育质量提升的瓶颈依然存在，各级政府质量管理的举措还有待进一步完善并落实。

（二）加强教师队伍建设，提升课程建设能力

课程建设水平是影响教育质量的重要因素。教师在课程设计和实施过程中起着重要作用，是影响教育质量最关键的因素。没有合格的师资队伍，再好的硬件也难以发挥有效的作用。做一名合格的教师需要不断学习，提高专业素养。衡量教师队伍的质量，既要考虑教师的年龄结构、专业背景等，也要关心教师素质的深层结构。教师素质的深层结构主要涉及如下几方面：教师的态度，包括对儿童、对事业、对集体的态度等；教师的知识结构，包括儿童发展、保育与教育、科学与人文等方面的知识；教师的能力结构，包括专业能力、表现能力、交往能力等。

课程建设能力是幼儿园教师的综合专业能力的体现，是决定一个幼儿园课程建设水平的关键因素。其中包括幼儿园教师对儿童行为的观察与分析能力，教育活动的计划、设计与组织能力，资源规划与利用能力，环境创设与利用能力，反思与评价能力，等等。幼儿园教师只有真正具备这些能力，才真正具有专业性。这些专业能力是相互支撑的，在实践中成为一个有机的整体。每一项能力的获得都需要专门的知识做基础，也需要专业态度和情感做支撑，更需要在实践中不断地尝试和锤炼。因此，幼儿园课程建设能力的获得需要大量的培训，更需要在实践中不断训练和尝试。课程建设能力的提升是一项艰巨的工程，它受培训的系统性、针对性、有效性的影响，也受教师个人发展意愿的影响，还受教师工作环境、激励机制的影响。当前，我们需要系统设计教师培训体系，切实实现常规培训与专题培训、线上培训与线下培训的有机结合，还需要提高教师的工资待遇，让教师有尊严地工作和生活。

（三）改善教育环境，增进幼儿有益经验

改善办园条件，保障幼儿的学习与发展。《中共中央 国务院关于学前教育深化改革规范发展的若干意见》指出："全面改善办园条件。幼儿园园舍条件、玩教具和幼儿图书配备应达到规定要求。"幼儿是在与周围环境和人的相互作用中增进经验的。因此，为幼儿准备适宜、丰富的环境，对他们的成长具有重要意义。

充分挖掘课程资源，增进幼儿有益经验。《中共中央 国务院关于学前教育深化改革规范发展的若干意见》指出："支持引导幼儿园充分利用当地自然和文化资源，合理布局空间、设施，为幼儿提供有利于激发学习探索、安全、丰富、适宜的游戏材料和玩教具，防止盲目攀比、不切实际。"幼儿园课程是幼儿在教师设计的环境中通过多样化的活动获得有益经验的过程，环境的适宜性和丰富性影响幼儿获得经验的质量，进而影响幼儿的发展。对幼儿来说，活动决定经验，材料又决定活动。因此，环境和材料等教育资源是幼儿园课程的重要组成部分。教育资源应该与幼儿年龄段相适应。教育资源是一个体系，应按照一定的逻辑呈现，幼儿应拥有选择材料的机会。因此，挖掘和利用资源是幼儿园教师十分重要的工作。

（四）研究保教过程，建立良好师幼关系

保育和教育相结合是学前教育的重要原则和特点。保教过程也是提高教育质量和促进幼儿发展的关键所在。《中共中央 国务院关于学前教育深化改革规范发展的若干意见》指出："注重保教结合。幼儿园要遵循幼儿身心发展规律，树立科学保教理念，建立良好师幼关系。"这意味着幼儿是保教过程的核心，只有遵循幼儿身心发展规律，研究保教过程的特点和规律，开展科学的保教活动，努力建立起丰富、适宜、有效的师幼关系，才能真正促进幼儿发展。

《中共中央 国务院关于学前教育深化改革规范发展的若干意见》指出："坚持以游戏为基本活动，珍视幼儿游戏活动的独特价值，保护幼儿的好奇心和学习兴趣，尊重个体差异，鼓励支持幼儿通过亲近自然、直接感知、实际操作、亲身体验等方式学习探索，促进幼儿快乐健康成长。"兴趣、需要及好奇心是幼儿活动的动力，游戏是幼儿活动的主要方式，也是幼儿综合的学习方式。幼儿是在与周围的自然、社会和文化资源相互作用中，在探索、操作、发现、体验、交往及表达中获得新经验、新发展的。因此，在保教活动中，要遵循幼儿身心发展规律和学习特点，注重幼儿的个体差异。

（五）落实教研责任区制度，向教研要质量

教研组织及其活动是我国管理幼儿园保教过程和提升教育质量的特色举措。

《中共中央 国务院关于学前教育深化改革规范发展的若干意见》提出："完善学前教育教研体系。"历史经验表明，教研体系能对学前教育质量提升起到很大作用。

当前，我国学前教育教研组织还不够健全。有些地区教研人员严重匮乏，还有些地区教研人员中专业人员比例较低，缺乏专业意识和能力，用简单的行政化方式开展教研工作。21世纪20年代，我们迫切需要建立教研责任区制度，加强专职、兼职教研队伍建设，明确区域教研工作的方向和重点，提高园本教研的针对性和有效性，切实发挥教研在促进教育质量提升方面的专业作用。

教研过程就是保教研究过程，重点是规范和促进保教，在不断解决问题的过程中提升质量。因此，教研过程需要有问题意识，抓住重点，明确方向。要深入关注保教过程，深入开展调查研究，避免保教工作无的放矢、随心所欲，更要避免以赛代研、以统代研、以管代研和以训代研。教研工作的根本指向是让保教工作更好地落实《3-6岁儿童学习与发展指南》的精神。

（六）评估监管并重，确保教育质量

《中共中央 国务院关于学前教育深化改革规范发展的若干意见》要求："国家制定幼儿园保教质量评估指南，各省（自治区、直辖市）完善幼儿园质量评估标准，健全分级分类评估体系，建立一支立足实践、熟悉业务的专业化质量评估队伍，将各类幼儿园全部纳入质量评估范畴，定期向社会公布评估结果。"这些重大举措对提升我国学前教育质量能起到积极的推动作用。我国幼儿园种类多、性质复杂、水平各异，要求评估监测工作更加专业、精确，更具有反馈和指导功能。因此，评估监测将面临很多挑战，必须充分发挥我国学前教育专业人员和专业机构的作用，对一些重要机构和重要项目采用第三方评估制度，使评估监测真正起到提高质量的作用。

六、建立学前教育现代治理体系

2010年，《国务院关于当前发展学前教育的若干意见》提出要"努力构建覆盖城乡、布局合理的学前教育公共服务体系"，明确了学前教育公共服务的性质，也为2010年以后学前教育的发展奠定了管理与治理的基调。2018年，《中共中央 国务院关于学前教育深化改革规范发展的若干意见》提出要从学前教育管理体制、办园体制和政策保障体系三方面入手进行完善，更好地发展新时代学前教育，为幼儿提供更加充裕、更加普惠、更加优质的学前教育。

学前教育作为一种公共服务，具有普及性、普惠性、多样性等特征。十余年来我国学前教育的普及率大幅提高，全国学前三年毛入园率从2010年的56.6%

提升到 2021 年的 88.1%，普惠性幼儿园总体覆盖率（公办园和普惠性民办园在园幼儿占比）达到 87.78%。与此同时，从全国幼儿园种类、师资队伍、教育理念、课程实施等来看，学前教育发展呈现出多样化态势。

2010—2020 年，学前教育现代化治理体系处于建设起步时期，2021—2030 年将是学前教育现代化治理体系不断完善的阶段。学前教育公共服务的性质，决定了学前教育现代化治理必然遵循的一些原则，如政府主导、多元参与、平等开放、专业支撑等。

（一）政府主导的公共治理

政府主导指由政府承担提供和管理学前教育的职责。回顾我国学前教育的发展历史，改革开放以来学前教育先后历经了 20 世纪 80 年代到 90 年代幼儿园附属于集体单位，20 世纪 90 年代末期经济体制改革导致单位园大量关停并转从而幼儿园以市场化、民营化为主导，2010 年以来重建政府主导的公共服务体系三个大的发展阶段[①]。政府主导学前教育公共服务既是我国 2010 年以来学前教育发展的主旋律，也应是未来十年学前教育发展的基本原则。

《中共中央　国务院关于学前教育深化改革规范发展的若干意见》中提到要坚持政府主导，落实各级政府在学前教育规划、投入、教师队伍建设、监管等方面的责任，完善各有关部门分工负责、齐抓共管的工作机制，牢牢把握公益普惠的基本方向，坚持公办民办并举，加大公共财政投入，着力扩大普惠性学前教育资源供给。可见，政府主导强调各级政府在学前教育投入、市场准入、质量监管、队伍建设、安全保障等环节肩负起主要的职责，是责任主体。

从政府对学前教育的财政投入数据来看，全国学前教育财政投入从 2010 年的 244 亿元增长到 2017 年的 1 564 亿元，增长了 5.4 倍，国家财政性教育经费中学前教育投入占比从 2010 年的 1.67% 上升到 2018 年的 4.79%，学前教育总的经费投入中来自国家财政性教育经费的比例从 2010 年的 33.56% 增加到 2018 年的 48.3%[②]。政府对学前教育的财政投入增量还是有目共睹的，但从学前教育需求的角度来看，完全依赖政府投入目前来看还不现实，很大程度上还得依靠民办园，尤其是普惠性民办园的支持，因此，未来 10 年，在不断加大学前教育政府投入的同时，还需谋划好政府投入与民办资本的关联互动，探索如何通过政府投入带动更多的民办资本进入学前教育领域。

这里需要说明的是，政府主导与政府直接举办公立幼儿园并不是一回事。政府直接举办公立幼儿园只是学前教育供给方式之一，政府可以通过包括购买学前

---

① 张守礼. 展望学前教育"20 年代"：从"短缺普及"到"均衡与质量"［EB/OL］.（2019 - 12 - 31）［2020 - 01 - 20］. https://www.sohu.com/a/363 965 517 _ 154 345.

② 根据 2011 年、2019 年《中国教育经费统计年鉴》数据计算得来。

教育服务在内的多种方式鼓励民办园参与学前教育的供给，从而满足不同人群对学前教育的需求。

为了规范学前教育市场并进一步保障学前教育质量，政府应在市场准入、质量监管、队伍建设、安全保障等领域做好制度规划，以政策法律的形式担起主责。目前，有关学前教育的政策法规，国家层面有《教育法》《幼儿园管理条例》《民办教育促进法》等，各个地方也制定了相应的政策法规，但专门针对学前教育的法律还缺位。从制度建设来看，首先，需尽快出台学前教育法，使得学前教育的运行有最上位的制度保障；其次，确保政策法规的连贯性与兼容性，有法可依、有法必依，尤其注重发挥民办学前教育的独特价值；再次，建立质量监测评估体系，尽快科学制定和出台幼儿园保教质量评估指南；最后，将幼儿教师队伍建设、幼儿园安全等关系学前教育发展和质量提升的问题纳入各级政府政绩考核的范畴。

（二）落实以县为主的管理体制

学前教育管理体制包括学前教育行政管理体制和学前教育机构（主要是幼儿园）内部管理体制。学前教育管理体制在我国学前教育事业发展中起着领导、组织、协调、保障、监控等重要作用，是保障政府切实履行发展学前教育职责的重要条件和促进学前教育事业健康、有序、可持续发展的关键因素①。

2017年《教育部等四部委关于实施第三期学前教育行动计划的意见》提出了"国务院领导，省地（市）统筹，以县为主"的管理体制，2018年《中共中央 国务院关于学前教育深化改革规范发展的若干意见》再一次重申了这一管理体制，提出要"认真落实国务院领导、省市统筹、以县为主的学前教育管理体制"。《中共中央 国务院关于学前教育深化改革规范发展的若干意见》对各级政府的管理职责进行了分工。国家完善相关法规制度，制定学前教育发展规划，推进普及学前教育，构建覆盖城乡的学前教育公共服务体系；地方政府是发展学前教育的责任主体；省级和市级政府负责统筹加强学前教育工作，推动出台地方性学前教育法规，制定相关规章和本地学前教育发展规划，健全投入机制，明确分担责任，完善相关政策措施并组织实施；县级政府对本县域学前教育发展负主体责任，负责制定学前教育发展规划和幼儿园布局、公办园的建设、教师配备补充、工资待遇及幼儿园运转，面向各类幼儿园进行监督管理，指导幼儿园做好保教工作，在土地划拨等方面对幼儿园予以优惠和支持，确保县域内学前教育规范有序健康发展；城市街道办事处、乡（镇）政府要积极支持办好本行政区域内各

---

① 庞丽娟，范明丽."省级统筹 以县为主"完善我国学前教育管理体制［J］. 教育研究，2013（10）：24-28.

类幼儿园。

以县为主的管理体制一方面明确了国家在政策、规划方面的主体责任，另一方面基于属地原则，进一步明确了地方各级政府在学前教育规划、投入、建设、监管等职责上的分工。中央政府对学前教育实施宏观管理，并对贫困地区、中西部农村地区学前教育进行倾斜性资助；省（市）级政府统筹本地区的学前教育，尤其是健全投入机制，明确分担责任，明确了其在投入端的主责；县级政府则从微观层面确保学前教育规范有序健康发展。这样的分工基本与我国基础教育"实行在国务院领导下，由地方政府负责、分级管理、以县为主的体制"是一致的，这种属地化管理体制也是我国长期以来在提供公共服务进行公共资源配置时所遵循的基本原则，而在属地化管理体制下，公共资源配置的主要依据是行政区划和户籍人口①，这就使得学前教育的公平问题和随迁子女学前教育问题比较突出，需要重点加以关注。

就学前教育机构的内部管理机制而言，地方政府不仅要对各幼儿园的规范管理进行宏观指导，而且还应探索乡镇中心园、民办教育集团化管理等学前教育机构管理机制的改革，加强对学前教育的督导。例如，农村地区乡镇中心幼儿园对乡镇以下幼儿园起到资源辐射、业务指导作用；民办学前教育集团对集团内幼儿园进行指导，承担监督管理职能。就具体的课程建设、师资队伍发展等业务领域而言，还可打通公民办之间的界线，整合优质的资源，扩大优质资源在地区内跨幼儿园以及跨地区的覆盖。

（三）多元参与的办园体制

长期以来，我国学前教育实行的是公办民办并举的办园体制，公办园又按照举办主体和经费来源的不同划分为教办园和他办园。教办园是指举办主体为教育行政部门，办园经费基本由财政全额拨款的幼儿园；他办园是指举办主体为非教育行政部门，其园所财产归公有或集体所有，经费来源上大多无稳定财政性教育经费支持的幼儿园，包括机关办园、地方企业办园、部队园等。新时代，为实现学前教育普及普惠的发展目标，对能够面向社会提供普惠性服务的部分民办园，各地政府通过购买服务、综合奖补、减免租金等方式予以支持，这一类幼儿园即普惠性民办园。由此，目前获得政府财政资源支持的幼儿园除了原有的公办园外，还加上了普惠性民办园。

《中共中央 国务院关于学前教育深化改革规范发展的若干意见》指出，各地要把发展普惠性学前教育作为重点任务，结合本地实际，着力构建以普惠性资源为

---

① 杨明. 属地化管理体制下进城务工人员随迁子女义务教育公共资源配置探析［J］. 浙江大学学报（人文社会科学版），2015（6）：153-163.

主体的办园体系，坚决扭转高收费民办园占比偏高的局面；大力发展公办园，充分发挥公办园保基本、兜底线、引领方向、平抑收费的主渠道作用；积极扶持民办园提供普惠性服务，规范营利性民办园发展，满足家长不同选择性需求。

大力发展公办园，并不意味着学前教育完全由政府包揽办学。学前教育还不是义务教育，不是纯公共产品，缺乏政府全部买单的理论和法律支持，但作为一种公共服务，政府主导是必须的。世界主要国家和地区在办学体制改革过程中，都不断积极地提高公立学前教育机构的数量和比例，逐渐确立起了以公立学前教育机构为主导力量的办园格局[1]。同时，按照财政性教育经费的供给情况来看，目前财政投入尚无可能全面覆盖学前教育。

教育部统计数据显示，2020 年全国共有 29.17 万所幼儿园，其中教育部门办园 10.47 万所，民办园 16.80 万所，民办园占比 57.59%；全国共有在园幼儿 4 818.26 万人，其中教育部门办园在园幼儿 2 059.93 万人，民办园在园幼儿 2 378.55 万人，民办园在园幼儿占比 49.37%[2]。无论是幼儿园数量，还是在园幼儿数量，民办园依然支撑了我国学前教育的半壁江山。但长期以来，我国有限的学前教育资源明显向教办园倾斜[3]，而各地对普惠性民办园的支持政策则难以有效地吸引民办园向普惠园转变。

世界主要国家和地区政府大力举办公立学前教育机构的主要目的是面向社会提供普惠性的、基本的公共学前教育，而其发展私立学前教育的主旨则在于满足家庭和社会对学前教育的选择性需求[4]。依照现有的发展基础，普惠性学前教育资源主要由政府财政提供（需加大对普惠性民办园的支持力度），应更多地向弱势群体倾斜，履行实现公益、维护公平的职能。

实行多元参与的办园体制还意味着：一要制定鼓励社会力量参与举办幼儿园的政策；二要平等对待公办园与民办园；三要保障民办园教师、儿童的权益；四要在营利性与非营利性幼儿园分类管理的框架下对民办园的办园行为进行监管。

（四）平等开放的政策体系

多元参与办学体制下，支持学前教育发展的公共资源，要坚持平等、开放的

① 杨冬梅，夏靖，张芬.以公立学前教育为主导促进普及和公平：世界主要国家和地区学前教育办园体制改革的经验 [J]. 教育发展研究，2010（24）：25-30.

② 教育部.2020 年教育统计数据 [EB/OL].（2021-08-30）[2021-09-17].http://www.moe.gov.cn/jyb_sjzl/moe_560/2020/quanguo/.

③ 刘焱，史瑾，裴指挥."国十条"颁布后学前教育发展的现状与问题 [J]. 教育发展研究，2011（24）：1-6.

④ 杨冬梅，夏靖，张芬.以公立学前教育为主导促进普及和公平：世界主要国家和地区学前教育办园体制改革的经验 [J]. 教育发展研究，2010（24）：25-30.

原则，让公共财政公平惠及每一位在园幼儿，特别是弱势群体。《中共中央 国务院关于学前教育深化改革规范发展的若干意见》中提出要健全幼儿资助制度，重点向中西部农村地区和贫困地区倾斜；各地要认真落实幼儿资助政策，确保接受普惠性学前教育的家庭经济困难儿童（含建档立卡家庭儿童、低保家庭儿童、特困救助供养儿童等）、孤儿和残疾儿童得到资助。2010 年到 2018 年，中央财政安排资金 81 亿元，地方投入 363 亿元，累计资助家庭经济困难幼儿 4 073 万人次[①]。2019 年全国范围内资助学前教育幼儿 914.41 万人次，资助金额 116.26 亿元[②]，接受资助的幼儿数占在园幼儿总数的 19.40%。今后还应不断提高受资助幼儿的比例，让更多的弱势人群享受公共财政的支持。

要发挥公共财政的杠杆作用，吸引更多社会力量参与学前教育。政府财政对学前教育的支持在提高自身级级的同时，带动民间资本对学前教育的投资热情，是公共财政杠杆作用的主要体现。在学前教育无法由财政全部买单的情况下，要使得学前教育所获得的全部投入，即社会整体对其的投入实现正增长，就不得不考虑政府财政投入对民间投资到底是拉动还是挤压。如果政府对幼儿园的财政投入会挤压民间资本，那么就可能出现这样一种情况，即国家财政支出增加，而幼儿园的另一重要投资主体民间资本投资量下降，学前教育整体投入不增反降，社会福利也就无法得到相应的提高。因此，需实施开放的公共财政政策，从政策制定上不断完善对民间资本的激励机制，通过政府财政投入的增加，进一步增强民办资本投入学前教育的积极性，实现学前教育整体福利的提升。

（五）探索幼儿园治理制度

《幼儿园教育指导纲要（试行）》中提出，幼儿园应与家庭、社区密切合作，综合利用各种教育资源，共同为幼儿的发展创造良好的条件。实践中，家园合作往往是幼儿园主导，家长主动或被动参与，幼儿园教师和家长之间是教育者和被教育者的关系，而真正意义上的家园合作下，幼儿园和幼儿家庭双方应当成为研究和改进幼儿教育的合作者[③]。

在微观层面幼儿园的管理中，家园合作不仅是学前教育的重要方式，还应当成为园所管理的突出特征。在共同治理过程中，园所行政管理人员、专任教师、

---

① 教育部. 关于政协十三届全国委员会第二次会议第 4161 号（教育类 452 号）提案答复的函（教提按〔2019〕430 号）[EB/OL].（2020-02-24）[2020-03-15]. http://www.moe.gov.cn/jyb_xxgk/xxgk_jyta/jyta_jijiaosi/202002/t20200224_423497.html.
② 教育部. 2019 年全国近 1.06 亿人次获学生资助 [EB/OL].（2020-05-22）[2020-07-11]. http://www.moe.gov.cn/jyb_xwfb/s5147/202005/t20200522_457660.html.
③ 卢乐山. 家园合作的误区与出路 [J]. 学前教育，1996（Z1）：36-37.

幼儿家长代表共同组建园所管理委员会，发挥多方利益群体的合力，构建合作共赢的园所管理新模式。同时，积极发挥幼儿家长的教育和管理的优势，建立全员参与的家长委员会，除了家长代表参与园所管理委员会外，其余家长要通过家长委员会参与教育活动、配合园方实施教育，提供教育资源、组织园外活动等。幼儿园借助家园合作对家庭教育进行指导，让学前教育成为大家共同的事业，而不仅仅是幼儿园的事情。

◎ 参考文献

［1］Amanda J Moreno, Mark K Nagasawa, Toby Schwartz. Social and emotional learning and early childhood education: redundant terms? ［J］. Contemporary Issues in Early Childhood, 2019, 20（3）.

［2］Bierman K L, Motamedi M. CASEL programs for preschool children ［M］//Durlak J A, et al. Handbook for social and emotional learning: research and practice ［M］. NY: The Guilford Press, 2015.

［3］Bryant, Donna, et al. NCEDL pre-kindergarten study ［J］. Early Developments, 2005, 9（1）.

［4］Deming D. Early childhood intervention and life-cycle skill development: evidence from Head Start ［J］. American Economic Journal: Applied Economics, 2009, 1（3）: 111-134.

［5］Drummond J M. Assessment children's Learning ［M］. London: David Fulton Publishers, 1993.

［6］Epstein A S , Hohmann M. The HighScope preschool curriculum ［M］. Ypsilanti, MI: HighScope Press, 2012.

［7］Gerhard Schröder, Reinhard. One law for all schools: PISA and its implications for the German school system ［J］. European Education, 2003, 35（4）.

［8］Goffin S G, Wilson C. Curriculum models and early childhood education: appraising the relationship : 2nd Edition. ［M］. Upper Saddle River, New Jersey: Merrill/Prentice Hall, 2001: 150.

［9］Hohmann M, Banet B, Weikart D. Young children in action: a manual for preschool educators ［M］. Ypsilanti, MI: High Scope Press, 1979.

［10］Jennings P A, et al. Improving classroom learning environments by cultivating awareness and resilience in education（CARE）: results of two pilot studies ［J］. Journal of Classroom Interaction, 2011, 46（1）.

［11］Jin Chi. Pathways for gender equality through early childhood teacher policy in China ［R］. Brookings Institution, 2018.

［12］Kagan S L，Moore E，Bredekamp S. Reconsidering children's early development and learning：toward comment views and vocabulary（Goals 1 Technical Planning Group Report 95‐03）［R］. Washington，DC：National Education Goals Panel，1995.

［13］Katherine M Zinsser，Linda Dusenbury. Recommendations for implementing the new Illinois early learning and development standards to affect classroom practices for social and emotional learning［J］. Early Childhood Research & Practice，2015，17（1）.

［14］Kei Tua o te Pae. Assessment for learning：early childhood exemplars book 1—an introduction to Kei Tua o te Pae［M］. Wellington：Learning Media，2014.

［15］Lee W Carr，et al. Understanding the Te Whāriki approach：early years education in practice［M］. London and New York：Routledge，2013：108.

［16］Montie J E，Xiang Z，Schweinhart L J. Preschool experience in 10 countries：cognitive and language performance at age 7［J］. Early Childhood Research Quarterly，2006（21），313‐331.

［17］New Zealand Ministry of Education. Te Whāriki：early childhood curriculum. Te Whāriki matauranga mo nga mokopuna o Aotearoa［S］. Wellington，New Zealand：Learning Media，1996.

［18］OECD. Starting strong：curricula and pedagogies in early childhood education and care［R］. Paris：OECD，2004.

［19］Schweinhart L J，et al. Lifetime effects：the HighScope perry preschool study through age 40［M］. Ypsilanti，MI：HighScope Press，2005.

［20］Schweinhart L J，Weikart D P. The HighScope model of early child education［M］// Jaipaul L Roopnarine，James E Johnson. Approaches to early childhood education：6th Edition. Upper Saddle River，New Jersey：Pearson Education，Inc.，2013：241‐263.

［21］Snow C，Burns M S，Griffin P. Preventing reading difficulties in young children［M］. Washington DC：National Academy Press，1998.

［22］World Bank. SABER systems approach for better education results. what matter most in teacher polices?［R］Washington DC：World Bank，2012.

［23］阿马蒂亚·森. 贫困与饥荒［M］. 北京：商务印书馆，2004：37.

［24］埃里克·埃里克森. 童年与社会［M］. 高丹尼，李妮，译. 北京：世界图书出版有限公司，2018.

［25］白钰，郑丽娟，刘步瑶，等. 中国农村贫困地区养育行为现状及其影响的实证研究［J］. 华东师范大学学报（教育科学版），2019（3）：70‐83.

［26］边霞. 论儿童文化的基本特征［J］. 学前教育研究，2001（5）：14‐16.

［27］布鲁纳. 布鲁纳教育文化观［M］. 宋文里，译. 北京：首都师范大学出版社，2011：223.

［28］蔡东霞，窦岚，左瑞红，等. 瑞吉欧方案教学的特点及其对我国幼儿教育改革的启示［J］. 教育探索，2011（10）：158‐159.

［29］曾艳，徐宇，唐智. 追随儿童的脚步：幼儿园学习故事集［M］. 重庆：西南师范大学出版社，2017.

［30］陈晨. 近十年我国幼儿数学活动研究综述［J］. 陕西学前师范学院学报，2017（10）：140‐145.

[31] 陈国维. 学前留守儿童发展困境及解决策略 [N]. 中国人口报, 2018 - 07 - 25.

[32] 陈红梅, 刘畅. 同侪互助式园本教研的运行机制 [J]. 中国培训, 2015 (18): 44.

[33] 陈乐乐. 新中国 70 年儿童观的历史考察与反思 [J]. 南京师大学报 (社会科学版), 2019 (3): 41 - 49.

[34] 成尚荣. 儿童研究视角的坚守、调整与发展走向 [J]. 教育研究, 2017 (12): 14 -21.

[35] 程方生. 幼儿园开展以园为本教研活动的策略分析 [J]. 教育评论, 2004 (2): 71 -73.

[36] 程英. 从生命的视角观照教师的和谐成长: 园本教研管理的理念与实践探索 [J]. 学前教育研究, 2005 (11): 52 - 53.

[37] 池瑾, Eduardo Velez. 促进教育体系质量提升的投资与有效方案 [M]. 北京: 北京师范大学出版社. 2019.

[38] 池瑾, 李娜. 我国幼儿园教师队伍建设中的资格及任用制度探讨 [J]. 教师发展研究, 2019 (4): 32 - 36.

[39] 崔延强, 权培培, 吴叶林. 基于大数据的教师队伍精准治理实现路径研究 [J]. 国家教育行政学院学报, 2018 (4): 11 - 17.

[40] 戴自俺, 龚思雪. 陶行知幼儿教育的理论与实践 [M]. 成都: 四川教育出版社, 1987.

[41] 丁秀棠. 普惠性目标定位下民办学前教育的现状与发展 [J]. 学前教育研究, 2013 (3): 16 - 22.

[42] 杜继纲, 蔡冠宇, 和卓琳, 等. 从编制到理解: 我国幼儿园课程改革 40 年回顾与展望 [J]. 学前教育研究, 2019 (3): 21 - 30.

[43] 杜青玉. "安吉游戏"与"利津游戏"的比较及启示 [J]. 江苏幼儿教育, 2018 (4): 34 - 37.

[44] 杜媛, 毛亚庆. 从专门课程到综合变革: 学生社会情感能力发展策略的模式变迁 [J]. 全球教育展望, 2019 (5): 39 - 53.

[45] 杜越, 汪利兵, 等. 城市流动人口子女的基础教育 [M]. 杭州: 浙江大学出版社, 2004.

[46] 范明丽, 洪秀敏. 我国学前教育管理体制改革的历程与方向: 改革开放 40 周年回眸与展望 [J]. 学前教育研究, 2019 (1): 22 - 32.

[47] 费正清. 美国与中国 [M]. 北京: 商务印书馆, 1989.

[48] 付卫东, 佘至宁. 我国公办幼儿园教师工资福利及补助支出差异现状研究 [J]. 教师发展研究, 2019 (3): 35 - 43.

[49] 盖笑松, 焦小燕. 当前村屯学前教育发展的难点与对策 [J]. 学前教育研究, 2015 (5): 5 - 11.

[50] 高丙成. 我国幼儿园师资队伍状况评价指标体系的构建与运用 [J]. 学前教育研究, 2014 (12): 29 - 35.

[51] 高宏钰, 霍力岩, 谷虹. 幼儿园教育传承传统文化的内容与方式: 基于政策文本的研究 [J]. 基础教育课程, 2019 (10).

[52] 郭丽娟，严仲连．农村幼儿园—社区互动的价值、挑战及其突破路径 [J]．陕西学前师范学院学报，2020，36（1）：47-52.

[53] 郭晓平．联合国儿童基金会的发展思想与实践：特别关注其教育的思想和实践 [J]．世界教育信息，2011（12）：48-52.

[54] 贺红芳．我国农村学前教育发展中的主要问题、影响因素及政策建议 [J]．现代教育科学，2018（9）：21-26.

[55] 亨德里克．学习瑞吉欧方法的第一步 [M]．李秀湄，施煜文，刘晓燕，译．北京：北京师范大学出版社，2000.

[56] 侯莉敏．儿童的生活与教育 [M]．北京：教育科学出版社，2009：221.

[57] 黄仁颂．学前教育学 [M]．北京：人民教育出版社，2015：446.

[58] 吉执来．非正规学前教育是农村学前教育发展的有效途径 [J]．考试周刊，2015（94）：133，184.

[59] 蒋雅俊．儿童、经验与课程 [M]．北京：人民教育出版社，2015.

[60] 蒋雅俊．改革开放 40 年学前教育政策中的儿童观变迁 [J]．学前教育研究，2019（3）：12-20.

[61] 杰罗姆·布鲁纳．教育的文化：文化心理学的观点 [M]．宋文里，译．台北：远流出版公司，2011：154.

[62] 康德．康德论教育 [M]．李其龙，彭正梅，译．北京：人民教育出版社，2017.

[63] 克莱尔·库帕·马库斯，卡罗琳·弗朗西斯．人性场所：城市开放空间设计导则 [M]．俞孔坚，孙鹏，王志芳，等译．北京：中国建筑工业出版社，2001.

[64] 赖德信．幼儿园教师工资差异决定机制分析 [J]．学前教育研究，2015（12）：3-12.

[65] 李海燕．台湾地区师资培育制度变迁与借镜 [J]．广州大学学报（社会科学版），2015，14（8）：70-75.

[66] 李辉，杨伟鹏．中国百年幼教课程改革之历史反思 [J]．幼儿教育，2017（11）：11-14.

[67] 李季湄，冯晓霞．《3-6 岁儿童学习与发展指南》解读 [M]．北京：人民教育出版社，2013.

[68] 李季湄．对新时期幼教教研有关问题的思考：在全国"以园为本教研制度建设"项目教研员研修会上的报告 [J]．幼儿教育，2007（9）：7-11.

[69] 李军华，何万风．基于数学核心素养的高校学前教育专业课程改革 [J]．甘肃高师学报，2020（2）：63-66.

[70] 李琳．当前我国各地农村学前教育督导评估体制改革探析 [J]．教育导刊（下半月），2013（11）：54-58.

[71] 李伟东．北京社会发展报告（2017—2018） [M]．北京：社会科学文献出版社，2018.

[72] 李昱杭，曾彬．新中国 70 年幼儿园课程的变迁及启示 [J]．江苏第二师范学院学报，2020，36（1）：98-103.

[73] 刘佳．"乡村教师支持计划"实施方案研究：基于 31 个省（区、市）"乡村教师支持计划"实施办法的内容分析 [J]．教师教育研究，2017，29（3）：100-107.

[74] 刘梦溪. 中国文化的张力：传统解故 [M]. 北京：中信出版社，2019.

[75] 刘晓东. 童年何以如此丰饶：思想史视角 [J]. 南京师大学报（社会科学版），2017 (5)：70 - 79.

[76] 刘晓颖. 发现儿童的力量：学习故事在中国幼儿园的实践 [M]. 北京：北京少年儿童出版社，2015.

[77] 刘焱. 普惠性幼儿园发展的路径与方向 [J]. 教育研究，2019 (3)：25 - 28.

[78] 刘占兰. 农村学前教育是未来十年发展的重点：《规划纲要》确定普及学前教育的重点与难点 [J]. 学前教育研究，2010 (12)：3 - 6.

[79] 楼必生. 我国幼儿语言教育纲要的变革与评述 [J]. 学前教育研究，1995 (2)：23 - 25.

[80] 卢晓中. 2015 年广东省教育事业发展统计分析 [M]. 广州：华南理工大学出版社，2016.

[81] 卢筱红. 江西省园本教研活动中专业引领的现状与发展对策 [J]. 学前教育研究，2011 (9)：55 - 57.

[82] 鲁道夫·阿恩海姆. 艺术与视知觉 [M]. 滕守尧，等译. 北京：中国社会科学出版社，1984：7.

[83] 罗虹，陈洁. 以儿童发展为本的园本教研新实践 [J]. 中国教师，2020 (4)：83 - 86.

[84] 罗媛，吴霓，王学男. 疫情常态化背景下我国民办教育发展面临的挑战和对策 [J]. 当代教育与文化，2020 (7)：16 - 20.

[85] 吕世虎，吴振英. 数学核心素养的内涵及其体系构建 [J]. 课程·教材·教法，2017 (9)：12 - 17.

[86] 玛格丽特·卡尔，温迪·李. 学习故事和早期教育：建构学习者的形象 [M]. 周菁，译. 北京：教育科学出版社，2015.

[87] 玛丽亚·蒙台梭利. 有吸收力的心灵 [M]. 北京：中国妇女出版社，2012.

[88] 梅纳新. 幼儿园数学课程改革的回顾与思考 [J]. 教育评论，2016 (2)：59 - 62.

[89] 庞丽娟. 中国教育改革 30 年：学前教育卷 [M]. 北京：北京师范大学出版社，2009.

[90] 彭兵. 开展园本教研，推动幼儿园文化建设：武汉市"以园为本教研制度建设"项目推进策略 [J]. 学前教育研究，2008 (8)：40 - 43，48.

[91] 皮埃尔·布迪厄，华康德. 实践与反思：反思社会学导引 [M]. 李猛，李康，译. 北京：中央编译出版社，1998：13.

[92] 谈松华. 新型城镇化与基础教育布局蓝皮书 [M]. 上海：同济大学出版社，2016.

[93] 王蓉. 中国教育新业态发展报告（2017）：基础教育 [M]. 北京：社会科学文献出版社，2018.

[94] 肖丽萍. 中国非正规初等教育模式研究 [M]. 南宁：广西教育出版社，1998.

[95] 虞永平. 学前教育学 [M]. 苏州：苏州大学出版社，2001：209.

[96] 约翰逊，等. 游戏与儿童早期发展 [M]. 华爱华，郭力平，译. 上海：华东师范大学出版社，2006.

[97] 约瑟夫·里克沃特. 亚当之家：建筑史中关于原始棚屋的思考 [M]. 李保，译. 北京：中国建筑工业出版社，2006.

[98] 张沪．张宗麟幼儿教育论集 [M]．长沙：湖南教育出版社，1985．

[99] 中国发展研究基金会．中国儿童发展报告 2017：反贫困与儿童早期发展 [M]．中国发展出版社，2018．

[100] 中国学前教育研究会．百年中国幼教 [M]．北京：教育科学出版社，2003：216．

[101] 朱家雄．幼儿园课程概论 [M]．上海：复旦大学出版社，2015：121 - 141．

◎ 编后记： 记录、 解读学前教育的大转型时代

　　纵观改革开放以来的中国学前教育改革与发展的历史，其过程可谓曲折反复。2010 年，是学前教育当代发展史中新一轮发展周期的开始，十余年来，学前教育受到了前所未有的重视，在总量、结构、行业属性上也经历了急剧变迁，这无疑是学前教育的一个 "大时代"。十余年过去了，放宽历史的视线，总结学前教育 21 世纪 10 年代改革历史的得失，审视过往的来路，探讨未来的去向，已经成为当代学前教育的重要课题。三年前受朱永新老师委托为《当代学前教育：多元而具创造力的教育生态》一书组稿，我们选取了 2010 年以来这一发展时段作为 "当代切片"，从学前教育公共政策和行业发展、学前教育的新思潮与新实践、幼儿园管理实践三个层面呈现了当代学前教育的改革与创新，并对 21 世纪 20 年代的学前教育改革提出了政策建言。学前教育的变革和转型既有政府主导的自上而下的顶层设计与改革的推动，也有地方政府因地制宜的改革创新，还有更基层的幼儿园管理者自下而上的努力以及行业自发秩序的升级和演进。学前教育的创新本身亦具有多层次、多元化的特征，公共政策、管理制度的创新，本土新教育理论、思潮和实践的创新，幼儿园办园形态的创新共同构成了当代学前教育创新图景。

　　本书力图全面呈现当代学前教育的 "改革与创新交响曲"。在本书写作、编辑的过程中，我们更深刻地认识到，多元化是学前教育的应有样态，也是这个行业的魅力和生命力所在，好的学前教育不应只体现在结构方面的数量统计上，更应该有一个丰富多元、秩序缤纷、生生不息的学前教育生态。

　　多元化的视角也必然带来写作与编辑的 "碎片化" 挑战，我们意识到学前教育这一本 "大书" 当由 "大家" 来书写。本书共有五十多位作者参与写作，既有大学教师、研究机构的研究人员、在校的博士生，也有政府的学前教育管理者、NGO 组织人员、幼儿园的管理者、和学前教育有关的社会工作者，以及学前教育企业管理人员；从年龄分布来看，覆盖了从 "40 后" 到 "80 后" 的几代学人。因以上的编辑视角，本书在新话题领域着笔甚多，全书并未按照一本书、一篇大文章的结构

模式来追求文本前后的一致性，而是尽可能地保留了每个作者各自的表述逻辑。这在阅读上会给读者带来一些挑战，需要在此特别说明。

这本书的每个作者的写作时间都很短，集中在 2020 年 5 月至 10 月。疫情期间，学前教育工作者并不轻松，除了和社会公众一样承受防疫的压力外，专业领域的事务反而更多，给各位作者的时间都很短，我的约稿就是各种"插队"，对各位师友赐稿的感激之情，无以言表！面对这样一个急速变迁的转型时代，身处行业其中的人不免有"轻舟已过万重山"之感，往往难以建立起稳定的行业认知。学前教育的 10 年代刚刚过去，我们和这个时代的距离仍然没有拉开，因此很多评价和论断难免偏颇，多有冒险的成分。在这个意义上，本书的写作算是对 10 年代的总结的开始，相信随着时间的推移，会有更丰富的视角和理论出现。我个人虽以企业管理者的角色在学前领域工作了 20 年，但在大多数专业话题上仍然是个外行，愿将本书作为一种尝试，借此与大家一起将学前教育新时代的重大公共议题讨论引向深入。不足之处，敬请师友批评指正！

感谢朱永新老师的信任。我们在步入早期阅读领域之初，曾去苏州拜会朱老师。朱老师对阅读的见解言犹在耳，朱老师推动教育进步的声音和行动一直是教育工作者的模范。感谢冯晓霞老师，七年前协助冯老师编辑《中国教育改革大系：学前教育卷》，收获良多，得以建立学前教育发展的宏观视野，才能斗胆参与本书的组稿工作。特别感谢唐淑、李季湄、虞永平三位前辈老师赐稿，感谢成都市第五幼儿园闵艳莉园长、银川市一幼张欣园长、兰州石化幼教中心张颖光主任、无锡新吴区江溪幼儿园张绿枝园长、深圳市梅林一村幼儿园姚艺园长、北京市第一幼儿园彭迎春园长、南京市鼓楼幼儿园崔利玲园长、北京市海淀新区恩济家园幼儿园成勇园长、南京市长江路幼儿园李铭园长、小橡树幼儿园创始人王甘老师为本书的选题贡献思路。感谢浙江大学吴华老师、幼儿口袋李砚君女士、蓝橡资本宁柏宇先生为本书的写作提供帮助。感谢同事冉甜，本书繁重的编务基本由她一人完成。感谢中国人民大学出版社王雪颖老师，她的温和、坚定、包容，给了我足够的空间，没有因为我的一再拖延而放弃，致使本书终能出版。

轰轰烈烈的学前教育 10 年代过去了，20 年代的学前教育又将走向何方？中国学前教育仍然需要进一步改革与发展，学前教育的版图需要持续创新，未来如何？相信答案不仅在于专家的建言、管理者的决策，更在于学前教育工作者的选择与实践。在这阳光与阴影交织、成就与问题并存的时代，希冀与学前教育同仁道业共爱、风雨同行！

张守礼

◎ 作者说明

本书共有四部分，每部分作者如下：

第一部分"重建学前教育公共服务体系——2010 年以来中国学前教育改革与发展"，共九章。第一章"重建学前教育公共服务体系：历程、成就、反思"由张守礼（奕阳教育研究院）撰写。第二章"从'宣言'到'承诺'——我国普惠性幼儿园制度十余年发展历程"由王海英（南京师范大学）撰写。第三章"底部攻坚：我国农村学前教育十余年变迁"由夏婧（首都师范大学）、司莹莹（首都师范大学）撰写。第四章"让流动更有希望？——流动人口子女学前教育的现状和趋势"由魏佳羽（新公民计划）撰写。第五章"自下而上——改革与发展中的地方学前教育制度创新案例"内容分别由贡青（江苏省镇江市教育局）、谢旌（贵州省教育厅学前教育处）、李俊丽（山西省芮城县教育科技局）、关瑞珊（广州市天河区教育局学前办）提供。第六章"学前教育大变革时代的幼儿教师"由池瑾（北京师范大学）撰写。第七章"'去市场化'时代的民办幼儿园发展"由彭爽（嘉杉嘉华幼儿园）撰写。第八章"0～3 岁婴幼儿托育体系起步"由王剑（三槐堂保育园）撰写。第九章"'社会力量'——中国学前教育公益组织发展"由李黎（澳门同济慈善基金会）撰写。

第二部分"当代中国学前教育新思潮与新实践"，共十章。第十章"学前教育课程实践十余年变迁"由侯莉敏（广西师范大学）撰写。第十一章"陶行知、陈鹤琴、张雪门、张宗麟学前教育思想的当代回归"由唐淑（南京师范大学）撰写。第十二章"学前教育领域变革"中，"早期阅读改革发展：从绘本到书香校园"由华希颖（南京晓庄学院）、王溪（奕阳教育研究院）撰写；"早期科学与数学教育改革发展：从知识本位到人本位"由王溪（奕阳教育研究院）撰写；"幼儿艺术教育改革发展：从'为艺术'到'为儿童'"由孔起英（南京师范大学）撰写；"社会情感学习：学前教育迈向质量的一条路径"由陈学锋（联合国儿基会驻中国办事处）撰写。第十三章"国外学前教育新思潮的中国实践"中，"支持儿童主动学习——高瞻课程的全球传播与中国实践"由李敏谊（北京师范大学）撰写；"学习故事——为了促进儿童学习而评价"由周菁（新西兰惠灵顿维多利亚大学）撰写；"促进儿童身体、心灵、精神整体健康发展——华德福教育在中国"由郝冰（天下溪自然学园）撰写；"儿童在大自然中成长和学习——丹麦自然教育对中国的启示"由丽莎·约翰森（丹麦终身学习计划协会）、摩根·戈德鲍尔（丹麦终身学习计划协会、丹麦北菲茵民众学院）撰写，郭斌（丹麦终身学习计划协会）翻译；"儿童在多元化幼教生态中尽情游戏——当代日本幼儿教育对中国当前教育的启示"由张燕（北京师范大学）撰写。第十四章"中国幼教改革的旗帜——安吉游戏"由李季湄（华东师范大学）撰写，程学琴（浙江省安吉县教育局）提供了基本素材。第十五章"江苏省幼儿园课程游戏化的探索与实践"由原晋霞、曾晓滢（南京师范大学）撰写。第十六章"当代幼儿园教育质量评估的政策与实践"由刘昊（首都师范大学）撰写。第十七章"当代学前教育教研工作的实践探索与变革转向"由黄豪（南京师范大学）撰写。第十八章"当代中国学前教育建筑、空间与环境设计评述"由袁野（清华大学）撰写。第十九章"传统文化融入学前教育的实践与思考"由刘胡权（北京教育学院）撰写。

第三部分"'重塑学校'——当代幼儿园管理和办园形态变革与创新"，共六章。第二十章"当代幼儿园管理制度变革和创新展望"由柳倩（华东师范大学）撰写。第二十一章"从'教育过程'到'教育文化'——花草园教育变革之路"由胡华（中华女子学院附属实验幼儿园）撰写；第二十二章"探索当代'活教育'体系——鹤琴幼儿园的思考与实践"由张俊（南京师范大学）、余静雯（南京市鹤琴幼儿园）撰写。第二十三章"让幼儿连接社区与公共生活"分别由张燕（北京师范大学）、郭文艳（河南省辉县市西平罗乡中心幼儿园）、王甘（北京小橡树幼儿园）撰写。第二十四章"标准之外的'小而美'"分别由王晓峰（北京日日新学堂）、杜可名（上海绿种子儿童发展中心）撰写。第二十五章"乡村幼儿园发展的'社会创新'"由陈学锋（联合国儿基会驻中国办事处）、曹艳、武志平（中国发展研究基金会）提供基本素材，龙格妹、冉甜（奕阳教育研究院）整理。

第四部分"走向未来——展望学前教育20年代"，含一章内容。第二十六章"20年代，学前教育仍需攻坚前行"中，"回应社会变迁，提前规划布局'后普及时代'学前教育"由张守礼、冉甜（奕阳教育研究院）撰写；"深化学前教育改革需破除公民办'双轨制'"由曾晓东（北京师范大学）撰写，"从'普及'到'普惠'，仍需改革攻坚""以公平为主要标尺发展学前教育"由储朝晖（中国教育科学研究院）撰写；"提升教育质量是学前教育发展的基本方向"由虞永平（南京师范大学）撰写；"建立学前教育现代治理体系"由王烽（教育部教育发展研究中心）、周玲（北京理工大学）撰写。

图书在版编目（CIP）数据

当代学前教育：多元而具创造力的教育生态/张守
礼主编 . -- 北京：中国人民大学出版社，2022.9
（当代中国教育改革与创新书系/朱永新总主编）
ISBN 978-7-300-30966-8

Ⅰ.①当⋯ Ⅱ.①张⋯ Ⅲ.①学前教育-研究-中国
- 2010 - 2020 Ⅳ.①G619.2

中国版本图书馆 CIP 数据核字（2022）第 158965 号

当代中国教育改革与创新书系
总主编 朱永新
当代学前教育：多元而具创造力的教育生态
主 编 张守礼
Dangdai Xueqian Jiaoyu：Duoyuan er Ju Chuangzaoli de Jiaoyu Shengtai

出版发行	中国人民大学出版社			
社　　址	北京中关村大街 31 号		邮政编码	100080
电　　话	010 - 62511242（总编室）		010 - 62511770（质管部）	
	010 - 82501766（邮购部）		010 - 62514148（门市部）	
	010 - 62515195（发行公司）		010 - 62515275（盗版举报）	
网　　址	http://www.crup.com.cn			
经　　销	新华书店			
印　　刷	天津中印联印务有限公司			
规　　格	170 mm×240 mm　16 开本		版　　次	2022 年 9 月第 1 版
印　　张	26.75 插页 1		印　　次	2022 年 9 月第 1 次印刷
字　　数	511 000		定　　价	118.00 元